Dagmar Giersberg / Arwen Dammann / Christiane Seut
Lukas Mayrhofer / Isabel Buchwald-Wargen

Vielfalt C1.1

Deutsch als Fremdsprache

Kurs- und Arbeitsbuch
plus interaktive Version

Hueber Verlag

Wissenschaftliche Beratung:
Prof. Dr. Marion Grein, Leitung Masterstudiengang DaF / DaZ,
Johannes Gutenberg-Universität Mainz, Deutschland

Beratung Kursbuchlektionen:
Rita Espenberger, Spanien
Luisa Friederici, Kolumbien
Anne Gampert, Deutschland
Anna Jeleń, Polen
Katarzyna Sowa, Polen
Helga Lucía Valdraf, Mexiko
Dr. Dörte Weers, Deutschland
Dr. Karin Willinger-Rypar, Österreich

 Im Lehrwerkservice *(www.hueber.de/vielfalt)* finden Sie zahlreiche ergänzende Materialien, u. a. Übersichten zu Aktivitäten gemäß der Kann-Beschreibungen des GER-Begleitbands sowie zu prüfungsvorbereitenden Aufgaben.

| 4. | 3. | 2. | | | Die letzten Ziffern |
| 2028 | 27 | 26 | 25 | 24 | bezeichnen Zahl und Jahr des Druckes. |

Alle Drucke dieser Auflage können, da unverändert,
nebeneinander benutzt werden.
1. Auflage
© 2024 Hueber Verlag GmbH & Co. KG, München, Deutschland
Umschlaggestaltung: Sieveking Agentur, München
Layout und Satz: Sieveking Agentur, München
Verlagsredaktion: Claudia Groß, Andrea Prammer, Sara Vicente, Oksana Fischer,
Hueber Verlag; Manuela Georgiakaki, Hueber Hellas, Athen
GPSR-Kontakt: Hueber Verlag GmbH & Co. KG, Baubergerstraße 30, 80992 München,
kundenservice@hueber.de
Druck und Bindung: PASSAVIA – Druckservice GmbH & Co. KG, Medienstraße 5b, 94036 Passau,
info@passavia.de
Printed in Germany
ISBN 978–3–19–201038–5

Art. 530_25322_001_02

WEGWEISER

Vielfalt

- trainiert die kommunikativ-sprachlichen Aktivitäten des erweiterten Gemeinsamen Europäischen Referenzrahmens (Rezeption, Produktion, Interaktion, Mediation) und fördert plurilinguale und plurikulturelle Kompetenzen.
- ist ein motivierendes Lehrwerk: **Vielfalt** weckt mit spannenden Menschen und Themen die Neugier der Lernenden, macht Lernziele transparent und schafft viele Erfolgserlebnisse.
- ist handlungsorientiert und bereitet auf Alltag, Studium und Beruf vor.
- fördert das gemeinsame Lernen im Kurs durch kooperative Aufgaben.
- ermöglicht individuelles Lernen durch vielfältige Angebote für heterogene Gruppen und durch ein zusätzliches Angebot an Filmen, Erklär-Clips und interaktiven Übungen.
- enthält eine interaktive Version und bietet eine geschickte Verzahnung von print und digital.

Kursbuch – Struktur

Pro Teilband 4 Module mit jeweils einem Moduleinstieg, 3 Lektionen, einer Doppelseite Extra Beruf und einem Modulausstieg

Modul – Aufbau

Moduleinstieg

Emotionaler Moduleinstieg: Deutschlernende aus aller Welt ermöglichen einen persönlichen Einstieg in die aktuellen, lebensnahen und vielfältigen Themen des Moduls.

Im Zentrum steht eine modulübergreifende Fragestellung, die in einem **Film** von den Deutschlernenden beantwortet wird.

3 Lektionen à 4 Seiten (S. II – III)

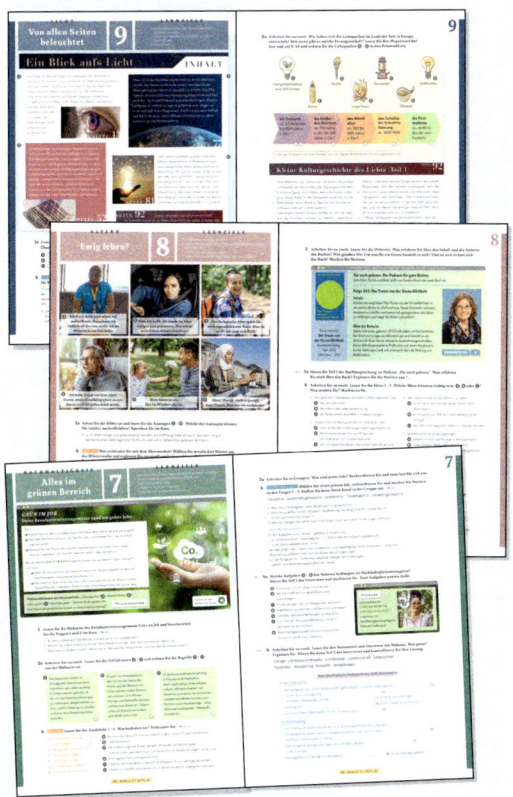

Extra Beruf

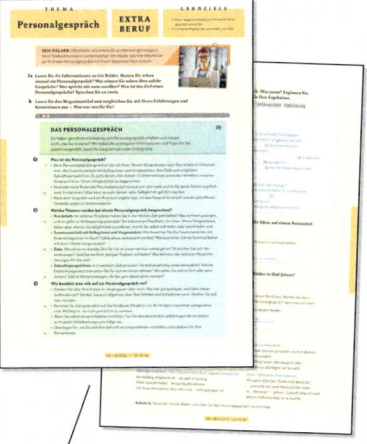

Im Mittelpunkt der **Extra-Beruf**-Seiten steht immer eine Protagonistin / ein Protagonist. Ihre Anliegen bilden den Rahmen für **berufsübergreifende Szenarien**, Textsorten und **Sprachhandlungen**.

Modulausstieg

Modulausstieg: Das Lesen **literarischer Texte** fördert die Lesekompetenz und erweitert den Wortschatz. Indem sich die Lernenden mit den Gedanken und Gefühlen der Figuren kritisch auseinandersetzen, entwickeln sie zudem Empathie und Sensibilität.

WEGWEISER

Lektion – Aufbau

Jede Lektion hat einen **thematischen Schwerpunkt**. Unterschiedliche Lektionseinstiege ermöglichen einen vielfältigen und emotionalen Zugang zu den Themen des Moduls.

Die **Lernziele** der Lektion werden **transparent** und **übersichtlich** dargestellt.

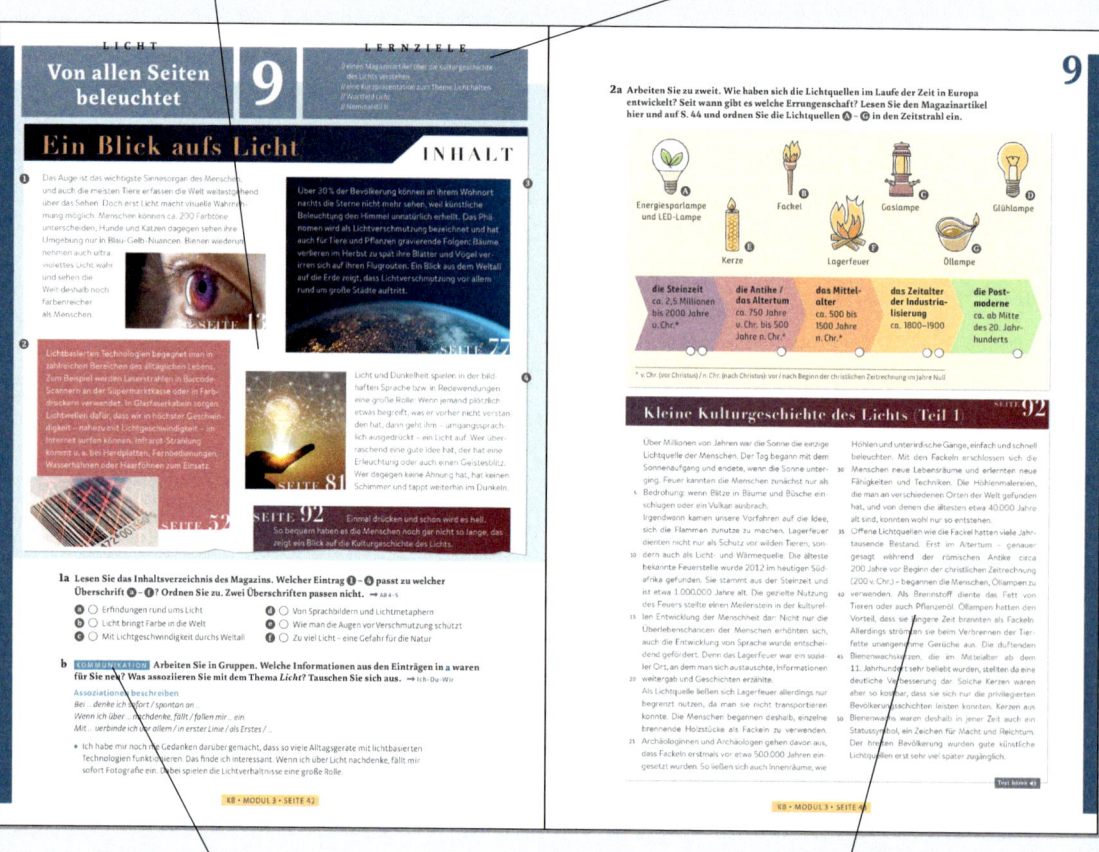

Unter KOMMUNIKATION werden Redemittel eingeführt und geübt. **Handlungsorientierte Aufgaben** und das Üben relevanter Textsorten (Präsentationen, Diskussionen, Statistiken usw.) helfen den Lernenden dabei, in authentischen Kommunikationssituationen sprachlich handeln zu können.

Ein großes Spektrum an **Sachtexten** ermöglicht die Vermittlung wesentlicher Textsortenmerkmale, die sowohl für das Studium als auch für den Beruf relevant sind.

Piktogramme und Symbole

KB	Kursbuch
AB	Arbeitsbuch
1 ◀)) 01	Hörtext
▶	Film
✍	Erklär-Clip zur Grammatik oder interaktive Übung
▭	Wortbildung
Text hören ◀))	Vertonter Lesetext

→ Nomen-Verb-Verbindungen	Verweis auf den Anhang WÖRTER
→ Konjunktiv II der Gegenwart	Verweis auf den Anhang GRAMMATIK
→ Kursspaziergang	Verweis auf den Anhang METHODEN
→ AB 4	Verweis auf Übung im Arbeitsbuch

WEGWEISER

Mediation: In zahlreichen Aufgabenstellungen werden die Lernenden darauf vorbereitet, innerhalb einer Sprache sowie zwischen Sprachen und Kulturen erfolgreich Brücken zu bauen.

In ausgewählten Lektionen gibt es einen animierten **Erklär-Clip zur Grammatik**, der sowohl im Präsenz- als auch im Online-Unterricht optimal eingesetzt werden kann.

Unter GRAMMATIK wird der Grammatik-Lernstoff der Lektion **im Kontext** eines Lese- oder Hörtextes eingeführt und **induktiv** erarbeitet.

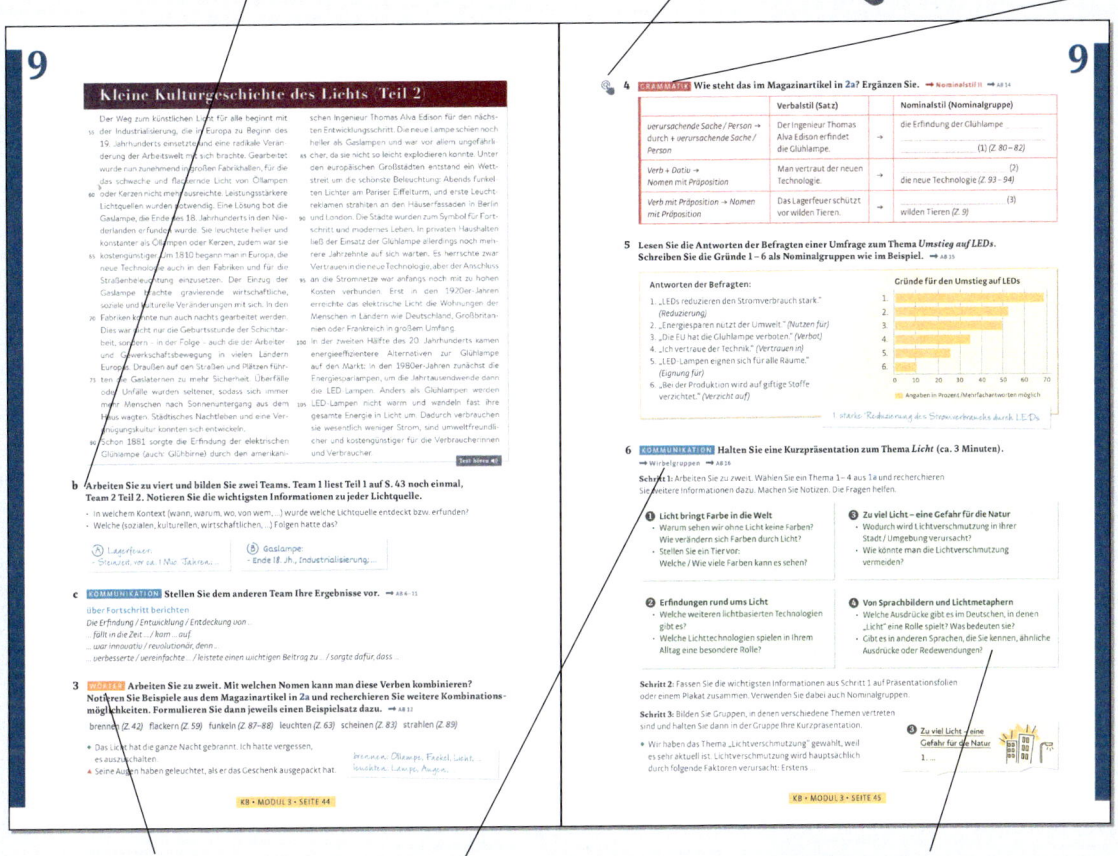

Unter WÖRTER wird der Wortschatz entweder **thematisch** oder **systematisch** erarbeitet.

Zusätzliche **Methoden** fördern die Interaktion und Kooperation im Unterricht.

Plurikulturalität und **Plurilingualität**: Sowohl kulturbezogene Fragestellungen als auch sprachvergleichende Aufgaben erweitern das Wissen über Kulturen und Sprachen und erleichtern die Sprachverwendung in unterschiedlichen Kommunikationssituationen.

Unterrichten und Lernen – wie und wo Sie wollen

Ob im Kursraum, von zu Hause oder unterwegs per Tablet oder Laptop: Wir stellen Ihnen **Vielfalt** digital als interaktive Version zur Verfügung. Egal, ob off- oder online.

· Alle Hörtexte, Filme, Erklär-Clips zur Grammatik sowie interaktive Übungen lassen sich direkt aufrufen und im integrierten Player abspielen – ganz einfach ohne Download oder weitere Abspielgeräte.
· Die Aufgaben im Buch stehen Ihnen interaktiv mit Lösungsanzeige zur Verfügung und lassen sich direkt starten.

· Integrierte Werkzeuge wie Marker, Kommentar, Lupe und Vollbildmodus unterstützen Sie bei der Unterrichtsvorbereitung und Präsentation im Unterricht am Whiteboard oder Touchscreen.
· Mit unserer App *Hueber interaktiv* können Sie die interaktive Version auch offline nutzen und auf eine Vielzahl der Materialien des Lehrwerks per Smartphone zugreifen.

Übrigens: Ihren Startcode zur Aktivierung der interaktiven Version zu diesem Buch finden Sie auf der vorderen Umschlagseite unter der Landkarte.

INHALT

INHALT

INHALT

INHALT

DIE ERSTE STUNDE IM KURS

1 Machen Sie das ⓐ-ⓑ-Spiel. Entscheiden Sie schnell und markieren Sie.

Das ⓐ-ⓑ-Spiel

Flugzeug ⓐ ⓑ Bahn	Streaming ⓐ ⓑ Live-Konzerte	Hund ⓐ ⓑ Katze	Samstag ⓐ ⓑ Sonntag	Flipflops ⓐ ⓑ Wanderschuhe
Liebesroman ⓐ ⓑ Krimi	Ordnung ⓐ ⓑ Chaos	Laptop ⓐ ⓑ Tablet	Film ⓐ ⓑ Buch	Stadtmensch ⓐ ⓑ Landmensch
surfen ⓐ ⓑ schwimmen	Frühstück ⓐ ⓑ Abendessen	Kopfhörer ⓐ ⓑ Lautsprecher	früh aufstehen ⓐ ⓑ lange liegen bleiben	im Team ⓐ ⓑ alleine
Rock ⓐ ⓑ Klassik	singen ⓐ ⓑ tanzen	salzig ⓐ ⓑ süß	selbstständig ⓐ ⓑ angestellt	Anruf ⓐ ⓑ Sprachnachricht
kreativ ⓐ ⓑ bodenständig	Büro ⓐ ⓑ Homeoffice	große Party ⓐ ⓑ Essen zu zweit	reden ⓐ ⓑ zuhören	Kettenkarussell ⓐ ⓑ 5-er Looping
Gegenwart ⓐ ⓑ Zukunft	Socken ⓐ ⓑ barfuß	Kerzenschein ⓐ ⓑ Neonlicht	Sommerregen ⓐ ⓑ Schneeflocken	Zeltplatz ⓐ ⓑ 5-Sterne-Hotel

2 Arbeiten Sie zu zweit. Wählen Sie fünf Kärtchen, über die Sie mit Ihrer Partnerin / Ihrem Partner sprechen möchten. Tauschen Sie sich über Ihre Antworten aus. Begründen Sie, warum Sie sich so entschieden haben.

Socken oder barfuß?

Socken! Als Kind habe ich auch viel barfuß gespielt, aber jetzt schon lange nicht mehr. Socken und Schuhe sind mir mittlerweile doch lieber.

Barfuß! Ich liebe es, barfuß über eine Wiese zu gehen. Das entspannt mich einfach total. Und du?

3 Was haben Sie über Ihre Partnerin / Ihren Partner erfahren? Berichten Sie im Kurs.

MODUL 1

1 Freundschaft | **2** Selbstbilder | **3** Mehrsprachigkeit

Van Tung Ngo

„Die Menschen sehen in mir jeweils das, was sie selbst nicht sind."

Wer bin ich?

Andrijana Mikuljanac

„Manche sehen in mir einen Nerd – aber das ist nur ein Teil von mir."

Hatem Labidi

„Identität ist etwas sehr Komplexes."

▶ **1a** Sehen Sie die Filme an. Welche Aspekte gehören für Van, Andrijana und Hatem zur Identität? Notieren Sie in einem Wörternetz.

Herkunft — Identität — Aussprache

b Wie beschreiben sich Van, Andrijana und Hatem selbst? Wie werden sie von anderen wahrgenommen? Sehen Sie die Filme noch einmal und machen Sie Notizen.

2 Und wer sind Sie? Machen Sie ein kurzes Video und stellen Sie sich vor.

Was bedeutet das eigentlich?

1

// einen Podcast zum Thema *Freundschaft* verstehen
// eine Online-Diskussion zum Thema *Freundschaften* führen
// Modalpartikeln
// konditionale Zusammenhänge: Bedingungen ausdrücken

Wen würden Sie auch spät abends oder nachts anrufen?
....

Wem würden Sie beim Umzug helfen?
....

Mit wem verbringen Sie gern Ihre Mittagspause?
....

Wen würden Sie spontan besuchen?
....

Wem würden Sie eine größere Summe Geld leihen?
....

Mit wem unternehmen Sie gern etwas in der Freizeit?
....

Wem würden Sie etwas vererben?
....

Wen würden Sie für längere Zeit bei sich zu Hause wohnen lassen?
....

Wem würden Sie ein persönliches Geheimnis anvertrauen?
....

Mit wem sprechen Sie über Ihr Privatleben?
....

Für wen würden Sie Besorgungen oder Erledigungen machen?
....

Mit wem würden Sie zusammen in den Urlaub fahren?
....

Wem gratulieren Sie zum Geburtstag?
....

Wen würden Sie auf Ihre Kinder aufpassen lassen bzw. auf wessen Kinder würden Sie aufpassen?
....

...?
....

1a Lesen Sie die Fragen und notieren Sie: Bekannte **B**, Freundinnen und Freunde **F** oder Verwandte **V**. Sie können sich auch weitere Fragen überlegen. → AB 4

b KOMMUNIKATION Arbeiten Sie in Gruppen. Tauschen Sie sich über Ihre Ergebnisse aus a aus.

etwas einschätzen
Für mich ist es absolut normal, wenn / dass ...
Ich finde es vollkommen verständlich, wenn ... / Meiner Meinung nach gehört es sich nicht, ... zu ...
Ich habe kein / wenig / volles Verständnis dafür, wenn ...
Von ... würde ich schon erwarten, dass ...

◆ Ich würde eigentlich niemanden spontan besuchen. Höchstens wirklich enge Freunde. Ich finde, das gehört sich nicht. Ich würde immer vorher anrufen.
▲ Echt? Das ist interessant. Für mich ist es absolut normal, dass man sich spontan besucht.

c Wo gab es in Ihrer Gruppe Gemeinsamkeiten, wo gab es Unterschiede? Sprechen Sie im Kurs.

◆ Wir hatten gemeinsam, dass wir alle nur in der Familie oder im Freundeskreis Geld verleihen würden. Bei der Frage, mit wem wir über unser Privatleben sprechen, hatten wir unterschiedliche Ansichten.

1◄)) 01 **2a** Lesen Sie die Informationen und hören Sie Teil 1 des Podcasts. Was erfahren Sie über Dennis und Michel? Worum geht es in der Sendung? Sprechen Sie im Kurs.

GENERATIONEN-
GESPRÄCHE

FOLGE ICH

Dennis Oser & Michel Maué
In Folge 83 sprechen Dennis und Michel über …
Mehr anzeigen

4,5 ★   2 Tsd.

1◄)) 02 **b** Lesen Sie die Sätze 1 – 5 und hören Sie Teil 2 des Podcasts. Wer passt: Dennis ⓓ oder Michel ⓜ? Notieren Sie. Vergleichen Sie dann Ihre Ergebnisse zu zweit.

1. ◯ teilt mit seiner Familie nicht mehr so viel Alltag, weil er in einer anderen Stadt lebt.
2. ◯ hat erlebt, dass sich manche Freunde zurückgezogen haben, als sie Kinder bekommen haben.
3. ◯ ist der Meinung, dass Freundschaften zwischen Menschen mit Kindern und Menschen ohne Kinder schwierig sein können.
4. ◯ hat gelesen, dass sich in Umbruchphasen des Lebens oft die Freundeskreise verändern.
5. ◯ hält gemeinsame Interessen und Kompromissbereitschaft für Voraussetzungen für eine gute Freundschaft.

c Lesen Sie die Fragen 1 und 2 und tauschen Sie sich in Gruppen über Ihre Erfahrungen aus.

1. In welchen Lebenssituationen oder -phasen haben sich Ihre Freundeskreise verändert?
2. Was sind Ihrer Meinung nach Voraussetzungen für eine stabile Freundschaft?

◆ Mein Freundeskreis hat sich auf jeden Fall verändert, als ich mit meinem Studium angefangen habe.
▲ Am Anfang meiner Ausbildung war das bei mir zuerst auch so. Aber im Laufe der Zeit habe ich wieder mehr mit meinen früheren Freunden unternommen. Ich denke, eine wichtige Voraussetzung für eine stabile Freundschaft ist …

1◄)) 03 **3a** Lesen Sie die Sätze 1 – 6 und hören Sie Teil 3 des Podcasts. Sind die Aussagen richtig ⓡ oder falsch ⓕ? Markieren Sie. Korrigieren Sie dann die falschen Sätze. → AB 5–7

1. Michel macht sich Sorgen, dass Schulden eine Freundschaft belasten könnten.   ⓡ ⓕ
2. Michel glaubt, dass es gesellschaftlich erwartet wird, sich für Freunde verantwortlich zu fühlen.   ⓡ ⓕ
3. Dennis findet es gut, dass man in Freundschaften aushandeln kann, wie viel man geben möchte.   ⓡ ⓕ
4. Dennis glaubt, dass familiäre Strukturen heutzutage wegen neuer Familienkonstellationen – wie z. B. Patchworkfamilien – stabiler sind.   ⓡ ⓕ
5. Dennis meint, dass Freundschaften auch Funktionen übernehmen können, die früher die Familie hatte.   ⓡ ⓕ
6. Michel findet, dass nur Familienmitglieder Patin oder Pate eines Kindes sein sollten.   ⓡ ⓕ

b KOMMUNIKATION Hat sich die Bedeutung von Freundschaften Ihrer Meinung nach über die Generationen verändert? Falls ja, woran könnte das liegen? Sprechen Sie im Kurs. → Flüstergespräch

Unterschiede zwischen früher und heute beschreiben
In den vergangenen Jahren / In den letzten Jahrzehnten
   hat / haben sich … sehr / kaum verändert.
Während früher …, ist es heute eher so, dass …
Im Vergleich zu damals würde man heute …

Vermutungen äußern
Das hat vermutlich damit zu tun, dass …
Ich könnte mir vorstellen, dass das daran
   liegt, dass …
Ich würde vermuten, dass …

◆ Ich würde vermuten, dass unsere Generation heute mehr Freunde hat als frühere Generationen. Allein durch die sozialen Medien wachsen die Freundeskreise. In den letzten Jahrzehnten hat sich das schon sehr verändert.

1

4a GRAMMATIK **Formulieren Sie die Sätze 1 – 6 um. Verwenden Sie die Wörter in Klammern.**
→ Konditionale Zusammenhänge

1. Das muss man akzeptieren. Sonst wird man nur enttäuscht. *(wenn ... nicht)*
2. Aber mal angenommen, dass meine Kinder Geld bräuchten, wäre das eine völlig andere Situation. *(wenn)*
3. Man kann in jeder Lebensphase gute Freunde haben, vorausgesetzt, dass man Interessen teilt. *(wenn)*
4. Man muss seine Erwartungen an eine Freundschaft reduzieren. Andernfalls gibt es nur Ärger und Streit. *(wenn ... nicht)*
5. Als Pate oder Patin übernimmt man die Verantwortung für ein Kind für den Fall, dass den Eltern etwas passiert. *(wenn)*
6. Im Falle einer Patenschaft verschwimmen die Grenzen zwischen Freundschaft und Familie. *(bei)*

> 1. Wenn man das nicht akzeptiert, wird man enttäuscht.
> 2. Wenn meine Kinder ...

b **Ordnen Sie die markierten Wörter aus a in die Tabelle ein.** → AB 8–10

Konditionale Zusammenhänge (Bedingungen)		
Nebensatz-Konnektoren	*Hauptsatz-Konnektoren*	*Ausdruck + Genitiv*
	sonst	

> Man kann *angenommen* und *vorausgesetzt* auch ohne *dass* verwenden. Dann steht das Verb auf Position 2
> (z. B. *Aber mal angenommen, meine Kinder bräuchten Geld, wäre das eine völlig andere Situation.*).

5 **Lesen Sie noch einmal die Fragen in 1. Unter welchen Bedingungen würden Sie das tun? Schreiben Sie 3 – 5 Sätze mit den Wörtern aus 4b. Lesen Sie Ihre Sätze dann im Kurs vor.**

> Angenommen, dass ein Freund keine Wohnung findet, würde ich ihn über längere Zeit bei mir zu Hause wohnen lassen. Vorausgesetzt, dass es sich um einen sehr guten Freund handelt. Sonst würde ich das wahrscheinlich nicht machen. Bekannte würde ich nur im Falle einer Notsituation spät abends oder nachts anrufen.

1◀)) 04 **6** WÖRTER **Lesen Sie die Tabelle und die Sätze 1 – 6 auf S. 5. Welche Modalpartikel passt? Markieren Sie. Hören Sie dann die Sätze und vergleichen Sie.** → Modalpartikeln → AB 11–12

Modalpartikel	Funktion
denn	wird nur in Fragen benutzt und drückt oft Neugier oder Intimität aus (*Wie geht's dir denn?*); kann aber – je nach Betonung – auch vorwurfsvoll klingen (*Was soll das denn?*)
eben / halt	drückt aus, dass man eine nicht-veränderbare Situation akzeptiert (*Das ist eben / halt leider so.*); kann auch Gleichgültigkeit bedeuten (*Kein Problem! Dann warte ich halt / eben noch.*)
ja	verweist auf eine Information, die offensichtlich oder allen schon bekannt ist (*Du hast ja vorhin gesagt: ...*); kann aber auch Überraschung (*Da bist du ja!*) oder Freude (*Das ist ja toll!*) ausdrücken
mal / doch mal	*mal* macht Imperative höflicher; in Kombination mit *doch* drückt es einen Vorschlag aus (*Hör dir (doch) mal den Podcast an!*)
schon	kann z. B. Optimismus (*Das geht schon.*) ausdrücken, aber auch Ungeduld (*Jetzt komm schon!*) oder vorsichtige Zustimmung (*Du hast schon recht, aber ...*)

> Modalpartikeln gibt es vor allem in der gesprochenen bzw. informellen Sprache.
> Man kann mit ihnen sehr feine emotionale Unterschiede ausdrücken.

1. Michel, erzähl ja / doch mal unserem Publikum, worüber wir heute sprechen wollen.
2. Weil du die Familie ansprichst: Du hast schon / ja auch Geschwister.
3. Meine Geschwister und ich leben in verschiedenen Städten. Dadurch sieht man sich halt / mal nicht so oft.
4. Mit meinen Freunden teile ich mehr Alltag als mit meiner Familie. Wie ist das denn / halt bei dir?
5. Manche Freundschaften halten ewig und andere sind denn / eben für eine bestimmte Zeit.
6. In der Familie könnte es genauso Streit um Geld geben, oder Michel? – Ja, wahrscheinlich eben / schon .

7 **KOMMUNIKATION** **Führen Sie eine Online-Diskussion zum Thema *Freundschaften*.** → AB 13

Schritt 1: Lesen Sie die Kommentare 1–3. Worum geht es? Markieren Sie in jedem Kommentar Schlüsselwörter. Vergleichen Sie Ihre Ergebnisse zu dritt.

www.generationengespraeche.de/folge83/kommentare

Kommentare

1 PapaPete
Ich fand ja das Ding mit der Verantwortung und den gesellschaftlichen Erwartungen superspannend: Für mich macht es voll Sinn, dass man auch in Freundschaften Verantwortung füreinander übernehmen kann. Ne Freundin von mir wohnt z. B. seit 15 Jahren in einem Wohnprojekt ... dort teilen sie alles: Geld, Essen, Kinderbetreuung. Sie haben sogar Verträge, die das regeln, damit es auch rechtlich sicher ist. Was haltet ihr von so was?
Antworten

2 Maja_2.0
Hm, ich finde ja, dass man erst mal klären muss, wer eigentlich ein Freund oder eine Freundin ist. Ich kenn Leute, die haben 500 Social-Media-Kontakte und behaupten, das wären alles ihre Freunde. OMG! Was für ein Quatsch! Da sind ja Leute dabei, die sie noch nie persönlich gesehen haben. Ich finde, man kann eigentlich nur ein paar wenige Freunde haben. Alles andere sind maximal Bekannte für mich.
Antworten

3 sAmUeL
Ein Thema hab ich im Podcast vermisst: Männer- versus Frauenfreundschaften. Darüber gibts ja viele Klischees. Aber manchmal, finde ich, ist da ja schon was dran. Wie ist das denn so bei euch? Mein Kumpel behauptet z. B., dass Freundschaften zwischen (hetero) Männern und Frauen nicht funktionieren, weil man sich dann gleich verliebt. Das halte ich für Blödsinn. Wie sind da eure Erfahrungen?
Antworten

Schritt 2: Arbeiten Sie zu dritt und erstellen Sie eine Chatgruppe. Wählen Sie dann jeweils einen der Kommentare 1–3 aus Schritt 1 und schreiben Sie einen kurzen Antwortkommentar (mindestens 2 Sätze), in dem Sie auf den Originalkommentar reagieren, Ihre Meinung äußern oder neue Fragen stellen. Achten Sie auf einen informellen, mündlichen Stil. Der Tipp hilft.

In den sozialen Medien benutzt man oft einen informellen, eher mündlichen Stil. U. a. sind folgende Merkmale typisch:
· Weglassen von Personalpronomen (*Hab vorher nie drüber nachgedacht.*)
· Weglassen von Buchstaben (*drüber; hab*) und Verschmelzen von Wörtern (*gibts*)
· Modalpartikeln (*denn; ja; mal*)
· Ausrufe (*Hm ...*)
· umgangssprachliche Ausdrücke (*das Ding; Macht voll Sinn!*)
· Abkürzungen (*OMG*)

GENERATIONEN-GESPRÄCHE

@PapaPete
Superspannendes Thema!!!! Ich glaube ja ...

Schritt 3: Reagieren Sie auf die Kommentare der anderen.

SELBSTBILDER

Hoch- und Tiefstapeln

2

LERNZIELE

// eine Kolumne und eine Sendung über das
Imposter-Phänomen verstehen
// ein psychologisches Phänomen vorstellen
// Wortfeld *Eigenschaften*
// Wortbildung: Komposita mit *selbst*
// Artikelwörter und Adjektivdeklination I

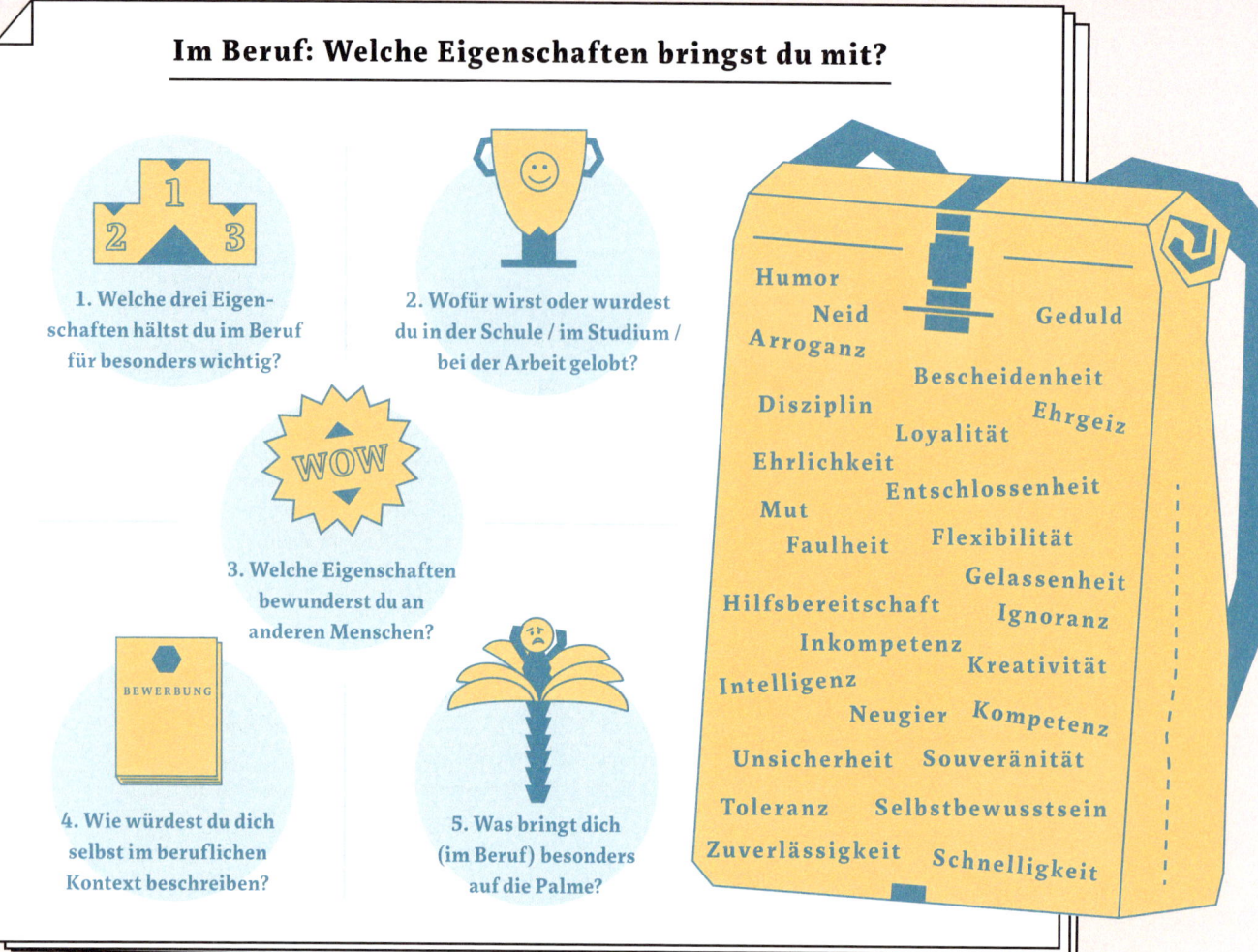

Im Beruf: Welche Eigenschaften bringst du mit?

1. Welche drei Eigenschaften hältst du im Beruf für besonders wichtig?

2. Wofür wirst oder wurdest du in der Schule / im Studium / bei der Arbeit gelobt?

WOW

3. Welche Eigenschaften bewunderst du an anderen Menschen?

BEWERBUNG

4. Wie würdest du dich selbst im beruflichen Kontext beschreiben?

5. Was bringt dich (im Beruf) besonders auf die Palme?

Humor
Neid   Geduld
Arroganz
Bescheidenheit
Disziplin   Ehrgeiz
Loyalität
Ehrlichkeit
Entschlossenheit
Mut
Faulheit   Flexibilität
Gelassenheit
Hilfsbereitschaft   Ignoranz
Inkompetenz
Kreativität
Intelligenz
Neugier   Kompetenz
Unsicherheit   Souveränität
Toleranz   Selbstbewusstsein
Zuverlässigkeit   Schnelligkeit

1 `WÖRTER` Lesen Sie die Nomen im Rucksack. Welche sind für Sie positiv 🙂, welche negativ 🙁?
Notieren Sie die Nomen mit Artikel und dem passenden Adjektiv in einer Tabelle. Sie können
ein Wörterbuch verwenden. ➡ AB 4–6

positiv 🙂	negativ 🙁
die Bescheidenheit – bescheiden	die Arroganz – arrogant

2a Lesen Sie die Fragen 1–5 im Fragebogen oben und notieren Sie Ihre
Antworten. Verwenden Sie die Nomen und Adjektive aus **1**.

1. Zuverlässigkeit, ..., ...
2. dass ich kreativ bin

b `KOMMUNIKATION` Arbeiten Sie zu dritt und vergleichen Sie Ihre Antworten.
Welche Gemeinsamkeiten und Unterschiede finden Sie? Tauschen Sie sich aus. ➡ AB 7

Gemeinsamkeiten und Unterschiede nennen
Wir sind beide / alle der Meinung, dass …
Wir stimmen darin überein, dass …
… Das haben wir gemeinsam. / Das unterscheidet uns.
… Darin stimmen wir überein. / Da unterscheiden wir uns.

◆ Wir sind alle der Meinung, dass Zuverlässigkeit die wichtigste Eigenschaft im Beruf ist.
Darin stimmen wir überein. Auf Platz 2 habe ich Gelassenheit.
▲ Da unterscheiden wir uns. Ich habe Bescheidenheit. Würdest du dich denn auch selbst als gelassen beschreiben?
◆ Nein, leider nicht, ich bin eher ungeduldig.

3a Lesen Sie die Aussagen 1 – 4. Lesen Sie dann die Kolumne. Was ist richtig? Markieren Sie. Mehrere Aussagen können passen. → AB 8–10

Die Autorin Amanda Lee …

1. ◯ ärgert sich darüber, dass ihr Freund Tossy ständig mit seinen Kolleginnen / Kollegen telefoniert.
2. ◯ findet, dass er zu viele Probleme mit seinen Kolleginnen / Kollegen hat.
3. ◯ ist von seinen vielen positiven Eigenschaften beeindruckt.
4. ◯ kann nicht nachvollziehen, dass er nicht an seine Fähigkeiten glaubt.

www.online-magazin.de/kolumne_ach_mensch

ACH, MENSCH!

Mein Freund Thorsten, von allen nur Tossy genannt, ist der netteste und aufmerksamste Mensch, den man sich vorstellen kann. Ich bewundere die
5 große Freundlichkeit, mit der er anderen Menschen begegnet. Und dann diese innere Ruhe und Selbstsicherheit, die er ausstrahlt! Egal, wie hektisch es wird: Er behält den Überblick und analysiert gelassen die Lage. Er ist
10 extrem schlau und enorm schnell. Mit Leichtigkeit meistert er jede schwierige Situation. Kein Wunder also, dass er Karriere macht und gleichzeitig bei jedem beliebt ist.
Wie an manchem milden Abend sitzen wir auch
15 heute zusammen in der Beachbar. Mehrmals klingelt Tossys Handy. Er ist Teamleiter in einer IT-Firma. Auch nach Feierabend wird er wegen aller möglichen Fragen angerufen. Und er weiß selbstverständlich Rat, egal um welches unlösbare Problem
20 es sich handelt. Mit faszinierender Klarheit gibt er geduldig Anweisungen – und lächelt mir nebenbei auch noch entschuldigend zu.
Ich frage ihn neugierig: „Was ist das für ein Gefühl?" Er schaut mich fragend an. Ich werde konkreter:
25 „Wie fühlt sich das an, so souverän und lässig zu sein?" Sein Hirn arbeitet, aber nicht mit der üblichen Geschwindigkeit. Irgendwie wirkt er jetzt auch so viel kleiner als noch gerade eben. „Weißt du, manchmal wache ich morgens auf und ich komme

mir vor wie ein Betrüger, ein Hochstapler", sagt er mit leiser Stimme. „Ein Hochstapler?", wiederhole ich staunend. „Ja, ich fahre zur Arbeit und denke: Heute ist der Tag, an dem alle merken, dass ich eigentlich komplett inkompetent bin. Dass ich mein Gehalt nicht wert bin." „Moment, Moment, ganz langsam: Du zweifelst an allen deinen großartigen Fähigkeiten?", frage ich, weil ich immer noch nicht begreife,
40 wie er zu einer solchen Selbstwahrnehmung kommt. Er nickt müde. „Du, der ständig tolle Jobangebote bekommt? Der gerade befördert worden ist? Der von allen so geschätzt wird? Den man bei sämtlichen beruflichen wie privaten Angelegenheiten um Rat
45 fragt? Der Talentierteste von allen? Tossy, du?!? Du hast solche absurden Zweifel? Trotz dieses ganzen Erfolgs?" Er lächelt schwach und zuckt mit den Schultern.
Sein Handy vibriert. Tossy setzt sich ein bisschen auf-
50 rechter hin und schon im nächsten Moment ist er wieder dabei, einen verzweifelten Kollegen zu retten.

In ihrer wöchentlichen Kolumne beobachtet Amanda Lee Menschen in ihrer Umgebung und stößt dabei immer wieder auf erstaunliche Phänomene.

MEHR ZUM THEMA Kurz erklärt: Das Imposter-Phänomen (auch: Hochstapler-Phänomen) ▶

Text hören 🔊

b Lesen Sie die Fragen 1 und 2 und markieren Sie die Antworten in der Kolumne in a mit zwei unterschiedlichen Farben.

1. Wie nimmt Thorsten sich selbst wahr?
2. Wie wird er von der Autorin bzw. von anderen wahrgenommen?

c KOMMUNIKATION Arbeiten Sie zu zweit und tauschen Sie sich über Ihre Ergebnisse aus b aus.

Selbstwahrnehmung einer Person beschreiben
Sie / Er selbst kommt sich … vor.
Sie / Er hat den Eindruck / das Gefühl, dass … / … zu …
Sie / Er würde sich eher als … bezeichnen.

Wirkung einer Person beschreiben
Von außen betrachtet wirkt sie / er …
Sie / Er wirkt auf andere, als ob …
Sie / Er macht den Eindruck, … zu …

d Was meint Thorsten damit, wenn er sich als „Hochstapler" bezeichnet? Sprechen Sie im Kurs.

2

4 GRAMMATIK **Lesen Sie die Sätze 1–8 und die Regel. Ergänzen Sie die Endungen der Artikelwörter und der Adjektive. Vergleichen Sie dann Ihre Ergebnisse mit der Kolumne in 3a.**
→ Artikelwörter und Adjektivdeklination I → AB 11

1. Und dann dies_____ inner_____ Ruhe und Selbstsicherheit, die er ausstrahlt! *(Z. 6–8)*
2. Mit Leichtigkeit meistert er jed_____ schwierig_____ Situation. *(Z. 10–11)*
3. Wie an manch_____ mild_____ Abend sitzen wir auch heute zusammen in der Beachbar. *(Z. 14–15)*
4. Auch nach Feierabend wird er wegen alle_____ möglich_____ Fragen angerufen. *(Z. 17–18)*
5. Und er weiß selbstverständlich Rat, egal um welch_____ unlösbar_____ Problem es sich handelt. *(Z. 18–20)*
6. Den man bei sämtlich_____ beruflich_____ wie privat_____ Angelegenheiten um Rat fragt? *(Z. 43–45)*
7. Du hast solch_____ absurd_____ Zweifel? *(Z. 46)*
8. Trotz dies_____ ganz_____ Erfolgs? *(Z. 46–47)*

> **Artikelwörter und Adjektivdeklination**
> Die Artikelwörter *all-, beid-, dies-, jed-, jen-, manch-, sämtlich-, solch-* und *welch-* werden wie bestimmte Artikel dekliniert. Adjektive nach diesen Artikelwörtern werden wie nach bestimmten Artikeln dekliniert.

5 **Arbeiten Sie zu zweit. Lesen Sie die Komplimente an eine Kollegin / einen Kollegen. Ergänzen Sie die Endungen der Artikelwörter und ein passendes Adjektiv. Die Adjektive aus 1 helfen. Vergleichen Sie Ihre Ergebnisse mit einem anderen Paar.**

> Ich staune immer wieder, mit welch_____ (1) Themen du dich auskennst.
> Und dies_____ (2) Art habe ich bei sonst niemandem erlebt. Ich bewundere auch
> dies_____ (3) Auftreten, das du offenbar von Natur aus hast. Ich weiß nicht viel
> über dich, weil du zu all_____ (4) Fragen über dich hartnäckig schweigst.
> Manch_____ (5) Kollege und manch_____ (6) Kollegin sind neidisch
> auf dein Wissen. Ich nicht! Ich profitiere gern von jed_____ (7) Rat! Das Beste:
> Du kennst sämtlich_____ (8) Tricks, wenn die Kaffeemaschine mal wieder streikt.

1◀)) 05 **6a** **Lesen Sie die Fragen. Hören Sie dann die Sendung „Kurz erklärt" zum *Imposter-Phänomen*. In welcher Reihenfolge werden die Fragen beantwortet? Notieren Sie.**

○ Wie fühlen sich Menschen mit *Imposter-Phänomen*?
○ Worum handelt es sich beim *Imposter-Phänomen*?
○ Welche Auswirkungen kann das *Imposter-Phänomen* haben?
○ Wo und wann wurde das Phänomen erstmals beschrieben?
○ Wer ist davon betroffen?

> **FOLGE ICH**
> **KURZ ERKLÄRT:**
> Das Imposter-Phänomen
> (auch: Hochstapler-Phänomen)

b **Lesen Sie den Notizzettel und hören Sie die Sendung aus a noch einmal. Ergänzen Sie beim Hören die fehlenden Wörter. Vergleichen Sie dann zu zweit.**

Imposter-Phänomen

1. Was?
• Selbstkonzept: besonders kompetente Menschen unterschätzen eigene _____ (1)

2. Wann? Wer?
• erstmals 1978 von den _____ (2) Pauline Clance und Suzanne Imes aus den USA beschrieben

3. Gefühle + Wahrnehmung der Betroffenen:
• nehmen sich als Hochstaplerinnen / Hochstapler wahr: als ob sie andere Menschen _____ (3)
• halten sich für weniger _____ (4) oder intelligent, als sie sind

· führen berufliche Erfolge nicht auf eigene _____ (5) zurück, sondern auf Glück oder Zufall

· haben Angst, als _____ (6) entlarvt zu werden

4. Betroffene:

· ca. 50% aller erfolgreichen Menschen (unabhängig von Geschlecht, Herkunft, _____ (7), Beruf)

· sind sehr selbstkritisch, haben ein _____ (8) Selbstvertrauen

5. Auswirkungen:

· negativ: dieses Selbstbild kann zu _____ (9) führen

· positiv: hohe _____ (10) und Leistungsbereitschaft

c Was haben Sie in der Sendung „Kurz erklärt" Neues erfahren? Was war für Sie besonders interessant? Sprechen Sie im Kurs. → Flüstergespräch

7a WÖRTER 🖭 Lesen Sie die Wörter in 1, die Kolumne in 3a und den Notizzettel in 6b noch einmal. Welche Komposita mit *selbst* finden Sie? Welche kennen Sie noch? Ergänzen Sie das Wörternetz. Sie können ein Wörterbuch verwenden. → AB 12

das Selbstvertrauen   selbstständig

selbst-

b Arbeiten Sie zu zweit. Schreiben Sie je einen Satz zu fünf Wörtern aus **a** und vergleichen Sie im Kurs.

> Für uns ist es sehr wichtig, dass wir in unseren Jobs selbstständig arbeiten können.

8 KOMMUNIKATION Erstellen Sie einen Beitrag zum *Dunning-Kruger-Effekt* für die Sendung „Kurz erklärt". → AB 13–15

Schritt 1: Recherchieren Sie Informationen zum *Dunning-Kruger-Effekt* in einer Sprache Ihrer Wahl und machen Sie Notizen wie in 6b auf Deutsch. Die Fragen in 6a helfen.

Schritt 2: Arbeiten Sie in Gruppen und vergleichen Sie Ihre Notizen. Verfassen Sie dann gemeinsam einen Text und nehmen Sie einen Audiobeitrag auf.

ein psychologisches Phänomen beschreiben

… wurde zum ersten Mal … [Jahr] von … beschrieben.
… zeichnet sich durch … aus. / äußert sich folgendermaßen: …
Betroffen sind vor allem Menschen, die … / Wer von … betroffen ist, …
Es kennzeichnet diese Menschen, dass sie … / Wichtige Kennzeichen sind …
Ein weiteres Merkmal ist … / Dazu kommt noch …
Damit sind folgende (positive / negative) Auswirkungen verbunden: …

Schritt 3: Spielen Sie Ihren Audiobeitrag im Kurs vor. Wie unterscheidet sich der *Dunning-Kruger-Effekt* vom *Imposter-Phänomen* aus 6? Sprechen Sie im Kurs.

etwas vergleichen

Wenn man … und … miteinander vergleicht, fallen folgende Ähnlichkeiten / Unterschiede auf: …
Genauso wie bei … gibt es bei …
Während bei …
Im Gegensatz dazu …

MEHRSPRACHIGKEIT

Wie wir Sprachen (er)leben

3

LERNZIELE

// einen Magazinartikel zum Thema *Mehrsprachigkeit* verstehen
// schwer übersetzbare Wörter im Deutschen erklären
// Wortfeld *Sprache(n)*
// kausale Zusammenhänge: Gründe angeben

www.paedagogik-online.de/mehrsprachigkeit

GELEBTE MEHRSPRACHIGKEIT

Mindestens die Hälfte der Weltbevölkerung ist bilingual oder plurilingual, d. h. diese Menschen sprechen zwei oder mehr Sprachen in ihrem Alltag. Wir haben einige Menschen befragt, welche Sprachen sie neben Deutsch sprechen.

Anna Goldman
(Israel)
spricht Russisch
und Hebräisch.

Fodé Souaré
(Schweiz)
spricht Susu,
Fulani und
Französisch.

Sebastian Hippel
(Österreich)
spricht Wienerisch
und österreichische
Gebärdensprache.

Loïc Chevalier
(Kanada)
spricht Französisch
und Englisch.

Indah Mardjana
(Indonesien)
spricht u. a.
Ambonisch,
Balinesisch und
Bahasa Indonesia.

Marie Faßbender
(Deutschland)
spricht Badisch
bzw. Südfränkisch
(Mundart aus
Karlsruhe).

1◀)) 06 **1** **Lesen Sie die Webseite und die Aussagen 1 – 6. Hören Sie dann die Beiträge. Wer sagt was? Notieren Sie bei den Porträts.** → AB 4

1. In meiner Muttersprache kann ich Gefühle besser ausdrücken.
2. Wenn ich gebärde, komme ich extrovertierter rüber.
3. Ich finde es praktisch, zwischen Sprachen zu wechseln. So kann man manches besser ausdrücken.
4. Man wird unterschiedlich wahrgenommen, je nachdem, ob man Hochdeutsch oder einen Dialekt spricht.
5. Es ist schade, dass Regionalsprachen selten in der Schule gelehrt werden.
6. Es ist ein großer Vorteil, wenn man an der Universität die eigene Muttersprache verwenden kann.

2a WÖRTER **Arbeiten Sie zu dritt. Was bedeuten die Begriffe? Wählen Sie jeweils drei Begriffe und recherchieren Sie die Bedeutung.**

Amtssprache   Erstsprache / Muttersprache   Familiensprache   Gebärdensprache

Hochsprache / Standardsprache   Kunstsprache   Landessprache   Regionalsprache   Wissenschaftssprache

b KOMMUNIKATION **Erklären Sie Ihre Begriffe in der Gruppe.** → AB 5–6

einen Begriff erklären
... wird als ... definiert. / Unter ... versteht man ...
Als ... bezeichnet man ... / Von ... spricht man, wenn ...
Ein Beispiel für ... wäre ...

◆ Die Hochsprache oder Standardsprache wird als sprachliche Norm definiert. Man spricht ohne Dialekt. Zum Beispiel ist „Hochdeutsch" das Deutsch, das wir im Sprachkurs lernen.

c **Hören Sie die Beiträge aus 1 noch einmal. Was erfahren Sie noch über die Personen? Machen Sie Notizen und sprechen Sie dann zu zweit.**

Anna Goldman:
– Arbeit, unterwegs: Hebräisch

3 **Welche Sprachen und Dialekte sprechen Sie? Mit wem und in welchen Situationen? Berichten Sie im Kurs. Erstellen Sie dann eine Liste mit allen Sprachen und Dialekten Ihres Kurses.** → Kursstatistik

4a Lesen Sie die Überschrift und die Einleitung des Magazinartikels. Was meinen Sie,
wie könnte sich Mehrsprachigkeit auf die Persönlichkeit auswirken? Fühlen oder verhalten
Sie sich anders, wenn Sie eine andere Sprache sprechen? Sprechen Sie im Kurs.

◆ Ich bin ein sehr humorvoller Mensch. Aber ich glaube, je nach Sprache ändert sich mein Humor
ein bisschen: manchmal albern, manchmal trocken.

www.paedagogik-online.de/mehrsprachigkeit/persoenlichkeit

WIE WIRKT SICH MEHRSPRACHIGKEIT AUF UNSERE PERSÖNLICHKEIT AUS?

Ein Beitrag zum
Europäischen Tag
der Sprachen
am 26.09.

*Anlässlich des Europäischen Tags der Sprachen am 26. September
werfen wir einen Blick auf die Mehrsprachigkeitsforschung.*

❶ In verschiedenen Studien konnte die These belegt werden, dass Sprachen im Gehirn
unterschiedlich stark mit Emotionen verknüpft sind. Diese Beobachtung hat auch eine
5 Studienteilnehmerin aus Hongkong gemacht. Sie spricht Kantonesisch als Erstsprache,
benutzt aber auch Englisch im Alltag. Sie beschreibt: „Den Satz ‚Ich liebe dich!' kann ich auf
Kantonesisch kaum aussprechen. Das ist auf Kantonesisch nämlich einfach zu stark. Da
würde man seine Liebe weniger mit diesen Worten und eher mit Handlungen ausdrücken.
Deshalb würde ich diesen Satz immer auf Englisch sagen." Angesichts solcher Beobachtun-
10 gen wird in der Mehrsprachigkeitsforschung heute davon ausgegangen, dass die meisten
Menschen zu ihrer Erstsprache eine engere emotionale Verbindung haben als zu später
erlernten Sprachen. Das hat oft damit zu tun, dass man die Erstsprache als Kind im familiären Kontext erwirbt, der mit vielen Emotionen verbunden ist. In formalen Lernumgebungen – wie der Schule oder der Universität – ist das anders. Mangels der emotionalen Nähe
15 zur neuen Sprache denken, sprechen und handeln wir distanzierter. In einer weiteren
Untersuchung kam man sogar zu dem Ergebnis, dass die emotionale Distanz mit jeder
weiteren Fremdsprache zunimmt. Die Befragten gaben an, sich in den später erlernten
Sprachen tendenziell weniger authentisch und emotional involviert zu fühlen.

❷ Auch die kulturellen Werte und Normen, die in einer Sprache unbewusst transportiert
20 werden bzw. die man mit einer Sprache verbindet, haben Auswirkungen auf die eigene
Persönlichkeit in dieser Sprache. Diese Annahme bestätigt nun eine Studie mit spanisch-
und englischsprachigen Menschen mexikanischer Herkunft in den USA. Die Teilnehmenden
der Studie sollten sich selbst beschreiben – einmal auf Englisch und einmal auf Spanisch.
Im Englischen erwähnten die meisten eher ihre beruflichen Erfolge und betonten, wie
25 pflichtbewusst oder gewissenhaft sie seien. Auf Spanisch beschrieben sie sich dagegen eher
als höflich und freundlich und betonten ihre familiären Wurzeln. Dies entspricht den Werten, die man oft mit der mexikanischen bzw. US-amerikanischen Kultur verbindet. Die Teilnehmenden haben sich unbewusst den jeweiligen kulturellen Erwartungen angepasst. Die
Studienleiterin erklärt: „Jede Sprache wird in bestimmten kulturellen Kontexten gelernt.
30 Wenn man eine Sprache spricht, werden dabei auch die damit verbundenen Werte aktiviert –
und das wirkt sich auf Gedanken, Gefühle und das Selbstbild aus."

❸ Ein anderes Forschungsteam weist auf ein weiteres interessantes Phänomen bei der
Verwendung einer Fremdsprache hin: Menschen probieren gern verschiedene Versionen
von sich selbst aus, und eine Fremdsprache bietet eine gute Möglichkeit, dies zu tun.
35 Anders ausgedrückt: In der Fremdsprache kann man jemand anderes sein und sich in
neuen Rollen ausprobieren, zumal hier die Konzepte, Werte und Rollen aus der Erstsprache
oft nicht gelten. „Aus diesem Grund können wir in einer Fremdsprache extrovertierter und
mutiger sein, als wir es normalerweise wären. Wir trauen uns, Dinge zu sagen, die uns
in unserer Erstsprache vielleicht nicht über die Lippen kämen", so ein Wissenschaftler des
40 Teams. Umgekehrt kann es aber auch sein, dass man sich zurückhaltender verhält, wenn
es sich in der Kultur der Fremdsprache nicht gehört, bestimmte Gefühle – wie z. B. Ärger
oder Zorn – zu zeigen.

Text hören 🔊

3

b Welche Thesen werden in den Abschnitten ❶ – ❸ auf S. 11 aufgestellt? Lesen Sie die Abschnitte und ordnen Sie die passende These zu. Vergleichen Sie dann Ihre Ergebnisse zu dritt.

a Fremdsprachen bieten die Möglichkeit, andere Seiten der eigenen Persönlichkeit auszuleben. ○

b Jede Sprache ist mit kulturellen Werten verknüpft, d.h. je nach Sprache, die man spricht, werden bestimmte Werte wichtiger oder weniger wichtig. ○

c Je früher man eine Sprache lernt, umso stärker ist die emotionale Verbindung. ○

c Arbeiten Sie weiter zu dritt. Durch welche Belege (Beispiele, Studienergebnisse, Argumente) werden die Thesen aus **b** untermauert? Lesen Sie jeweils einen der Abschnitte ❶ – ❸ auf S. 11 noch einmal und markieren Sie wichtige Informationen.

d KOMMUNIKATION Fassen Sie Ihren Abschnitt für die anderen in der Gruppe zusammen.

über Forschungsergebnisse berichten
Wissenschaftlerinnen und Wissenschaftler gehen davon aus / stellten die These auf, dass ...
In der Forschung wird die These vertreten, dass ...
Studien konnten belegen / beweisen, dass ...
Mithilfe von Studien / Umfragen / ... konnte man die Annahme bestätigen, dass ...
Ein Forschungsergebnis ist: ... Das zeigt sich daran, dass ... / Das sieht man daran, dass ...

e Welche Forschungsergebnisse finden Sie besonders interessant? Haben Sie selbst ähnliche Erfahrungen gemacht? Sprechen Sie in der Gruppe. → AB 7–11

◆ Ich finde es sehr interessant, dass die kulturellen Werte offensichtlich einen so starken Einfluss haben, wenn man eine Sprache spricht.
▲ Ja, das finde ich auch. Bei mir ist es zum Beispiel so, dass ...

5a GRAMMATIK Lesen Sie die Sätze 1 – 5. Welche Bedeutung haben die markierten Wörter? Verbinden Sie. → Kausale Zusammenhänge

1. Anlässlich des Europäischen Tags der Sprachen [...] werfen wir einen Blick auf die Mehrsprachigkeitsforschung. *(Z. 1–2)*

2. Angesichts solcher Beobachtungen wird in der Mehrsprachigkeitsforschung heute davon ausgegangen, dass die meisten Menschen zu ihrer Erstsprache eine engere emotionale Verbindung haben [...]. *(Z. 9–11)*

3. Mangels der emotionalen Nähe zur neuen Sprache denken, sprechen und handeln wir distanzierter. *(Z. 14–15)*

4. In der Fremdsprache kann man [...] sich in neuen Rollen ausprobieren, zumal hier die Konzepte, Werte und Rollen aus der Erstsprache oft nicht gelten. *(Z. 35–37)*

5. Aus diesem Grund können wir in einer Fremdsprache extrovertierter und mutiger sein [...]. *(Z. 37–38)*

a ≈ deshalb
b ≈ besonders weil / vor allem weil
c ≈ weil ... fehlt
d ≈ aufgrund
e ≈ wegen eines bestimmten Ereignisses

b Ordnen Sie die markierten Wörter aus **a** in die Tabelle ein. → AB 12–13

Kausale Zusammenhänge (Gründe)		
Nebensatz-Konnektor	*Hauptsatz-Konnektor*	*Präpositionen + Genitiv*
	aus diesem Grund	

Diese Konnektoren und Präpositionen werden vor allem in der Schriftsprache verwendet.

6 Sehen Sie die Webseite an. Lesen Sie die Sätze 1–6 zum Thema *Mehrsprachigkeit*.
Verbinden Sie die *kursiven Sätze und Satzteile* mit den Wörtern in Klammern. → AB 14–15

www.paedagogik-online.de/mehrsprachigkeit/zahlen_fakten

WUSSTEN SIE SCHON ...?
ZAHLEN UND FAKTEN ZUM THEMA *MEHRSPRACHIGKEIT*

1. *Ausreichende Angebote an bilingualen Kitas und Schulen* fehlen. *Mehrsprachige Kinder können nicht genug gefördert werden.* (mangels)

4. *Kindern fällt das Sprachenlernen leichter als Erwachsenen. Ihr Gehirn kann sich schneller auf neue Strukturen einstellen.* (zumal)

2. *Die erste Europäische Konferenz über Mehrsprachigkeit fand 2005 statt: Die Europäische Charta für Mehrsprachigkeit wurde beschlossen.* (anlässlich)

5. *Die Sprachenvielfalt in der EU: Wichtige Dokumente werden in allen Amtssprachen der Mitgliedsstaaten veröffentlicht.* (angesichts)

3. *Das Gehirn verknüpft und aktiviert das Wissen aus verschiedenen Sprachen. Mehrsprachige Menschen sind kognitiv besonders flexibel.* (aus diesem Grund)

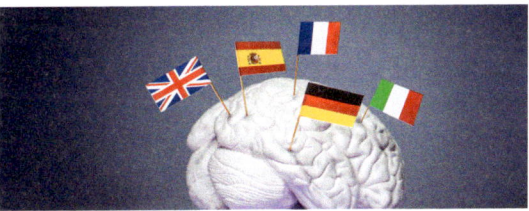

6. *Eindeutige Beweise* fehlen: *Man kann nicht davon ausgehen, dass mehrsprachige Menschen grundsätzlich schneller Fremdsprachen erlernen.* (mangels)

1. Mangels ausreichender Angebote an bilingualen Kitas und Schulen können ...

7 KOMMUNIKATION **Erklären Sie schwer übersetzbare Wörter im Deutschen.** → AB 16

Schritt 1: Arbeiten Sie zu viert. Wählen Sie jeweils zwei Wörter. Recherchieren Sie ihre Bedeutung.

Fernweh Brückentag Vorfreude Fremdscham Kopfkino Fingerspitzengefühl Kabelsalat Schnapsidee

Schritt 2: Erklären Sie Ihre Wörter in der Gruppe. Die anderen raten, um welche Wörter es sich handelt.

♦ Mein Wort bedeutet, dass etwas nur in der Fantasie existiert. Es ist ein umgangssprachlicher Ausdruck für ...

Schritt 3: Welche schwer übersetzbaren Wörter kennen Sie in anderen Sprachen? Erklären Sie sie im Kurs.

♦ Auf Schwedisch gibt es das Wort „Fika". Als Übersetzung findet man meistens „Kaffee trinken" oder „eine Kaffeepause machen". Aber es ist mehr als das. Wenn wir „Fika" machen, dann sitzen wir zusammen, essen ein Stück Kuchen, quatschen und genießen die gemeinsame Zeit. „Fika" beschreibt ein ganzes Gefühl.

Betriebsrat

EXTRA BERUF

// eine E-Mail des Betriebsrats verstehen
// ein Beratungsgespräch beim Betriebsrat verstehen und üben

MILAN JUREK (32) arbeitet als Pfleger im Altenheim Sonnengarten.
Er hat ein Problem auf der Arbeit und wendet sich damit an den Betriebsrat.

1 Lesen Sie die Informationen zu Milan Jurek und die Definition.
Gibt es in Ländern, die Sie kennen etwas Ähnliches wie einen
Betriebsrat oder andere Formen der Arbeitnehmervertretung?
Sprechen Sie im Kurs.

> **Betriebsrat,** *der*
> Interessenvertretung der Arbeitnehmer in einem Betrieb. Der Betriebsrat wird alle vier Jahre
> neu gewählt und hat die Aufgabe, die Interessen der Beschäftigten gegenüber dem Arbeitge-
> ber zu vertreten, ihre Rechte zu wahren und ihre Arbeitsbedingungen zu verbessern. Ab fünf
> Angestellten in einem Betrieb gibt es das gesetzlich garantierte Recht auf einen Betriebsrat.

2 Lesen Sie die E-Mail des Betriebsrats an die Belegschaft und machen Sie
Notizen zu den Themen 1 – 4. Vergleichen Sie dann Ihre Notizen zu zweit.

1. Betriebsrat und Unternehmensleitung   2. Mitspracherechte des Betriebsrats

3. Weitere Aufgaben des Betriebsrats   4. Kontaktaufnahme mit dem Betriebsrat

1. Betriebsrat und Unternehmens-leitung:
– Lösungen ...

---

www.sonnengarten.de/email

von: betriebsrat@sonnengarten.de
an: verteiler_alle@sonnengarten.de

Liebe Kolleginnen und Kollegen,
im letzten Monat habt ihr uns als neuen Betriebsrat gewählt. Wir danken euch für euer Vertrauen und
freuen uns, dass wir euch in den nächsten vier Jahren zur Seite stehen dürfen.

Wer sind wir und was machen wir als Betriebsrat eigentlich?

Mona Simmons, Verwaltungsfachangestellte
Jurij Mladenovic, Diplomierter Alten- und Krankenpfleger
Carmen Lanta, Assistentin in der Pflegeleitstelle

Als Betriebsrat stellen wir sicher, dass alle Gesetze, Regelungen in den Arbeitsverträgen und betrieblichen
Vereinbarungen eingehalten werden. Wir arbeiten dazu auf Augenhöhe mit der Unternehmensleitung
zusammen und finden Lösungen, die sowohl unseren Interessen als Arbeitnehmenden als auch den betrieblichen Erfordernissen gerecht werden.

Wir haben Mitspracherechte bei der betrieblichen Personalpolitik, also bei Einstellungen, Versetzungen,
Abmahnungen und Kündigungen, sowie bei Arbeitszeitregelungen.

Außerdem achten wir auf Gesundheitsschutz und Arbeitsschutz im Betrieb und einen angenehm gestalte-
ten Arbeitsplatz. Wichtig ist uns auch das Engagement gegen Diskriminierung in jeglicher Form.

Wenn ihr Fragen, Probleme oder Anregungen habt, könnt ihr euch jederzeit an uns wenden. Schreibt uns
einfach eine E-Mail oder ruft uns an. Ihr könnt natürlich auch in unsere Sprechstunde kommen, jeden
Dienstag von 14:00 bis 16:00 Uhr, in Raum 2.05. Auf Wunsch können wir auch einen anderen Termin für eine
Beratung vereinbaren (Präsenz oder online).

Wir kümmern uns gern um eure Anliegen und vermitteln auch bei Konflikten mit Vorgesetzten. Was ihr uns
erzählt, bleibt vertraulich. Wir sind gesetzlich zur Verschwiegenheit verpflichtet.

Schöne Grüße
Mona, Jurij und Carmen

3a Lesen Sie die Aussagen 1 – 6 und hören Sie Teil 1 des Beratungsgesprächs beim Betriebsrat. Sind die Aussagen richtig **r** oder falsch **f**? Markieren Sie.

1. Milan fragt Mona, ob das Gespräch vertraulich ist. **r** **f**
2. Milan muss mehr arbeiten, als in seinem Arbeitsvertrag steht, zehn oder mehr Überstunden pro Woche. **r** **f**
3. Milan wollte zuerst mit dem Betriebsrat reden, bevor er das Thema bei der Abteilungsleitung anspricht. **r** **f**
4. Struktureller Personalmangel ist laut Mona kein Grund für Überstunden. **r** **f**
5. Milan möchte sich zukünftig seine Überstunden auszahlen lassen. **r** **f**
6. Es ist vertraglich vereinbart, dass Milan zweimal pro Monat Wochenendschichten arbeitet. **r** **f**

b Hören Sie Teil 2 des Beratungsgesprächs und machen Sie Notizen.

Was schlägt Mona als mögliche Vorgehensweise vor?	Wie reagiert Milan auf die Vorschläge? Warum?
1. Der Betriebsrat organisiert ein Gespräch zu dritt: Milan, die Abteilungsleitung und der Betriebsrat.	*skeptisch –>*
2. Der Betriebsrat spricht mit der Abteilungsleitung und setzt sich für Milans Rechte ein. Milan soll entscheiden, ob er anonym bleiben möchte oder nicht.	
3. Der Betriebsrat leitet ein gerichtliches Verfahren ein.	

4 KOMMUNIKATION Üben Sie ein Beratungsgespräch beim Betriebsrat.

Schritt 1: Arbeiten Sie zu zweit. Denken Sie sich ein Unternehmen und einen Beruf aus. Wählen Sie dann die Probleme / Themen, über die Sie im Beratungsgespräch sprechen möchten. Sie können sich auch weitere Probleme / Themen überlegen.

Kündigung   Mobbing   zu viele Überstunden   zu wenige / zu kurze Pausen   …

Schritt 2: Welche Überschrift passt zu welchen Redemitteln? Ordnen Sie zu.

auf Rechte / Vereinbarungen hinweisen   Maßnahmen beschreiben   nach einem Anliegen fragen
Probleme / Missstände schildern   um Rat bitten   Vorschläge machen und bewerten

1. ....
Was genau ist Ihr / dein Anliegen?
Würden Sie mir Ihr Problem / Würdest du mir dein Problem genauer schildern?
Dann beschreiben Sie / beschreib mir doch bitte ganz konkret, um welche Verstöße / Schwierigkeiten / Probleme es geht.

2. ....
Es ist bedauerlich / besorgniserregend / nicht akzeptabel, dass …
Es besteht ein Missverhältnis / eine Diskrepanz zwischen … und …
Ich beobachte eine zunehmende Belastung der / des …

3. ....
Ich bräuchte bitte einen Rat zu / zum Thema …
Ich wollte mich bei Ihnen / dir erkundigen / informieren, wie / ob / wann / wo / wer …

4. ....
Haben Sie / Hast du schon einmal mit der Unternehmensleitung / Abteilungsleitung / Ihren / deinen Vorgesetzten / … über … gesprochen?
Dies scheint mir nicht geeignet, weil …
Mir scheint in diesem Fall … am geeignetsten.

5. ....
Im Arbeitsvertrag ist zugesichert / vereinbart, dass … / Mir wurde zugesichert, dass …
Laut / Gemäß der Vertragsvereinbarung / meinem Vertrag …

6. ....
Es gibt verschiedene Handlungsoptionen, darunter …
Eine Maßnahme / Option, die wir in Betracht / Erwägung ziehen können, ist …

Schritt 3: Bereiten Sie das Beratungsgespräch vor. Machen Sie Notizen zu beiden Rollen (Betriebsratsmitglied und Arbeitnehmer/-in).

Schritt 4: Spielen Sie das Gespräch und nehmen Sie es mit dem Handy auf.

Schritt 5: Präsentieren Sie Ihre Videos im Kurs und geben Sie sich gegenseitig Feedback.

Literatur

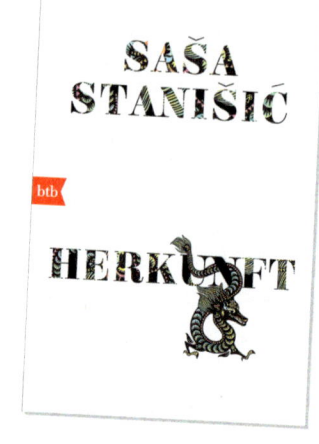

Gebundene Hände

❶ Dass ich heute noch mit Sprache arbeiten, dass ich literarisch schreiben kann, ist ein Privileg. Ich weiß noch, wie es sich anfühlt, für etwas keine Sprache zu haben. Wie ich manche Unterhaltungen am liebsten einfach abgebrochen hätte, wenn meine Gesprächspartner ihre Ungeduld kaum verbergen konnten,
5 weil ich so lange brauchte, um mich mitzuteilen. Wie ich mich der höchstens mittelmäßigen Sprachkenntnisse meiner Eltern geschämt habe nach drei oder vier Jahren in Deutschland. Dabei war Mittelmaß eigentlich super; es gab ja nicht wenige, denen der Zugang, der Wille oder die Gelegenheit fehlten, die Sprache überhaupt irgendwie zu erlernen.

❷ 10 Vater bewarb sich anfangs auf alle möglichen Stellen – solche, für die er qualifiziert war, und solche, von denen er sagte: Ich lerne schnell. Solange Kochen nicht involviert war, konnte er sich alles vorstellen. Gärtnern, Unterrichten, Schuhe verkaufen. Und jede Form von Baustelle. Er wurde selten zum Gespräch eingeladen. Klappte es mal, bat er mich mitzukommen, damit ich übersetzen könnte, falls er etwas nicht verstand.

❸ Die Tatsache, dass ein Bewerber jemanden dabei hat, der ihm so unter die Arme greift, könnte für ihn spre-
15 chen und als Zeichen für seine hohe Motivation gedeutet werden. Oder aber gegen ihn. Ich erinnere mich an den Blick der Personalerin einer Spedition, als ich erklärte, warum ich mitgekommen sei. Es war der mitleidige Blick, den ich schon gut kannte bei Deutschen, die zwar wohlwollend sind, nicht aber willens.

❹ Immerhin zog sie das Gespräch durch, obwohl ihr und mir und vermutlich auch Vater klar war, dass daraus nichts werden würde. Sie verabschiedete uns mit den Worten: »Ich will ehrlich sein: Sie sind mir sympa-
20 thisch, mir sind aber die Hände gebunden.«

❺ Das war neu und interessant: *gebundene Hände*. Die Hände der Personalerin ruhten auf dem Schreibtisch zu Fäusten geballt. Daneben stand eine Tasse mit dem Logo der Spedition und der Aufschrift *Die Welt ist klein*.

❻ Vater bedankte sich. Sich bedanken hatte er in der kurzen Zeit in Deutschland gut gelernt. »Danke sehr!«, donnerte mein Vater, achtunddreißigjähriger Betriebswirt mit Schwerpunkt Logistik und hörbarem Akzent
25 der kleinen Welt entgegen.

In seinem teilweise autobiografischen Roman „Herkunft" erzählt Saša Stanišić, der als 14-Jähriger nach der Flucht aus Bosnien mit seinen Eltern nach Deutschland kam, über seine verschiedenen Heimaten – Heimaten, an die er sich erinnert, und Heimaten, die er erfindet.

1 Lesen Sie den Info-Kasten und Abschnitt **❶**. Wie beschreibt Saša Stanišić seinen Weg, Deutsch zu lernen? Was sagt er über die Deutschkenntnisse seiner Eltern? Markieren Sie wichtige Wörter und Sätze und sprechen Sie im Kurs.

2a Lesen Sie die Abschnitte **❷** und **❻**. Welche Situation wird beschrieben? Was denken Sie: Was ist passiert? Sprechen Sie im Kurs.

b Lesen Sie die Abschnitte **❸** – **❺** und vergleichen Sie mit Ihren Vermutungen aus a.

3a Lesen Sie die Abschnitte **❹** und **❺** noch einmal. Was bedeutet hier die Redewendung *Mir sind die Hände gebunden?* Kennen Sie eine ähnliche Redewendung in einer anderen Sprache? Berichten Sie.

b Lesen Sie die Abschnitte **❺** und **❻** noch einmal. Was könnte der Ich-Erzähler meinen, wenn er in diesem Zusammenhang von „der kleinen Welt" spricht? Tauschen Sie sich aus.

MODUL 2

4 Mobilität · **5** Körper und Geist · **6** Ausbildungswege

Letícia Da Silva Rodríguez
denkt bei Mobilität an „nach Hause kommen".

Zlata Rudenko
findet es manchmal stressig, so viel in Bewegung zu sein.

Amir Abdo
ist am liebsten mit dem Fahrrad unterwegs.

Was verbinden Sie mit „Mobilität"?

1a Lesen Sie die Bildunterschriften. Welche Aussage trifft am besten auch auf Sie zu? Machen Sie eine Blitzumfrage.

b Sehen Sie die Filme an. Was verbinden Letícia, Zlata und Amir mit „Mobilität"? Machen Sie Notizen und vergleichen Sie zu dritt.

2 Was verbinden Sie mit „Mobilität"? Schreiben Sie drei Sätze.

> Mobilität bedeutet für mich …
> Ich verbinde mit Mobilität …
> Mir fällt dazu auch ein, …

Eine Frage der Gerechtigkeit?

// einen Radiobeitrag über Mobilität verstehen
// ein Zukunftsszenario entwerfen
// Nomen-Verb-Verbindungen
// Präpositionen der Redewiedergabe; indirekte Rede mit Konjunktiv I und II: Passiv

1a Arbeiten Sie zu zweit. Sehen Sie das Bild an und lesen Sie die Fragen. Wählen Sie dann eine Person ❶ – ❽ auf dem Bild und schreiben Sie ein kurzes Porträt über sie.

- Warum ist die Person unterwegs (privat / beruflich)? Wohin muss sie gehen / fahren?
- Welche Hindernisse oder Probleme könnten auftreten?
- Wie geht es der Person? Wie fühlt sie sich?

> *Die Person ist in Eile. Sie muss in einer Viertelstunde bei der Arbeit sein. Sie muss heute eine wichtige Präsentation halten. Normalerweise fährt sie mit dem Fahrrad, aber heute …*

b Arbeiten Sie in Gruppen. Lesen Sie Ihr Porträt aus **a** vor. Die anderen raten, um welche Person es sich handelt.

2a `KOMMUNIKATION` Lesen Sie den Programmhinweis. Machen Sie Notizen zu den Fragen 1 und 2 und vergleichen Sie Ihre Ideen im Kurs. ➜ Ich-Du-Wir

---

www.radio_Y.de/mobilitaet_fuer_alle

☰ Mobilität für alle?!

11.04.
14:00 Uhr – 14:30 Uhr

ein Beitrag von und mit Nora Gerber

Beim Thema *Mobilität* geht es darum, wie Menschen von einem Ort zum anderen kommen und welche Optionen ihnen dafür zur Verfügung stehen.
1. In welchen Lebensbereichen spielt Mobilität eine Rolle?
2. Inwiefern hängen Mobilität und soziale Gerechtigkeit zusammen?
Um diesen Fragen auf den Grund zu gehen, hat Nora Gerber Eindrücke von ganz unterschiedlichen Menschen gesammelt.

Zusammenhänge erläutern

Für mich besteht ein Zusammenhang zwischen … und …, weil …
… hat auf jeden Fall etwas mit … zu tun. Das sieht man an …
… Daran sieht man, dass … mit … direkt / eng / unmittelbar zusammenhängt.
… geht / gehen oft mit … einher. Ein Beispiel wäre … / Das zeigt sich z. B. daran, dass …

> 1. Arbeitsweg, Berufsleben
> 2. Fahrkarten / Benzin sehr teuer

◆ Mobilität spielt z. B. im Berufsleben eine entscheidende Rolle. Viele Menschen sind auf öffentliche Verkehrsmittel oder ein Auto angewiesen, um zur Arbeit zu kommen. Wenn Fahrkarten oder Benzin so teuer sind, dass manche sich das nicht mehr leisten können, dann ist das ungerecht. Daran sieht man, dass Mobilität mit Gerechtigkeit direkt zusammenhängt.

1◀)) 09 **b** Hören Sie Teil 1 des Radiobeitrags und notieren Sie die Informationen zu den Fragen 1 und 2 in a. Vergleichen Sie dann mit Ihren eigenen Ideen.

1◀)) 10 **c** Sehen Sie die Bilder Ⓐ – Ⓒ an und lesen Sie die Themen 1 – 6. Hören Sie dann Teil 2 des Radiobeitrags. Wer spricht welche Themen an? Ordnen Sie zu. Die Themen können mehrmals vorkommen.

1. Hindernisse und Barrierefreiheit   2. Platzverbrauch durch Autos   3. Sharing-Angebote   4. Verkehrsanbindung
5. Preise des öffentlichen Personennahverkehrs (ÖPNV)   6. Umwelt- und Naturbelastungen

Ⓐ Sarah Grabowski arbeitet als Sozialarbeiterin und wohnt mit ihrer Tochter in Berlin.
_6._

Ⓑ Birte Arnolds lebt mit ihrer Familie in Retzow, einem kleinen Dorf in Brandenburg.
___

Ⓒ Serkan Kaya studiert Umweltwissenschaften in Köln.
___

d Lesen Sie die Sätze 1 – 6. Hören Sie dann Teil 2 des Radiobeitrags noch einmal. Was ist richtig, ⓐ oder ⓑ? Markieren Sie. → AB 4–8

1. Für Sarah Grabowski bedeutet es Stress, mit den öffentlichen Verkehrsmitteln zu fahren, weil
   ⓐ das Verkehrsnetz nicht ausreichend ausgebaut ist.
   ⓑ die Bahnen im Berufsverkehr oft überfüllt sind.

2. Wer – wie Sarahs Freund – im Rollstuhl sitzt, hat Schwierigkeiten, weil
   ⓐ man mit dem Rollstuhl nicht mit der Tram fahren darf.
   ⓑ die Gehwege oft nicht barrierefrei sind.

3. Für Birte Arnolds besteht ein Mobilitätsproblem auf dem Land darin, dass die Busse nur
   ⓐ alle 20 Minuten fahren.
   ⓑ zu bestimmten Tageszeiten fahren.

4. Wenn die Menschen in Retzow irgendwohin fahren wollen, nutzen sie
   ⓐ Carsharing-Angebote.
   ⓑ private Fahrgemeinschaften.

5. Ein weiteres Mobilitätsproblem ist – laut der Reporterin – in Großstädten wie Köln, dass
   ⓐ Autos durchschnittlich 23 Stunden pro Tag herumstehen.
   ⓑ es zu wenig Flächen für Parkplätze gibt.

6. Nach Ansicht von Serkan Kaya ist das Problem mit Leihrollern, dass
   ⓐ ihr Potenzial nicht ausreichend genutzt wird.
   ⓑ sie wegen ihrer kurzen Lebensdauer nicht nachhaltig sind.

3a Arbeiten Sie zu zweit. Welche Mobilitätsprobleme werden im Radiobeitrag beschrieben? Lesen Sie noch einmal die Themen in 2c und die Sätze in 2d und notieren Sie.

– hohe Preise für den ÖPNV
– …

b Kennen Sie die Probleme aus a? Welche Erfahrungen haben Sie schon gemacht? Tauschen Sie sich in Gruppen aus. Die Fragen helfen. → AB 9

· Welche Probleme oder Hindernisse begegnen Ihnen, wenn Sie unterwegs sind?
· Auf welche Probleme oder Hindernisse könnten andere Menschen in Ihrem Umfeld stoßen?
· Gibt es Lösungsansätze? Wenn ja, welche? Wie finden Sie sie?

◆ In meiner Stadt gibt es fast keine öffentlichen Parkplätze mehr. Autos werden in Parkhäusern abgestellt. Ich finde das gut, weil es dadurch mehr Platz für Radfahrer und Fußgänger gibt. Aber ich kann mir vorstellen, dass das für Autobesitzer auch teuer ist.

1 ◀)) 11 **4** GRAMMATIK **Lesen Sie die Regel. Hören Sie dann die Aussagen 1 – 5 aus dem Radiobeitrag. Welche Präposition passt? Ergänzen Sie.** → Präpositionen der Redewiedergabe → AB 10–11

gemäß   laut   nach (2x)   zufolge

1. Einer aktuellen Studie .... sind 85 % aller Menschen in Deutschland tagtäglich unterwegs.
2. .... der Definition einer Berliner Stiftung geht es bei Mobilität um die Möglichkeit, von A nach B zu kommen und die Optionen, die den Menschen dafür zur Verfügung stehen.
3. .... dieser Definition ist Mobilität eine Voraussetzung dafür, am gesellschaftlichen Leben teilzunehmen.
4. .... einer Erhebung von 2015 werden 92 % des öffentlichen Raums für Parkflächen benötigt.
5. Ersten Schätzungen .... landen Leihroller schon nach wenigen Monaten auf dem Müll.

Präpositionen der Redewiedergabe

Die Präpositionen *gemäß*, *laut*, *nach* und *zufolge* (+ Dativ) geben eine Informationsquelle an und drücken dabei Neutralität oder Distanz aus. Das Verb steht immer im Indikativ. Die Präposition *zufolge* ist immer nachgestellt. Die Präpositionen *gemäß* und *nach* können voran- oder nachgestellt werden.

5a GRAMMATIK **Lesen Sie die Sätze 1 – 3 aus dem Radiobeitrag und formulieren Sie sie in direkte Rede um.** → Indirekte Rede mit Konjunktiv I und II: Passiv

1. Birte Arnolds findet, die Bedürfnisse der Menschen auf dem Land *würden* oft *übersehen*.
2. Ein kommunaler Shuttle-Bus *werde* nächstes Jahr *eingerichtet*, heißt es aus der Gemeinde.
3. Mit solchen Maßnahmen *seien* [...] schon gute Erfahrungen *gemacht worden*, sagt Serkan Kaya.

1. Birte Arnolds findet: „Die Bedürfnisse der Menschen auf dem Land werden ..."

b **Lesen Sie die Regel. Welcher Satz aus a passt? Ordnen Sie zu.** → AB 12–13

Indirekte Rede mit Konjunktiv I und II: Passiv

Passiv Gegenwart: *werde / würden** + Partizip Perfekt	Satz ....
Passiv Vergangenheit: *sei / seien* + Partizip Perfekt + *worden*	Satz ....
* Da die Form des Konjunktiv I im Plural mit der Form des Indikativs identisch ist, verwendet man den Konjunktiv II.	

---

6 **Lesen Sie die Meldungen ❶ – ❸ und formulieren Sie sie um. Verwenden Sie für die erste Aussage die Präpositionen der Redewiedergabe aus 4, für die zweite Aussage das Passiv in indirekter Rede mit Konjunktiv I und II wie in 5.** → AB 14

❶ Neue Umfrageergebnisse: 60% der Leipziger wünschen sich mehr Fahrradwege.

Die Bürgermeisterin sagt dazu: „Bis Ende des Jahres wird das Netz der Fahrrad- wege ausgebaut."

❷ Vorschlag der Bürgerinitiative „Potsdam autofrei": Die Geschwindigkeit von 30 km/h soll im ganzen Stadtgebiet gelten.

Der Sprecher erklärt: „Die Geschwindigkeitsbegrenzungen sind leider bisher viel zu selten eingehalten worden."

❸ Prognose von Expert*innen: Elektroautos können viel zur Erreichung der Klimaziele beitragen!

Carsharing-Anbieter versprechen: „In den nächsten Jahren werden 80% der Leihwagen mit Strom betrieben."

❶ Neuen Umfrage-
ergebnissen
zufolge ...
Die Bürger-
meisterin sagt,
bis Ende ...

7a `WÖRTER` **Lesen Sie die Aussagen 1 – 5 und formulieren Sie die markierten Ausdrücke um.**
➡ Nomen-Verb-Verbindungen

möglich sein   nutzen   da sein   Ansprüche haben   ~~zweifellos so sein~~

1. Mobilität – das steht außer Frage – spielt in vielen Lebensbereichen eine zentrale Rolle.
2. Als Rollstuhlfahrer kann er etliche Angebote des öffentlichen Nahverkehrs gar nicht
   in Anspruch nehmen.
3. Birte Arnolds würde gern auf ihr Auto verzichten. Im Moment kommt das nicht in Frage.
4. Nur 8 % der Flächen stehen für Haltestellen, Fahrradabstellplätze oder Sitzbänke zur Verfügung.
5. Die Menschen stellen viele unterschiedliche Anforderungen an Mobilität.

> 1. Mobilität – das ist zweifellos so – spielt in vielen Lebensbereichen eine zentrale Rolle.

b **Arbeiten Sie in Gruppen. Schreiben Sie die markierten Ausdrücke aus a jeweils auf zwei Karten wie im Beispiel. Notieren Sie noch 3 – 5 weitere Nomen-Verb-Verbindungen (➡ Anhang, S. 6 – 9).**

| außer Frage | stehen | auf eine Idee | kommen |

c **Spielen Sie in der Gruppe. Legen Sie alle „Nomen-Karten" verdeckt auf einen Stapel und verteilen Sie alle „Verb-Karten" gleichmäßig in der Gruppe. Decken Sie eine „Nomen-Karte" auf. Die Person mit der passenden „Verb-Karte" legt die Karte ab und bildet einen Satz. Wer zuerst keine Karten mehr hat, hat gewonnen.** ➡ AB 15

> Die Leute im Dorf sind auf die Idee gekommen, eine Fahrgemeinschaft zu gründen.

8 `KOMMUNIKATION` **Wie wird Mobilität in 15 Jahren wohl aussehen? Entwerfen Sie ein Zukunftsszenario.** ➡ Galerierundgang ➡ AB 16

Schritt 1: Arbeiten Sie in Gruppen. Sehen Sie das Bild in 1a noch einmal an und überlegen Sie, wie diese Situation in 15 Jahren wohl aussehen wird. Stellen Sie Prognosen auf und diskutieren Sie Ihre Ideen. Die Fragen helfen.

· Welche Verkehrsmittel wird es noch geben, welche wird es nicht mehr geben?
  Welche neuen Verkehrsmittel wird es geben?
· Wie wird das Stadtbild aussehen? Gibt es mehr oder weniger Straßen, Grünflächen, Parkplätze, … ?
· Welche Mobilitätsangebote wird es auf dem Land geben?
· Welche Probleme werden gelöst sein? Welche neuen Probleme könnte es geben?

eine Prognose aufstellen

Ich erwarte / vermute, dass …   *Es ist anzunehmen / zu erwarten, dass …*
Gewiss / Sicher / Zweifellos …   *Aller Wahrscheinlichkeit nach …*
Alles deutet darauf hin, dass …   *Es ist denkbar / vorstellbar, dass …*
… lässt vermuten, dass …   *Es könnte / dürfte / wird … geben.*

Schritt 2: Halten Sie die gemeinsamen Ergebnisse schriftlich fest. Überlegen Sie sich dann, wie Sie Ihr Zukunftsszenario darstellen möchten: Zeichnen Sie ein Bild, gestalten Sie eine Collage oder entwerfen Sie eine digitale Präsentation.

Schritt 3: Präsentieren Sie Ihr Szenario im Kurs.

Mit Schwung in den Alltag!

5

LERNZIELE

// einen Vortrag über das Zusammenspiel von Bewegung und Hirnleistung verstehen
// ein Poster zu einer wissenschaftlichen Frage erstellen und präsentieren
// Wortfeld *Körperteile und Bewegung*
// Nominalstil I

www.auf-trab-bringen.net/poster

Verena Trabitz
Personal Trainerin

Nächster Termin: 22.11., Bürgerzentrum Bielefeld

Vortrag: „Aktiver Körper, aktiver Geist! Über das Zusammenspiel von Bewegung und Hirnleistung"

ANMELDEN

6 EFFEKTIVE ÜBUNGEN FÜR ZWISCHENDURCH

A ○

B ○

C ○

D ○
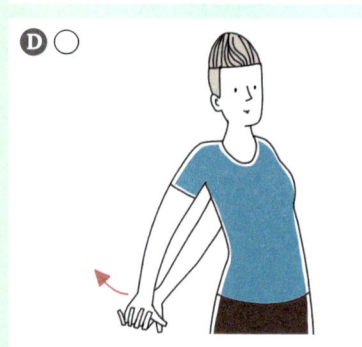

E ○
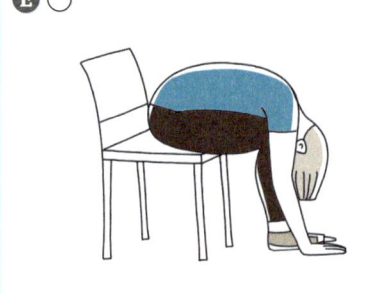

F ⊗

POSTER KOSTENLOS HERUNTERLADEN ⬇

1 **Sehen Sie das Poster der Trainerin Verena Trabitz an. Kennen Sie solche Übungen? Woher? In welchen Situationen bzw. wozu könnte man sie machen? Sprechen Sie im Kurs.**

◆ Ja, ich kenne solche Übungen. Ich mache sie selbst manchmal. Zum Beispiel morgens nach dem Aufstehen, um wach zu werden.

2a **Lesen Sie die Übungsanweisungen 1–6. Welche Bilder Ⓐ–Ⓕ in 1 passen? Ordnen Sie zu.**

1. Ⓔ Beugen Sie den Oberkörper nach vorn und lassen Sie ihn auf die Oberschenkel sinken.
2. ○ Kreisen Sie die Schultern vorwärts und rückwärts und atmen Sie in den Bereich zwischen den Schulterblättern.
3. ○ Neigen Sie den Kopf zur Seite und dehnen Sie den Hals- und den Nackenbereich.
4. ○ Schütteln Sie den ganzen Körper aus und lockern Sie Muskeln und Gelenke.
5. ○ Strecken Sie die Arme über den Kopf und legen Sie die Handflächen aufeinander.
6. ○ Verschränken Sie die Hände hinter dem unteren Rücken und ziehen Sie die Arme vom Körper weg, bis Sie eine angenehme Dehnung im Brustkorb spüren.

b WÖRTER **Notieren Sie drei Bewegungen mit einem Körperteil und einem Verb jeweils auf ein Kärtchen. Spielen Sie dann Pantomime in der Gruppe: Legen Sie alle Kärtchen auf einen Stapel. Ziehen Sie eine Karte und machen Sie die Bewegung vor. Die anderen raten.** → AB 3–4

der Arm der Ellbogen die Hand die Handflächen   aufeinanderlegen ausschütteln beugen

das Knie der Kopf der Nacken der Oberkörper   dehnen kreisen lockern neigen sinken lassen

der Oberschenkel die Schulter der Unterschenkel …   strecken verschränken …

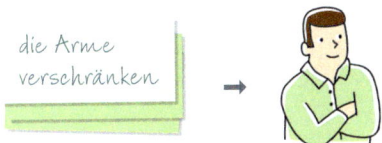

◆ Du verschränkst die Arme!

1◀)12 **3a Hören Sie Teil 1 des Vortrags von Verena. Welche Übungen aus 1 leitet sie an? Markieren Sie im Poster in 1 und vergleichen Sie im Kurs. Wenn Sie mögen, hören Sie dann noch einmal und machen Sie die Übungen mit.**

1◀)13 **b Hören Sie Teil 2 des Vortrags und bringen Sie die Themen in die richtige Reihenfolge.**

○ Glücksgefühle und Entspannung
○ Erhöhte Konzentration und besseres Gedächtnis
① Existenzielle Bedeutung von Bewegung für unsere Vorfahren
○ Neue Verknüpfungen im Gehirn durch neue Bewegungsabläufe
○ Bessere Versorgung des Gehirns über das Blut
○ Wenig Bewegung und starres Sitzen im heutigen Alltag

c Arbeiten Sie zu viert und bilden Sie zwei Teams. Team A konzentriert sich auf Flipchart Ⓐ, Team B auf Flipchart Ⓑ. Was passt? Ergänzen Sie. Die Zeichnungen helfen.

Entspannung Gedächtnis Gehirns Glückshormonen Informationen Motivation

Sauerstoff Verbindungen

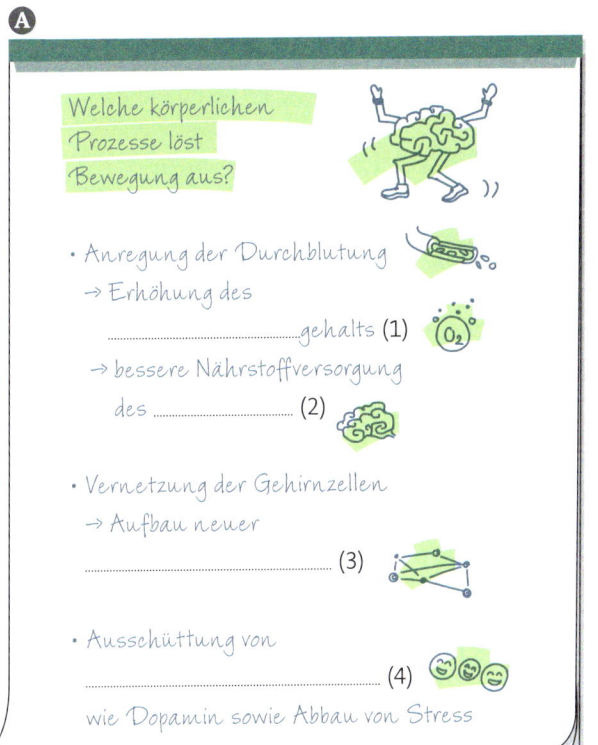

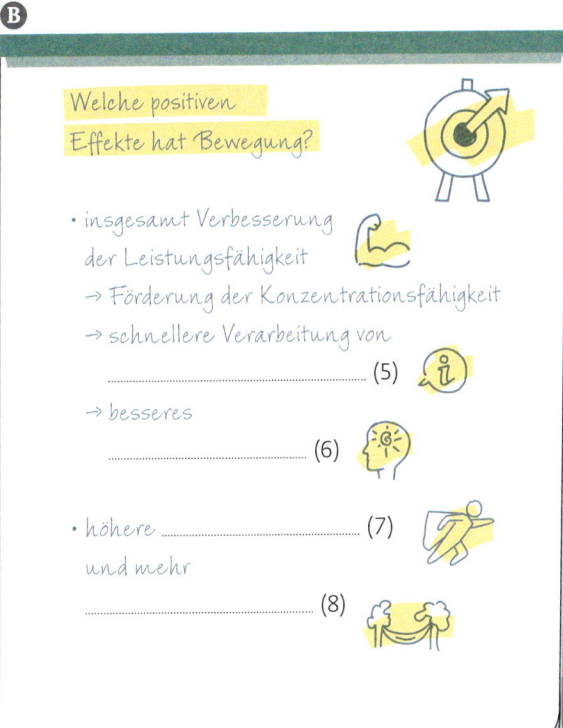

1◀)14 **d Hören Sie den Ausschnitt aus dem Vortrag noch einmal und kontrollieren Sie Ihre Lösung in c. Stellen Sie dann dem anderen Team Ihre Ergebnisse vor.** → AB 5

4 **KOMMUNIKATION** **Lesen Sie Verenas Aussage. Haben Sie ähnliche Erfahrungen gemacht? Wie aktivieren Sie sonst noch Ihr Gehirn? Sprechen Sie im Kurs.** → Kugellager → AB 6

über persönliche Erfahrungen berichten
Also, ich habe die Erfahrung gemacht, dass ...
Ich habe festgestellt / beobachtet, dass ...
Mir ist aufgefallen, dass ...

sich auf die Erfahrungen einer Person beziehen
... entspricht auch / nicht meiner Erfahrung.
Es ist bei mir auch / nicht so, dass ...
Ich kann (nur) bestätigen, dass ...
Mir geht es genauso / nicht so: Wenn ich ...

„Bewegung wirkt sich positiv auf die Gehirnleistung aus."

◆ Ja, man wird wacher, wenn man sich bewegt. Das entspricht auch meiner Erfahrung. Manchmal spiele ich Tischtennis. Ich habe festgestellt, dass das gut für meine Konzentration ist.

 5 **GRAMMATIK** **Lesen Sie den Tipp. Wie steht es auf Verenas Flipcharts in 3c? Ergänzen Sie die rechte Spalte.** → Nominalstil I → AB 7

	Verbalstil (Satz)		Nominalstil (Nominalgruppe)
Subjekt (Nominativ) im Aktivsatz → Genitiv	Die Gehirnzellen vernetzen sich.	→	(die) Vernetzung .... (1)
Personalpronomen → Possessivartikel	Sie vernetzen sich.	→	ihre Vernetzung
Akkusativ im Aktivsatz → Genitiv	Bewegung regt die Durchblutung an.	→	(die) Anregung ....
Subjekt (Nominativ) im Passivsatz → Genitiv	Die Durchblutung wird angeregt.	→	.... (2)
Adverb → dekliniertes Adjektiv	Informationen werden schneller verarbeitet.	→	.... (3) Verarbeitung von Informationen
Nomen ohne Artikel → von + Dativ	Der Körper schüttet Glückshormone aus und baut Stress ab.	→	(die) Ausschüttung .... (4) (der) Abbau .... (5)

Im Nominalstil benutzt man Nominalgruppen. Eine Nominalgruppe enthält immer ein Nomen, das meistens von einem Verb abgeleitet ist. Mit dem Nominalstil werden Informationen kürzer und prägnanter dargestellt.
Den Nominalstil findet man vor allem in formellen Kontexten, z. B. in der Behörden- und in der Fachsprache. Auch Notizen oder Überschriften werden häufig im Nominalstil formuliert.

6a **Arbeiten Sie zu zweit. Formulieren Sie die Nominalgruppen 1 – 4 um. Schreiben Sie Sätze.**

1. Erhöhung des Sauerstoffgehalts
2. Aufbau neuer Verbindungen im Gehirn
3. Verbesserung der Leistungsfähigkeit
4. Förderung der Konzentrationsfähigkeit

1. Der Sauerstoffgehalt erhöht sich / wird erhöht.

b Lesen Sie den Werbetext und ergänzen Sie die Vorteile des Minitrampolins.
Formulieren Sie dafür die *kursiven Informationen* in Nominalgruppen um. ➡ AB 8–9

HÜPFEN SIE SICH FIT!

Mit dem Minitrampolin *trainieren* Sie *den gesamten Körper* optimal (1) – *die Gelenke werden* nicht *belastet.* (2) So *verbessert sich* schon nach *wenigen Tagen die Beweglichkeit.* (3) Beim Hüpfen *trainieren* Sie effektiv *Gleichgewicht und Koordination.* (4) Außerdem *wird* durch das Training auf dem Trampolin *die Muskelaktivität* deutlich *gesteigert* (5) und *der Stoffwechsel wird angeregt.* (6)

BIS ZUM 19.06. 10 % RABATT

DIE VORTEILE IM ÜBERBLICK

1) optimales *Training des gesamten Körpers* _____
2) keine _____
3) _____
4) effektives _____
5) deutliche _____
6) _____

---

7 KOMMUNIKATION **Erstellen und präsentieren Sie ein Poster zu einer wissenschaftlichen Frage.**
➡ Galerierundgang ➡ AB 10–12

Schritt 1: Arbeiten Sie zu zweit. Wählen Sie eine der Fragen 1–5 oder notieren Sie eine eigene Frage. Recherchieren Sie mögliche Erklärungen und machen Sie Notizen.

1. Warum tun Umarmungen gut?

2. Warum macht Schokolade glücklich?

3. Warum wird man von Sonnenlicht wach?

4. Warum ist ein Spaziergang im Wald gesund?

5. Warum hat man keinen Hunger, wenn man verliebt ist?

6. …

Schritt 2: Erstellen Sie Ihr Poster. Verwenden Sie dabei auch Nominalgruppen.

Schritt 3: Präsentieren Sie Ihr Poster im Kurs.

Auswirkungen beschreiben
Wenn man …, dann führt das dazu, dass …
… bewirkt / hat zur Folge, dass …
… hat folgende Auswirkungen / Effekte: …
… wirkt sich folgendermaßen auf … aus: …

WARUM IST EIN SPAZIERGANG IM WALD GESUND?

Bewegung an der frischen Luft

➡ Stärkung des Immunsystems
➡ Aktivierung des Stoffwechsels
…

◆ Warum ist ein Spaziergang im Wald gesund? Die Bewegung an der frischen Luft hat folgende Auswirkungen: Sie stärkt das Immunsystem und aktiviert den Stoffwechsel. Dadurch …

LERNZIELE

// Erfahrungsberichte über Entscheidungen nach dem Schulabschluss verstehen
// eine Grafik zum Thema *Ausbildung und Studium* beschreiben
// Wortbildung: Das Verb *fallen*
// konzessive Zusammenhänge: Gegengründe angeben und Widersprüche ausdrücken

○ der eigene Schulabschluss

○ Noten im Abschlusszeugnis

○ die Höhe des Gehalts im späteren Beruf

○ der familiäre Hintergrund

○ bisherige praktische Erfahrungen (z. B. Praktika)

BERUFS-AUSBILDUNG?

STUDIUM?

○ die Dauer der Ausbildung / des Studiums

○ eigene Vorlieben und Talente

○ ein konkreter Berufswunsch

○ die Chancen mit dem Beruf auf dem Arbeitsmarkt

○ finanzielle Ressourcen (staatlich oder privat)

○ …

1 KOMMUNIKATION **Welche Faktoren können bei der Entscheidung *Berufsausbildung oder Studium* eine Rolle spielen? Markieren Sie die aus Ihrer Sicht fünf wichtigsten Faktoren. Sprechen Sie dann in Gruppen. Wenn Sie möchten, berichten Sie auch über Ihre Erfahrungen.** → AB 3

Relevanz einschätzen

Was für … meines Erachtens ausschlaggebend ist, ist / sind …
Ich denke, von zentraler Bedeutung dürfte … sein.
Wenn sich jemand für / gegen … entscheidet, dürfte es vor allem daran liegen, dass …

2a Lesen Sie die Überschrift und die Zitate in den Erfahrungsberichten ❶ und ❷ in b. Was bedeuten die Zitate? Wie ist Ihre Meinung dazu? Sprechen Sie im Kurs.

b Arbeiten Sie zu zweit. Lesen Sie die Fragen 1 – 4. Lesen Sie dann jeweils einen Erfahrungsbericht (entweder von Elias oder von Jana) und machen Sie Notizen zu den Fragen.

1. Wie beschreiben Elias und Jana ihr familiäres Umfeld?
2. Wie begründen sie ihre Entscheidung für eine Berufsausbildung bzw. ein Studium?
3. Welche Erwartungshaltung hatten Elias' und Janas Eltern bezüglich Ausbildung und Beruf ihrer Kinder?
4. Wie nehmen Elias und Jana ihre Chancen – im Vergleich zu ihren Mitschülerinnen / Mitschülern und Kommilitoninnen / Kommilitonen – wahr? Notieren Sie Beispiele.

www.jugend-portal.de/berufsausbildung_studium

BERUFSAUSBILDUNG ODER STUDIUM? Ein ehemaliger Auszubildender und eine Studentin berichten über ihre Ausbildungswege.

❶

Elias Manan, 26, Veranstaltungskaufmann

Ich bin seit zwei Jahren als Veranstaltungskaufmann tätig und organisiere Konzerte und Festivals. Das ist definitiv mein Traumjob. Ich schätze es sehr, so viel unterwegs sein zu können und mit verschiedenen Menschen zusammenzuarbeiten. Für diese Arbeit habe ich eine dreijährige Berufsausbildung
5 gemacht. Anfangs missfiel meinen Eltern meine Entscheidung. Sie hätten es gern gesehen, wenn ich studiert hätte wie sie. Das entspricht aber einfach nicht meiner Persönlichkeit. Ich war schon immer sehr aktiv und das Stillsitzen in der Schule fiel mir schwer. Glücklicherweise war ich auf einer reformpädagogischen Privatschule[1]. Dort haben wir nicht nur im Klassen-
10 raum aus Büchern gelernt, sondern auch Projekte und Ausflüge in die Natur gemacht. Ich glaube, nur so habe ich es bis zum Abitur durchgehalten.
Nach der Schule war ich erst einmal ratlos und wusste nicht, welchen Weg ich einschlagen wollte. Zum Glück konnte ich mir mit meiner Entscheidung Zeit lassen und bin ein Jahr mit „Work & Travel" durch

„Das Elternhaus kann einem viele Türen im Leben öffnen."

Australien gereist. Diese Erfahrung möchte ich auf keinen Fall missen. Dort hatte ich verschiedene
15 kleine Jobs bei Kulturveranstaltungen, Konzerten und auf Festivals. So bin ich überhaupt zu meinem
Berufswunsch gekommen! Außerdem konnte ich meine Englischkenntnisse verbessern. In der Schule
war ich nämlich ziemlich schlecht in Sprachen. Ohne gute Englischkenntnisse wäre es fast ausgeschlossen, in der Veranstaltungsbranche zu arbeiten.

In der Berufsschule fiel mir auf, dass viele meiner Mitschüler jünger waren als ich. Sie hatten die Ausbil-
20 dung direkt nach dem Schulabschluss begonnen. Einige, die einen Realschulabschluss hatten, erzählten
mir, wie schwierig es für sie war – trotz guter Abschlussnoten – überhaupt einen Ausbildungsplatz zu
bekommen. Ich hatte dieses Problem nicht, wobei meine Abiturnoten eher mittelmäßig waren. Auch in
anderer Hinsicht hatte ich gewisse Vorteile. Meine Eltern haben mich während der Ausbildung finanziell
unterstützt: Sie sind sowohl für meine Miete als auch für meinen Führerschein aufgekommen. Dafür
25 hätte mein Ausbildungsgehalt nicht gereicht.

Heute komme ich mit meinem Gehalt gut aus, wenn ich auch niemals so viel verdienen werde wie meine
Eltern als Architektin und Kinderarzt. Obwohl ich nie in ihre Fußstapfen treten und Karriere machen
wollte, bin ich sehr dankbar für die Chancen, die sich durch sie für mich aufgetan haben. Ich bin sicher,
dass mir die Möglichkeiten, die ich dank meines Elternhauses hatte, viele Türen im Leben geöffnet haben.

❷

30

35

„Nach dem
Studium stößt man
leicht an eine
gläserne Decke."

40

Jana Hartmann, 23, Studentin der Kulturwissenschaften

Meine Eltern arbeiten beide in einer Fabrik. Sie hatten immer einen sicheren
Arbeitsplatz. Nichtsdestotrotz war das Geld bei uns oftmals knapp. Ich weiß,
sie hätten mir gern mehr gegönnt, aber für mehr als das Nötigste reichte es
selten. Gerade deshalb war es ihnen sehr wichtig, dass ich es später einmal
besser haben würde. Es war klar, dass ich aufs Gymnasium gehen und ein
gutes Abitur machen sollte – als Erste in der Familie. Ich hatte dann tatsächlich ein ausgezeichnetes Abitur, was meine Eltern mit großem Stolz erfüllte.
Unsere Vorstellungen über meine berufliche Zukunft gingen allerdings weit
auseinander: Als ich mich für ein Studium der Kulturwissenschaften einschrieb, fiel es ihnen schwer, meine Entscheidung nachzuvollziehen. „Was
willst du denn damit später machen?", haben sie mich immer wieder
gefragt. Ihrer Ansicht nach hätte ich Lehrerin oder etwas anderes „Handfestes" werden sollen. Ich
glaube, sie machen sich einfach Sorgen um meine berufliche Zukunft.

Auch im Freundeskreis gibt es manchmal Spannungen, seit ich studiere. Eine Freundin, die selbst eine
Ausbildung gemacht hat, hat mir einmal sogar vorgeworfen, dass ich mich wohl als etwas Besseres
45 fühlen würde, weil ich an der Universität bin. Dabei wollte ich ihr nur meine Sicht auf ein Thema erklären. Das fand ich traurig. Wobei ich zugeben muss: Mein Studium hat mich wirklich ein Stück weit von
meinem früheren Umfeld entfremdet.

Ungeachtet meiner guten Noten fühle ich mich manchmal unsicher an der Universität. Ich habe oft
Angst, in Prüfungen durchzufallen. Viele andere Studierende wirken viel selbstbewusster: Referate und
50 mündliche Prüfungen scheinen sie nicht im Geringsten nervös zu machen. Ich habe den Eindruck, dass
es Studierende aus einem akademischen Elternhaus im Studium leichter haben. Sie bringen den passenden Habitus² schon mit, den ich mir erst antrainieren muss. Abgesehen davon spielen auch Geld und
Kontakte eine große Rolle. Für mein Studium erhalte ich BAföG³, aber leider nicht für längere Praktika.
Schlecht- oder unbezahlte Praktika sind im Kulturbereich jedoch ganz üblich. Das muss man sich
55 auch leisten können. Und wer keine eigenen Kontakte in die Kulturszene hat, findet nur schwer einen
Praktikumsplatz oder später eine Stelle. Ich glaube, das ist die gläserne Decke, von der man immer
wieder hört.

Wenn ich auch einige Hindernisse aus dem Weg räumen muss, steht für mich weiterhin fest, dass ich
die richtige Entscheidung getroffen habe: Mich reizt die Vielfalt der Themen – Philosophie, Sprache,
60 Geschichte, Soziologie, Medien usw. Schon in der Schule mochte ich viele Fächer. Außerdem bin ich
sicher, dass mir mit einem interdisziplinären Studium viele Türen offenstehen.

---

1 die reformpädagogische Schule: Schule mit bestimmten pädagogischen Prinzipien, u. a. Selbstständigkeit, Selbstbestimmung
und Lernen durch Handeln. Auf Noten, starre Unterrichtszeiten und feste Stundenpläne wird häufig verzichtet. // **2** der Habitus:
Das Auftreten und Verhalten einer Person in bestimmten sozialen Kontexten. Wissenschaftler:innen gehen davon aus, dass der
Habitus davon abhängt, aus welchem sozialen Umfeld man kommt. // **3** das BAföG Ⓓ: kurz für Bundesausbildungsförderungs-
gesetz; gesetzliche Förderung von Auszubildenden und Studierenden in Form von Zuschüssen und Krediten

Text hören 🔊

6

c Stellen Sie sich gegenseitig die Fragen aus **b** auf S. 26 und notieren Sie die Antworten Ihrer Partnerin / Ihres Partners. Lesen Sie dann den jeweils anderen Erfahrungsbericht und überprüfen Sie die Antworten. ➡ AB 4–8

3a `GRAMMATIK` **Was passt zusammen? Verbinden Sie. Vergleichen Sie dann mit den Erfahrungsberichten auf S. 26–27.** ➡ Konzessive Zusammenhänge

1. Ich hatte dieses Problem nicht,
2. Heute komme ich mit meinem Gehalt gut aus,
3. Meine Eltern hatten immer einen sicheren Arbeitsplatz.
4. Ich hatte [...] ein ausgezeichnetes Abitur, was meine Eltern mit großem Stolz erfüllte.
5. Ungeachtet meiner guten Noten

a fühle ich mich manchmal unsicher an der Universität. *(Z. 48)*
b wenn ich auch niemals so viel verdienen werde wie meine Eltern [...]. *(Z. 26–27)*
c wobei meine Abiturnoten eher mittelmäßig waren. *(Z. 22)*
d Unsere Vorstellungen über meine berufliche Zukunft gingen allerdings weit auseinander. *(Z. 35–38)*
e Nichtsdestotrotz war das Geld bei uns oftmals knapp. *(Z. 30–31)*

b Ordnen Sie die markierten Wörter aus **a** in die Tabelle ein. ➡ AB 9

Konzessive Zusammenhänge (Gegengründe und Widersprüche)		
Nebensatz-Konnektoren	Hauptsatz-Konnektoren	Präposition + Genitiv
wenn ... auch		

Bei dem zweiteiligen Konnektor *wenn ... auch* steht das Subjekt zwischen beiden Teilen (z. B. ..., *wenn **ich** auch niemals so viel verdienen werde wie meine Eltern*.).

4 Formulieren Sie die Sätze 1–5 um. Verwenden Sie die Wörter in Klammern. Vergleichen Sie dann Ihre Ergebnisse zu zweit. ➡ AB 10

www.jugend-portal.de/berufsausbildung

Eine Berufsausbildung: Deine Alternative zum Studium?

1. Eine Ausbildung kannst du in zwei oder drei Jahren abschließen. Du kannst dich auch in vielen Ausbildungsberufen ein Leben lang weiterentwickeln. *(ungeachtet des früheren Berufseinstiegs)*
2. Eine Ausbildung ist praktischer angelegt als ein Studium. Es gibt auch theoretische Lernphasen. *(wobei)*
3. In der Ausbildung bist du stärker in einen vorgegebenen Tagesrhythmus eingebunden. Du musst dich gut selbst organisieren können. *(nichtsdestotrotz)*
4. Bei einer Ausbildung hast du einen ziemlich festen Ausbildungsplan. Du kannst auch Wahlmodule auswählen. *(allerdings)*
5. Im Gegensatz zu einem Studium wird die Ausbildung bezahlt. Die Vergütung ist oft nicht sehr hoch. *(wenn ... auch)*

1. Eine Ausbildung kannst du in zwei oder drei Jahren abschließen. Ungeachtet des früheren Berufseinstiegs kannst du dich ...

5a `WÖRTER` 🔁 **Lesen Sie die Sätze 1–4 aus den Erfahrungsberichten in 2 und formulieren Sie die markierten Ausdrücke um.**

besonders deutlich werden   nicht bestehen   nicht gefallen   Schwierigkeiten machen

1. Anfangs missfiel meinen Eltern meine Entscheidung. *(Z. 5)*
2. Ich war schon immer sehr aktiv und das Stillsitzen in der Schule fiel mir schwer. *(Z. 7–8)*
3. In der Berufsschule fiel mir auf, dass viele meiner Mitschüler jünger waren als ich. *(Z. 19)*
4. Ich habe oft Angst, in Prüfungen durchzufallen. *(Z. 48–49)*

b **Arbeiten Sie zu dritt. Wählen Sie jeweils drei Verben und recherchieren Sie ihre Bedeutung(en). Schreiben Sie zu jedem Verb einen Beispielsatz und lesen Sie Ihre Sätze in der Gruppe vor.** ➜ AB 11

abfallen anfallen entfallen überfallen umfallen verfallen zerfallen zufallen zurückfallen

♦ Abfallen bedeutet, dass etwas herunterfällt. Im Herbst fallen die Blätter von den Bäumen ab.

6 KOMMUNIKATION **Beschreiben Sie eine Grafik zum Thema *Ausbildung und Studium in Deutschland* (ca. 150 Wörter).** ➜ Schreibwerkstatt ➜ AB 12–13

Schritt 1: Arbeiten Sie zu viert und bilden Sie zwei Teams. Team A konzentriert sich auf Grafik **A**, Team B auf Grafik **B**. Beschreiben Sie Ihre Grafik in einem kurzen Text. Gehen Sie dabei auf folgende Punkte ein.

Thema und Quelle	Hauptinformationen	Fazit / Zusammenfassung

A

Ausbildungs- und Studienanfänger*innen, 1992–2020

Neu abgeschlossene Ausbildungsverträge und Studienanfänger *innen im 1. Hochschulsemester

Datenquelle: Statistisches Bundesamt, 2021

B

Studierende nach Fachrichtung, 2020/2021

Verteilung der Fächergruppen

Datenquelle: Statistisches Bundesamt, 2021

Thema und Quelle einer Grafik nennen

Die Grafik liefert Informationen zu …
Die Grafik / Das Liniendiagramm / Das Tortendiagramm zeigt, wie …
Die Grafik stellt die Entwicklung / die prozentuale Verteilung von … dar.
Die Quelle ist … Die Daten wurden … [Jahr] erhoben.
Die Daten / Zahlen stammen aus einer Studie / Umfrage von …

wichtige Informationen einer Grafik wiedergeben

Die Grafik zeigt die Entwicklung der … in den Jahren …
Zu Beginn dieses Zeitraums lässt sich beobachten, dass …
Im Laufe der Jahre … zeigt sich allerdings, dass …
Diese Entwicklung wird im Jahr … besonders deutlich, denn hier …
Die Grafik gibt die Zahlen / den Anteil der … in Prozent wieder.
An erster / zweiter / dritter Stelle steht / stehen … mit … Prozent.
Danach / Auf dem zweiten / dritten Platz folgt / folgen …
Weniger beliebt ist / sind dagegen … mit … Prozent und … mit … Prozent.

Informationen zusammenfassen

Im Allgemeinen lässt sich also einerseits … und andererseits … beobachten.
Zusammenfassend lässt sich also feststellen, dass …

Schritt 2: Lesen Sie Ihre Grafikbeschreibung dem anderen Team vor. Wie sind die Entwicklungen bezüglich Ausbildung und Studium in anderen Ländern, die Sie kennen? Sprechen Sie in der Gruppe.

♦ In Portugal ist es so, dass die meisten studieren wollen. Das führt dazu, dass es viele Akademikerinnen und Akademiker gibt, die nach dem Studium keine Arbeit finden.

Unfallmeldung

CHELSEA EVANS (35) arbeitet beim Getränkehersteller *Zisch & Frisch* im Lager. Sie hatte einen Arbeitsunfall und muss ihn melden.

1 Lesen Sie die Informationen zu Chelsea Evans und die E-Mail von der Personalabteilung an die Belegschaft. Welche Schritte müssen bei einem Arbeitsunfall unternommen werden? Notieren Sie in Stichpunkten.

www.zischundfrisch.de/email

von: personal@zischundfrisch.de

an: verteiler_alle@zischundfrisch.de

Betreff: Informationen im Falle eines Arbeits- oder Wegeunfalls[1]

Liebe Kolleginnen und Kollegen,

heute möchte ich Sie darüber informieren, was im Falle eines Arbeits- oder Wegeunfalls zu beachten ist und welche Schritte unternommen werden sollten.

❶ Die erste Anlaufstelle bei Arbeits- oder Wegeunfällen ist immer ein Durchgangsarzt (D-Arzt / D-Ärztin). Dies ist ein von der Berufsgenossenschaft[2] zugelassener Arzt, der in der Regel im Bereich der Unfallmedizin spezialisiert ist. D-Ärzte sorgen dafür, dass versicherte Personen schnell bestmöglich versorgt werden, und entscheiden, ob eine Heilbehandlung bei einem niedergelassenen Arzt[3] oder im Krankenhaus durchgeführt werden muss. Die Erstbehandlung durch einen D-Arzt ist wichtig, um den optimalen Versicherungsschutz der Berufsgenossenschaft zu haben.

❷ Wenn Sie sich im Betrieb oder in der Nähe des Betriebs befinden, wenden Sie sich im Falle eines Unfalls bitte an:
Frau Dr. Elena Cristache (D-Ärztin), St. Joseph-Krankenhaus, Reuterstr. 14, Telefon: 019/56438582.
Sobald es Ihnen möglich ist, melden Sie bitte den Unfall telefonisch Ihrer / Ihrem Vorgesetzten oder der Personalabteilung.

❸ Bitte teilen Sie uns wie bei jeder anderen Krankmeldung die voraussichtliche Dauer Ihrer Arbeitsunfähigkeit mit. Beachten Sie dabei auch, dass spätestens nach drei Tagen eine von einem Arzt ausgestellte Arbeitsunfähigkeitsbescheinigung[4] vorliegen muss.

❹ Sobald Ihr Gesundheitszustand es zulässt, am besten innerhalb von drei Tagen, schicken Sie bitte einen Bericht über den Unfall an die Personalabteilung. Dieser sollte die folgenden Fragen beantworten:
1. Wann und wo ist der Unfall passiert? 2. Wie war der Unfallhergang? 3. Welche Verletzungen haben Sie erlitten? 4. Gibt es weitere Verletzte? 5. Wie wurden Sie medizinisch versorgt? 6. Wem haben Sie den Unfall gemeldet? 7. Wie lange werden Sie arbeitsunfähig sein?
Die Personalabteilung macht dann eine Meldung an die Berufsgenossenschaft.

Sollten Sie weitere Fragen zu diesem Thema haben, können Sie sich gern bei mir melden.
Ich wünsche Ihnen einen guten und sicheren Arbeitstag.

Mit freundlichen Grüßen
Peter Kordalis, Personalabteilung

---

1 der Arbeitsunfall / der Wegeunfall: ein Unfall, der einer Arbeitnehmerin / einem Arbeitnehmer während der Arbeitszeit oder auf dem Weg zur und von der Arbeit passiert // **2** die Berufsgenossenschaft ⓘ: Träger der gesetzlichen Unfallversicherung; Aufgaben: Prävention von Arbeitsunfällen und Berufskrankheiten sowie die medizinische, berufliche und soziale Rehabilitation nach einem Unfall // **3** der niedergelassene Arzt: Arzt, der seine medizinischen Dienstleistungen in einer eigenen Praxis anbietet // **4** die Arbeitsunfähigkeitsbescheinigung ⓘ: ärztliche Bestätigung, dass eine Arbeitnehmerin / ein Arbeitnehmer wegen einer Krankheit oder eines Unfalls (vorübergehend) nicht in der Lage ist, ihre vertraglich vereinbarte Arbeitsleistung zu erbringen

2 Lesen Sie noch einmal die Fragen 1 – 7 in der E-Mail in 1. Lesen Sie Chelseas Unfallbericht und markieren Sie die Antworten. Arbeiten Sie dann zu zweit und beantworten Sie die Fragen in eigenen Worten.

Unfallbericht von Chelsea Evans   25.5.20XX

Am 23. Mai um ca. 09:45 Uhr beluden Herr Dinesh Kumar und ich im Lager von *Zisch & Frisch* einen Lieferwagen mit Getränkekisten für die *Donner GmbH*. Herr Kumar stand auf der Ladefläche des Wagens und stapelte die Kisten, während ich unten die nächste Palette zum Einladen bereit machte. Dabei rutschte Herrn Kumar eine Kiste aus der Hand und fiel hinunter. Ich konnte nicht mehr rechtzeitig ausweichen, und so traf die Kiste meinen Unterarm. Herr Kumar blieb glücklicherweise unverletzt. Ich wollte zunächst noch weiterarbeiten, aber starke Schmerzen und eine Schwellung des Unterarms machten dies unmöglich.

Ich suchte Frau Dr. Cristache auf. Sie diagnostizierte nach einer Röntgenuntersuchung einen Bruch des Unterarms. Mir wurde daraufhin ein Gipsverband angelegt und Schmerzmittel verordnet. Nach der Behandlung meldete ich den Unfall telefonisch Herrn Kordalis von der Personalabteilung. Laut Arbeitsunfähigkeitsbescheinigung, die auch direkt an die Berufsgenossenschaft weitergeleitet wurde, bin ich vorerst bis einschließlich 4. Juli arbeitsunfähig. An diesem Tag bin ich für eine Folgeuntersuchung und zur Abnahme des Gipsverbandes wieder einbestellt. Ob danach eine Rehabilitationsmaßnahme nötig ist oder ich schnell wieder arbeiten kann, wird sich bei diesem Termin zeigen. Auf jeden Fall werde ich meinen Arm nach der Abnahme des Gipses einige Wochen schonen müssen und daher auch nur eingeschränkt arbeitsfähig sein.

---

3 KOMMUNIKATION **Verfassen Sie einen Unfallbericht.**

Schritt 1: Lesen Sie die Rollenkärtchen A und B. Wählen Sie eine Rolle und machen Sie Notizen zum Unfallhergang und dazu, was nach dem Unfall passiert ist. Die Fragen 1–7 aus der E-Mail in 1, Abschnitt 4 helfen.

 Sie arbeiten als Chemielaborant/-in in einer Papierfabrik. Weil Ihre Schutzkleidung beschädigt ist, kommen Sie in Kontakt mit giftigen Chemikalien. Daraufhin verspüren Sie Übelkeit und Schwindel.

 Sie arbeiten als Kellner/-in in einem Café. Als Sie mit dem Fahrrad zur Arbeit fahren, haben Sie einen Unfall (Wegeunfall). Sie haben eine blutende Wunde am Kopf und starke Kopfschmerzen (Verdacht auf Gehirnerschütterung).

Schritt 2: Verfassen Sie einen Unfallbericht wie in 2.

einen Unfallhergang beschreiben
Ich rutschte aus. / stürzte. / fiel in Ohnmacht. / stolperte über … / stieß mich an … / kam in Kontakt mit …
Trotz Sicherheitsvorkehrungen traf … mein Handgelenk. / meinen Oberschenkel. / meinen Zeh. / …
Eine Schwellung / Eine Blutung / Eine Verbrennung / … machte(n) ein Weiterarbeiten / Weiterfahren / … unmöglich.

die medizinische Versorgung beschreiben
Die Durchgangsärztin / Der Durchgangsarzt diagnostizierte einen Bruch / eine Gehirnerschütterung /
*   eine Platzwunde / einen Hautausschlag / …*
… wurde(n) geröntgt. / verbunden. / geschient.
… verordnete mir Bettruhe / eine Therapie / Schmerzmittel / …

einen Unfall melden
Ich meldete … meinen Unfall. / machte eine Meldung bei …
Ich setzte … über meinen Unfall in Kenntnis.

eine Arbeitsunfähigkeit melden
Laut Arbeitsunfähigkeitsbescheinigung bin ich bis einschließlich … arbeitsunfähig / krankgeschrieben.
Nach … werde ich für einige Zeit arbeitsunfähig / eingeschränkt arbeitsfähig sein.

Literatur

Was man so redet

❶ »Wettermäßig hätten wir es gar nicht besser erwischen können«, meint Engelbert. Keiner widerspricht, alle essen. Ganz am Anfang schmeckt es immer am besten. »Bleibt nicht so. Mitte der Woche dreht die Strömung auf Süd, dann kriegen wir Tropennächte«, wendet Oskar nun doch noch ein.

5 Lotte lässt von weiter drüben ihren ersten ohrenbetäubenden Schrei los.
»Was ist?«, fragt Elisa.
»Eine Riesenameise.«
»Benjamin, tu sie ihr bitte weg«, ruft Melanie hinüber.
»Nein!«, schreit Lotte. »Nicht töten.«
10 »Dann tu sie ihr bitte lebend weg«, schlägt Oskar vor.
»Nein!« – Das dürfte Lotte wiederum zu gefährlich sein. Ihr Lösungsansatz wäre, das Insekt in künstlichen Tiefschlaf zu versetzen und nach dem Urlaub wieder aufzuwecken. Elisa geht hinüber und befreit das Kind von dem Ungeheuer, beziehungsweise das Ungeheuer von der Ameise. Lotte steht noch eine Weile unter Schock, ihr Jammern lässt aber hörbar nach. Als es ihr gelingt, Benjamin am falschen Fuß zu erwischen und von der
15 Böschung zu schubsen, lacht sie wieder.

❷ Es wird dann länger über die Anreise gesprochen. Die Binders und Oskar mit den drei Mädchen sind – nach Zwischennächtigung in Parma – schon vormittags in zwei Autos am Zielort eingetroffen. Elisa kam allein und später. Sie ist nach Mitternacht aufgebrochen und mit Zügen und Bus angereist – zum nachhaltigen Unverständnis ihres Mannes. Elisas Begründungen: Sie hatte erstens am Vorabend noch einen wichtigen Termin im
20 Ministerium. Und sie kann es sich zweitens aus umweltideologischen Gründen nicht leisten, Urlaubsreisen per Auto mit Verbrennungsmotor zu tätigen.
»Das ist absurd«, sagt Oskar.
»Was ist absurd?«
»Natürlich hättest du mit uns mitfahren können, ganz normal.«
25 »Neunhundert Kilometer im Auto sind zu viel.«
»Zu viel was?«
»Zu viel Stickstoff.«
»Das ist Umwelt-Heuchelei«, sagt Oskar.
»Hauptsache ist doch, dass wir alle gut angekommen sind«, meint Engelbert und will die Runde zum Heben der
30 Gläser animieren. Gelingt nicht.
»Was ist Umwelt-Heuchelei?«, fragt Elisa.
»Bekanntlich sind es nicht die Menschen, die den Stickstoff ausstoßen, sondern die Motoren. Der Umwelt ist es scheißegal, ob vier oder fünf Personen im Auto sitzen.«
Jetzt schaltet sich Melanie ein.
35 »Verstehst du nicht, worum es geht, Oskar? Elisa will sich hier einfach keine Blöße geben. Wenn das wo in der Zeitung steht, dass sie mit der Familie Autoreisen in die Toskana macht, fallen sie mit Shitstorms über sie her.«
»Papa, sei froh, dass sie nicht mit dem Fahrrad gekommen ist«, wirft Sophie Luise von weiter drüben ein.
»Ich kann halt nicht Wasser predigen und Wein trinken, das geht einfach nicht«, sagt Elisa ermattet.
»Und damit Schluss. Ich bin für Wein predigen und Wein trinken. Prost, meine Lieben«, ruft Engelbert aus.
40 »Schön, dass wir alle da sind.«

---

1 **Wer ist wer? Lesen Sie den Romanauszug und ergänzen Sie die Namen in der Inhaltsangabe.**

> Zwei Familien machen zusammen in der Toskana Urlaub: Engelbert und .... Binder und ihr Sohn .... sowie ...., seine Frau .... Strobl-Marinek mit den Töchtern .... und Lotta. Die ältere Tochter durfte ihre Schulfreundin Aayana mitbringen. Am Pool kommt es zu einem Unglück.

2 **Lesen Sie Abschnitt ❷ noch einmal. Was bedeutet die Redewendung *Wasser predigen und Wein trinken*? Wie verändert Engelbert die Redewendung (Z. 38 – 39)? Was sagt das über ihn?**
Sprechen Sie im Kurs.

MODUL 3

7 Nachhaltigkeit | **8** Altern | **9** Licht

Wie können wir nachhaltig leben?

Chu-Yueh Zhang

„Bildung muss ein Bewusstsein für Nachhaltigkeit schaffen."

Darja Vasileva

„Beim Einkaufen sollte man auch auf die Umweltkosten eines Produkts achten."

Matt Sullivan

„Die Produktion von Billigkleidung stellt eine Gefahr für das Klima dar."

1a Arbeiten Sie zu dritt. Lesen Sie die Zitate. Was könnten Chu-Yueh, Darja und Matt damit meinen? Notieren Sie Ihre Ideen.

▶ **b** Sehen Sie die Filme an. Was sagen Chu-Yueh, Darja und Matt noch dazu? Ergänzen Sie gegebenenfalls Ihre Ideen aus a.

2 Wie würden Sie die Frage beantworten? Notieren Sie zwei bis drei Stichpunkte. Tauschen Sie sich dann im Kursspaziergang aus.

Alles im grünen Bereich

7

// ein Interview mit einer Nachhaltigkeitsmanagerin verstehen
// eine Diskussion zum Thema *Homeoffice* führen
// Wortfeld *Nachhaltigkeit*
// Adjektive mit fester Präposition
// Artikelwörter und Adjektivdeklination II

www.gruenimjobmesse.de

GRÜN IM JOB
Deine Berufsorientierungsmesse rund um grüne Jobs

Du …

🌿 stehst kurz vor dem Schulabschluss und fragst dich, wie es danach weitergeht?

🌿 hast den Abschluss schon in der Tasche, aber noch keinen Plan, was du damit machen willst?

🌿 brennst für das Thema ökologische Nachhaltigkeit und weißt schon lange, dass du „irgendwas mit Umwelt" machen willst – aber was genau?

Bei der Messe **GRÜN IM JOB** findest du Antworten auf deine Fragen und noch viel mehr!

🌿 Über 40 Hochschulen (bundesweit) stellen ihr Studienangebot im Bereich Nachhaltigkeit und grüne Arbeitsfelder vor.

🌿 Personalmanager*innen aus über 120 Unternehmen aus der Region suchen Auszubildende, Praktikant*innen und Berufsanfänger*innen für grüne Jobs.

Podiumsdiskussion zum Messeauftakt: „Ökologische (ⓐ), ökonomische (ⓑ) und soziale (ⓒ) Nachhaltigkeit – Welche Rolle spielen die drei Nachhaltigkeitsdimensionen im Unternehmensalltag?"

➜ **ZUM PROGRAMM**

Sichere dir dein kostenloses Ticket! 🛒

---

1 **Lesen Sie die Webseite der Berufsorientierungsmesse *Grün im Job* und beantworten Sie die Fragen 1 und 2 im Kurs.** ➜ AB 4

1. An wen richtet sich die Messe und was wird dort angeboten?
2. Waren Sie schon einmal auf einer Berufsorientierungs- oder Karrieremesse? Wenn ja: Was haben Sie dort erlebt? Wenn nicht: Was würde Sie auf einer solchen Messe interessieren?

2a **Arbeiten Sie zu zweit. Lesen Sie die Definitionen ❶ – ❸ und ordnen Sie die Begriffe ⓐ – ⓒ von der Webseite zu.**

❶ Die Menschen stehen im Mittelpunkt: ihre Gesundheit, Sicherheit und Lebensqualität. In Unternehmen geht es z. B. darum, die Arbeitsbedingungen zu verbessern, Möglichkeiten zur Aus- und Fortbildung zu schaffen und eine faire Bezahlung sicherzustellen. ◯

❷ Es geht um Umweltschutz: den Schutz der Natur, des Klimas und der Ressourcen. Unternehmen sollen Ressourcen schonen, d. h. Wasser, Energie und Rohstoffe sparsam und bewusst einsetzen. Zudem sollen sie Emissionen senken und Abfall reduzieren. ◯

❸ Im Zentrum steht das langfristig erfolgreiche Wirtschaften. Auch nachhaltige Unternehmen müssen effizient arbeiten, um Gewinne zu erzielen. So können sie umweltfreundliche Innovationen fördern und in hochwertige – möglichst nachwachsende – Rohstoffe investieren. ◯

b `WÖRTER` **Lesen Sie die Ausdrücke 1 – 6. Was bedeuten sie? Verbinden Sie.** ➜ AB 5–6

1. eine faire Bezahlung sicherstellen
2. Ressourcen schonen
3. Emissionen senken
4. Gewinne erzielen
5. Innovationen fördern
6. in Rohstoffe investieren

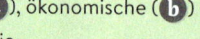

ⓐ Ressourcen (wie z. B. Wasser oder Energie) rücksichtsvoll behandeln
ⓑ Geld verdienen
ⓒ die Einführung von etwas Neuem (Produkt, Verfahren usw.) unterstützen, von dem man sich wesentliche Verbesserungen verspricht
ⓓ einen gerechten Lohn garantieren
ⓔ Geld für unverarbeitete natürliche Ressourcen zur Verfügung stellen
ⓕ schädliche Stoffe reduzieren, die in die Atmosphäre abgegeben werden

3a Arbeiten Sie in Gruppen. Was sind *grüne Jobs*? Recherchieren Sie und tauschen Sie sich aus.

b KOMMUNIKATION Wählen Sie einen grünen Job, recherchieren Sie und machen Sie Notizen zu den Fragen 1 – 3. Stellen Sie dann Ihren Beruf in der Gruppe vor. → AB 7

Förster/-in Landschaftsgärtner/-in Landwirt/-in Tierpfleger/-in Umweltingenieur/-in …

1. Was sind die Aufgaben oder Verantwortungsbereiche?
2. Welche Qualifikationen (Studium, Ausbildung) benötigt man für diesen Beruf?
   Ist ein Quereinstieg möglich?
3. Welche Fähigkeiten sollte man mitbringen bzw. welche Anforderungen erfüllen?

einen Beruf vorstellen

Zu den Aufgaben einer / eines … gehören in erster Linie …
… ist verantwortlich / zuständig für … / … fällt in den Verantwortungsbereich /
  in die Zuständigkeit einer / eines …
Den Beruf der / des … kann man im Rahmen einer Ausbildung / eines Studiums / … erlernen.
Alternativ qualifiziert man sich für diesen Beruf, indem man …
Für die Tätigkeit als … sollte man folgende Fähigkeiten mitbringen: …
… gehört zum Anforderungsprofil einer / eines …

2 ◀)) 01 4a Welche Aufgaben **a** – **g** hat Nakema Sedlmayer als Nachhaltigkeitsmanagerin? Hören Sie Teil 1 des Interviews und markieren Sie. Zwei Aufgaben passen nicht.

a Konzepte und Strategien entwickeln
b der Geschäftsführung Maßnahmen vorschlagen
c Fortbildungen für die Belegschaft anbieten
d Ergebnisse auswerten und Berichte schreiben
e Gehälter der Mitarbeitenden aushandeln
f sich mit der Personalabteilung und dem Betriebsrat abstimmen
g Nachhaltigkeitsmaßnahmen trotz hoher Kosten in die Praxis umsetzen

www.gruenimjobmesse.de/programm

PROGRAMM

Gesprächsreihe
„GRÜNE BERUFE UNTER DER LUPE"
Interview mit
Nachhaltigkeitsmanagerin
Nakema Sedlmayer

2 ◀)) 02 b Arbeiten Sie zu zweit. Lesen Sie den Notizzettel zum Interview mit Nakema. Was passt? Ergänzen Sie. Hören Sie dann Teil 2 des Interviews und kontrollieren Sie Ihre Lösung.

Energie- und Wasserverbrauchs Grundwasser Landwirtschaft Lebensmittel
Putzmittel Reduzierung Rohstoffe ~~Verpackungen~~

Nachhaltigkeitsbeispiele bei ADX Kosmetik

in der Produktion:

• überwiegend natürliche Inhaltsstoffe (pflanzliche, tierische, mineralische _____ (1))
  • zu 95 % aus biologischer _____ (2)
  • biologisch abbaubar, um das _____ (3) nicht zu verunreinigen
• Senkung des _____ (4) durch moderne Verfahren
• nur recycelbare Materialien für die *Verpackungen* _____ (5)

im Arbeitsalltag:

• nachhaltige Ausstattung der Büros (z. B. energieeffiziente Computer)
• Kampagne für bewussteren und sparsameren Umgang mit Papier (_____ (6) des Papierverbrauchs um 30 %)
• überwiegend ökologische, regional und fair erzeugte _____ (7) in der Kantine
• ökologische und biologisch abbaubare _____ (8) für das Reinigungsteam

7

2◀))03 **c** **Lesen Sie die Aussagen 1 – 6 und hören Sie Teil 3 des Interviews. Sind die Aussagen richtig ⓡ oder falsch ⓕ? Markieren Sie. Korrigieren Sie dann die falschen Aussagen.**

1. Als Nachhaltigkeitsmanagerin / Nachhaltigkeitsmanager sollte man konzeptionell denken können und kreativ sein.   ⓡ ⓕ
2. Die Fähigkeit, sich empathisch in andere hineinzuversetzen, ist für diesen Beruf notwendig.   ⓡ ⓕ
3. Nakema hat oft schwierige Situationen erlebt, z. B. wenn es Widerstände in der Belegschaft gab.   ⓡ ⓕ
4. Man kann Nachhaltigkeitsmanagement studieren oder sich mit einer Weiterbildung für den Beruf qualifizieren.   ⓡ ⓕ
5. Nakema hat eine Weiterbildung zur Personalmanagerin gemacht.   ⓡ ⓕ
6. Nakema hat erfolgreich ein Konzept für Homeoffice unter Nachhaltigkeitsbedingungen entwickelt.   ⓡ ⓕ

d **Was finden Sie am Beruf einer Nachhaltigkeitsmanagerin / eines Nachhaltigkeits-managers besonders interessant bzw. herausfordernd? Sprechen Sie in Gruppen.**
➜ Flüstergespräch   ➜ AB 8–10

2◀))04 **5a** WÖRTER **Lesen Sie die Aussagen 1 – 5. Welches Adjektiv mit fester Präposition passt? Ergänzen Sie. Hören Sie dann die Aussagen aus dem Interview und kontrollieren Sie Ihre Lösung.**
➜ Adjektive mit fester Präposition

angewiesen auf   aufgeschlossen gegenüber   ~~beteiligt an~~   gespannt auf   zuständig für

1. Als Nachhaltigkeitsmanagerin bin ich _an_ allen Entscheidungen über den Produktionskreislauf _beteiligt_ .
2. Auch _____ solche Fragen bin ich in meinem Job _____ .
3. Man ist _____ die Kooperation der Geschäftsführung und der Kolleginnen und Kollegen _____ .
4. Die meisten Kolleginnen und Kollegen sind _____ meiner Arbeit _____ .
5. _____ dieses Projekt bin ich besonders _____ .

b **Arbeiten Sie in Gruppen. Wählen Sie drei Adjektive mit fester Präposition aus a oder aus dem Anhang (➜ Anhang, S. 5) und schreiben Sie dazu jeweils eine Frage. Stellen Sie sich gegenseitig Ihre Fragen.** ➜ Kursspaziergang   ➜ AB 11

◆ Wie aufgeschlossen bist du gegenüber der Idee, im Homeoffice zu arbeiten?
▲ Sehr aufgeschlossen! Ich finde es super, wenn ich bequem von zu Hause aus arbeiten kann.

6 GRAMMATIK **Lesen Sie die Sätze 1 – 6. Unterstreichen Sie die Endungen wie im Beispiel und ergänzen Sie dann die Regel.** ➜ Artikelwörter und Adjektivdeklination II ➜ AB 12

1. Nakema, kannst du uns einige konkrete Beispiele [...] vorstellen?
2. Eine andere wichtige Maßnahme ist, mithilfe mehrerer moderner Verfahren den Energie- und Wasserverbrauch zu senken.
3. Ich beschäftige mich mit vielen unterschiedlichen Themen.
4. Außerdem braucht man Ausdauer, denn bis eine neue Maßnahme umgesetzt wird, diskutiert man in etlichen internen Sitzungen, um alle von der Idee zu überzeugen.
5. Ich habe zum Glück bisher nur wenige schwierige Situationen erlebt.
6. Man hat jeden Tag mit lauter verschiedenen Themen und Menschen zu tun.

Adjektive   Artikelwörter

Artikelwörter und Adjektivdeklination

Die _____ im Plural *einige, etliche, mehrere, viele* und *wenige* haben die gleichen Endungen wie der bestimmte Artikel (z. B. *die Beispiele → einige Beispiele*).
Das Artikelwort *lauter* wird nicht dekliniert (z. B. *lauter Beispiele*).
_____ nach *einig-, etlich-, mehrer-, viel-* und *wenig-* haben dieselben Endungen wie diese Artikelwörter (z. B. *einige konkrete Beispiele, mit mehreren konkreten Beispielen*).

---

7 **Lesen Sie die Bewertungen des Messepublikums und ergänzen Sie die passenden Endungen.** → AB 13

www.gruenimjobmesse.de/feedback

Das sagen unsere Messebesucher*innen!

1. Ich hatte bisher viel Zeit in *etliche aufwendige___ Bewerbungen* investiert – erfolglos. Aber dank der Messe habe ich *mehrer___ vielversprechend___ Einladungen* zu Vorstellungsgesprächen bekommen.

2. Was für ein interessantes Rahmenprogramm! Dank der *viel___ inspirierend___ Interviews* habe ich von *einig___ neu___ Berufen* erfahren, die ich vorher gar nicht kannte.

3. Ich fand die Messe super. Mein einziger Kritikpunkt: Es gab zwar *mehrer___ gemütlich___ Pausenräume*, aber nur *wenig___ ausgewiesen___ Ruhezonen*. Das fand ich schade!

4. Diese Messe ist eine gute Plattform, um Kontakte zu knüpfen. Ich habe mit *lauter spannend___ Leuten* aus *viel___ verschieden___ Branchen* und Unternehmen gesprochen.

8 **KOMMUNIKATION Führen Sie eine Diskussion zum Thema *Homeoffice*.** → AB 14

Schritt 1: Arbeiten Sie zu viert. Lesen Sie die Situationsbeschreibung sowie die Rollenkärtchen **A** – **D** und verteilen Sie die Rollen.

> Sie arbeiten im selben Unternehmen und diskutieren darüber, ob und unter welchen Bedingungen Homeoffice in Ihrem Unternehmen umgesetzt werden sollte. Einigen Sie sich auf ein Konzept. Berücksichtigen Sie dabei folgende Fragen:
> - Wie viele Tage pro Woche sollte Homeoffice (mindestens oder höchstens) möglich sein?
> - Welche Voraussetzungen müssen für das Homeoffice gegeben sein?
> - Welche Maßnahmen müssen (seitens der Mitarbeiter/-innen oder der Geschäftsführung) dafür umgesetzt werden?

A **Mitarbeiter/-in:** Sie sehen in erster Linie Nachteile (fehlender Austausch, ungünstige Arbeitsbedingungen, Überlastung, …).

B **Mitarbeiter/-in:** Sie sind überzeugt davon, dass Homeoffice viele Vorteile hat (umweltfreundlicher, weniger Stress, mehr Freizeit, …).

C **Nachhaltigkeitsmanager/-in:** Sie achten auf Nachhaltigkeit und gute Arbeitsbedingungen. Sie moderieren die Diskussion und schlagen Kompromisse vor.

D **Geschäftsführer/-in:** Sie sehen sowohl Vor- als auch Nachteile (niedrigere Krankheitsquoten, weniger Kontrolle, …). Für Sie sind wirtschaftliche Argumente entscheidend.

Schritt 2: Notieren Sie jeweils Vorschläge zu den Fragen in Schritt 1 aus der Perspektive Ihrer Rolle.

Schritt 3: Führen Sie eine Diskussion und einigen Sie sich auf ein Konzept zum *Homeoffice*.

Vorschläge machen
Ein Vorschlag, um … zu …, wäre vielleicht …
Aus diesem Grund würde ich vorschlagen, dass …
Wäre es für euch / Sie auch denkbar, …?

Gegenvorschläge machen
Lasst / Lassen Sie uns lieber …
Ich hätte einen anderen Vorschlag: …
Anstatt … zu …, wäre es doch besser, … zu …

Vorschläge annehmen / ablehnen
Dafür / Dagegen spricht, dass …
Ich denke, das lässt sich (nicht) umsetzen.
Ich kann diesem Vorschlag nur zustimmen.
Ich kann diesen Vorschlag gut / nicht so richtig nachvollziehen, denn …

Kompromisse anbieten und sich einigen
Wie wäre es mit einem Kompromiss?
Dann machen wir also Folgendes: …
Dann können wir also festhalten, dass …
Eine gute Lösung / Ein guter Kompromiss wäre …

Schritt 4: Halten Sie Ihr Konzept auf einem Plakat fest und präsentieren Sie es im Kurs.

Homeoffice

Ewig leben?

// eine Buchbesprechung verstehen
// einen Diskussionsbeitrag zum Thema *Unsterblichkeit* verfassen
// Wortfeld *Altern*
// Adjektiv-Nomen-Verbindungen
// adversative Zusammenhänge: Gegensätze ausdrücken

❶ Ich freue mich jetzt schon auf meine Rente. Dann kann ich endlich all das tun, wofür ich im Moment keine Zeit habe.

❷ Also, ich hoffe, ich werde im Alter ruhiger und gelassener. Das würde mein Leben sicher erleichtern.

❸ Das biologische Alter spielt für mich eigentlich keine Rolle: Man ist so alt, wie man sich fühlt.

❹ Ich habe Angst vor dem Alter. Davor, meine Unabhängigkeit zu verlieren, weil ich gebrechlich werde.

❺ Mein Vater ist alt. Der ist 30 Jahre oder so.

❻ Alter? Das ist, ehrlich gesagt, kein Thema, über das ich nachdenke.

1a Sehen Sie die Bilder an und lesen Sie die Aussagen ❶ – ❻. Welche der Aussagen können Sie (nicht) nachvollziehen? Sprechen Sie im Kurs.

◆ Ja, im Alter ruhiger und gelassener zu werden, die Hoffnung habe ich auch. Das kann ich gut nachvollziehen. Aber eigentlich hoffe ich, dass ich in jedem Alter gelassen sein kann.

b `WÖRTER` Was verbinden Sie mit dem Älterwerden? Wählen Sie jeweils drei Wörter aus der Wörterwolke und ergänzen Sie eventuell noch eigene Ideen. Präsentieren Sie dann Ihre Wörter in der Gruppe und begründen Sie Ihre Auswahl. → AB 4

Abschied Freiheit Einsamkeit Langsamkeit Einschränkungen Aktivität Mobilität Gelassenheit Vergesslichkeit Loslassen Desinteresse Flexibilität Weisheit Zeit Toleranz Unabhängigkeit Kreativität Ruhe Schwäche Reife Gebrechlichkeit ...

◆ Mit dem Älterwerden verbinde ich vor allem Unabhängigkeit. Denn ich glaube: Je älter man wird, desto unabhängiger ist man von der Meinung anderer.

2 Arbeiten Sie zu zweit. Lesen Sie die Webseite. Was erfahren Sie über den Inhalt und die Autorin des Buches? Was glauben Sie: Um was für ein Genre handelt es sich? Und an wen richtet sich das Buch? Machen Sie Notizen.

www.fuer_euch_gelesen.de/folge-163-der-traum-von-der-unsterblichkeit

Für euch gelesen. Der Podcast für gute Bücher.
Eure Hosts Kerstin und Bodo stellen euch jeden Monat ein neues Buch vor.

Folge 163: Der Traum von der Unsterblichkeit

Inhalt:
Können wir ewig leben? Der Traum von der Unsterblichkeit ist ein starker Motor für die Forschung. Renée Schroeder erläutert, inwieweit es mithilfe von Gentechnik gelingen kann, das Leben zu verlängern und sogar das Altern aufzuhalten.

Über die Autorin:
Renée Schroeder, geboren 1953 in Brasilien, ist Biochemikerin. Für ihre Forschungen zur Mikrobiologie und Genetik an der Universität Wien hat sie zahlreiche Auszeichnungen erhalten. Heute lebt die pensionierte Professorin auf einem Bergbauernhof im Salzburger Land und untersucht dort die Wirkung von Heilkräutern.

KOMMENTIEREN ▶

Renée Schroeder
Der Traum von der Unsterblichkeit
Brandstätter Verlag,
Wien 2022
144 Seiten   20 €

3a 2 ◀) 05 Hören Sie Teil 1 der Buchbesprechung im Podcast „Für euch gelesen". Was erfahren Sie noch über das Buch? Ergänzen Sie Ihre Notizen aus 2.

b Arbeiten Sie zu zweit. Lesen Sie die Sätze 1 – 5. Welche Sätze könnten richtig sein, ⓐ, ⓑ oder ⓒ? Was meinen Sie? Markieren Sie.

1. Die Gene von Lebewesen enthalten Informationen über
   ⓐ das aktuelle Alter.
   ⓑ die maximale Lebenserwartung.
   ⓒ die Möglichkeit, das Altern hinauszuzögern.

2. Gentechnische Manipulation ist umstritten, weil
   ⓐ man schlechte Erfahrungen damit gemacht hat.
   ⓑ die Konsequenzen für nachfolgende Generationen nicht absehbar sind.
   ⓒ solche Experimente am Menschen sehr teuer sind.

3. Die Hydra ist ein kleines Wassertier,
   ⓐ das sich vollständig regenerieren kann.
   ⓑ dessen Sterberisiko mit dem Alter zunimmt.
   ⓒ dessen Gene einzigartig sind.

4. Der menschliche Körper altert u. a., weil
   ⓐ er im Laufe der Zeit gar keine Zellen mehr bilden kann.
   ⓑ er im Laufe der Zeit nur noch defekte Zellen erzeugt.
   ⓒ die alten und kaputten Zellen im Körper bleiben.

5. Synthetische Verjüngungsdrogen
   ⓐ bekommt man auf Rezept in der Apotheke.
   ⓑ unterstützen Menschen beim Fasten.
   ⓒ sind noch nicht für den Menschen zugelassen.

c 2 ◀) 06 Lesen Sie die Sätze 1 – 5 in b noch einmal und hören Sie Teil 2 der Buchbesprechung. Vergleichen Sie mit Ihren Vermutungen aus b.

d 2 ◀) 07 Arbeiten Sie zu viert und bilden Sie zwei Teams. Team A konzentriert sich auf die Fragen 1 und 2, Team B auf die Fragen 3 und 4. Hören Sie dann Teil 3 der Buchbesprechung und machen Sie Notizen. Stellen Sie Ihre Ergebnisse dem anderen Team vor. → AB 5–6

1. Warum hält Kerstin Unsterblichkeit für eine unrealistische Vorstellung?
2. Warum findet Kerstin die Vorstellung, unsterblich zu sein, beängstigend?

1. auch in Zukunft:
Naturkatastrophen, …

3. Warum findet Bodo den Gedanken an Unsterblichkeit faszinierend?
4. Welches Problem gäbe es laut Bodo, wenn die Menschen unsterblich wären?

3. endlos viel Zeit, um mehr …, …

4 Würden Sie das Buch von Renée Schroeder gern lesen? Warum (nicht)? Begründen Sie Ihre Meinung.

◆ Ich kann mir schon vorstellen, dass mir die Lektüre Spaß machen würde. Ich lese gern Sachbücher, wenn sie gut geschrieben sind. Außerdem finde ich das Thema sehr spannend!

2◄))08 **5a** `WÖRTER` **Lesen Sie die Aussagen 1 – 5. Welches Nomen passt? Ergänzen Sie. Hören Sie dann die Aussagen und kontrollieren Sie Ihre Lösung.**

Aussicht Folgen Frage Nähe Wunsch

1. Es ist eine ethisch und moralisch strittige _____, ob und wie wir unsere Gene manipulieren dürfen.

2. Die Möglichkeit, gesund und munter 120 Jahre alt zu werden, ist in greifbarer _____.

3. Der Gedanke, unsterblich zu sein, hätte weitreichende _____ für unsere Lebensplanung.

4. Es gibt reale Chancen, länger gesund und fit zu bleiben. Das ist doch ein sehnlicher _____ von vielen.

5. Für alle, die Angst vor dem Altern haben, ist das auf jeden Fall eine verlockende _____.

> Es gibt Adjektive, die sich nur mit wenigen bestimmten Nomen kombinieren lassen. Lernen Sie diese festen Adjektiv-Nomen-Verbindungen (z. B. *eine strittige Frage*) auswendig.

b Lesen Sie die Fragen 1 – 5 und notieren Sie Ihre Antworten. Arbeiten Sie dann in Gruppen und berichten Sie. ➜ Kugellager ➜ AB 7

1. Welchen sehnlichen Wunsch hatten Sie als Kind?
2. Welches Ziel ist für Sie in greifbarer Nähe?
3. Was ist – wenn Sie ans Altern denken – für Sie eine verlockende Aussicht?
4. Über welche strittige Frage haben Sie als Jugendliche / Jugendlicher oft diskutiert?
5. Welche Entscheidung, die Sie getroffen haben, hatte weitreichende Folgen?

◆ Schon als Kind hatte ich den sehnlichen Wunsch, irgendwann mal zum Mond zu fliegen. Die Idee, durch den Weltraum zu reisen und Neues zu entdecken, hat mich immer fasziniert.

6a `GRAMMATIK` **Formulieren Sie die Sätze 1 – 4 um. Verwenden Sie die Wörter in Klammern.** ➜ Adversative Zusammenhänge

1. Entgegen meinen Erwartungen geht Schroeder gar nicht auf solche ethischen Fragen ein. *(anders als)*

2. Die Wahrscheinlichkeit zu sterben, ist für die Hydra ihr ganzes Leben lang gleich groß, wohingegen das Sterberisiko beim Menschen mit dem Alter zunimmt. *(während)*

3. Die Zellen der Hydra sind ihr ganzes Leben lang gleich aktiv. Demgegenüber werden unsere Zellen im Alter immer träger. *(dagegen)*

4. Ich habe daher erwartet, dass Unsterblichkeit im Fokus steht. Im Gegensatz dazu spielt dieses Thema keine zentrale Rolle. *(jedoch)*

Bodo und Kerstin bei der Podcastaufzeichnung

> 1. Anders als ich erwartet habe, geht Schroeder ...

b Ordnen Sie die markierten Wörter aus a in die Tabelle ein. ➜ AB 8–9

Adversative Zusammenhänge (Gegensätze)		
Nebensatz-Konnektoren	*Hauptsatz-Konnektoren*	*Präposition + Dativ*

7 Lesen Sie die Kommentare ❶ – ❹. Schreiben Sie die *kursiven Argumente* zum Thema *Unsterblichkeit* neu. Verwenden Sie die Wörter in Klammern.

---

www.fuer_euch_gelesen.de/folge-163-der-traum-von-der-unsterblichkeit/kommentare

KOMMENTARE

 **LaraZ**
Geburt und Tod sind die natürlichen Grenzen des Lebens, während Unsterblichkeit nur durch den Einsatz von Technologie möglich wäre. (im Gegensatz dazu) Wollen wir das wirklich?

 **Floppy**
Viele sehnen sich nach einem ewigen Leben. Dagegen finde ich die Idee beängstigend. (demgegenüber) Dann würde die Bevölkerung ja unbegrenzt wachsen. Das wäre ein Problem!

 **Lars89**
Für viele ist Unsterblichkeit ein Traum. Ich hätte allerdings Sorge, mich zu langweilen. (wohingegen) Kann man dem Leben wirklich immer wieder einen neuen Sinn geben?

 **VickyB**
@Lars89 Ich seh das eher positiv. *So viel Zeit zu haben, ist die absolute Freiheit! Anders als du dir vorstellst, wäre das Leben mit Sicherheit deutlich entspannter. (entgegen)*

---

1. Geburt und Tod sind die natürlichen Grenzen des Lebens. Im Gegensatz dazu …

8 KOMMUNIKATION Verfassen Sie einen Diskussionsbeitrag zum Thema *Unsterblichkeit: Ist ewiges Leben erstrebenswert?* (mind. 230 Wörter). → Schreibwerkstatt → AB 10–11

Schritt 1: Arbeiten Sie zu zweit. Notieren Sie, welche Folgen Unsterblichkeit hätte. Wären diese Folgen Ihrer Meinung nach positiv oder negativ? Machen Sie eine Liste. Die Aufgaben 3d und 7 helfen Ihnen.

positive Folgen:	negative Folgen:
– mehr Entscheidungsmöglichkeiten im Leben (z. B. wechselnde Wohnorte)	– zu viele Möglichkeiten verursachen Stress (z. B. großer Druck, laufend etwas zu verändern)

Schritt 2: Verfassen Sie einen Diskussionsbeitrag. Gehen Sie dabei auf die folgenden Inhaltspunkte ein.
· Erklären Sie, warum das Thema *Unsterblichkeit* relevant oder aktuell ist.
· Nennen Sie mögliche Folgen, die Unsterblichkeit Ihrer Meinung nach hätte, und erläutern Sie, ob Sie diese Folgen eher positiv oder eher negativ bewerten.
· Erläutern Sie an einem Beispiel, was sich in Ihrem Leben ändern würde, wenn Sie unsterblich wären.
· Fassen Sie Ihre Position zusammen und begründen Sie sie.

Relevanz begründen
Angesichts … ist das Thema (durchaus) relevant / aktuell.
Wegen … hat das Thema eine große Relevanz.
Das Thema … gewinnt (zunehmend) an Bedeutung, weil …

ein Beispiel nennen
Dadurch würde beispielsweise …
Ein Beispiel wäre: …
Dafür würde ich folgendes Beispiel anführen: …

mögliche Folgen nennen und bewerten
Das könnte zur Folge haben, dass … Und das hätte wiederum den Vorteil / Nachteil, dass …
Eine mögliche (positive / negative) Folge wäre …
Vermutlich hätte das folgende (wünschenswerte / fatale) Konsequenzen: …

ein Fazit ziehen
Aus diesen Gründen bin ich (persönlich) der Meinung, dass …
Mein Fazit ist …
Ich möchte also abschließend festhalten, dass …

Schritt 3: Tauschen Sie Ihren Diskussionsbeitrag mit Ihrer Partnerin / Ihrem Partner aus Schritt 1. Lesen Sie ihren / seinen Diskussionsbeitrag und geben Sie ihr / ihm ein Feedback. Die Fragen helfen.
· Wird auf alle vier Inhaltspunkte eingegangen?
· Wird die Position deutlich? Ist die Argumentation nachvollziehbar?
· Ist der Text überwiegend sprachlich korrekt (Grammatik, Rechtschreibung, Zeichensetzung) geschrieben?
· Ist der Text mindestens 230 Wörter lang?

♦ Also, ich finde es besonders gelungen, wie du in das Thema einsteigst. Außerdem ist dein Beitrag gut aufgebaut. Deine Argumentation ist sehr gut nachvollziehbar und überzeugend. Eine Anmerkung hätte ich noch zu …

LICHT

Von allen Seiten beleuchtet

9

LERNZIELE

// einen Magazinartikel über die Kulturgeschichte
 des Lichts verstehen
// eine Kurzpräsentation zum Thema *Licht* halten
// Wortfeld *Licht*
// Nominalstil II

Ein Blick aufs Licht

INHALT

❶ Das Auge ist das wichtigste Sinnesorgan des Menschen, und auch die meisten Tiere erfassen die Welt weitestgehend über das Sehen. Doch erst Licht macht visuelle Wahrnehmung möglich. Menschen können ca. 200 Farbtöne unterscheiden, Hunde und Katzen dagegen sehen ihre Umgebung nur in Blau-Gelb-Nuancen. Bienen wiederum nehmen auch ultraviolettes Licht wahr und sehen die Welt deshalb noch farbenreicher als Menschen.

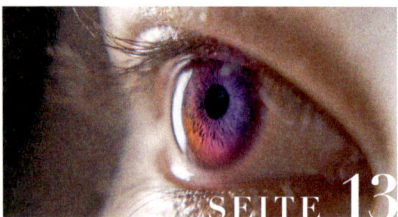

SEITE **13**

Über 30 % der Bevölkerung können an ihrem Wohnort nachts die Sterne nicht mehr sehen, weil künstliche Beleuchtung den Himmel unnatürlich erhellt. Das Phänomen wird als Lichtverschmutzung bezeichnet und hat auch für Tiere und Pflanzen gravierende Folgen: Bäume verlieren im Herbst zu spät ihre Blätter und Vögel verirren sich auf ihren Flugrouten. Ein Blick aus dem Weltall auf die Erde zeigt, dass Lichtverschmutzung vor allem rund um große Städte auftritt.

SEITE **77**

❷ Lichtbasierten Technologien begegnet man in zahlreichen Bereichen des alltäglichen Lebens. Zum Beispiel werden Laserstrahlen in Barcode-Scannern an der Supermarktkasse oder in Farbdruckern verwendet. In Glasfaserkabeln sorgen Lichtwellen dafür, dass wir in höchster Geschwindigkeit – nahezu mit Lichtgeschwindigkeit – im Internet surfen können. Infrarot-Strahlung kommt u. a. bei Herdplatten, Fernbedienungen, Wasserhähnen oder Haarföhnen zum Einsatz.

SEITE **52**

SEITE **81**

Licht und Dunkelheit spielen in der bildhaften Sprache bzw. in Redewendungen eine große Rolle: Wenn jemand plötzlich etwas begreift, was er vorher nicht verstanden hat, dann geht ihm – umgangssprachlich ausgedrückt – ein Licht auf. Wer überraschend eine gute Idee hat, der hat eine Erleuchtung oder auch einen Geistesblitz. Wer dagegen keine Ahnung hat, hat keinen Schimmer und tappt weiterhin im Dunkeln.

SEITE **92** Einmal drücken und schon wird es hell. So bequem haben es die Menschen noch gar nicht so lange, das zeigt ein Blick auf die Kulturgeschichte des Lichts.

1a Lesen Sie das Inhaltsverzeichnis des Magazins. Welcher Eintrag ❶ – ❹ passt zu welcher Überschrift ⓐ – ⓕ? Ordnen Sie zu. Zwei Überschriften passen nicht. → AB 4–5

ⓐ ○ Erfindungen rund ums Licht

ⓑ ○ Licht bringt Farbe in die Welt

ⓒ ○ Mit Lichtgeschwindigkeit durchs Weltall

ⓓ ○ Von Sprachbildern und Lichtmetaphern

ⓔ ○ Wie man die Augen vor Verschmutzung schützt

ⓕ ○ Zu viel Licht – eine Gefahr für die Natur

b KOMMUNIKATION Arbeiten Sie in Gruppen. Welche Informationen aus den Einträgen in **a** waren für Sie neu? Was assoziieren Sie mit dem Thema *Licht*? Tauschen Sie sich aus. → Ich-Du-Wir

Assoziationen beschreiben
Bei … denke ich sofort / spontan an …
Wenn ich über … nachdenke, fällt / fallen mir … ein.
Mit … verbinde ich vor allem / in erster Linie / als Erstes / …

◆ Ich habe mir noch nie Gedanken darüber gemacht, dass so viele Alltagsgeräte mit lichtbasierten Technologien funktionieren. Das finde ich interessant. Wenn ich über Licht nachdenke, fällt mir sofort Fotografie ein. Dabei spielen die Lichtverhältnisse eine große Rolle.

2a Arbeiten Sie zu zweit. Wie haben sich die Lichtquellen im Laufe der Zeit in Europa entwickelt? Seit wann gibt es welche Errungenschaft? Lesen Sie den Magazinartikel hier und auf S. 44 und ordnen Sie die Lichtquellen Ⓐ – Ⓖ in den Zeitstrahl ein.

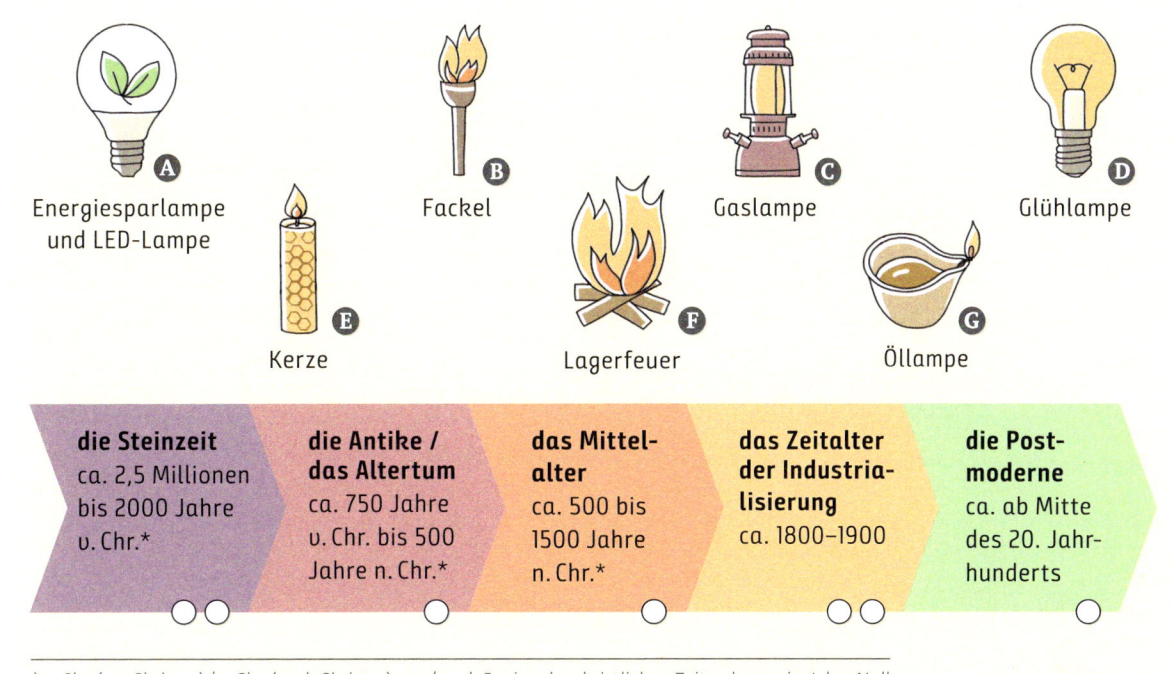

Ⓐ Energiesparlampe und LED-Lampe

Ⓑ Fackel

Ⓒ Gaslampe

Ⓓ Glühlampe

Ⓔ Kerze

Ⓕ Lagerfeuer

Ⓖ Öllampe

| die Steinzeit ca. 2,5 Millionen bis 2000 Jahre v. Chr.* | die Antike / das Altertum ca. 750 Jahre v. Chr. bis 500 Jahre n. Chr.* | das Mittelalter ca. 500 bis 1500 Jahre n. Chr.* | das Zeitalter der Industrialisierung ca. 1800–1900 | die Postmoderne ca. ab Mitte des 20. Jahrhunderts |

_____

* v. Chr. (vor Christus) / n. Chr. (nach Christus): vor / nach Beginn der christlichen Zeitrechnung im Jahre Null

Kleine Kulturgeschichte des Lichts (Teil 1)

SEITE 92

Über Millionen von Jahren war die Sonne die einzige Lichtquelle der Menschen. Der Tag begann mit dem Sonnenaufgang und endete, wenn die Sonne unterging. Feuer kannten die Menschen zunächst nur als
5 Bedrohung: wenn Blitze in Bäume und Büsche einschlugen oder ein Vulkan ausbrach.
Irgendwann kamen unsere Vorfahren auf die Idee, sich die Flammen zunutze zu machen. Lagerfeuer dienten nicht nur als Schutz vor wilden Tieren, son-
10 dern auch als Licht- und Wärmequelle. Die älteste bekannte Feuerstelle wurde 2012 im heutigen Südafrika gefunden. Sie stammt aus der Steinzeit und ist etwa 1.000.000 Jahre alt. Die gezielte Nutzung des Feuers stellte einen Meilenstein in der kulturel-
15 len Entwicklung der Menschheit dar: Nicht nur die Überlebenschancen der Menschen erhöhten sich, auch die Entwicklung von Sprache wurde entscheidend gefördert. Denn das Lagerfeuer war ein sozialer Ort, an dem man sich austauschte, Informationen
20 weitergab und Geschichten erzählte.
Als Lichtquelle ließen sich Lagerfeuer allerdings nur begrenzt nutzen, da man sie nicht transportieren konnte. Die Menschen begannen deshalb, einzelne brennende Holzstücke als Fackeln zu verwenden.
25 Archäoginnen und Archäologen gehen davon aus, dass Fackeln erstmals vor etwa 500.000 Jahren eingesetzt wurden. So ließen sich auch Innenräume, wie

Höhlen und unterirdische Gänge, einfach und schnell beleuchten. Mit den Fackeln erschlossen sich die
30 Menschen neue Lebensräume und erlernten neue Fähigkeiten und Techniken. Die Höhlenmalereien, die man an verschiedenen Orten der Welt gefunden hat, und von denen die ältesten etwa 40.000 Jahre alt sind, konnten wohl nur so entstehen.
35 Offene Lichtquellen wie die Fackel hatten viele Jahrtausende Bestand. Erst im Altertum – genauer gesagt während der römischen Antike circa 200 Jahre vor Beginn der christlichen Zeitrechnung (200 v. Chr.) – begannen die Menschen, Öllampen zu
40 verwenden. Als Brennstoff diente das Fett von Tieren oder auch Pflanzenöl. Öllampen hatten den Vorteil, dass sie längere Zeit brannten als Fackeln. Allerdings strömten sie beim Verbrennen der Tierfette unangenehme Gerüche aus. Die duftenden
45 Bienenwachskerzen, die im Mittelalter ab dem 11. Jahrhundert sehr beliebt wurden, stellten da eine deutliche Verbesserung dar. Solche Kerzen waren aber so kostbar, dass sie sich nur die privilegierten Bevölkerungsschichten leisten konnten. Kerzen aus
50 Bienenwachs waren deshalb in jener Zeit auch ein Statussymbol, ein Zeichen für Macht und Reichtum. Der breiten Bevölkerung wurden gute künstliche Lichtquellen erst sehr viel später zugänglich.

Text hören ◀))

Kleine Kulturgeschichte des Lichts (Teil 2)

Der Weg zum künstlichen Licht für alle beginnt mit
55 der Industrialisierung, die in Europa zu Beginn des
19. Jahrhunderts einsetzte und eine radikale Veränderung der Arbeitswelt mit sich brachte. Gearbeitet
wurde nun zunehmend in großen Fabrikhallen, für die
das schwache und flackernde Licht von Öllampen
60 oder Kerzen nicht mehr ausreichte. Leistungsstärkere
Lichtquellen wurden notwendig. Eine Lösung bot die
Gaslampe, die Ende des 18. Jahrhunderts in den Nie-
derlanden erfunden wurde. Sie leuchtete heller und
konstanter als Öllampen oder Kerzen, zudem war sie
65 kostengünstiger. Um 1810 begann man in Europa, die
neue Technologie auch in den Fabriken und für die
Straßenbeleuchtung einzusetzen. Der Einzug der
Gaslampe brachte gravierende wirtschaftliche,
soziale und kulturelle Veränderungen mit sich. In den
70 Fabriken konnte nun auch nachts gearbeitet werden.
Dies war nicht nur die Geburtsstunde der Schichtar-
beit, sondern – in der Folge – auch die der Arbeiter-
und Gewerkschaftsbewegung in vielen Ländern
Europas. Draußen auf den Straßen und Plätzen führ-
75 ten die Gaslaternen zu mehr Sicherheit. Überfälle
oder Unfälle wurden seltener, sodass sich immer
mehr Menschen nach Sonnenuntergang aus dem
Haus wagten. Städtisches Nachtleben und eine Ver-
gnügungskultur konnten sich entwickeln.
80 Schon 1881 sorgte die Erfindung der elektrischen
Glühlampe (auch: Glühbirne) durch den amerikani-

schen Ingenieur Thomas Alva Edison für den nächsten Entwicklungsschritt. Die neue Lampe schien noch
heller als Gaslampen und war vor allem ungefährli-
85 cher, da sie nicht so leicht explodieren konnte. Unter
den europäischen Großstädten entstand ein Wettstreit um die schönste Beleuchtung: Abends funkel-
ten Lichter am Pariser Eiffelturm, und erste Leucht-
reklamen strahlten an den Häuserfassaden in Berlin
90 und London. Die Städte wurden zum Symbol für Fortschritt und modernes Leben. In privaten Haushalten
ließ der Einsatz der Glühlampe allerdings noch mehrere Jahrzehnte auf sich warten. Es herrschte zwar
Vertrauen in die neue Technologie, aber der Anschluss
95 an die Stromnetze war anfangs noch mit zu hohen
Kosten verbunden. Erst in den 1920er-Jahren
erreichte das elektrische Licht die Wohnungen der
Menschen in Ländern wie Deutschland, Großbritan-
nien oder Frankreich in großem Umfang.
100 In der zweiten Hälfte des 20. Jahrhunderts kamen
energieeffizientere Alternativen zur Glühlampe
auf den Markt: In den 1980er-Jahren zunächst die
Energiesparlampen, um die Jahrtausendwende dann
die LED-Lampen. Anders als Glühlampen werden
105 LED-Lampen nicht warm und wandeln fast ihre
gesamte Energie in Licht um. Dadurch verbrauchen
sie wesentlich weniger Strom, sind umweltfreundlicher und kostengünstiger für die Verbraucherinnen
und Verbraucher.

Text hören 🔊

b Arbeiten Sie zu viert und bilden Sie zwei Teams. Team A liest Teil 1 auf S. 43 noch einmal, Team B
Teil 2 hier. Notieren Sie die wichtigsten Informationen zu jeder Lichtquelle. Die Fragen helfen.

· In welchem Kontext (wann, warum, wo, von wem, …) wurde welche Lichtquelle entdeckt bzw. erfunden?
· Welche (sozialen, kulturellen, wirtschaftlichen, …) Folgen hatte das?

Ⓐ Lagerfeuer:
- Steinzeit, vor ca. 1 Mio. Jahren; …

Ⓑ Gaslampe:
- Ende 18. Jh., Industrialisierung; …

c KOMMUNIKATION **Stellen Sie dem anderen Team Ihre Ergebnisse vor.** → AB 6–11

über Fortschritt berichten
Die Erfindung / Entwicklung / Entdeckung von …
… fällt in die Zeit … / kam … auf.
… war innovativ / revolutionär, denn …
… verbesserte / vereinfachte … / leistete einen wichtigen Beitrag zu … / sorgte dafür, dass …

3 WÖRTER **Arbeiten Sie zu zweit. Mit welchen Nomen kann man diese Verben kombinieren?
Notieren Sie Beispiele aus dem Magazinartikel in 2a und recherchieren Sie weitere Kombinations-
möglichkeiten. Formulieren Sie dann jeweils einen Beispielsatz dazu.** → AB 12

brennen *(Z. 42)*   flackern *(Z. 59)*   leuchten *(Z. 63)*   scheinen *(Z. 83)*   funkeln *(Z. 87–88)*   strahlen *(Z. 89)*

♦ Das Licht hat die ganze Nacht gebrannt. Ich hatte vergessen,
   es auszuschalten.
▲ Seine Augen haben geleuchtet, als er das Geschenk ausgepackt hat.

brennen: Öllampe, Fackel, Licht, …
leuchten: Lampe, Augen, …

4 GRAMMATIK **Wie steht das im Magazinartikel in 2a? Ergänzen Sie.** → Nominalstil II → AB 13–14

	Verbalstil (Satz)		Nominalstil (Nominalgruppe)
verursachende Sache / Person → durch + *verursachende Sache / Person*	Der Ingenieur Thomas Alva Edison erfindet die Glühlampe.	→	die Erfindung der Glühlampe ....(1) (Z. 80–82)
Verb + Dativ → *Nomen mit Präposition*	Man vertraut der neuen Technologie.	→	....(2) die neue Technologie (Z. 94)
Verb mit Präposition → Nomen mit Präposition	Das Lagerfeuer schützt vor wilden Tieren.	→	....(3) wilden Tieren (Z. 9)

5 **Lesen Sie die Antworten der Befragten einer Umfrage zum Thema *Umstieg auf LEDs*. Schreiben Sie die Gründe 1 – 6 als Nominalgruppen wie im Beispiel.** → AB 15

Antworten der Befragten:

1. „LEDs reduzieren den Stromverbrauch stark." *(Reduzierung)*
2. „Energiesparen nützt der Umwelt." *(Nutzen für)*
3. „Die EU hat die Glühlampe verboten." *(Verbot)*
4. „Ich vertraue der Technik." *(Vertrauen in)*
5. „LED-Lampen eignen sich für alle Räume." *(Eignung für)*
6. „Bei der Produktion wird auf giftige Stoffe verzichtet." *(Verzicht auf)*

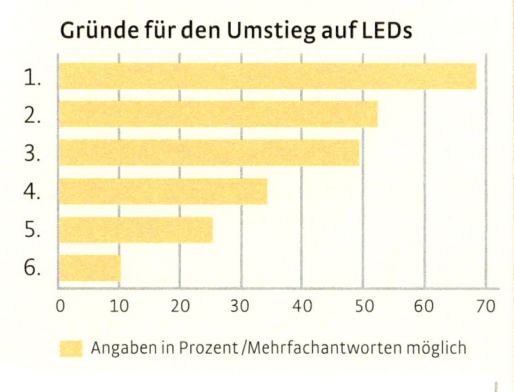

Gründe für den Umstieg auf LEDs

Angaben in Prozent / Mehrfachantworten möglich

1. starke Reduzierung des Stromverbrauchs durch LEDs

6 KOMMUNIKATION **Halten Sie eine Kurzpräsentation zum Thema *Licht* (ca. 3 Minuten).**
→ Wirbelgruppen → AB 16

Schritt 1: Arbeiten Sie zu zweit. Wählen Sie ein Thema 1– 4 aus 1a und recherchieren Sie weitere Informationen dazu. Machen Sie Notizen. Die Fragen helfen.

❶ Licht bringt Farbe in die Welt
· Warum sehen wir ohne Licht keine Farben? Wie verändern sich Farben durch Licht?
· Stellen Sie ein Tier vor: Welche / Wie viele Farben kann es sehen?

❸ Zu viel Licht – eine Gefahr für die Natur
· Wodurch wird Lichtverschmutzung in Ihrer Stadt / Umgebung verursacht?
· Wie könnte man die Lichtverschmutzung vermeiden?

❷ Erfindungen rund ums Licht
· Welche weiteren lichtbasierten Technologien gibt es?
· Welche Lichttechnologien spielen in Ihrem Alltag eine besondere Rolle?

❹ Von Sprachbildern und Lichtmetaphern
· Welche Ausdrücke gibt es im Deutschen, in denen „Licht" eine Rolle spielt? Was bedeuten sie?
· Gibt es in anderen Sprachen, die Sie kennen, ähnliche Ausdrücke oder Redewendungen?

Schritt 2: Fassen Sie die wichtigsten Informationen aus Schritt 1 auf Präsentationsfolien oder einem Plakat zusammen. Verwenden Sie dabei auch Nominalgruppen.

Schritt 3: Bilden Sie Gruppen, in denen verschiedene Themen vertreten sind und halten Sie dann in der Gruppe Ihre Kurzpräsentation.

◆ Wir haben das Thema „Lichtverschmutzung" gewählt, weil es sehr aktuell ist. Lichtverschmutzung wird hauptsächlich durch folgende Faktoren verursacht: Erstens …

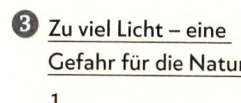

❸ Zu viel Licht – eine Gefahr für die Natur
1. …

T H E M A

Personalgespräch

EXTRA BERUF

L E R N Z I E L E

// einen Magazinartikel zum Thema *Personalgespräch* verstehen
// ein Personalgespräch verstehen und üben

IRIS BALDER (28) arbeitet seit einem Jahr als Marketingmanagerin beim Telekommunikationsunternehmen *Intermedia*. Nächste Woche hat sie ihr erstes Personalgespräch mit ihrem Teamleiter Paul Kureishi.

1a Lesen Sie die Informationen zu Iris Balder. Hatten Sie schon einmal ein Personalgespräch? Was wissen Sie schon über solche Gespräche? Wer spricht mit wem worüber? Was ist das Ziel eines Personalgesprächs? Sprechen Sie zu zweit.

b Lesen Sie den Magazinartikel und vergleichen Sie mit Ihren Erfahrungen und Kenntnissen aus a. Was war neu für Sie?

www.karriereplan.de/personalgespraech

DAS PERSONALGESPRÄCH

Sie haben gerade eine Einladung zum Personalgespräch erhalten und wissen nicht, was Sie erwartet? Wir haben die wichtigsten Informationen und Tipps für Sie zusammengestellt, damit Ihr Gespräch ein voller Erfolg wird.

❶ Was ist ein Personalgespräch?

5 • Beim Personalgespräch sprechen Sie mit Ihrer / Ihrem Vorgesetzten über Ihre Arbeit im Unternehmen, die Zusammenarbeit mit Kolleg:innen und Vorgesetzten, Ihre Ziele und möglichen Zukunftsperspektiven. Es geht darum, Ihre Arbeit im Unternehmen sowie das Verhältnis zwischen Ihnen und Ihrer / Ihrem Vorgesetzten zu besprechen.

• Normalerweise findet das Personalgespräch einmal pro Jahr statt und ist für beide Seiten verpflich-
10 tend. In manchen Fällen kann es auch viertel- oder halbjährlich geführt werden.

• Nach dem Gespräch wird ein Protokoll angefertigt, um den Gesprächsverlauf und die getroffenen Vereinbarungen zu dokumentieren.

❷ Welche Themen werden bei einem Personalgespräch besprochen?

• **Ihre Arbeit:** An welchen Projekten haben Sie in der letzten Zeit gearbeitet? Was ist Ihnen gelungen,
15 und wo gäbe es Verbesserungspotenzial? Sie bekommen Feedback von Ihrer / Ihrem Vorgesetzten, haben aber ebenso die Möglichkeit zu erklären, womit Sie selbst zufrieden oder unzufrieden sind.

• **Zusammenarbeit mit Kolleg:innen und Vorgesetzten:** Wie bewerten Sie die Zusammenarbeit mit Ihren Kolleg:innen im Team? Sollte etwas verbessert werden? Wie beurteilen Sie die Kommunikation mit Ihrer / Ihrem Vorgesetzten?

20 • **Ziele:** Wie soll es in nächster Zeit für Sie im Unternehmen weitergehen? Wünschen Sie sich Veränderungen? Sind Sie mit Ihrer jetzigen Position zufrieden? Was könnten die nächsten Herausforderungen für Sie sein?

• **Zukunftsperspektiven:** Auf welchem Gebiet wollen Sie sich langfristig weiterentwickeln? Welche Entwicklungspotenziale sehen Sie für sich im Unternehmen? Wo sehen Sie sich in fünf oder zehn
25 Jahren? Gibt es Weiterbildungen, die Sie gern absolvieren würden?

❸ Wie bereitet man sich auf ein Personalgespräch vor?

• Denken Sie über Ihre Arbeit im vergangenen Jahr nach: Was hat gut geklappt, was hätte besser laufen können? Denken Sie auch allgemein über Ihre Stärken und Schwächen nach. Machen Sie sich dazu Notizen.

30 • Bereiten Sie sich gedanklich auf die Feedback-Situation vor: Kritik kann manchmal unangenehm sein. Wichtig ist, sie nicht persönlich zu nehmen.

• Wenn Sie selbst etwas kritisieren möchten: Tun Sie dies konstruktiv und bringen Sie am besten auch gleich Verbesserungsvorschläge ein.

• Überlegen Sie, wie Sie sich Ihre Zukunft im Unternehmen vorstellen und notieren Sie Ihre
35 Karriereziele.

2 ◀)) 09 **2a Lesen Sie Iris Balders Notizen zu ihrem Personalgespräch. Was passt? Ergänzen Sie.**
Hören Sie dann Teil 1 des Gesprächs und kontrollieren Sie Ihre Ergebnisse.

Augenhöhe Kundenzufriedenheit Meinungsverschiedenheiten Mitbewerbern Optimierung
Prioritäten Stärken ~~Überblick~~

Personalgespräch mit Paul Kureishi, 19. September

1. Meine Arbeit:

• bei der vorherigen Stelle: kleines Team, viel _Überblick_ (1), sehr unterschiedliche Aufgaben

• inzwischen Vorteile von großem Team erkannt: Aufgaben werden nach Fähigkeiten verteilt;
 man kann eigene _____ (2) weiterentwickeln

• Projekt „neue Mobilfunkpakete": meine Aufgabe: Wettbewerbsanalyse
 – Angebot und Werbestrategien von _____ (3) analysieren
 – Umfragen zur _____ (4) auswerten
 – Vorschläge zur _____ (5) von Werbestrategien und
  Social-Media-Auftritt entwickeln

2. Zusammenarbeit mit den Kolleg/-innen:

• manchmal _____ (6) oder Spannungen

• mit Julia MacMahon: Anfangs angespanntes Arbeitsklima wegen ihres Verhaltens; mittlerweile:
 Zusammenarbeit auf _____ (7)

• mit Yannik Peterson: Konflikt wegen unterschiedlicher Einschätzung von
 _____ (8); mittlerweile gutes Arbeitsverhältnis

---

2 ◀)) 10 **b Hören Sie Teil 2 des Personalgesprächs und ergänzen Sie die Sätze auf einem Notizzettel.**

Iris Balder ...   **Paul Kureishi ...**
1. könnte sich vorstellen, ... ⟶ 2. erwidert, dass ...
3. schlägt vor, dass ... ⟷ 4. entgegnet, dass ... Vielmehr kann er sich vorstellen, ...
5. findet, dass ... ⟶ 6. weist darauf hin, dass ...

1. Iris Balder könnte sich vorstellen, mehr im Social-Media-Bereich zu arbeiten.

---

2 ◀)) 11 **c Hören Sie Teil 3 des Personalgesprächs. Wo sieht sich Iris Balder in fünf Jahren?**
Machen Sie Notizen und sprechen Sie im Kurs.

3 KOMMUNIKATION **Üben Sie ein Personalgespräch.**

Schritt 1: Arbeiten Sie zu zweit. Denken Sie sich ein Unternehmen und einen Beruf aus. Wählen Sie dann
2–3 Themen aus Abschnitt 2 des Magazinartikels in 1, über die Sie im Personalgespräch sprechen möchten.

Schritt 2: Bereiten Sie das Personalgespräch vor. Machen Sie Notizen zu beiden Rollen.

	Vorgesetzte/-r	Arbeitnehmer/-in
Zusammenarbeit	– Wie bewerten Sie ...?	– läuft gut, aber ...

Schritt 3: Verteilen Sie die Rollen und üben Sie das Personalgespräch.

die eigene Arbeit / die Zusammenarbeit positiv bewerten
Ich finde, besonders gut ist mir ... gelungen.
Ich denke, ich habe die mir überantworteten Aufgaben
 erfolgreich erledigt.
Wir arbeiten gut auf Augenhöhe zusammen.

etwas aushandeln
Könnten Sie sich vorstellen, mich im Bereich ...
 einzusetzen?
Das klingt zwar überzeugend, aber ...
Es wäre zu überlegen, ob Sie nicht ...

die eigene Arbeit / die Zusammenarbeit negativ bewerten
Am Anfang empfand ich ... als sehr schwierig.
Ohne Zweifel hätte ... besser laufen können.
Ich muss einräumen, dass mir / uns ... nicht gelungen ist.

Ziele / Wünsche formulieren
Ich wäre offen für / fühle mich bereit für /
 wünsche mir neue Herausforderungen.
In ... Monaten / ... Jahren / Zukunft sehe ich mich ...
Meine Präferenz liegt ohne Zweifel ...

Schritt 4: Tauschen Sie die Rollen und üben Sie das Personalgespräch noch einmal.

Literatur

Vom Klirren und Beben des Alters

❶ Eigentlich sollte es ein gemütlicher Nachmittag werden, ich hatte Kuchen mitgebracht, Camilles Lieblingskuchen. Es ist dann leider schnell sehr ungemütlich geworden. Ich saß auf der Küchenbank und sah Camille beim ausgiebigen Schimpfen und Umherstampfen zu. Weil Camille so außergewöhnlich groß und
5 schwer ist, bebt, wenn sie schimpft und stampft, die ganze umstehende Welt: die Teller in Camilles Spüle, die Tassen in ihrem Schrank, sogar die Küchenbank.

Ich kenne Camille seit meiner Geburt, sie ist eine Freundin meiner Mutter. Sie stampfte und schimpfte, weil ab morgen eine Pflegerin zweimal täglich bei ihr vorbeischauen sollte. Camille empfand das als Affront, als dreiste Beleidigung, als Unverschämtheit. »Ihr habt ja nicht alle
10 Tassen im Schrank«, sagte sie (Camille stammt aus Frankreich, und das mit den Tassen im Schrank ist ihre deutsche Lieblingsredewendung), und dass sie ihr Leben lang gut alleine zurechtgekommen sei. [...]

Weil mir nichts Besseres einfiel, machte ich es schlimmer, indem ich ihr aufzählte, was in letzter Zeit alles passiert war: Wiederholt war Camille morgens nicht aus dem Bett gekommen und hatte dann stundenlang dagelegen, bis zufällig ihr Sohn vorbeikam (»Das war nur wegen der Gemütlichkeit«, warf Camille ein
15 [...]), [...] sie ist mit Kreislaufschwierigkeiten im Garten umgefallen (»Sehr weich gefallen«, warf Camille ein, [...]), sie hatte mehrfach den Herd angelassen und dadurch umliegende Topflappen in Brand gesetzt (»Und wieder gelöscht«, warf Camille ein, »geistesgegenwärtig und sofort«).

Camille unterbrach das Umherstampfen, das Klirren und Beben hörte auf. »Dass ihr mir eine Pflegerin ins Haus holt«, sagte sie, »schmiert mir mein Altsein ins Gesicht.« Sie baute sich vor mir auf. [...] »Jeden Tag
20 werde ich mit meinem Altsein eingeseift, ungefähr so«, und dann packte sie einen angesengten Topflappen und drückte ihn mir ins Gesicht. Der Lappen roch faulig [...].

Ich warf Camille den Topflappen gegen ihre immense Brust. »Es ist doch nur, um dir zu helfen«, sagte ich, und auch das war falsch, denn Camille fand nicht, dass ich ihr helfen musste, sondern immer noch sie mir. Als ich ein Kind war, hat mich Camille wiederholt aus brenzligen Situationen befreit. [...]

❷ 25 Als anderntags die Pflegerin zum ersten Mal an Camilles Tür klingelte, waren meine Mutter und ich sicherheitshalber dabei; wir fürchteten um die Unversehrtheit der Pflegerin [...]. Die Pflegerin war, im Gegensatz zu Camille, bester Dinge und winzig. »Sigrid mein Name«, sagte sie, »Guten Tag, Madame Dubois.«

»Mademoiselle«, korrigierte Camille.

30 Camille stand in der Tür und bewegte sich keinen Zentimeter zur Seite. [...] Dann fragte sie Sigrid: »Wie kann ich Ihnen helfen?«, und Sigrid schien nicht zu finden, dass das eine seltsame Frage war.

»Bei Französisch«, sagte Sigrid.

»Das könnte ich Ihnen beibringen«, sagte Camille. »Oh ja!«, quietschte Sigrid und klatschte in die Hände und hüpfte auf und ab vor Begeisterung, [...] und kurz, aber nur sehr kurz, machte ich mir Sorgen um die
35 Vollständigkeit der Tassen in Sigrids Schrank.

Und so ist es jetzt: Sigrid konjugiert französische Verben, während sie die Füße in den Boden stemmt und Camille aus dem Bett wuchtet, sie hört sich Camilles Erläuterungen zum französischen Plusquamperfekt an, während sie Topflappen löscht, sie sagt Vokabeln her, während sie sich zwischen Camille und den Treppenabsatz wirft. Camille ist zufrieden, das sieht man ihr an. »Es ist ein Glück, dass Sigrid bei mir ist«,
40 sagt sie, »sie braucht dringend Hilfe.«

---

1 Arbeiten Sie zu zweit. Lesen Sie Abschnitt ❶ und spielen Sie die Szene nach.

2 Lesen Sie Abschnitt ❷. Wie hat Camille ihre Meinung geändert? Warum? Sprechen Sie im Kurs.

MODUL 4

10 Fehlerkultur | **11** Wendepunkte | **12** Datenlücken

Was hat Sie in Ihrem Leben besonders beeinflusst?

Akono Musa
„Die Corona-Pandemie."

Cristina Querol Ádrego
„Eine Lehrerin aus meiner Schulzeit."

Valea Popa
„Mein Umzug nach Deutschland."

1 Lesen Sie die Antworten von Akono, Cristina und Valea. Sehen Sie dann die Filme. Was hat sich dadurch im Leben der drei verändert? Machen Sie Notizen.

2 Welche weiteren Faktoren können im Leben einen großen Einfluss nehmen? Sammeln Sie in der Gruppe und sprechen Sie dann im Kurs.

FEHLERKULTUR

Entschuldigung!

10

LERNZIELE

// einen Magazinartikel zum Thema *Entschuldigungen* verstehen
// eine (halb-)formelle E-Mail zu einem Missgeschick verfassen
// Wortfeld *Umgang mit Fehlern*
// modale Zusammenhänge: Art und Weise sowie Mittel beschreiben

a

In unsere gestrige Ausgabe hat sich ein Fehler eingeschlichen. Der korrekte Name des neuen Geschäftsführers der Pro64 AG ist Simon Malka und nicht Simone Malka. Wir bitten, dieses Versehen zu entschuldigen.

b

Sorry!
Hab die letzte Hafermilch getrunken. ☹
Bringe morgen neue mit!

c

Du, ich hab unsere Verabredung vollkommen vergessen. 🙈 Entschuldige bitte. Wie kann ich das wiedergutmachen? 💐 ☕ Wann können wir unser Treffen nachholen?

e

Sehr geehrter Herr Nowak,
leider komme ich erst jetzt dazu, Ihre Mail von letzter Woche zu beantworten. Es tut mir leid, dass Sie so lange warten mussten.
Im Anhang finden Sie die gewünschten Unterlagen.

Mit den besten Grüßen
Dana Zons
Marketingabteilung

d

Liebe Verena,
bitte, verzeih mir, dass ich dich angeschrien habe. Meine Reaktion war total überzogen. Ich wollte dich nicht verletzen und möchte dich um Verzeihung bitten. Ich kann nur hoffen, dass du meine Entschuldigung annimmst.
Liebe Grüße
Timur

f

LB

Entschuldigen Sie, dass ich 2 Minuten zu spät bin. Ich hatte technische Probleme mit meinem Laptop.

1a **Arbeiten Sie in Gruppen. Lesen Sie die Entschuldigungen ⓐ – ⓕ und beantworten Sie die Fragen 1–3.** → AB 3–4

1. Was meinen Sie: In welchem Kontext erfolgen die Entschuldigungen? Wer entschuldigt sich bei wem und wofür?
2. Welche Entschuldigung(en) finden Sie nachvollziehbar, welche eher übertrieben? Warum?
3. Können Sie sich an eine Situation erinnern, in der Sie sich entschuldigt haben oder sich jemand bei Ihnen entschuldigt hat? Berichten Sie.

b **KOMMUNIKATION** **Arbeiten Sie zu zweit. Wählen Sie jeweils eine Situation, in der Sie sich entschuldigen: eine im beruflichen, eine im privaten Kontext. Sie können sich auch andere Situationen überlegen. Machen Sie Notizen und spielen Sie zwei kurze Dialoge.**

Ⓐ Sie verschütten Kaffee auf die Unterlagen Ihrer Vorgesetzten.

Ⓒ Sie haben sich von einer Freundin einen Gegenstand ausgeliehen und kaputt gemacht.

Ⓑ Sie haben einen Termin mit Ihrem Kollegen vergessen und rufen ihn an.

Ⓓ Sie sprechen bei einem Date die Person mit einem falschen Namen an.

um Entschuldigung bitten
Sorry! / Tschuldigung! (informell)
Entschuldigung! / Oh, Verzeihung!
Entschuldige (bitte)! / Entschuldigen Sie (bitte)!
Tut mir (wirklich / sehr / aufrichtig) leid.
Das bedauere ich sehr.
Bitte verzeih mir!

eine Entschuldigung annehmen
Schwamm drüber! / Halb so wild! / Kein Thema! (informell)
Schon gut! / Macht nichts! / Ist schon in Ordnung! (informell)
Danke, dass du das sagst. / Sie das sagen.
Das ist in Ordnung. Lass uns / Lassen Sie uns weitermachen und vergessen, was passiert ist.

2a Lesen Sie die Einleitung zum Magazinartikel. Entscheiden Sie dann spontan: Zu welcher Aussage tendieren Sie? Zur Pro- oder zur Kontra-Aussage? Sprechen Sie im Kurs. → Kursstatistik

---

www.businesslife.de/pro_und_kontra_entschuldigungen

Pro und Kontra: Mit einer Entschuldigung kann man nichts falsch machen

Wenn Konventionen oder Regeln missachtet werden oder Fehler unterlaufen, wenn Schaden entsteht oder Gefühle verletzt werden: Entschuldigungen werden oft benutzt, um eine Angelegenheit zu bereinigen. Doch ist das im Berufsleben immer sinnvoll?

 **PRO:** *Lieber einmal zu viel als zu wenig! Eine Entschuldigung ist immer eine gute Wahl.*
Juri Köster, Arbeitspsychologe

 **KONTRA:** *Bitte nicht übertreiben! Schuldeingeständnisse sollte man sparsam verwenden.*
Antonia Labrenz, Business-Coachin

---

b Arbeiten Sie zu viert und bilden Sie zwei Teams. Team A konzentriert sich auf den Pro-Kommentar hier, Team B auf den Kontra-Kommentar auf S. 52. Lesen Sie jeweils die Aussagen **a** – **f** und den entsprechenden Kommentar. Notieren Sie dann die richtige Reihenfolge der Aussagen.

Team A

a Die Bitte um Verzeihung zeigt, dass wir andere respektieren und ihre Bedürfnisse anerkennen.

b Entschuldigungen helfen dabei, dass der Berufsalltag harmonischer verläuft.

c Entschuldigungen können Streit und andere Auseinandersetzungen beenden.

d Es ist ein Zeichen von persönlicher Stärke, wenn man zu seinen Schwächen und Fehlern steht.

e Man beweist mit einer Entschuldigung, dass man selbstkritisch ist und sich in andere hineinversetzen kann.

f In einer leistungsorientierten Umgebung profitieren alle Beteiligten von einer Entschuldigung.

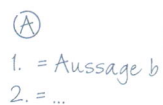
(A)
1. = Aussage b
2. = ...

---

www.businesslife.de/pro_und_kontra_entschuldigungen/pro

A PRO

5 *von Juri Köster, Arbeitspsychologe*

Entschuldigungen haben eine Fülle positiver Effekte. Sie sind Balsam für Beziehungen aller Art. Die Bitte um Verzeihung macht das Miteinander im Berufsalltag angenehmer. Sie sorgt für mehr Harmonie im 10 zwischenmenschlichen Umgang und trägt zu einem guten Betriebsklima bei.

Selbst in heiklen Situationen besänftigt eine aufrichtige Entschuldigung das Gegenüber. Damit kann man eine Menge Ärger vermeiden. Auch einen beste- 15 henden Konflikt kann eine Entschuldigung lösen. Auf diese Weise können beide Seiten wieder zueinander finden. Oft trägt ein „Tut mir leid!" sogar nachhaltig zur Versöhnung bei. Ob im Job oder privat: Wer um Verzeihung bittet, tut etwas für ein gutes Verhältnis 20 zu seinen Mitmenschen.

Entschuldigungen sind zudem ein willkommener Lichtblick in einer gnadenlosen Berufswelt, die von Erfolgsdruck und Perfektionismus geprägt ist. Gerade in einer leistungsorientierten Umgebung tun Ent- 25 schuldigungen gut – und zwar denen, die sie erhalten, genauso wie denen, die sie aussprechen.

Wenn wir um Verzeihung bitten, wenden wir uns direkt an unser Gegenüber. Wir erweisen dieser Person Respekt und signalisieren, dass wir sie wert- 30 schätzen. Damit fühlt sich die Person gesehen. Sie spürt, dass ihre Bedürfnisse wahrgenommen werden und dass wir auf sie Rücksicht nehmen möchten.

Darüber hinaus ist mit jeder Entschuldigung ein gewisses Maß an Selbstreflexion verbunden. Wer sich 35 entschuldigt, hat über sein Handeln nachgedacht und ist sich bewusst, welche Konsequenzen sein Handeln für andere hat. Eine Entschuldigung beweist somit Einfühlungsvermögen und Empathie – und das lässt diejenigen, die um Verzeihung bitten, in einem positi- 40 ven Licht erscheinen.

Mittels einer Entschuldigung sammelt man aber noch weitere Pluspunkte. Sich zu entschuldigen, bedeutet nämlich auch, Verantwortung für seine Fehler zu übernehmen. Man ist bereit, für einen Fehler geradezuste- 45 hen und einen Schaden auszugleichen. Man erkennt Schuld an und geht offen mit seinen eigenen Schwächen um. Gerade in unserer „Null-Fehler-Kultur" ist das keine Selbstverständlichkeit. Dass man einen Fehler vor anderen eingesteht und sein ehrliches Bedauern 50 ausdrückt, dass man Reue zeigt und aufrichtig um Verzeihung bittet, ist eher die Ausnahme. Ein solches Verhalten stellt menschliche Größe unter Beweis, womit man die Hochachtung seiner Mitmenschen gewinnt.

Und daher bleibt nur die Frage: Warum entschuldigen 55 wir uns eigentlich nicht viel öfter?

Text hören 🔊

10

Team **B**

a Entschuldigungen können darauf hindeuten, dass man sich nicht traut, zu den eigenen Ansichten zu stehen.

b Gerade im beruflichen Kontext sollte der Wunsch nach Harmonie nicht im Vordergrund stehen.

c Nicht immer ist eine Entschuldigung der beste Weg, mit Fehlern umzugehen. Es gibt gute Alternativen.

d Wer um Entschuldigung bittet, tut es oft aus Angst vor den Konsequenzen.

e Wer Unsicherheit zeigt, bringt auch sein Gegenüber in eine unbequeme Lage.

f Unangebrachte Entschuldigungen sorgen dafür, dass Mitmenschen den Respekt verlieren.

Ⓑ
1. = Aussage f
2. = ...

---

www.businesslife.de/pro_und_kontra_entschuldigungen/kontra

Ⓑ KONTRA

von Antonia Labrenz, Business-Coachin

Viele von uns haben von klein auf gelernt, dass wir uns entschuldigen sollten, wenn uns ein Fehler unterlaufen
60 ist. Doch gerade im beruflichen Kontext gilt: Wer sich übermäßig oft entschuldigt, wirkt unsicher. Besonders schwerwiegend ist es, wenn man für etwas um Verzeihung bittet, das man nicht selbst verschuldet hat. Dadurch verliert man schnell den Respekt der anderen.

65 Wer Entschuldigungen ständig als Höflichkeitsfloskeln verwendet, nimmt sich selbst nicht wichtig genug. „Entschuldigung, da bin ich anderer Meinung." Einen solchen Satz kann man als höflichen Einstieg in eine Diskussion verstehen. Aber man kann ihn auch anders
70 deuten: als Zeichen dafür, dass man sich unwohl damit fühlt, eine eigene Meinung zu haben. Ein solch defensives Verhalten zeugt von mangelndem Selbstbewusstsein oder sogar Minderwertigkeitsgefühlen. Und das bedeutet schließlich, dass man nicht zu sich
75 selbst steht.

Die Bitte um Verzeihung kann etwas Erniedrigendes haben. „Wer sich entschuldigt, klagt sich an", heißt ein Sprichwort. Oft ist eine Urangst die Hauptursache für eine solche Bitte – die Angst, ausgeschlossen oder
80 zurückgewiesen zu werden, die Angst, nicht richtig anerkannt zu sein. Man möchte mithilfe einer Entschuldigung erreichen, zu einer Gemeinschaft dazu-

zugehören. Das ist zwar ein nachvollziehbares Bedürfnis, aber eben auch ein Zeichen von Abhängigkeit.

85 Eine Entschuldigung ist die Suche nach Harmonie. Doch es sollte keine Harmonie um jeden Preis geben. Man sollte sich nicht entschuldigen, nur um andere positiv zu stimmen. Denn gerade im Job sind Konfliktfähigkeit und Durchsetzungsvermögen gefragt.

90 Auch für die Menschen, die um Entschuldigung gebeten werden, ist die Situation im Grunde unangenehm. Die Bitte um Entschuldigung konfrontiert das Gegenüber mit Gefühlen von Unsicherheit, wodurch oft eine peinliche Situation entsteht. Ein Schuld-
95 eingeständnis führt also letztlich dazu, dass sich alle Beteiligten unwohl fühlen.

Man sollte sich daher genau überlegen, ob eine Entschuldigung wirklich die optimale Reaktion ist oder es nicht einen konstruktiveren Umgang mit Fehlern gibt.
100 Meist wirkt beispielsweise ein Dank deutlich souveräner. Wer zum Beispiel spät auf eine E-Mail antwortet, sollte sich statt „Entschuldigen Sie, dass ich jetzt erst antworte." lieber für die Formulierung „Danke für Ihre Geduld." entscheiden – und sich damit selbst
105 etwas Gutes tun.

Es kann also durchaus ratsam sein, auf Entschuldigungen zu verzichten. In jedem Fall sollten sie bewusst und sparsam eingesetzt werden.

Text hören ◀ŀ))

---

c Lesen Sie die Notizen des anderen Teams und den jeweils anderen Kommentar. Kontrollieren Sie gegenseitig Ihre Lösungen. → AB 5–6

d Haben Sie Ihre Meinung – im Vergleich zu **a** – geändert? Warum (nicht)? Welche Argumente in **b** haben Sie überzeugt, welche können Sie weniger nachvollziehen? Sprechen Sie im Kurs.

♦ Ich finde nach wie vor, dass Frau Labrenz recht hat. Wenn sich jemand zu oft bei mir entschuldigt, dann denke ich schon, dass die Person unsicher ist.

3 `WÖRTER` Lesen Sie die Ausdrücke 1–7. Wie kann man das anders sagen? Verbinden Sie. → AB 7–8

1. Konventionen missachten *(Z. 1)*
2. jemandem unterläuft ein Fehler *(Z. 1)*
3. eine Angelegenheit bereinigen *(Z. 2)*
4. für etwas geradestehen *(Z. 44–45)*
5. sein Bedauern ausdrücken *(Z. 49–50)*
6. Reue zeigen *(Z. 50)*
7. etwas verschulden *(Z. 63)*

a an etwas Schuld haben
b deutlich machen, dass man etwas bereut
c gegen Regeln verstoßen, Regeln nicht beachten
d jemandem passiert ein Versehen oder Irrtum
e für etwas die Verantwortung übernehmen
f etwas in Ordnung bringen, etwas wiedergutmachen
g sagen, dass einem etwas leidtut

4a GRAMMATIK **Lesen Sie die Sätze 1–6. Suchen Sie dann in den Kommentaren auf S. 51 und S. 52 die entsprechenden Sätze und ergänzen Sie.** → Modale Zusammenhänge

1. Selbst in heiklen Situationen besänftigt eine aufrichtige Entschuldigung das Gegenüber. .... kann man eine Menge Ärger vermeiden. *(Z. 12–14)*

2. Auch einen bestehenden Konflikt kann eine Entschuldigung lösen. .... können beide Seiten wieder zueinander finden. *(Z. 14–17)*

3. .... einer Entschuldigung sammelt man aber noch weitere Pluspunkte. *(Z. 41–42)*

4. Ein solches Verhalten stellt menschliche Größe unter Beweis, ... man die Hochachtung seiner Mitmenschen gewinnt. *(Z. 51–53)*

5. Man möchte .... einer Entschuldigung erreichen, zu einer Gemeinschaft dazuzugehören. *(Z. 81–83)*

6. Die Bitte um Entschuldigung konfrontiert das Gegenüber mit Gefühlen von Unsicherheit, ... oft eine peinliche Situation entsteht. *(Z. 92–94)*

b **Ordnen Sie die in a ergänzten Wörter in die Tabelle ein.** → AB 9a

Modale Zusammenhänge (Art und Weise, Mittel)		
Nebensatz-Konnektoren	*Hauptsatz-Konnektoren*	*Präpositionen + Genitiv*

5 **Wie kann man sich nach einem Fehler bzw. Missgeschick am Arbeitsplatz verhalten? Schreiben Sie Sätze und verwenden Sie die Wörter in Klammern.** → AB 9b–10

6 Tipps, wie man etwas wiedergutmachen kann

1. eine Entschuldigungsmail schreiben → zeigen, dass man für seinen Fehler geradesteht *(wodurch)*
2. einen selbst gebackenen Kuchen mitbringen → für gute Stimmung sorgen *(auf diese Weise)*
3. ein Lob → zeigen, dass man die Kolleginnen und Kollegen schätzt *(mithilfe)*
4. in schwierigen Diskussionen einen Witz machen → die Stimmung auflockern *(womit)*
5. bestimmte Emojis → in einer E-Mail zeigen, dass es einem leidtut *(mittels)*
6. Kaffee kochen → den anderen etwas Gutes tun *(damit)*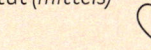

1. Man kann eine Entschuldigungsmail schreiben, wodurch ...

6 KOMMUNIKATION **Lesen Sie die Situation und verfassen Sie eine (halb)formelle E-Mail (mind. 120 Wörter). Gehen Sie dabei auf die Inhaltspunkte 1–4 ein.** → AB 11–13

> Sie haben Ihr Diensthandy mit in den Urlaub genommen, um Ihre beruflichen E-Mails lesen zu können. Als Sie es privat nutzen (was eigentlich nicht erlaubt ist), geht es durch ein Missgeschick kaputt. Schreiben Sie eine Nachricht an Ihren Vorgesetzten Herrn Schmitz.

1. Eröffnen Sie die E-Mail, indem Sie Ihr Missgeschick genau beschreiben.
2. Erklären Sie, warum das Missgeschick passiert ist und was die Konsequenzen sind.
3. Machen Sie einen Vorschlag, wie Sie das Missgeschick wiedergutmachen möchten.
4. Beenden Sie die E-Mail, indem Sie sich für das Missgeschick entschuldigen.

ein eigenes Missgeschick beschreiben
Ich habe aus Versehen ...
Ich habe / bin versehentlich ...
Mir ist leider folgendes Missgeschick unterlaufen: ...

eine Lösung ankündigen
Ich werde nun (so schnell wie möglich) ...
Selbstverständlich werde ich ...
Sie können sicher sein, dass ...

ein eigenes Missgeschick begründen
Ich war unaufmerksam / abgelenkt / erschöpft / ...
Ich bin ausgerutscht / gestolpert / gestürzt / ...
... da ich in Eile / im Stress war. Ich wollte ...

um Entschuldigung bitten
Bitte entschuldigen Sie, dass ...
Ich bitte Sie, ... zu entschuldigen.
Ich möchte mich (nochmals) für ... entschuldigen.

WENDEPUNKTE

Geschichte und Geschichten

11

LERNZIELE

// Beiträge über die deutsche Wiedervereinigung und die Wahrnehmung von Ost und West verstehen
// einen Kommentar über einen persönlichen Wendepunkt verfassen
// feste Adverb-Partizip-Verbindungen
// Konjunktiv II der Vergangenheit mit Modalverb

❶ **1949:** Die Teilung Deutschlands

Berlin

WEST-BERLIN

DEUTSCHE DEMOKRATISCHE REPUBLIK

BUNDES-REPUBLIK DEUTSCHLAND

❸ **9.11.1989:** Der Mauerfall

❹ **3.10.1990:** Die deutsche Wiedervereinigung

❷ **13.8.1961:** Der Bau der Berliner Mauer

1a **Arbeiten Sie zu viert. Sehen Sie die Karten und Bilder an und lesen Sie die Bildunterschriften ❶ – ❹. Was wissen Sie über die deutsche Geschichte zwischen 1949 und 1990? Tauschen Sie sich aus.** → Ich-Du-Wir

◆ Ich weiß, dass es früher zwei deutsche Staaten gab.

b **Lesen Sie jeweils einen Abschnitt ❶ – ❹ aus dem Artikel. Machen Sie Notizen zu Ihrem Abschnitt.**

www.deutschland-ost-west.de/geschichte

| GESCHICHTE | GESCHICHTEN | KOMMENTARE | KONTAKT |

❶ Nach dem Zweiten Weltkrieg wurde Deutschland 1949 in zwei Staaten geteilt: die Bundesrepublik Deutschland (BRD) und die Deutsche Demokratische Republik (DDR). Beide Staaten hatten verschiedene politische und wirtschaftliche Systeme sowie unterschiedliche internationale Verbündete. Während sich die BRD im Kalten Krieg[1] den kapitalistischen NATO-Staaten unter Führung der USA zuwandte,
5 war die DDR eng mit der Sowjetunion und den sozialistischen Staaten des sogenannten Ostblocks verbunden. Die deutsch-deutsche Grenze verlief nicht nur zwischen den beiden Staaten, sondern auch mitten durch die Stadt Berlin, die – obwohl geografisch in Ostdeutschland gelegen – zur Hälfte zur BRD gehörte.

❷ In der DDR waren viele Menschen mit dem neuen System unzufrieden: Mangelnde persönliche und
10 politische Freiheiten und ein niedriger Lebensstandard führten dazu, dass innerhalb weniger Jahre etliche Menschen die DDR verließen, um in der BRD zu leben. Die DDR-Regierung reagierte darauf, indem sie 1952 die gesamte innerdeutsche Grenze mit Stacheldraht und Minen abriegeln ließ. Trotzdem flohen weiterhin Millionen DDR-Bürger oft unter Lebensgefahr „in den Westen"[2], der größte Teil über Westberlin. 1961 beendete die DDR diese massive Auswanderung mit dem Bau der Berliner Mauer. Die Mauer gilt
15 bis heute als Symbol der Teilung – der Teilung Deutschlands wie auch der Teilung der Welt in zwei konkurrierende Systeme während des Kalten Krieges.

---

1 Der Kalte Krieg bezeichnet die ab 1949 andauernde politische, militärische und wirtschaftliche Konfrontation zwischen den NATO-Staaten und dem sogenannten Ostblock. Es ging um den Wettkampf der Systeme und den Einfluss in der Welt. Der Kalte Krieg endete 1991 mit dem Zusammenbruch der Sowjetunion. // **2** „Der Westen" / „Der Osten" (auch: Westdeutschland / Ostdeutschland) sind informelle Bezeichnungen für die BRD bzw. die DDR vor der Wiedervereinigung. Auch nach der Wiedervereinigung werden diese Begriffe teilweise noch verwendet.

❸ **F**ast 30 Jahre später, im Jahr 1989, protestierten viele Ostdeutsche für politische Reformen und demokratische Grundrechte in der DDR. Weiterhin flohen Menschen unter Lebensgefahr nach Westdeutschland. Unter dem Druck der Bevölkerung verabschiedete die DDR-Regierung ein neues Reisegesetz, das die Aus-
20 reise erleichtern und die Massenflucht verhindern sollte. In einer Pressekonferenz am 9. November verkündete Günter Schabowski, ein hochrangiger Politiker der DDR, dass die Grenzen zur BRD ab sofort geöffnet seien. Seine Worte wurden live im Fernsehen übertragen und noch am selben Abend fuhren Tausende Menschen aus Ost- und Westberlin zur Mauer und begannen, sie einzureißen.

❹ **M**it dem Mauerfall begann in Deutschland die sogenannte Wende[3], eine Zeit des politischen und wirt-
25 schaftlichen Wandels. Am 3. Oktober 1990 folgte die Wiedervereinigung der beiden deutschen Staaten: Die DDR wurde aufgelöst und Teil einer neuen vereinigten Bundesrepublik Deutschland. Seitdem hat Deutschland 16 Bundesländer, zu den elf „alten Bundesländern" im Westen kamen fünf „neue Bundesländer" im Osten hinzu. Das vereinigte Berlin wurde wieder zur gemeinsamen Hauptstadt. Seit der Wende sind über 30 Jahre vergangen, doch die Folgen der deutschen Teilung bleiben auch heute noch spürbar. Es gibt
30 Unterschiede im Hinblick auf Wirtschaftskraft, Wohlstand und Arbeitslosigkeit zwischen den alten und den neuen Bundesländern, und noch immer finden sich gegenseitige Vorurteile zwischen „Ossis" und „Wessis"[4].

---

3 Die Wende (auch: Wendezeit) bezeichnet den Zeitraum vom Mauerfall bis zur Wiedervereinigung (1989–1990) und bezieht sich meist auf den großen politischen, ökonomischen und gesellschaftlichen Wandel in der DDR in dieser Zeit. // **4** Die „Ossis" / Die „Wessis" sind umgangssprachliche, auch abfällig verwendete Bezeichnungen für die Bewohnerinnen und Bewohner der ehemaligen DDR bzw. der „alten" BRD. Die Bezeichnung „Ossi" wird teilweise auch von Menschen in Ostdeutschland als positive Selbstbezeichnung verwendet.

Text hören ◀)

c KOMMUNIKATION **Fassen Sie den Inhalt Ihres Abschnittes mit eigenen Worten für die Gruppe zusammen.** → AB 4–6

über ein historisches Ereignis berichten

Im Jahr … / Nach … / … Jahre später kam es zu …
Damals war es so, dass …
Die Folge (davon) war …
…, was dazu führte, dass …

Diese Ereignisse führten / Das führte dazu, dass …
… blieb nicht ohne Folgen für …
Von da an …
Dank / Aufgrund … kam es dazu, dass …

• Im Jahr 1949 wird Deutschland in zwei Staaten aufgeteilt: die Deutsche Demokratische Republik (DDR) und die Bundesrepublik Deutschland (BRD). …

2a **Sehen Sie die Webseite an. In welchen Bundesländern liegen die Geburts- und Wohnorte von Doro, Mathias, Ha und Samuel? Gehörten sie früher zur BRD oder zur DDR? Recherchieren Sie und vergleichen Sie im Kurs.**

GESCHICHTE | GESCHICHTEN | KOMMENTARE | KONTAKT

Der Mauerfall war ein historischer Wendepunkt in der Geschichte Deutschlands.
Aber spielt die frühere Teilung Deutschlands im Leben der jüngeren Generation noch eine Rolle?
Vier junge Menschen – alle nach dem Mauerfall geboren – erzählen, ob sie noch Unterschiede zwischen Ost und West wahrnehmen und ob sie sich ostdeutsch oder westdeutsch fühlen.

Doro Budnick, 2001 in Greifswald geboren, studiert in Göttingen

Mathias Wrobel, 1989 in Oranienburg geboren und dort wohnhaft

Ha Nguyen, 1993 in Görlitz geboren, lebt in Berlin

Samuel Geigele, 1999 in Freiburg geboren, studiert in Weimar

2◀))12 **b** **Lesen Sie die Sätze 1 – 5 und hören Sie die Beiträge. Welche Person aus a passt: Doro Ⓓ, Mathias Ⓜ, Ha Ⓗ oder Samuel Ⓢ? Notieren Sie. Eine Aussage passt nicht.**

1. ◯ Nach der Wiedervereinigung haben viele Ostdeutsche ihre Arbeit verloren und die Preise sind stark angestiegen. Manche fühlten sich deshalb benachteiligt.
2. ◯ Heutzutage spielt es keine Rolle mehr, ob die Region, in der man lebt, früher einmal zur BRD oder zur DDR gehört hat. Andere Unterschiede sind wichtiger, z. B., ob man auf dem Land oder in einer Großstadt lebt.
3. ◯ Ostdeutsche sind in wichtigen Positionen unterrepräsentiert. In Westdeutschland hat man bessere Aussichten auf beruflichen Erfolg. Diese Ungleichheiten müssen benannt werden.
4. ◯ Wirtschaftlich gibt es deutliche Unterschiede zwischen „Ost" und „West". Was sie gemeinsam haben: Auf beiden Seiten gibt es Vorurteile und Klischees.
5. ◯ In vielen Debatten über die DDR und die Wende werden Ostdeutsche mit Migrationshintergrund nicht berücksichtigt. Viele Zugewanderte wurden durch die Wende vor besondere Herausforderungen gestellt.

2◀))
13 – 16 **c** **Arbeiten Sie zu viert. Jede / Jeder in der Gruppe wählt eine Person aus a. Hören Sie dann Ihren Beitrag noch einmal und machen Sie Notizen zu den Themen 1 – 4. Nicht jede Person äußert sich zu allen Themen.** ➡ Wirbelgruppen

1. Unterschiede / Gemeinsamkeiten zwischen Ost und West
2. Informationen über die Familie der Person
3. Wiedervereinigung und Wendezeit
4. Weitere Informationen (z. B. Wünsche für die Zukunft usw.)

Doro	Mathias	Ha	Samuel
1. Ostdeutsche unterrepräsentiert (z. B. Verfassungsgericht, …); …	1. jüngere Generation: heute kaum Unterschiede; …	1. keine Information	1. Lebenshaltungskosten im Osten niedriger; …

d [KOMMUNIKATION] **Stellen Sie Ihre Person aus c in der Gruppe vor.** ➡ AB 7

Aussagen wiedergeben

… schildert ihre / seine Wahrnehmung / Erfahrung folgendermaßen: …

… behauptet / betont / merkt an / fügt hinzu, dass …

… erläutert, dass / wie …

… bedauert / beklagt / wünscht sich, dass …

… warnt davor / fordert, dass …

3a [WÖRTER] **Lesen Sie die Aussagen 1 – 4 und formulieren Sie die markierten Ausdrücke um.**

üblich   nicht sicher   sehr ungerecht behandelt   viel zu wenig vertreten

1. Leider ist es aber wirklich so, dass Menschen aus dem ehemaligen Osten bis heute in wichtigen gesellschaftlichen Positionen deutlich unterrepräsentiert sind.
2. Wenn ich solche Geschichten höre, dann kann ich gut verstehen, warum manche Ostdeutsche […] das Gefühl haben, dass Ostdeutschland im vereinigten Deutschland erheblich benachteiligt wurde.
3. Meine Eltern haben wie viele Ostdeutsche nach der Wende ihre Arbeit verloren. Doch zusätzlich […] hatten sie das Problem, dass ihr Aufenthalt in Deutschland potenziell gefährdet war.
4. Da habe ich zum ersten Mal gemerkt, wie weit verbreitet Vorurteile und Klischees gegenüber Ostdeutschland immer noch sind.

┌───┐
Lernen Sie feste Adverb-Partizip-Verbindungen auswendig.
└───┘

b **Wählen Sie drei Ausdrücke hier oder aus a und schreiben Sie jeweils 1 – 2 Sätze. Vergleichen Sie dann zu zweit.** ➡ AB 8

absolut überzeugt   bestens geeignet   frisch verliebt   glücklich verheiratet   rundum gelungen

schwer verletzt   sichtlich erleichtert   tief erschüttert   zutiefst enttäuscht

Seit der Corona-Pandemie sind viele absolut überzeugt, dass man zu Hause mindestens genauso viel leisten kann wie im Büro.

2◀)) 17

4a GRAMMATIK **Hören Sie die Sätze 1 – 3 aus den Beiträgen von Mathias, Ha und Samuel und ergänzen Sie die Verben.** → Konjunktiv II der Vergangenheit mit Modalverb

1. Trotz seiner zwanzigjährigen Berufserfahrung .... mein Vater noch mal eine Ausbildung
.... , um in seinem Beruf weiterzuarbeiten.
2. Hätten meine Eltern ihren Blumenladen nicht eröffnet, ... sie wahrscheinlich nicht
in Deutschland ....
3. Wenn damals nicht so viele Industrien .... , würde es der
ostdeutschen Wirtschaft heute vielleicht besser gehen.

b **Lesen Sie die Sätze 1 – 3 in a noch einmal und ergänzen Sie die Regel.** → AB 9–10

Konjunktiv II der Vergangenheit mit Modalverb
Hilfsverb .... im Konjunktiv II + Hauptverb (z. B. ....) und Modalverb (z. B. ....) im Infinitiv. Im Nebensatz stehen die drei Verben in dieser Reihenfolge am Satzende: *haben* – Hauptverb – Modalverb.

5 **Lesen Sie die Kommentare ❶ – ❹ und formulieren Sie die *kursiven Inhalte* um. Verwenden Sie die Satzanfänge in Klammern und den Konjunktiv II der Vergangenheit mit Modalverb.** → AB 11

www.deutschland-ost-west.de/kommentare

| GESCHICHTE | GESCHICHTEN | KOMMENTARE | KONTAKT |

Wie hat die Wiedervereinigung Ihr Leben beeinflusst?

❶ BENITA ▶ *Nach dem Mauerfall sind die Mieten in der Berliner Innenstadt stark gestiegen. Ich musste deshalb in einen anderen Bezirk umziehen.* (Wenn die Mieten ... nicht ...)

❷ SUSI ▶ Ich war sehr traurig über die langjährige Trennung von meiner Cousine. *Durch die Wiedervereinigung konnte ich sie endlich wieder besuchen!* (Ohne die Wiedervereinigung ...)

❸ KERSTIN ▶ Ich habe jetzt einen besserbezahlten Job als früher. *Allerdings musste ich mich wegen der Wende beruflich komplett neu orientieren.* (Hätte es die Wende nicht gegeben, ...)

❹ RICO ▶ Die Wiedervereinigung war ein großer Wendepunkt in meinem Leben! *Endlich durfte ich reisen, wohin ich wollte. Das war schon als Kind mein großer Traum!* (Sonst ...)

1. Wenn die Mieten in der Innenstadt nicht so stark gestiegen wären, ...

6 KOMMUNIKATION **Schreiben Sie einen Kommentar über einen persönlichen Wendepunkt (mind. 120 Wörter).** → AB 12

Schritt 1: Wählen Sie einen wichtigen Wendepunkt in Ihrem Leben oder im Leben einer Ihnen bekannten Person und machen Sie Notizen zu den Fragen 1–3.

1. Was ist passiert (Berufswechsel, Migration, Auslandssemester, schicksalhafte Begegnung, Pandemie, ...)? Wann war das?
2. Was hat sich dadurch in Ihrem Leben verändert?
3. Was glauben Sie, wie hätte sich Ihr Leben entwickelt, wenn es diesen Wendepunkt nicht gegeben hätte? Was wäre heute anders?

Schritt 2: Schreiben Sie den Kommentar.

einen Wendepunkt beschreiben
Ein wichtiger Wendepunkt meines Lebens war im Jahr ...
Es gab ein Ereignis in meinem Leben, das ich als Wendepunkt bezeichnen würde, und zwar ...
Im Jahr ... hat sich in meinem Leben eine ganz entscheidende Wendung vollzogen. Damals ...

Veränderungen beschreiben
Das hat mein Leben auf den Kopf gestellt, denn bis dahin / von da an ...
Während ich früher ..., war es nun so, dass ...
Bis dahin war es immer so gewesen, dass ... Das änderte sich nun grundlegend, denn dann / von da an ...

Vermutungen über die Vergangenheit äußern
Wäre das nicht passiert, dann hätte / wäre / würde ich ...
Wenn ... damals nicht ... wäre / hätte, dann glaube ich nicht, dass ich heute ...
Ohne ... wäre ich heute sicherlich nicht da, wo ich bin, denn ...

LERNZIELE

// ein Interview über gendersensible Technologie-
und Produktentwicklung verstehen
// eine Kurzpräsentation über ein Produkt oder eine
Dienstleistung halten
// Wortfeld *Produktentwicklung*
// konsekutive Zusammenhänge: Folgen nennen

❶ Grammy-Nominierte (2013 – 2021)

männlich (86,6%)

weiblich (13,4%)

Der Grammy-Musikpreis gilt als die höchste internationale Auszeichnung in der Musikindustrie.

❷ Was auf den Teller kommt

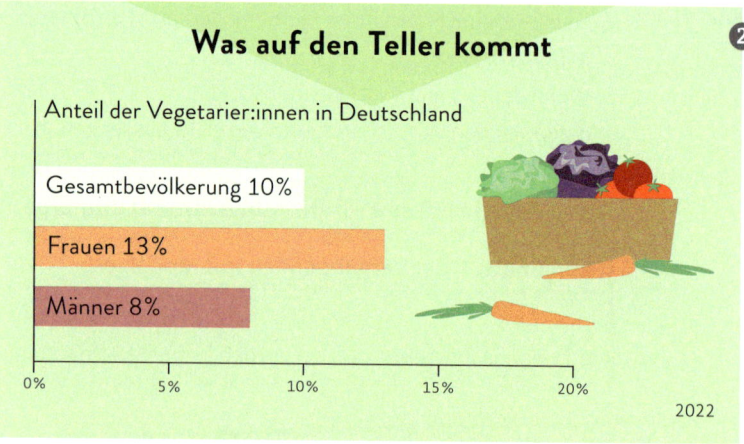

Anteil der Vegetarier:innen in Deutschland

Gesamtbevölkerung 10%

Frauen 13%

Männer 8%

2022

❸ Repräsentant*innen des Volkes

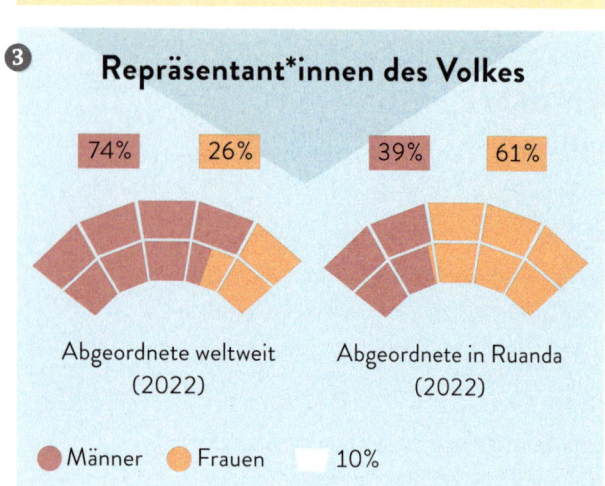

74% 26% 39% 61%

Abgeordnete weltweit (2022)

Abgeordnete in Ruanda (2022)

● Männer ● Frauen ☐ 10%

❹ Abitur in Deutschland

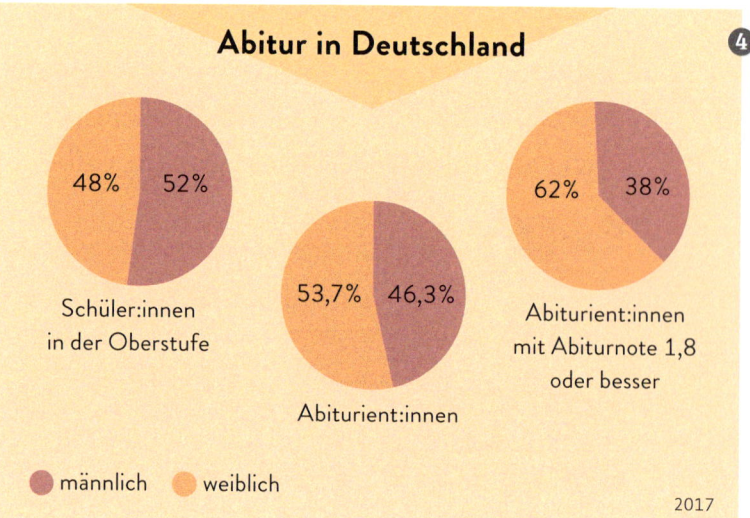

48% 52%

Schüler:innen in der Oberstufe

53,7% 46,3%

Abiturient:innen

62% 38%

Abiturient:innen mit Abiturnote 1,8 oder besser

● männlich ● weiblich

2017

1a KOMMUNIKATION **Arbeiten Sie zu viert. Sehen Sie die Grafiken ❶ – ❹ an. Wählen Sie jeweils eine der Grafiken und geben Sie die Informationen mit eigenen Worten wieder.**

Mengenverhältnisse angeben und vergleichen

Der …anteil liegt bei (etwa) … Prozent, … sind (dagegen) mit (ca.) … Prozent vertreten.
Während … mit … Prozent (etwa / knapp / über) ein Viertel / Drittel / die Hälfte … ausmachen, liegt der Anteil …
Die Zahl / Der Anteil der …, die …, ist (wesentlich / deutlich / kaum) höher / niedriger / größer / kleiner als …
Was … angeht / anbelangt, sind … gegenüber … deutlich in der Unterzahl / Überzahl.
Bei der Frage … ist der Unterschied zwischen … und … beträchtlich.

◆ Während die Schülerinnen in der Oberstufe mit 48 % nur knapp die Hälfte der Gesamtschülerschaft ausmachen,
   liegt der Anteil der Abiturientinnen bei 53,7 %.

b Was hat Sie überrascht? Sprechen Sie in der Gruppe.

c In welchen anderen Bereichen gibt es in den Ländern, die Sie kennen, Unterschiede zwischen den Geschlechtern? Sprechen Sie im Kurs. → AB 4–5

Beruf und Arbeit   Bildung   Einkommen   Erziehung und Sorgearbeit   Freizeit   Gesundheit
Haushalt   Kriminalität   Lebenserwartung   politische Teilhabe   Rollenbilder   …

◆ Wickeltische sind meistens in den Frauentoiletten zu finden. Das zeigt, welche Rollenbilder für Frauen
   und Männer in der Gesellschaft existieren.

2a Lesen Sie das Interview und ordnen Sie die Fragen ⓐ – ⓔ den Antworten ❶ – ❺ zu.

ⓐ An was für Produkte denken Sie dabei?

ⓑ Der Frauenanteil in den Ingenieurwissenschaften liegt seit Jahren bei ca. 30 %. Wie kann man das ändern?

ⓒ Erklären Sie uns als Erstes: Was hat das Geschlecht mit Ingenieurwissenschaften und Technik zu tun?

ⓓ Inwiefern werden weibliche Perspektiven nicht ausreichend berücksichtigt? Könnten Sie das erläutern?

ⓔ Wie wollen Sie das erreichen? Was genau macht der Arbeitskreis?

| Forschung und Transfer – Interview mit **Dr.in Sybille Ortak** | **TH-Mag** |

❶ *Frau Dr.in Ortak, Sie forschen und lehren an der Fakultät für Ingenieurwissenschaften und leiten dort seit diesem Semester auch den Arbeitskreis „Gender Studies in Ingenieurwissenschaften und Technik". (......)*

5 **S. Ortak:** Ein zentrales Ziel der Ingenieurwissenschaften ist es, innovative Lösungen zu entwickeln, um die Lebensqualität der Menschen zu verbessern. Mit einer neuen Technologie oder einem neuen Produkt reagieren wir auf bestimmte Bedürfnisse von Menschen. Wenn wir 10 wollen, dass die Produkte und Technologien von allen Menschen genutzt werden können, müssen wir als Ingenieur:innen dementsprechend auch die Bedürfnisse und Perspektiven aller Menschen im Blick haben. Das ist leider oft nicht der Fall. Die Ingenieurwissenschaften 15 sind traditionell noch immer männlich geprägt. Demzufolge fehlen weibliche Perspektiven. Die Gender Studies in die Ingenieurwissenschaften einzubeziehen, hilft uns dabei, gerechtere und inklusivere Produkte und Technologien zu entwickeln.

20 ❷ (......)
S. Ortak: Ja, gern! In der Produktentwicklung spielen Normen und Standards eine wichtige Rolle. Sie helfen sicherzustellen, dass Produkte zuverlässig funktionieren und ihre Verwendung ungefährlich ist. Das Problem 25 mit Standards ist: Sie erfassen stets nur bestimmte Teile der Bevölkerung. Nehmen wir die Körpermaße als Beispiel: Technische Produkte werden von Menschen benutzt und müssen deshalb an die Körpermaße der Nutzer:innen angepasst werden. Hierbei orientiert man 30 sich normalerweise an definierten Durchschnittsgrößen und die entsprechen meistens den durchschnittlichen Körpermaßen eines Mannes. Das heißt, der „Durchschnittsmann" wird zum allgemeinen Standard erhoben. Folglich sind diese Produkte dann für Frauen nicht 35 oder weniger gut geeignet. Und im Übrigen auch für alle anderen Menschen, die nicht dem definierten Standard entsprechen.

❸ (......)
S. Ortak: Viele Produkte wie Werkzeuge, Musikinstru-40 mente oder auch Smartphones sind für „Männerhände" gemacht. Infolgedessen sind sie für die meisten Frauen – oder allgemein Menschen mit kleineren Händen – zu groß und zu schwer. Das kann dazu führen, dass ihre Nutzung weniger komfortabel ist oder gesundheitliche 45 Probleme entstehen. Andere Beispiele sind zu hohe Regale im Supermarkt, zu breite Armlehnen von Bürostühlen usw. Bei geschlechtssensibler Produktentwicklung geht es auch um Sicherheit. Studien haben bewie-

sen, dass sich der Airbag bei einem Autounfall bei Frauen 50 seltener öffnet. Das kann lebensgefährlich sein. Solche geschlechtsspezifischen Unterschiede werden bei der Produktentwicklung bislang noch unterschätzt und vernachlässigt. Da gibt es noch große Lücken im System. Und die wollen wir mit unserem Arbeitskreis ein Stück 55 weit schließen.

❹ (......)
S. Ortak: Der Arbeitskreis verfolgt verschiedene Ziele. Im Bereich der Lehre geht es in erster Linie darum, für Gender- und Diversitätsaspekte zu sensibilisieren. Wir 60 sind dabei, für die Ingenieurwissenschaften Curricula zu entwickeln, die Gender- und Diversitätsthemen in den Lehrveranstaltungen berücksichtigen. Dabei ist uns wichtig, dass solche Themen kein Wahlfach, kein Add-on, sondern fester Bestandteil des Studiums sind. Im 65 Bereich der Forschung beschäftigen wir uns damit, Lücken und Schwachstellen in der Produktentwicklung zu identifizieren. Das tun wir zum Beispiel, indem wir über Umfragen die Meinungen der Nutzer:innen bestimmter Produkte einholen. Ein drittes Ziel ist, mehr 70 Frauen an unseren Fachbereich zu holen – sowohl Studentinnen als auch Dozentinnen. Infolge des geringeren Frauenanteils fehlen wichtige Perspektiven und Erfahrungen im Fach. Das ist ein großes Problem.

❺ (......)
75 **S. Ortak:** Das versuchen wir zum Beispiel durch Kampagnen, gezielte Stipendien sowie Unterstützungs- und Beratungsangebote für Frauen. Außerdem setzen wir uns für familienfreundliche Studien- und Arbeitsbedingungen ein, z. B. Kinderbetreuungsangebote oder Teil-80 zeitregelungen. Und wir wollen für mehr Sichtbarkeit von Frauen in technischen Berufen sorgen. Es ist ja nicht so, dass es keine Vorbilder gäbe. Zwei Beispiele: Hätten Sie gewusst, dass die Spülmaschine oder der Scheibenwischer von Frauen entwickelt wurden? Wahrscheinlich 85 nicht – und damit sind Sie nicht allein. Technische Errungenschaften von Frauen sind insgesamt weniger bekannt, weshalb wir auch auf unserer Webseite und in einem monatlichen Podcast 90 innovativ denkende Frauen vorstellen. Wir hoffen, dass wir auf diese Weise Vorurteile abbauen können.

Frau Dr.in Ortak, wir danken 95 *Ihnen für das Gespräch.*

Dr.in Sybille Ortak

Text hören ◀))

b **Lesen Sie die Sätze 1–6 und das Interview auf S. 59 noch einmal. Sind die Sätze richtig 🅡, falsch 🅕 oder sagt der Text dazu nichts ❓? Markieren Sie.**

1. Bei der Entwicklung neuer Produkte und Technologien ist die Perspektive von Frauen bisher nicht genug berücksichtigt worden. 🅡 🅕 ❓

2. Inzwischen orientiert sich die Gestaltung eines Produktes immer an den Menschen, die diese Produkte am meisten nutzen werden. 🅡 🅕 ❓

3. Produkte, bei denen geschlechtsspezifische Unterschiede nicht beachtet werden, können Menschen in Gefahr bringen. 🅡 🅕 ❓

4. Der Arbeitskreis möchte ein Wahlfach Gender Studies in das Studium der Ingenieurwissenschaften integrieren. 🅡 🅕 ❓

5. Die Initiativen des Arbeitskreises schließen auch finanzielle Hilfe mit ein. 🅡 🅕 ❓

6. Sybille Ortak meint, dass es noch zu wenige innovativ denkende Frauen gibt. 🅡 🅕 ❓

c **Welche Produkte, Technologien oder Dienstleistungen, bei deren Entwicklung die Perspektive eines Geschlechts nicht ausreichend berücksichtigt wird, werden im Interview genannt? Recherchieren Sie weitere Beispiele und präsentieren Sie Ihre Ergebnisse im Kurs.** ➔ AB 6–9

   ◆ Im Interview geht es um Werkzeuge, …
   ▲ Ein anderes Beispiel wären Kosmetikprodukte. Das Sortiment für Frauen ist viel größer als das für Männer.

3a WÖRTER **Lesen Sie Sätze 1–5. Was passt? Ergänzen Sie in der richtigen Form. Vergleichen Sie dann mit dem Interview auf S. 59.**

einbeziehen   einholen   identifizieren   <u>im Blick haben</u>   sensibilisieren für

1. Wenn wir wollen, dass die Produkte und Technologien von allen Menschen genutzt werden können, müssen wir […] die Bedürfnisse und Perspektiven aller Menschen _im Blick haben_ (berücksichtigen). (Z. 9–13)

2. Die Gender Studies in die Ingenieurwissenschaften _____ (integrieren), hilft uns dabei, gerechtere und inklusivere Produkte und Technologien zu entwickeln. (Z. 16–19)

3. Im Bereich der Lehre geht es […] darum, _____ Gender- und Diversitätsaspekte zu _____ (aufmerksam machen auf). (Z. 58–59)

4. Im Bereich der Forschung beschäftigen wir uns damit, Lücken und Schwachstellen […] _____ (erkennen). (Z. 64–67)

5. Das tun wir zum Beispiel, indem wir über Umfragen die Meinungen der Nutzer:innen bestimmter Produkte _____ (sich geben lassen). (Z. 67–69)

b **Schreiben Sie zu jedem Verb bzw. Ausdruck in a einen Satz. Vergleichen Sie zu zweit.**

   Unternehmen legen heute großen Wert darauf, das Feedback der Kundinnen und Kunden in die Produktentwicklung miteinzubeziehen.

4a GRAMMATIK **Was passt zusammen? Verbinden Sie. Vergleichen Sie dann mit dem Interview auf S. 59.** ➔ Konsekutive Zusammenhänge

1. Die Ingenieurwissenschaften sind traditionell noch immer männlich geprägt.
2. Das heißt, der „Durchschnittsmann" wird zum allgemeinen Standard erhoben.
3. Viele Produkte wie Werkzeuge, Musikinstrumente oder auch Smartphones sind für „Männerhände" gemacht.
4. Infolge des geringeren Frauenanteils
5. Technische Errungenschaften von Frauen sind insgesamt weniger bekannt,

   ⓐ Folglich sind diese Produkte dann für Frauen nicht oder weniger gut geeignet. (Z. 32–35)
   ⓑ Demzufolge fehlen weibliche Perspektiven. (Z. 14–16)
   ⓒ weshalb wir auch auf unserer Webseite und in einem monatlichen Podcast innovativ denkende Frauen vorstellen. (Z. 85–91)
   ⓓ Infolgedessen sind sie für die meisten Frauen […] zu groß und zu schwer. (Z. 39–43)
   ⓔ fehlen wichtige Perspektiven und Erfahrungen im Fach. (Z. 71–73)

b **Ordnen Sie die markierten Wörter aus a in die Tabelle ein.** → AB 10

Konsekutive Zusammenhänge (Folgen)		
Nebensatz-Konnektor	*Hauptsatz-Konnektoren*	*Präposition + Genitiv*
weshalb (= weswegen)		

5 **Lesen Sie die Sätze 1 – 5. Verbinden Sie die Sätze mit den Wörtern in Klammern.** → AB 11

1. Die Spracherkennungstechnologie wurde verbessert. Frauenstimmen werden inzwischen besser verstanden. *(infolge)*
2. Die Nachfrage nach barrierefreien Smartphones steigt. Hersteller setzen immer mehr auf inklusive Technologien. *(demzufolge)*
3. Kleidungsstücke für Frauen haben oft kleinere Taschen. Viele Smartphones passen nicht hinein. *(folglich)*
4. Algorithmen lernen aus vorhandenen Daten. Sie können bestehende Vorurteile reproduzieren und verstärken. *(weshalb)*
5. Je diverser ein Entwicklungsteam ist, desto mehr Perspektiven fließen ein. Ihre Produkte sind für mehr Menschen geeignet. *(infolgedessen)*

1. Infolge der Verbesserung der Spracherkennungstechnologie werden …

6 KOMMUNIKATION **Halten Sie eine Kurzpräsentation über ein Produkt oder eine Dienstleistung (ca. 3 Min.).** → Galerierundgang → AB 12–14

Schritt 1: Arbeiten Sie in Gruppen. Wählen Sie eine Zielgruppe aus oder überlegen Sie sich eine andere Zielgruppe. Welche Probleme oder besonderen Bedürfnisse hat die Zielgruppe Ihrer Meinung nach? Sprechen Sie und notieren Sie Ihre Ideen.

linkshändige Menschen	Nicht-Englisch-Sprechende	Menschen mit einer Farbsehschwäche

alleinstehende Seniorinnen / Senioren	Menschen mit schlechtem Gedächtnis	…

Schritt 2: Was für ein Produkt oder was für eine Dienstleistung könnte eine Lösung für die Probleme oder Bedürfnisse Ihrer Zielgruppe sein? Überlegen Sie sich ein Produkt oder eine Dienstleistung oder recherchieren Sie ein Angebot, das es schon gibt.

Schritt 3: Halten Sie die wichtigsten Punkte aus Schritt 1 und 2 auf einem Plakat oder einer Präsentationsfolie fest. Sie können auch Bilder verwenden oder zeichnen. Präsentieren Sie dann Ihr Produkt oder Ihre Dienstleistung im Kurs.

ein Problem darstellen
Vielen … bereitet es (erhebliche) Schwierigkeiten, dass / wenn …
… stellt für … ein (großes) Problem dar.
Für diese Zielgruppe gibt es derzeit noch keine Möglichkeit,
   … zu …
… sind (bisher) nicht in der Lage, … zu …

Bedürfnisse / Bedarfe beschreiben
Unter … besteht eine hohe Nachfrage nach / ein großer
   Bedarf an …
… hat / haben einen (großen) Bedarf an …
Trotz großer Nachfrage gibt es kaum / nur wenige
   Angebote für …
Bisher gibt es nur wenige Produkte / Dienstleistungen,
   die auf die Bedürfnisse von … zugeschnitten sind.

ein Produkt / eine Dienstleistung beschreiben
Bei … handelt es sich um …
… ist dafür gedacht, … zu …
… eignet sich (hervorragend) für / als / zur / zum …
… stellt eine (ausgezeichnete) Lösung für … dar.
… ermöglicht / verbessert / vereinfacht / erleichtert /
   beschleunigt / optimiert / fördert …
… funktioniert so, dass … / Dazu muss man …
Außerdem ist hervorzuheben / zu unterstreichen,
   dass …

Farberkennungs-App
- Zielgruppe: Menschen mit einer Farbsehschwäche
- Problem: können bestimmte Farben nicht unterscheiden

◆ Wir möchten eine App für Menschen mit einer Farbsehschwäche vorstellen. Menschen mit dieser Schwäche sind nicht in der Lage, bestimmte Farben, z. B. Rot und Grün, zu unterscheiden. Das stellt im Alltag für diese Zielgruppe oft ein Problem dar. Die Farberkennungs-App ist dafür gedacht, bestimmte Farben in andere umzuwandeln. Dazu hält man das Smartphone über ein Bild oder einen Gegenstand und …

Kündigung

EXTRA BERUF

// ein Kündigungsschreiben verstehen
// eine Antwort auf ein Kündigungsschreiben verstehen und verfassen

PEDRO OLIVEIRA (35) arbeitet bei der Warenhauskette *Kaufparadies*. Er erhält ein Kündigungsschreiben und möchte Widerspruch einlegen.

1 Arbeiten Sie zu zweit. Lesen Sie die Informationen zu Pedro Oliveira. Lesen Sie dann das Kündigungsschreiben und machen Sie Notizen zu den Themen 1 – 5.

1. Kündigungsgrund   2. Anhörung des Betriebsrats
3. Resturlaub   4. Abfindung   5. Arbeitssuche

> 1. Kündigungsgrund:
>   Personalabbau wegen ...

Stuttgart, 23.7.20xx

Betriebsbedingte Kündigung

Sehr geehrter Herr Oliveira,
hiermit kündigen wir unter Einhaltung der gesetzlichen Frist Ihr Arbeitsverhältnis zum 31.11.20xx.
In mehreren unserer Filialen macht es die wirtschaftliche Lage leider unumgänglich, Personal abzubauen.
Der Betriebsrat wurde in dieser Angelegenheit konsultiert und hat der Kündigung nicht widersprochen.
Wir weisen darauf hin, dass Sie gesetzlich die Möglichkeit haben, innerhalb von drei Wochen gegen die Kündigung Widerspruch einzulegen.
Ihren Resturlaub von zwei Wochen können Sie noch bis zum 31.11.20xx in Anspruch nehmen, alternativ wird er Ihnen beim Ausscheiden aus dem Betrieb ausbezahlt. Des Weiteren steht Ihnen entsprechend Ihrem Arbeitsvertrag eine Abfindung von fünf Monatsgehältern zu, die mit dem letzten Gehalt auf Ihr Konto überwiesen wird.
Wir weisen darauf hin, dass Sie nach dem Gesetz zur frühzeitigen Arbeitssuche verpflichtet sind. Insbesondere sind Sie verpflichtet, sich drei Monate vor Beendigung Ihres Arbeitsverhältnisses bei der Agentur für Arbeit arbeitssuchend zu melden.
Wir betonen, dass wir Ihre Leistungen stets sehr geschätzt haben und die Kündigung rein betriebsbedingte Gründe hat. Wir wünschen Ihnen für Ihre Zukunft alles Gute und bedanken uns für Ihre wertvolle Arbeit bei *Kaufparadies*.

2a Lesen Sie Pedro Oliveiras Frage und die Tipps ❶ – ❺ im Forum „Austausch zu Rechtsfragen". Markieren Sie die wesentlichen Informationen in den Tipps.

www.forum.de/austausch_zu_rechtsfragen

Mir ist heute – nach zehn Jahren im Betrieb – betriebsbedingt gekündigt worden. Das ist in meiner Lage besonders schwierig, weil ich alleinerziehender Vater eines fünfjährigen Sohnes bin. Hat jemand Erfahrung mit Kündigungen? Wie kann ich am besten darauf reagieren?

❶ Du solltest auf jeden Fall prüfen, ob der Arbeitgeber die gesetzliche Kündigungsfrist eingehalten hat. Sie ist nach Dauer des Arbeitsverhältnisses gestaffelt. Bei zehn Jahren Beschäftigung sind es vier Monate – bei Kündigung zum Monatsende.

❷ Habt ihr einen Betriebsrat? Wenn ja, dann rede am besten gleich mal mit ihm. Der muss nämlich vor einer Kündigung konsultiert werden. Sonst ist sie unzulässig.

❸ Der Arbeitgeber muss bei einer betriebsbedingten Kündigung soziale Kriterien berücksichtigen. Das nennt man Sozialauswahl. Die wichtigsten Kriterien dafür sind: Wie lange ist der Arbeitnehmer schon im Betrieb? Wie alt ist er? Hat er eine Behinderung? Hat er Unterhaltspflichten? Hör dich doch mal im Betrieb um: Wem wurde noch gekündigt, wer darf bleiben? Vielleicht wurde hier ja ein Fehler gemacht.

❹ Du solltest auf jeden Fall Widerspruch gegen die Kündigung einlegen. Ein erster Schritt wäre ein entsprechender Brief an die Personalabteilung. Wenn der Betrieb keine Rücknahme der Kündigung ausspricht, ist es möglich, innerhalb von drei Wochen beim Arbeitsgericht eine Kündigungsschutzklage einzureichen.

❺ Diese Tipps sind alle gut, aber such dir trotzdem einen Anwalt, der auf Arbeitsrecht spezialisiert ist. Er analysiert deinen Fall und hilft dir, Fehler bei deiner Antwort auf das Kündigungsschreiben zu vermeiden und ggf. die Kündigungsschutzklage vorzubereiten.

b **Lesen Sie noch einmal das Kündigungsschreiben in 1 und vergleichen Sie mit den Tipps in a. Zu welchen Tipps erhalten Sie Informationen? Machen Sie Notizen.**

1. gesetzliche Kündigungsfrist: vom Arbeitgeber eingehalten

3 **Lesen Sie Pedro Oliveiras Antwort auf das Kündigungsschreiben. Welche Tipps aus 2a hat er berücksichtigt? Ergänzen Sie Ihre Notizen aus 2b.**

Stuttgart, 30.7.20xx

Widerspruch gegen die betriebsbedingte Kündigung vom 23.07.20xx

Sehr geehrte Damen und Herren,
mit großem Bedauern habe ich Ihr Kündigungsschreiben erhalten. Ich bin von der Unzulässigkeit der oben genannten Kündigung überzeugt und lege deshalb Widerspruch dagegen ein.

Aus meiner Sicht widerspricht die Kündigung den Kriterien der Sozialauswahl: Ich bin mit zehn Jahren schon lange bei *Kaufparadies* angestellt und bin zudem alleinerziehender Vater eines fünfjährigen Sohnes. Als solcher bin ich stark auf einen angemessenen monatlichen Verdienst angewiesen. Gleichzeitig gibt es mehrere Angestellte in vergleichbarer Position im Betrieb, die keine Kinder haben und denen trotzdem nicht gekündigt wurde.

Ich fordere Sie daher auf, die Kündigung zurückzunehmen. Sollte trotzdem innerhalb der Frist von drei Wochen keine Rücknahme erfolgen, werde ich eine Kündigungsschutzklage beim Arbeitsgericht einreichen.

Ich hoffe, dass wir alles ohne die Hinzuziehung des Gerichtes lösen können und verbleibe mit freundlichen Grüßen.

Pedro Oliveira

4 KOMMUNIKATION **Lesen Sie die Situationsbeschreibung und verfassen Sie eine Antwort auf ein Kündigungsschreiben.**

> Sie arbeiten seit acht Jahren als Verkäufer/-in beim Medienunternehmen *SatWorld* und erhalten eine betriebsbedingte Kündigung. Als Grund werden Umstrukturierungen im Betrieb genannt. Aus dem Schreiben geht nicht hervor, ob der Betriebsrat konsultiert wurde. Gegen Ihre Kündigung spricht, dass andere Kollegen, die noch nicht so lange beim Unternehmen beschäftigt sind, nicht gekündigt wurden.

den Erhalt eines Schreibens bestätigen
Mit großem Bedauern habe ich Ihr Schreiben vom [Datum] erhalten.
Hiermit bestätige ich den Erhalt Ihres Schreibens vom [Datum].

Widerspruch ausdrücken
Hiermit lege ich fristgerecht Widerspruch gegen die betriebsbedingte Kündigung ein.
Ich bin von der Unzulässigkeit der oben genannten Kündigung überzeugt und lege deshalb Widerspruch dagegen ein.

die Unzulässigkeit einer betriebsbedingten Kündigung begründen
Die Kündigung entspricht meines Erachtens nicht den gesetzlichen Vorgaben, denn …
Ich halte die Kündigung für unzulässig, weil …

weitere Schritte ankündigen
Sollte keine Rücknahme der Kündigung erfolgen, werde ich eine Kündigungsschutzklage einreichen.
Sollte keine Einigung erzielt werden können, behalte ich mir vor, weitere rechtliche Schritte einzuleiten.

Literatur

Frau Blumeier

Die Vorurteile gegen die Plattenbausiedlung im Berliner Osten halten sich hartnäckig. Marzahn, heißt es, sei eine Betonwüste. In Wahrheit ist Marzahn überaus grün, es gibt breite Straßen, genügend Parkplätze, intakte Gehwege und an Übergängen abgesenkte Bordsteinkanten. Alles, was Räder hat, kommt bestens voran und ans Ziel.

5 Ein Vorurteil trifft allerdings zu: Plattenbauten sind hellhörig. Setzt irgendwo oben im Haus jemand die Bohrmaschine an, fühlen wir hier unten im Kosmetikstudio uns wie beim Zahnarzt.

Frau Blumeier kenne ich seit zweieinhalb Jahren. Sie ist eine lustige, wache Person mit Berliner Schnauze, die jünger wirkt (Mitte fünfzig), als sie ist (Mitte sechzig). Sie wohnt in dem Haus, in dem auch unser
10 Studio ist, in der vierzehnten Etage. Stehe ich rauchend vor unserer Tür, sehe ich Frau Blumeier manchmal von weitem. Wir winken uns zu, Frau Blumeier wendet per Joystick und rollt auf einen kurzen Plausch heran. Dann muss sie zur Physiotherapie, zum Einkaufen, zum Friseur oder zu einer Bekannten, düst davon in ihrem schnittigen Elektromodell, den Oberkörper nach vorn gebeugt wie ein Rennfahrer, und der Wind fegt ihr die Haare aus der Stirn. Die sechs km/h Höchstgeschwindigkeit, die ihr fahrbarer Untersatz
15 hergibt, sind Frau Blumeier zu wenig. Sie würde lieber mit sieben, acht, neun km/h über die Piste rollen. Generell hofft Frau Blumeier auf Rückenwind, damit die Batterie länger durchhält.

Erscheint sie alle sieben Wochen zum Termin, eile ich zur Tür, halte sie auf, rufe: »Kommse rin!«, und Frau Blumeier ruft: »Und setzense sich, wa?« Sie fährt durch bis in die Fußpflege, parkt nah beim Fußpflegestuhl, steht allein aus dem Rollstuhl auf und schafft auch die zwei, drei Schritte auf ihren Knickbeinchen
20 ohne meine Hilfe. Frau Blumeier macht alles, was irgendwie geht, selber, sogar die Behindertenwitze. Rollstuhlfahrer, die sich »von Hacke bis Nacke bedienen lassen«, findet sie unmöglich. Sitzt sie auf dem Thron, ziehe ich ihr die Hausschuhe aus, Kinderhausschuhe der Firma Gießwein. Während ich ihre Füße wasche und abtrockne, plaudern wir über die neuesten Neuigkeiten, albern herum. Und dann hat Frau Blumeier diesen Satz im Repertoire, den sie oft anwendet, wie eine Zauberformel: »Wollt ick grade sagen.«
25 Alles, was ich sage, wollte Frau Blumeier gerade sagen. Auch, was andere Leute sagen, wollte Frau Blumeier gerade sagen. Der Satz öffnet ihr Türen, ebnet ihr Wege. Sie ist eine Zustimmungskünstlerin. [...]

Als Tine Blumeier meine Stammkundin wurde, stellte sie mit ihrer guten Laune meinen geheimen Vorsatz, nach dem jeder Kunde das Studio fröhlicher verlassen musste, als er es aufgesucht hatte, auf eine harte Probe. Ich habe um die sechzig Kunden und kann Vergleiche ziehen. Manche empfinden jeden Schnupfen
30 als persönliche Beleidigung, jammern sich durch die Jahre und fühlen sich vom Leben aufs Übelste betrogen. Nicht so die Zustimmungskünstlerin. Sie erzählte mir von einem kleinen Jungen, der seine Mutter auf der Straße gefragt hatte, ob die Frau da im Rollstuhl behindert sei. »Aba nur inne Beene, nich im Kopp!«, hatte Frau Blumeier gerufen und den Jungen auf ihrem Schoß eine Runde mitfahren lassen.

»Die Mutter kann Ihnen dankbar sein«, sagte ich.

35 »Wollt ick grade sagen«, sagte Frau Blumeier. [...]

1a Lesen Sie den Buchtitel und überfliegen Sie die Geschichte. Wer ist Ich? Wer ist Frau Blumeier? Sprechen Sie im Kurs.

b Wie heißen die Sätze auf „Berlinisch"? Markieren Sie sie im Text und notieren Sie die Zeilen.

„Und setzen Sie sich, nicht wahr?" *(Zeile ....)*   „Das wollte ich gerade sagen!" *(Zeile 24 und ....)*
„Aber nur in den Beinen, nicht im Kopf!" *(Zeile ....)*   „Kommen Sie herein!" *(Zeile ....)*
„von Kopf bis Fuß bedienen lassen" *(Zeile ....)*

2 Lesen Sie die Geschichte. Warum ist Frau Blumeier für die Erzählerin eine *Zustimmungskünstlerin*? Wofür bewundert sie sie? Markieren Sie fünf Aspekte und vergleichen Sie im Kurs.

Was bedeutet das eigentlich?

Fit für Lektion 1

1 WÖRTER **Was passt? Verbinden Sie.**

1. für jdn. / etw. Verständnis
2. jdm. eine Freude / Vorwürfe
3. zu jdm. Kontakt
4. an seine Grenzen
5. jdm. einen Gefallen
6. auf jdn. Rücksicht
7. Geborgenheit

a tun
b nehmen
c aufnehmen
d geben
e haben
f machen
g stoßen

2 WÖRTER **Welche Bedeutung hat *sonst* in diesen Sätzen? Markieren Sie.**

normalerweise   darüber hinaus

1. Ist alles in Ordnung bei dir?

   Noch ein bisschen erschöpft von gestern, sonst ist alles gut.

   ◯   ◯

2. Wo bist du? Ich warte!

   Auf dem Weg. Was ist denn los? Du bist doch sonst nicht so ungeduldig.

   ◯   ◯

3. Hey! Hast du Feierabend?

   Ja, schon seit einer Stunde. Bin heute früher rausgekommen als sonst . Gehen wir was trinken?

   ◯   ◯

4. Bist du wieder gesund?

   Ja, zum Glück. Ich habe nur noch ein bisschen Husten, aber sonst geht es mir wieder gut.

   ◯   ◯

3 GRAMMATIK **Formulieren Sie die Sätze um. Verwenden Sie die Konnektoren in Klammern.**

1. Bei der gemeinsamen Arbeit lernt man sich nicht so gut kennen wie in der Freizeit. *(wenn)*
   Wenn man gemeinsam arbeitet, lernt man sich nicht so gut kennen wie in der Freizeit.

2. Bei guter Stimmung im Team kann man auch den Feierabend zusammen verbringen. *(sofern)*

3. Bei ähnlichen Hobbys der Kolleginnen und Kollegen ist es einfach, eine gemeinsame Aktivität zu finden. *(sofern)*

4. Doch was macht man bei unterschiedlichen oder gegensätzlichen Vorlieben im Team? *(falls)*

5. Bei Uneinigkeiten macht man am besten etwas, was für alle neu ist. *(wenn)*

1

4a KOMMUNIKATION **Lesen Sie die Beiträge und schreiben Sie die Redemittel richtig.** → KB 1

Hey! Ist es euch auch schon mal passiert, dass sich eine Person ohne Erklärung einfach nicht mehr gemeldet hat? Oder habt ihr selbst schon mal eine Person „geghostet"? Einerseits kann ich das gut nachvollziehen, andererseits finde ich es auch schwierig. Was denkt ihr darüber? KOMMENTIEREN

Bärchen .... *(Verständnis – Ich – wenig – dafür, – wenn – habe)* (1) sich jemand nicht vernünftig verabschiedet. Wenn sie oder er nicht mehr schreiben möchte – okay. Aber einen Abschied sollte einem die andere Person wert sein.

Jule95 Das sehe ich anders. ....
.... *(wenn – vollkommen – finde – es – Ich – verständlich,)* (2) man nicht mit jeder Person, mit der man schreibt, den Kontakt halten möchte. Es ist schließlich „nur" ein Online-Kontakt, davon kann man nicht so viel Verbindlichkeit erwarten.

BerndB Ich finde, ihr habt beide irgendwie recht. ....
.... *(schon – Freunden und Bekannten – Von – meinen – würde – dass – ich – erwarten,)* (3) sie Krisen oder Probleme mit mir ausdiskutieren. ....
(gehört – Meiner Meinung – sich – nach – es – nicht,) (4) sich still und heimlich aus dem Leben einer Person zu schleichen, die einem nahesteht. Aber Fremde, mit denen ich nur ein paarmal geschrieben habe? Weiß nicht … Da hätte ich kein Problem.

AlfaF Ich sehe das wie Bärchen. ....
(Für – ist – absolut normal, – dass – es – mich) (5) man Menschen, mit denen man Zeit und Gedanken geteilt hat, mit Respekt begegnet. Und dazu gehört mindestens eine Verabschiedung.

b SCHREIBEN **Verfassen Sie einen eigenen Kommentar. Die Redemittel aus a helfen Ihnen.**

5 WÖRTER **Lösen Sie das Rätsel und finden Sie das Lösungswort.** → KB 3

1. der Einkauf von benötigten Produkten: die …
2. eine starke, grundsätzliche Veränderung: der …
3. der Wille, sich zu einigen: die Kompromiss…
4. das Erfüllen einer Aufgabe, oft im Alltag: die …
5. sich durch ein Gespräch einigen: etwas …
6. eine männliche Person, die Verantwortung für ein Kind übernimmt, das nicht das eigene ist: der …
7. etwas erwarten: mit etwas …
8. nicht mehr dabei sein: sich …ziehen
9. jemandem etwas Persönliches erzählen: jemandem etwas …

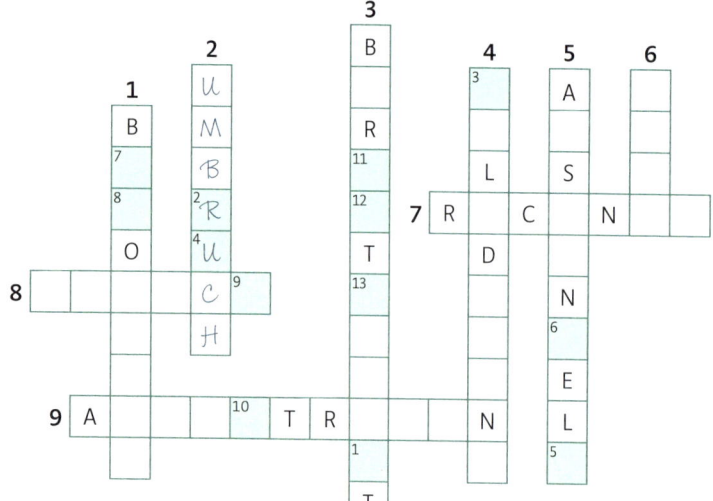

Lösung: Die Menschen, die man gern um sich hat, mit denen man aber nicht verwandt ist, sind der

R U _ _ _ _ _ _ _ _ _ _ _ _
1 2 3 4 5 6 7 8 9 10 11 12 13

6a `KOMMUNIKATION` Lesen Sie das Interview und ordnen Sie zu. → KB 3

Zeitgeistgespräch: Die neue Nähe am Arbeitsplatz

Heute ist der Umgang am Arbeitsplatz in vielen Branchen freundschaftlicher als früher. Welche
Vor- und Nachteile das haben kann, erklärt Soziologin Kristin Jansen im Interview mit Sercem Özdemir.

Frau Jansen, heutzutage duzt man sich in vielen Betrieben – auch mit Führungskräften. Das war früher anders, oder?
Ja, auf jeden Fall. ... (1 _b_) sich die Anredekultur insgesamt geändert hat. Früher war das „Sie" viel verbreiteter. Bis in die 1960er-Jahre haben sich zum Beispiel Studierende an den Universitäten häufig noch gesiezt. ... (2 ___) nie auf die Idee kommen, zu anderen Studierenden „Sie" zu sagen. Das „Du" hat sich längst durchgesetzt. Es wirkt weniger hierarchisch. ... (3 ___) das der Grund ist, warum sich auch in der Arbeitswelt mehr und mehr Menschen duzen.

Sind die Hierarchien in der Arbeitswelt heute wirklich flacher?
Ich denke schon. ... die Rolle von Führungskräften ... (4 ___), besonders in kreativen Berufen oder in der IT-Branche. Früher folgte man stärker den Anwei-

KRISTIN JANSEN

sungen der Vorgesetzten, heute findet man eher gemeinsame Lösungen im Team. Der Umgangston ist kollegialer, man kann auch mal widersprechen.

Die Vorteile liegen auf der Hand, aber sehen Sie auch Nachteile?
Durchaus. Ein Problem ist zum Beispiel, dass Arbeit und Freizeit nicht mehr klar getrennt werden. ... viele Menschen nach Feierabend wirklich frei hatten, ... (5 ___) eine gewisse Erreichbarkeit erwartet wird. Und viele Menschen erfüllen diese Erwartungen, sie machen Überstunden oder erledigen liegen gebliebene Aufgaben sogar am Wochenende. ... (6 ___) man sich durch den freundschaftlichen Umgang mit Kolleginnen und Kollegen oder Vorgesetzten stärker verbunden fühlt.

a. Ich würde vermuten, dass ___
b. Das hat vermutlich damit zu tun, dass _V_
c. Im Vergleich zu damals würde man heute ___
d. Während früher ..., ist es heute eher so, dass ___
e. Ich könnte mir vorstellen, dass es daran liegt, dass ___
f. In den letzten Jahrzehnten hat sich ... sehr verändert ___

b Was drücken die Redemittel in **a** aus? Ordnen Sie zu: Unterschiede zwischen früher und heute beschreiben (U), Vermutungen äußern (V).

7 `SCHREIBEN` Hören Sie noch einmal Teil 2 des Podcasts im Kursbuch auf S. 3. Schreiben Sie dann eine E-Mail an einen Freund oder eine Freundin, in der Sie die wichtigsten Punkte zusammenfassen. Schreiben Sie auch, warum Sie die Sendung gut / nicht so gut fanden. → KB 3

8 `GRAMMATIK` Was passt? Lesen Sie den Tipp unten. Markieren Sie. → KB 4

Liebe Nachbarin, lieber Nachbar!!!

Angenommen / Vorausgesetzt (1), du fährst in den Urlaub und suchst jemanden, der deine Blumen gießt oder den Briefkasten leert. Es wäre doch toll, wenn das jemand hier im Haus erledigen könnte, angenommen / vorausgesetzt (2), er oder sie hat deinen Schlüssel. 😊 Und angenommen, dass / vorausgesetzt, dass (3) vor deinem Urlaub noch Essen im Kühlschrank übrig geblieben ist, freut sich sicher irgendwer hier im Haus darüber.

Mit unserer Messenger-Gruppe wollen wir Mieter*innen uns vernetzen, um uns gegenseitig zu helfen (mit Besorgungen oder Erledigungen), aber auch, um in Kontakt zu kommen, zum Beispiel für gemeinsame Spaziergänge, Spieleabende oder Abendessen.

Unsere Messenger-Gruppe ist für alle Interessierten offen, natürlich angenommen, dass / vorausgesetzt, dass (4) du hier im Haus wohnst.

Schreib uns einfach eine Nachricht an ...

Pia (1. OG), Evin (EG) und Max (3. OG)

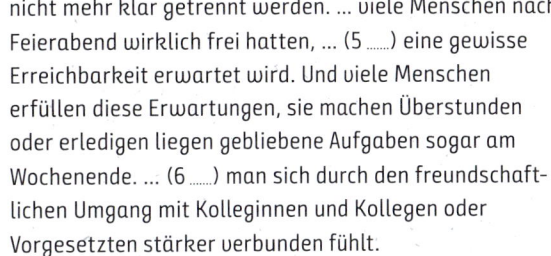

⌐
vorausgesetzt, (dass) und *angenommen, (dass)* haben eine ähnliche Bedeutung, sind aber nicht ganz synonym. *voraussetzen* = eine Bedingung definieren; *annehmen* = glauben, dass etwas so ist; *vorausgesetzt* = nur wenn, *angenommen* = falls.
⌐

9 `GRAMMATIK` **Was passt? Lesen Sie das Interview und ergänzen Sie.** → KB 4

Andernfalls Angenommen angenommen, dass Für den Fall, dass Im Falle Sonst
vorausgesetzt vorausgesetzt, dass

Wie wichtig sind Gemeinsamkeiten in einer Freundschaft?

Das kommt darauf an. Natürlich ist es schön, wenn man gemeinsame Hobbys teilt.
Andernfalls (1) ist es schwer, gemeinsam Zeit zu verbringen. Aber ich denke nicht,
dass Gemeinsamkeiten eine Voraussetzung für eine Freundschaft sind. Ich habe
auch Freundinnen und Freunde, die sehr anders sind als ich.

Hast du bestimmte Erwartungen an deine Freundinnen und Freunde?

Ich denke schon, dass man in einer Freundschaft Erwartungen haben kann und sollte.
_____ (2) einer Notlage sollte man sich aufeinander verlassen können.
Mal _____ (3) ich meinen Job verliere und deshalb meine
Miete nicht mehr zahlen kann, würde ich mir wünschen, dass meine Freundinnen
und Freunde mir finanziell aushelfen. Natürlich _____ (4), sie haben
selbst genug Geld.

Müssen Freundinnen und Freunde die gleichen Werte teilen?

Ich finde, ja. Zum Beispiel, wenn es um Politik geht, sollten wir zumindest ungefähr
einer Meinung sein. _____ (5) man in einer Freundschaft
sehr unterschiedliche Ansichten hat, braucht man sehr viel Kompromissbereitschaft
und Empathie. _____ (6) würde man sich wahrscheinlich sehr oft streiten.

Welche Rolle spielt Geld in einer Freundschaft?

Geld ist mir persönlich nicht so wichtig. Ich bin gern großzügig und lade meine
Freundinnen und Freunde gern ein. Aber das geht natürlich nur, weil ich im Moment
genug Geld dafür habe. _____ (7), das wäre anders, würde ich
vielleicht auch anders über dieses Thema denken.

Wann endet für dich eine Freundschaft?

Ich versuche, Freundschaften lange aufrechtzuerhalten. Und das ist oft möglich,
_____ (8) man sich nicht auseinanderlebt.

10 `GRAMMATIK` **Lesen Sie die Tipps und formulieren Sie die Sätze um. Verwenden Sie die Angaben
in Klammern.** → KB 4

www.jobs-ahoy.de

GEBURTSTAG AM ARBEITSPLATZ – WAS WIRD ERWARTET?

Tipps für die Geburtstagskinder:

· Wenn Sie eine kleine Feier im Büro
planen, dann laden Sie nicht nur
Mitarbeiter*innen ein, mit denen Sie
sich gut verstehen. Sie könnten sich
unbeliebt machen. *(andernfalls)* (1)
· Wenn Ihr Geburtstag an einem
Wochenende ist, können Sie
am folgenden Montag etwas
mitbringen. *(Für den Fall, dass ...)* (2)

Tipps für die Mitarbeiter*innen:

· Tragen Sie sich die Geburtstage Ihrer Mitarbeiter*innen im Kalender ein. Im Arbeitsalltag
vergisst man so was schnell. *(sonst)* (3)
· Das Geburtstagskind arbeitet in Ihrem Team?
Dann sammeln Sie gemeinsam Geld für ein kleines
Geschenk, zum Beispiel eine Topfpflanze fürs Büro
oder einen Gutschein. *(Für den Fall, dass ...)* (4)
· Bei einem „runden Geburtstag" (dem 30. / 40. /
50. / 60.) darf das Geschenk auch gern etwas
mehr kosten. *(im Falle)* (5)

*1. Wenn Sie eine kleine Feier im Büro planen, dann laden Sie nicht nur Mitarbeiter*innen ein,
mit denen Sie sich gut verstehen. Andernfalls könnten Sie sich unbeliebt machen.*

11a WÖRTER **Markieren Sie die Modalpartikeln und ordnen Sie die Bedeutungen zu.** → KB 6

1. ◆ Komm (mal) mit. _c_
   ▲ Ja, aber nicht so schnell! Warum wartest du
     denn nicht auf mich? ....
   ◆ Jetzt komm schon! ....

    a Ungeduld
    b Vorwurf
    c freundliche Aufforderung

2. ◆ Du siehst besorgt aus. Was ist denn los? ....
   ▲ Na ja, du weißt ja: Ich habe am Montag
     die Prüfung. ....
   ◆ Mach dir keine Sorgen! Das schaffst du schon. ....

    a Optimismus
    b Interesse
    c bekannte Information

3. ◆ Peter ist immer zu spät! Das geht gar nicht!
   ▲ Ja, da hast du schon recht. .... Aber so ist er halt. ....
   ◆ Ach, ich weiß. Na gut, dann lass uns doch mal
     ohne ihn anfangen. ....

    a vorsichtige Zustimmung
    b Vorschlag
    c Akzeptanz

b Welche Modalpartikel passt? Markieren Sie.

1. ◆ Wie ist es denn / schon (1) zurzeit in eurer Beziehung?
   ▲ Na ja, wir sehen uns zu selten. Wir arbeiten eben / mal (2) beide zu viel.
     Das ist nicht immer einfach, aber das kennst du ja / eben (3) auch.

2. ◆ Da ist er wieder. Soll ich ihn heute ansprechen?
   ▲ Klar! Jetzt geh ja / schon (4)! Sonst lernst du ihn nie kennen.
     Worauf wartest du halt / denn (5)?
   ◆ Ich bin eben / mal (6) ein bisschen schüchtern.

3. ◆ Ich habe jemanden kennengelernt.
   ▲ Wirklich? Das ist ja / denn (7) schön! Hast du ein Foto? Zeig mal / halt (8)!
   ◆ Hier, das ist sie.
   ▲ Ja, sie sieht denn / schon (9) sympathisch aus.

12a WÖRTER 🔲 **Lesen Sie die Beiträge und ergänzen Sie die Verben in der richtigen Form.** → KB 6

anlächeln anklicken ansehen nachdenken nachfragen zurücklächeln zurückziehen

Emojis – ja oder nein?

Ich finde Emojis super! Man muss einfach nur ein beliebiges Emoji _anklicken_ (1) und kann auf diese Weise so viel ausdrücken. Mit einem Emoji kann man jemanden virtuell .... (2). 😊 Und die oder der andere kann auch .... (3). Ohne viele Worte kann man zeigen, wie es einem geht. Und die meisten Emojis sind so klar verständlich, dass man nicht lange .... (4) muss, um die Botschaft zu verstehen.

Ich habe nichts gegen Emojis, aber sie ersetzen für mich kein richtiges Gespräch. Ich muss einer Person gegenüberstehen und sie .... (5) können, um zu verstehen, wie es ihr geht. Und wenn ich an ihrer Körpersprache erkenne, dass etwas nicht in Ordnung ist, kann ich bei der Person .... (6), was los ist. Das ist in der digitalen Kommunikation nicht möglich. Da würde ich mich eher .... (7), wenn es mir nicht gut geht, und meine Gefühle verstecken.

b Lesen Sie die Verben in a noch einmal. Welche Bedeutung können die Präfixe an-, zurück- und nach- haben? Ergänzen Sie.

1. eine Bewegung, die in Richtung des Ausgangspunktes gerichtet ist _zurück-_
2. eine Tätigkeit, die direkt auf ein Ziel gerichtet ist ....
3. eine intensive, gründliche Tätigkeit ....
4. eine Handlung, die mit der gleichen Handlung erwidert wird ....

1

13 `WÖRTER` **Lesen Sie den Artikel. Was passt? Markieren Sie.** → KB 7

Freundschaft als Thema der Wissenschaft

Dass Freundschaften im Alltag der meisten Menschen eine wichtige Rolle spielen, ist bestimmt / offensichtlich (1).
Doch auch in der Forschung ist Freundschaft ein viel beachtetes Thema, so zum Beispiel für die Soziologin Erika
Alleweldt, Mitherausgeberin des Buches „Freundschaft heute – eine Einführung in die Freundschaftssoziologie".
Hier stellen wir Ihnen einige Ergebnisse aus der Freundschaftsforschung vor.

1. Die meisten Menschen haben durchschnittlich fünf enge Freundschaften. Je höher der soziale Status,
desto größer ist der Freundeskreis. Alleweldt reagiert / verweist (2) auf finanzielle Gründe: Denn
Freundschaften zu pflegen, kostet Geld – für gemeinsame Aktivitäten oder gegenseitige Besuche.

2. Die Grenzen zwischen freundschaftlichen und beruflichen Netzwerken vererben / verschwimmen (3)
teilweise. So entstehen neue Arten von Freundschaften, die für beide Seiten einen bestimmten
Zweck erfüllen.

3. In verschiedenen kulturellen Kontexten gibt es unterschiedliche Begriffe von Freundschaft:
In Deutschland haben Freundschaften meist einen emotionalen / spontanen (4) Aspekt.
In den USA würde man auch weniger enge Beziehungen als Freundschaft bezeichnen.

4. Unterschiede zwischen Frauen- und Männerfreundschaften sind kein Klischee / keine Lebensphase (5):
Freundinnen stellen Nähe meist über Gespräche her, während Männer sich mit ihren Kumpeln / Kollegen (6)
eher für gemeinsame Aktivitäten verabreden.

Aussprache: Die Modalpartikeln *denn, eben / halt, ja, mal, schon*

3 ◀)) 01 **1a Hören Sie und markieren Sie das am meisten betonte Wort.**

1. Warum streitet ihr denn ständig?
2. Mein Sohn wird halt schnell emotional.
3. Die Pubertät ist ja eine Umbruchphase.
4. In Beziehungen braucht man eben Kompromissbereitschaft.
5. Ihr werdet das schon aushandeln.

6. Hört mir mal kurz zu.
7. Meine Patin hat mir ja Geld vererbt!
8. Erzähl schon : …
9. Was glaubt ihr denn ?
10. Ich würde mal vermuten, …

> Obwohl die Modalpartikeln die Bedeutung einer Aussage / Frage modifizieren, liegt die Betonung <u>nicht</u>
> auf den Modalpartikeln, sondern auf einem Schlüsselwort des Satzes. Deshalb ist es wichtig, die Emotion
> (z. B. Erstaunen, Vorwurf, …) auch mit der Stimme und dem passenden Tonfall zu transportieren.

b **Sprechen Sie die Sätze aus a nun selbst und achten Sie dabei auf die passende Betonung.**

2 **Suchen Sie Sätze mit Modalpartikeln in der Lektion. Sprechen Sie die Sätze mit der richtigen
Emotion und nehmen Sie sich mit dem Smartphone auf.** Wenn Sie möchten, schicken Sie die
Aufnahme an eine Partnerin / einen Partner und tauschen Sie sich gemeinsam über mögliche
Variationen der Aussprache bei den Sätzen aus.

1 WÖRTER **Finden Sie sieben Nomen. Lesen Sie den Chat und ergänzen Sie.**

SKGHOBESORGUNGENGDFKKOPTIMISMUSRTGKJPHASEDFGHLKUMPELDF
GJFREUNDESKREISTROIJUMBRUCHSDFKOMGEMEINSAMKEITEN

Joy: Konstantin, wir vermissen dich! 🙁 Wie geht es dir in deiner neuen Heimat?

Konstantin: Hey Mama! Der Job ist toll, aber gleichzeitig ist es natürlich auch ein totaler
_____ (1). So ganz ohne meine _____ (2)
ist das schon ein bisschen einsam.

Joy: Ach Konsti, das ist normal. Wenn eine ganz neue _____ (3) im Leben beginnt,
braucht man ein bisschen Zeit, bis man neue Leute kennenlernt. Ich bin sicher, dass du schnell auch in
München einen neuen _____ (4) finden wirst. 😊

Konstantin: Danke für deinen _____ (5). 😌 Du hast bestimmt recht.
Ich hab auch schon einen meiner Nachbarn kennengelernt. Wir haben uns neulich nett unterhalten.
Ich glaube, dass wir viele _____ (6) haben.

Joy: Das klingt super! 👍 Ich muss mal los, muss noch ein paar _____ (7)
fürs Abendessen machen. 😋

Konstantin: Grüß Papa und lasst's euch schmecken!

___ / 7 Punkte   😊 4–7 Punkte   ☹ 0–3 Punkte

2 GRAMMATIK **Formulieren Sie die Sätze um. Verwenden Sie die Angaben in Klammern.**

1. Angenommen, alle kommen zum Hoffest, dann sind wir 32 Leute. *(für den Fall, dass)*
2. Für den Fall, dass das Wetter gut ist, können wir im Garten feiern. *(vorausgesetzt, dass)*
3. Angenommen, dass es ein Gewitter gibt,
   gehen wir einfach rein. *(im Falle)*
4. Wir brauchen Stühle. Andernfalls haben nicht
   alle Platz. *(sonst)*
5. Die Stühle müssten eigentlich reichen. Wenn nicht, dann
   nehmen wir einfach Getränkekisten. *(andernfalls)*

   1. Für den Fall, dass alle …

___ / 5 Punkte   😊 3–5 Punkte   ☹ 0–2 Punkte

3 KOMMUNIKATION **Was passt? Lesen Sie den Beitrag und ordnen Sie zu.**

(a) In den letzten Jahrzehnten hat sich   (b) Im Vergleich zu damals würde man heute

(c) Das hat vermutlich damit zu tun, dass   (d) Ich habe volles Verständnis dafür, wenn

(e) Für mich ist es absolut normal, dass

Mein Opa fragt mich regelmäßig, wann ich endlich heirate. Ich muss dann immer lachen und antworte:
„Noch nicht, Opi. Mal schauen, ob ich überhaupt heirate." (1 ___) es Paare gibt, die weder verheiratet sind
noch zusammenleben. Aber für meinen Opa gehört Heiraten zum Leben dazu. (2 ___) die Ehe in seiner
Generation auch eine Absicherung war. Deshalb wollten die Eltern, dass ihre Kinder heiraten. (3 ___)
die eigenen Kinder selbstständiger entscheiden lassen. (4 ___) mein Opa mich fragt. Aber: (5 ___) die Lebens-
weise der Menschen sehr verändert. Und ich muss sagen: Ich bin sehr froh darüber.

___ / 5 Punkte   😊 3–5 Punkte   ☹ 0–2 Punkte

Hoch- und Tiefstapeln

1 `WÖRTER` **Jeweils vier Adjektive haben eine ähnliche Bedeutung. Welches Adjektiv passt nicht? Streichen Sie es durch.**

1. begabt – geeignet – kompetent – ~~liebenswert~~ – professionell
2. hoffnungsvoll – optimistisch – positiv – skeptisch – zuversichtlich
3. ausgelassen – fröhlich – diskret – heiter – vergnügt
4. entschlossen – intolerant – selbstbewusst – sicher – stolz
5. energiegeladen – engagiert – dynamisch – leistungsfähig – unsicher
6. gründlich – lustlos – ordentlich – organisiert – zuverlässig
7. innovativ – kreativ – mutig – naiv – unkonventionell

2 `GRAMMATIK` **Lesen Sie den Infokasten und ergänzen Sie die Adjektivendungen.**

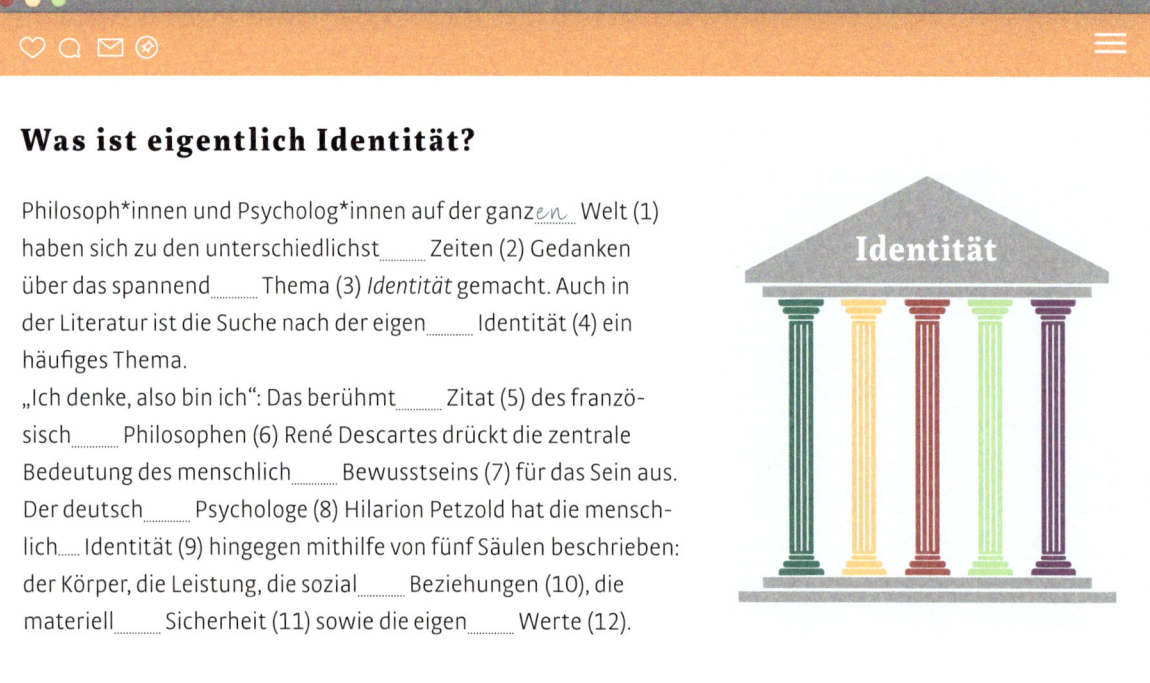

Was ist eigentlich Identität?

Philosoph*innen und Psycholog*innen auf der ganz_en_ Welt (1)
haben sich zu den unterschiedlichst_____ Zeiten (2) Gedanken
über das spannend_____ Thema (3) *Identität* gemacht. Auch in
der Literatur ist die Suche nach der eigen_____ Identität (4) ein
häufiges Thema.
„Ich denke, also bin ich": Das berühmt_____ Zitat (5) des französisch_____ Philosophen (6) René Descartes drückt die zentrale
Bedeutung des menschlich_____ Bewusstseins (7) für das Sein aus.
Der deutsch_____ Psychologe (8) Hilarion Petzold hat die menschlich_____ Identität (9) hingegen mithilfe von fünf Säulen beschrieben:
der Körper, die Leistung, die sozial_____ Beziehungen (10), die
materiell_____ Sicherheit (11) sowie die eigen_____ Werte (12).

Identität

3 `GRAMMATIK` **Was passt? Lesen Sie die Zitate und ergänzen Sie.**

beiden | diese | ~~jeder~~ | manche | sämtliche | solchen | welche

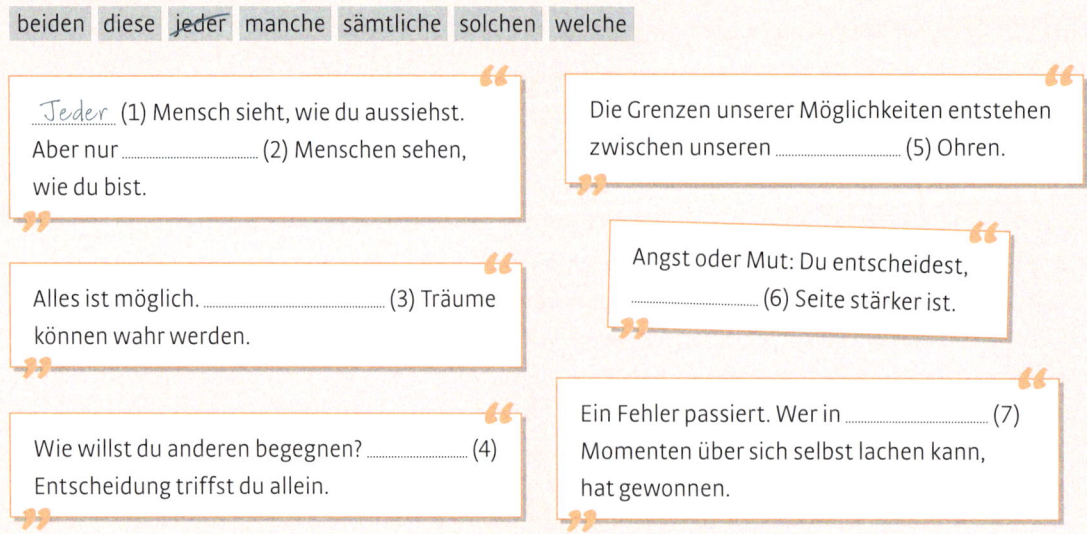

„ _Jeder_ (1) Mensch sieht, wie du aussiehst.
Aber nur _____ (2) Menschen sehen,
wie du bist. "

„Die Grenzen unserer Möglichkeiten entstehen
zwischen unseren _____ (5) Ohren. "

„Alles ist möglich. _____ (3) Träume
können wahr werden. "

„Angst oder Mut: Du entscheidest,
_____ (6) Seite stärker ist. "

„Wie willst du anderen begegnen? _____ (4)
Entscheidung triffst du allein. "

„Ein Fehler passiert. Wer in _____ (7)
Momenten über sich selbst lachen kann,
hat gewonnen. "

4 WÖRTER Was passt zusammen? Verbinden Sie. → KB 1

1. Warum Sie Entscheidungen mit Ruhe und
2. Warum Sie sich für Freundlichkeit und
3. Wie Sie mit Zurückhaltung und
4. Warum Vorgesetzte die Treue und
5. Wie Sie mit mehr Ordnung und
6. Wie Sie Ihre Ziele mit Ehrgeiz, festem Willen und
7. Wie Sie Ihre Unsicherheit überwinden und
8. Wie Sie mit Offenheit und
9. Wie Sie auf neue Ideen kommen und

a Entschlossenheit verfolgen
b Selbstbewusstsein gewinnen
c Bescheidenheit Sympathien gewinnen
d Ihre Kreativität wecken
e Ehrlichkeit Konflikte im Team lösen
f Disziplin Ihre Abgabetermine einhalten
g Gelassenheit abwarten sollten
h Hilfsbereitschaft bedanken sollten
i Loyalität der Angestellten schätzen

5 WÖRTER Was passt? Lesen Sie die Stellenanzeige und markieren Sie. → KB 1

Wir wollen richtig durchstarten und haben uns für das neue Geschäftsjahr
bescheidene / ⟨ehrgeizige⟩ (1) Ziele gesetzt. Dafür wollen wir unser Team vergrößern.
Wir suchen zum nächstmöglichen Zeitpunkt entschlossene / geduldige (2) Mitarbeiter*innen,
die mit Mut und Energie an neue Aufgaben herangehen. Wir wünschen uns eine gelassene / loyale (3)
und vertrauenswürdige Zusammenarbeit. Wichtig sind für uns außerdem:
· Zuverlässigkeit und Kreativität,
· ein selbstbewusster und hilfsbereiter / souveräner (4) Umgang mit Geschäftspartner*innen sowie
· eine lockere und disziplinierte / humorvolle (5) Art zu kommunizieren.

6a WÖRTER 🔲 Lesen Sie den Tipp. Notieren Sie zu jedem Adjektiv das Nomen mit Artikel. → KB 1

~~arrogant~~ elegant ignorant inkompetent intelligent konsequent tolerant

⌐ Viele Adjektive auf *-ant* bzw. *-ent* gehören zu den internationalen Wörtern.
Die Nomen dazu enden oft auf *-anz* bzw. *-enz* und sind immer feminin. ⌐

arrogant → die Arroganz
elegant →

b Lesen Sie die Kommentare und ergänzen Sie die passenden Nomen aus a.

Welche Eigenschaften findet ihr schwer zu ertragen? Welche bewundert ihr?

Lissy85 Mit Menschen, die sich selbst supertoll vorkommen, kann ich nicht
gut umgehen. *Arroganz* (1) ertrage ich wirklich nur schwer.

TiMur Ich habe überhaupt keine Lust, mit Leuten umzugehen, die sich nicht für die Bedürf-
nisse anderer interessieren. So eine _____ (2) finde ich auch gefährlich.

Jojo Ich bewundere an meiner Großmutter, dass sie alle so sein lässt, wie sie sind.
Meine Eltern haben leider keine so große _____ (3).

BRAINY _____ (4)! Mich beeindruckt es, wenn Menschen klug sind und
superschnell denken können.

KwonS Es bringt mich auf die Palme, wenn jemand unfähig und für seine Aufgaben absolut
ungeeignet ist. Besonders im beruflichen Kontext! Fachliche _____ (5)
finde ich unerträglich.

7 `KOMMUNIKATION` **Lesen Sie die Nachricht und sehen Sie die Grafik an. Was passt? Ergänzen Sie a oder b.** → KB 2

Danke, dass ihr so fleißig an unserer Umfrage teilgenommen habt! (1 ......) – nicht in allen Teams war die Beteiligung so groß. Offenbar ist allen hier wichtig, das Miteinander zu verbessern. (2 ......) – und das ist eine sehr gute Basis. 😃 Die Ergebnisse: (3 ......) die fachliche Kompetenz besonders wichtig ist. Außerdem haben ein wertschätzender und motivierender Umgang große Bedeutung – auch (4 ......). 👍👍👍

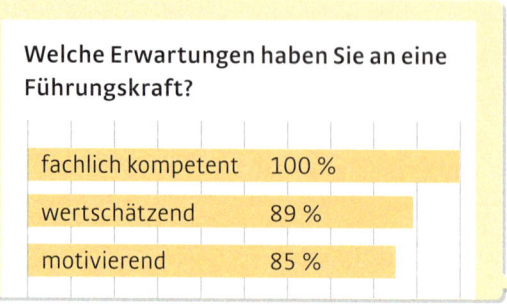

Welche Erwartungen haben Sie an eine Führungskraft?

fachlich kompetent	100 %
wertschätzend	89 %
motivierend	85 %

1. a. Das haben wir mit anderen Teams gemeinsam
   b. Da unterscheiden wir uns von anderen Teams
2. a. Das unterscheidet uns schon mal
   b. Das haben wir schon mal gemeinsam

3. a. Es unterscheidet uns, dass uns
   b. Wir sind alle der Meinung, dass
4. a. darin stimmen wir zum größten Teil überein
   b. das unterscheidet die meisten von uns

8a `WÖRTER` **Lesen Sie den Artikel und die Kommentare. Was passt? Ergänzen Sie die Nomen.** → KB 3

Anweisungen   Betrüger   Hirn   Phänomen   ~~Selbstsicherheit~~   Überblick

BERÜHMTE HOCHSTAPLER

Sie leben mit falschen Identitäten, lügen und betrügen. Dabei *strahlen* sie eine enorme _Selbstsicherheit_ (1) *aus*, die es schwer macht, den Betrug zu erkennen. Wie zum Beispiel Gerd Postel. In den 1980/90er-Jahren arbeitete der gelernte Postbote jahrelang als Arzt, nachdem er sich mehrmals erfolgreich mit falschen Zeugnissen beworben hatte. Er schrieb Berichte über Patienten, gab _____ (2) zu Therapien und *wurde* sogar auf leitende Positionen *befördert*, obwohl er nie studiert hatte. 1999 wurde der _____ (3) zu einer vierjährigen Haftstrafe verurteilt. *[mehr]*

T. Zapp   Wie konnte es denn nicht auffallen, dass alle Papiere gefälscht sind? Das *begreife* ich einfach nicht.

VeraD   Das ist wirklich ein spannendes _____ (4). Solche Hochstapler-Geschichten *verdeutlichen* mal wieder, was alles möglich ist, wenn man von sich selbst überzeugt ist.

Ivo69   Da kann man wirklich nur *staunen*! Wie kann man denn bitte denken, dass man so langfristig Erfolg haben kann? Was passiert da im _____ (5)?

HaJü57   Ich frage mich, wie man bei vielen verschiedenen Identitäten den _____ (6) *behält.* So eine Situation muss man ja erst mal *meistern*! Wahnsinn!

b **Welche der *kursiven Verben* aus a haben eine ähnliche Bedeutung? Ordnen Sie zu.**

1. nach außen zeigen = _ausstrahlen_
2. deutlich(er) machen = _____
3. eine bessere Stelle bekommen = _____ werden

4. erfolgreich managen = _____
5. verstehen = _____
6. sich wundern = _____

9 `WÖRTER` **Finden Sie noch vier Adjektive und ergänzen Sie.** → KB 3

F G T(L Ä S S I G)L P W Q A U F R E C H T B C N D T A L E N T I E R T K M X T Z L G F S C H L A U Y K J A Z H E K T I S C H R B V P L J

Antonyme (Gegensätze)			Synonyme (ähnliche Bedeutung)
1. in Ruhe, langsam	↔ _____	=	übertrieben eilig
2. ungeeignet	↔ _____	=	begabt
3. dumm	↔ _____	=	intelligent, klug
4. unruhig	↔ _lässig_	=	cool, gelassen
5. schief	↔ _____	=	gerade

10a KOMMUNIKATION **Wo wird die Selbstwahrnehmung einer Person (a), wo die Wirkung (b) beschrieben? Ordnen Sie zu.** → KB 3

> Die neue Kollegin macht den Eindruck, in jeder Situation gelassen bleiben zu können. (1 _b_)

> Ja, auf mich wirkt sie auch so, als ob sie nichts aus der Ruhe bringen könnte. (2 ......) Bin neidisch! 🙈

> Ich hab sie gestern mal darauf angesprochen. Da hat sie große Augen gemacht und gelacht.
> Sie selbst würde sich nämlich eher als nervös und ungeduldig bezeichnen. (3 ......) Oft fühlt sie
> sich unsicher. (4 ......) Außerdem hat sie das Gefühl, dass man ihr das ansieht. (5 ......) 😶

> Was?! Kein bisschen! 🤔 Da unterscheiden sich Fremd- und Selbstwahrnehmung aber total!

b **Wählen Sie zwei Sätze aus a und schreiben Sie sie mit den beiden Redemitteln neu.**

Von außen betrachtet wirkt ...   Sie selbst kommt sich ... vor.

11a GRAMMATIK **Lesen Sie den Beitrag und markieren Sie die Artikelwörter und Adjektivendungen.** → KB 4

🔴 🟡 🟢

Dieses neue Jahr wird anders!   1. Januar

Bislang habe ich mir an jedem Silvesterabend vorgenommen, mich besser zu organisieren und disziplinierter zu werden. Doch beide großen Ziele – also mehr Struktur und mehr Disziplin –, die ich jedes Jahr in den Blick nehme, sind für mich offenbar unglaublich schwer zu erreichen. Trotz aller verzweifelten Versuche scheitere ich seit Jahren, jenes schlimme Chaos, das in meinem Alltag herrscht, in den Griff zu bekommen. Ich habe schon so manche bittere Stunde damit verbracht, meinen Haustürschlüssel oder mein Handy zu suchen. Mit solchem ärgerlichen Kram verbringe ich viel zu viel Zeit. Und jede einzelne Situation dieser Art macht mich wütend. Keine von sämtlichen guten Absichten hat in der Vergangenheit zu einer Verbesserung geführt.

Vielleicht habt ihr einen Rat, was helfen könnte? Welchen guten Trick kennt ihr?   KOMMENTIEREN

---

b **Ergänzen Sie die Tabelle mit den Endungen aus a.**

	maskulin	*neutral*	*feminin*	*Plural*
Nominativ	jeder neue ...	dieses neue ...	jed........... einzeln........... ...	beid........... groß........... ...
Akkusativ	welch........... gut........... ...	jen........... schlimm........... ...	manch........... bitter........... ...	welche guten ...
Dativ	solch........... ärgerlich........... ...	jedem neuen ...	dieser neuen ...	sämtlich........... gut........... ...
Genitiv	dieses neuen ...	solchen neuen ...	jener neuen ...	all........... verzweifelt........... ...

c **Lesen Sie die Kommentare zum Beitrag in a und ergänzen Sie die Endungen.**

🔴 🟡 🟢

 Ich kann nicht glauben, dass du wirklich jed*en* verdammt*en* Januar (1) mit solch........... ehrgeizig...........
Absichten (2) ins Jahr startest. Schon mal drüber nachgedacht, ob dies........... sympathisch........... Chaos (3)
vielleicht einfach dein Ding ist? 😍

 Hast du es mal mit Tai Chi oder Qigong probiert? Welch........... beruhigend........... Sport (4) du wählst, ist
eigentlich egal. Mit beid........... traditionell........... Übungsformen (5) kann man jen........... gedanklich...........
Klarheit (6) finden, die du dir so wünschst. Einen Versuch wäre es auf jeden Fall wert. 💪

 Obwohl ich sämtlich........... schlau........... Ratgeber (7) zu diesem Thema gelesen habe, ist auch bei mir keine
Besserung in Sicht. 🙈 Mit manch........... persönlich........... Schwäche (8) muss man wohl einfach leben.

2

12 WÖRTER 🖘 Was passt? Bilden Sie Wörter mit *Selbst-*. → KB 7

1. Wer sehr selbstkritisch ist und an sich zweifelt, hat Selbstzweifel .
2. Das Bild, das man von sich hat, ist das ....
3. Wenn man sich inszeniert, spricht man von ....
4. Das Konzept, das man von sich hat, ist das ....
5. Wer sehr leistungsorientiert versucht, optimal zu handeln, betreibt ....
6. Wenn man sich in seinem Handeln sicher fühlt, spürt man ....
7. Wer daran arbeitet, seine Lebensträume zu verwirklichen, betreibt ....

13 WÖRTER Lesen Sie die Ankündigung eines Coaching-Seminars. Was passt? Markieren Sie. → KB 8

Online-Seminar „Ihr Weg zum Erfolg"

In unserem vierstündigen Workshop beschäftigen wir uns mit folgenden Fragen: Worauf kann man beruflichen Erfolg verweisen / zurückführen (1)? Welche Merkmale beschränken / kennzeichnen (2) erfolgreiche Menschen? Verdankt man den Erfolg vor allem Eigenschaften, die man von Natur aus mitbringt? Kann man sicheres Auftreten und Selbstvertrauen entlarven / trainieren (3)? Welche Rolle spielen Ehrgeiz und eine hohe Leistungsbereitschaft? Und: Warum sollte man die Rolle des Zufalls nicht unterschätzen / vibrieren (4)?

14a KOMMUNIKATION Lesen Sie den Infotext über *Prokrastination*. Was passt? Ergänzen Sie. → KB 8

(a) äußert sich folgendermaßen   (b) Betroffen sind vor allem Menschen, die   (c) zeichnet sich durch ... aus

(d) Damit sind folgende negative Auswirkungen verbunden   (e) Dazu kommt noch

(f) Es kennzeichnet diese Menschen, dass   (g) wurde von vielen Psychologen beschrieben

(h) Wer von diesem Phänomen betroffen ist   (i) Wichtige Kennzeichen des psychischen Phänomens sind

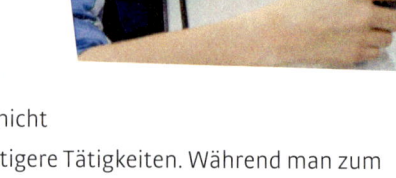

PROKRASTINATION:
Wenn man wichtige Aufgaben immer weiter aufschiebt

Das Phänomen der Prokrastination ... (1 *g*). Unter Prokrastination versteht man die Gewohnheit, andauernd unangenehme Tätigkeiten und Aufgaben zu verschieben. Man tut also nicht, was eigentlich gerade zu tun ist. Prokrastination ... (2 ......): Wichtige Dinge werden ohne einen Grund gar nicht oder zu spät erledigt. Der Zustand ... Aktivität ... (3 ......). ... (4 ......), richtet seinen Fokus jedoch nicht auf die eigentliche Aufgabe, sondern auf andere, unwichtigere Tätigkeiten. Während man zum Beispiel für eine Prüfung lernen sollte, putzt man stattdessen die ganze Wohnung.

... (5 ......): Oft verfehlt man so seine Ziele und verliert das Vertrauen der Mitmenschen. ... (6 ......), dass das Aufschieben weiteren Druck und Stress erzeugt. Betroffene empfinden ihr eigenes Verhalten als schädlich. Sie leiden unter Schuldgefühlen.

... (7 ......) sich nicht gut selbst motivieren können. Ein weiteres Merkmal ist geringes Selbstvertrauen.

... (8 ......) sie gern einen schnellen Effekt ihres Handelns sehen. Bei Tätigkeiten, deren Resultate weit in der Zukunft liegen, fällt es ihnen schwer, Ehrgeiz zu entwickeln.

... (9 ......) die Häufigkeit und starke Verbreitung: Jeder fünfte Erwachsene und sogar 50 % der Studierenden geben an, regelmäßig zu prokrastinieren.

b Lesen Sie die Frage und die Antwort zum Infotext über *Prokrastination* in a. Wo werden Ähnlichkeiten (a), wo Unterschiede (b) beschrieben? Ordnen Sie zu.

FAQ – Ist Prokrastination nicht einfach Faulheit?

Nein, wenn man Prokrastination und Faulheit miteinander vergleicht, fallen folgende Ähnlichkeiten und Unterschiede auf: (1 ....) Genauso wie bei der Prokrastination gibt es bei der Faulheit die Tendenz, wichtige Aufgaben nicht oder nicht rechtzeitig zu erledigen. (2 ....) Während man sich bei der Prokrastination in der Zwischenzeit mit etwas anderem beschäftigt, steht bei der Faulheit das Nichtstun im Vordergrund. Menschen, die generell eher faul sind, haben keine Motivation, aktiv zu werden. (3 ....) Im Gegensatz dazu ist Prokrastination jedoch ein aktiver Prozess.

15 SCHREIBEN Verfassen Sie einen Infotext zum Imposter-Phänomen (ca. 250 Wörter). Beantworten Sie die Fragen im Kursbuch auf S. 8, Aufgabe 6a mithilfe des Notizzettels in 6b. Die Redemittel aus 14 helfen Ihnen. ➡ KB 8

Kurz erklärt
Das Imposter-Phänomen wurde erstmals 1978 von ...

Aussprache: Betonung und Rhythmus in vergleichenden Sätzen

1a Bereiten Sie die Sätze für das Sprechen vor: Welche Wörter sollten (betont) werden? Wo würden Sie Sprechpausen (|) machen? Markieren Sie.

1. Welche beruflichen Eigenschaften wir an anderen (bewundern), | hängt nicht (nur) von der individuellen (Persönlichkeit) ab, | sondern auch vom (Kulturkreis), | aus dem wir (stammen). |

2. In manchen Kulturen sind Entschlossenheit und Ehrgeiz wichtiger als Geduld und Hilfsbereitschaft. Für die einen ist Selbstbewusstsein etwas Positives, für die anderen ist Bescheidenheit eine wertvolle Eigenschaft.

3. Genauso wie bei den Eigenschaften gibt es beim Umgang mit Fehlern Unterschiede: In vielen Kulturen will man Fehler um jeden Preis vermeiden. Woanders werden Fehler nicht so negativ gesehen. Im Gegenteil! Risiken werden bewusst in Kauf genommen. Denn aus Fehlern lernt man.

4. In Deutschland werden Vereinbarungen unter Geschäftspartnerinnen und -partnern positiv beurteilt. Im Gegensatz dazu ist in anderen Kulturen die persönliche Beziehung Voraussetzung für Geschäfte. Und während Deutsche ziemlich direkt kommunizieren, gilt in vielen anderen Kulturen ein eher indirekter Kommunikationsstil als höflich.

> Was inhaltlich zusammengehört, wird in einem Atemzug – also ohne Pause – gesprochen. Wörter mit wichtiger oder neuer Information (= Schlüsselwörter) werden betont. Welche Informationen besonders relevant sind, entscheidet die Sprecherin / der Sprecher. Außerdem: Je langsamer und mit je mehr Nachdruck gesprochen wird, desto mehr wird betont. Je schneller, desto weniger Betonungen werden gesetzt.

3◀)) 02 **b** Hören Sie jeweils zwei Beispiellösungen und vergleichen Sie mit Ihrer Lösung. Tauschen Sie sich auch in der Gruppe (mit einer Partnerin / einem Partner) über mögliche Lösungen aus.

3◀)) 03 **c** Hören Sie die Fragen und antworten Sie mit den Sätzen aus a. Hören Sie zuerst ein Beispiel.

◆ ... Frau Dr. Volland, wovon hängt es ab, wie wir im Beruf die Eigenschaften anderer wahrnehmen und beurteilen?

▲ Welche beruflichen Eigenschaften wir an anderen bewundern, hängt nicht nur von der individuellen Persönlichkeit ab, sondern auch vom Kulturkreis, aus dem wir stammen.

1 WÖRTER **Lesen Sie den Eintrag in einem Online-Lexikon. Was ist richtig? Markieren Sie.**

www.einfach-erklaert.de

Soft Skills im Konzept / Überblick (1)

Zu Soft Skills zählen unter anderem die sozialen Kompetenzen. Das sind Verhaltensweisen und Anweisungen / Eigenschaften (2), die den Umgang mit anderen Menschen erleichtern. Man unterscheidet dabei drei Bereiche:

1. Umgang mit sich selbst: Fähigkeiten wie Selbstbewusstsein und Selbstvertrauen / Fremdwahrnehmung (3), aber auch Eigenverantwortung und Ignoranz / Selbstdisziplin (4)
2. Umgang mit anderen Menschen: Merkmale wie Toleranz und Wertschätzung, aber auch Empathie und Hilfsbereitschaft / Selbstsicherheit (5)
3. Zusammenarbeit: etwa Teamfähigkeit, Kooperationsbereitschaft, Motivation und Leistungsbereitschaft / Arroganz (6)

.... / 6 Punkte 😃 4–6 Punkte ☹ 0–3 Punkte

2 GRAMMATIK **Lesen Sie die Bewertung und ergänzen Sie die Endungen.**

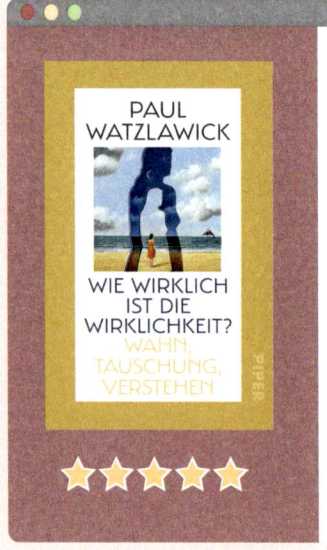

PAUL WATZLAWICK

WIE WIRKLICH IST DIE WIRKLICHKEIT? WAHN, TÄUSCHUNG, VERSTEHEN

⭐⭐⭐⭐⭐

MAURICE: Dies......... spannend......... Buch (1) vom österreichischen Psychologen und Kommunikationsforscher Paul Watzlawick (1921–2007) ist zwar nicht mehr ganz neu, aber immer noch sehr lesenswert. Es liefert meiner Meinung nach die Erklärung für sämtlich......... kommunikativ......... Probleme (2) und jen......... klein......... Missverständnisse (3), die oft zum Streit führen. Watzlawick legt dar, welch......... groß......... Einfluss (4) unsere subjektive Wahrnehmung hat. Ich muss sagen, dass ich mich leider in so manch......... erklärend......... Beispiel (5) selbst wiedererkannt habe. Übrigens: Auch Watzlawicks „Anleitung zum Unglücklichsein" kann ich empfehlen – auch zum Verschenken. Mit beid......... extrem unterhaltsam......... Büchern (6) kann man jed......... humorvoll......... und nachdenklich......... Menschen (7) eine Freude machen. Es sollte mehr von solch......... witzig......... und klug......... Büchern (8) geben!

.... / 8 Punkte 😃 5–8 Punkte ☹ 0–4 Punkte

3 KOMMUNIKATION **Lesen Sie die Notizen und schreiben Sie Sätze mit den Redemitteln.**

Dazu kommt noch | Im Gegensatz dazu steht | Von außen betrachtet wirken die Personen, als ob
Wichtige Kennzeichen sind | Sie kommen sich selbst … vor | Wer von … betroffen ist
~~wurde zum ersten Mal von … beschrieben~~

> **Peter-Pan-Syndrom (Entdecker: Dan Kiley)**
> Merkmale: ein starkes Bedürfnis, nicht erwachsen zu werden; kindische Verhaltensmuster; Betroffene haben Probleme, Verantwortung für sich und andere zu übernehmen +
> Angst vor engen Beziehungen
> Fremdwahrnehmung: Betroffene brauchen Unterstützung ↔ Selbstbild: Betroffene fühlen sich überlegen

Das Peter-Pan-Syndrom wurde zum ersten Mal von Dan Kiley beschrieben.

.... / 6 Punkte 😃 4–6 Punkte ☹ 0–3 Punkte

Wie wir Sprachen (er)leben

Fit für Lektion 3

1 WÖRTER Lösen Sie das Rätsel und finden Sie das Lösungswort.

1. Die gesamten Bewohner*innen eines Staates nennt man …
2. Ein informativer Teil eines (Nachrichten-)Magazins oder Podcasts ist ein …
3. Wenn etwas / jemand genauer betrachtet wird, spricht man von einer …
4. Einen Beweis für etwas nennt man auch …
5. Eine Person, die Neues in ihrem Fachbereich entdecken will, ist ein / eine …
6. Etwas, das ich vermute, ist eine …
7. Eine andere Bezeichnung für die Person in Satz 5 ist …
8. Ein anderer Begriff für *Gefühl* ist …

1	B	E	V	Ö	L	K	E	R	U	N	G
2	B			T		A					
3 U				S		C	H	U			
4	B			G							
5			O			C			*I	N	
6	A		N			E					
7 W				N		F			*I	N	
8	E		O			O					

Lösungswort: _____

2 GRAMMATIK Lesen Sie die Kurzmeldung. Wie heißt der Genitiv? Ergänzen Sie.

UNSER KIND SPRICHT PLÖTZLICH EINE ANDERE SPRACHE!

Noël und Corinne Haubner haben eine außergewöhnliche sprachliche Entwicklung _ihres fünfjährigen Kindes_ *(ihr Kind – fünfjährig)* (1) erlebt. „Unsere Tochter begann, beim Spielen Wörter _____ *(eine Sprache – fremd)* (2) zu benutzen. Dank _____ _____ *(unser Nachbar – mexikanisch)* (3) war schnell klar, dass es sich um Spanisch handelt." Nach Aussage _____ *(die Eltern)* (4) sprechen weder der Vater noch die Mutter Spanisch. Laut der Meinung _____ *(ein Spezialist)* (5) für Sprachentwicklung passiert dies oft: „Kinder nehmen Reize _____ *(ihre Umgebung – nächst-)* (6) schnell auf, dazu gehören auch Sprachen – egal ob beim Spielen oder Fernsehen."

3 GRAMMATIK Warum lernen die Personen eine Fremdsprache? Lesen Sie die Zitate und schreiben Sie die Sätze mit den Angaben in Klammern neu.

1. Gahira, Deutsch: „Ich kann so Phänomene meiner eigenen Sprache besser verstehen." *(weil)*

2. Hiromi, Italienisch: „Der Klang ist schön und faszinierend." *(wegen)*

3. Harry, Mandarin: „Mein Selbstbewusstsein wächst mit jeder neuen Sprache." *(deshalb)*

4. Milan, Polnisch: „Es hat Ähnlichkeit mit meiner eigenen Sprache." *(aufgrund)*

5. Ana, Englisch: „Bildung hängt für mich auch mit Sprachkompetenz zusammen." *(da)*

6. Theodor, Spanisch: „Für mich bedeutet jede weitere Qualifikation mehr Berufschancen." *(daher)*

1. _Gahira lernt Deutsch, weil sie so Phänomene ihrer eigenen Sprache besser verstehen kann._
2. _____
3. _____
4. _____
5. _____
6. _____

3

4 `WÖRTER` **Was passt? Verbinden Sie.** → KB1

1. an der Universität Mathematik
2. positiv wahrgenommen werden und so bei anderen gut
3. mithilfe von Mimik und Gestik
4. einen Interviewpartner zu einem bestimmten Thema

a gebärden
b befragen
c rüberkommen
d lehren

5 `WÖRTER` **Welche Wörter passen? Lesen Sie das Interview und ergänzen Sie. Nicht alles passt.** → KB2

Amtssprache Erstsprache Gebärdensprache Kunstsprache Mehrsprachigkeit
Regionalsprache Standardsprache

Walter Fritz: In Ihrem Buch „Reden wir über Sprache!" gehen Sie auf die Sprachsituation im deutschsprachigen Raum ein. Wie stellt sich denn die Lage aus Expertinnensicht dar?

Marie Durand: Wenn Sie in der deutschsprachigen Schweiz, in Deutschland oder in Österreich im öffentlichen Raum mit Behörden zu tun haben, so ist klar, dass Sie auf Deutsch angeredet werden. Schließlich ist Deutsch dort überall _____ (1). Was die Hochsprache – oder auch _____ _____ (2) genannt – betrifft, so hat jedes Land seine eigene sogenannte Varietät. Da kann es schon passieren, dass eine staatliche Institution oder eine juristische Angelegenheit anders genannt wird.

Walter Fritz: Und was ist mit Begriffen, die innerhalb eines Landes anders sind, wie zum Beispiel *Sonnabend* in Norddeutschland, während man sonst *Samstag* sagt?

Marie Durand: Das zeigt die Vielfalt innerhalb eines Landes, die man übrigens auch hört. Wir sind beide mit Deutsch aufgewachsen, es ist also unsere _____ (3). Dennoch verrät mir Ihre Sprachmelodie, dass Sie aus Norddeutschland kommen, während mein Akzent typisch süddeutsch ist.

Walter Fritz: Das hat aber nichts mit Dialekt zu tun, oder?

Marie Durand: Nein, ein Dialekt beschränkt sich auf ein sehr kleines Gebiet und die mündliche Kommunikation. Sprachlich gesehen ist er eine zusätzliche Qualifikation. Wir nennen das innere _____ _____ (4), das heißt, Dialektsprechende können zwischen Hochsprache und Dialekt hin- und herschalten, je nachdem in welcher Sprachsituation sie sich befinden. *[mehr]*

6 `KOMMUNIKATION` **Lesen Sie die Definitionen. Welches Redemittel passt?** → KB2

(a) Das wird als … definiert (b) Ein Beispiel für … wäre (c) Von … spricht man, wenn
(d) Als … bezeichnet man (e) Unter … versteht man

Code-Switching

Mehrsprachige Menschen, die im Alltag mehrere Sprachen benutzen, wechseln manchmal innerhalb eines Gespräches zwischen den Sprachen. … *Code-Switching* … (1 _a_). Meistens gibt es dann im Gespräch eine dominante Sprache. … der dominanten Sprache oder auch Matrixsprache … (2 _____) die Ausgangssprache, nach deren Regeln gesprochen wird – z. B. mit Blick auf die Grammatik, den Satzbau oder die Betonung. *Code-Switching* kann sowohl unbewusst erfolgen, als auch von den Sprechenden bewusst eingesetzt werden.

Indigene Sprachen

… indigene Sprachen … (3 _____) Sprachen, die von den einheimischen bzw. ursprünglichen Völkern eines bestimmten geografischen Gebiets gesprochen werden. … eine indigene Sprachfamilie … (4 _____) Quechua, das vor allem in Peru, Bolivien und Ecuador gesprochen wird. Weltweit gibt es noch etwa 4.000 indigene Sprachen, allerdings sind die meisten vom Aussterben bedroht. … einer bedrohten Sprache … (5 _____) die Tendenz besteht, dass sie nicht mehr als Muttersprache an nachfolgende Generationen weitergegeben wird.

7 `WÖRTER` **Was passt? Lesen Sie den Artikel und ergänzen Sie die Verben in der richtigen Form.** → KB 4

aktivieren anpassen ausleben entsprechen ~~erlernen~~ involvieren trauen verknüpfen zeigen

„Mit jeder Sprache, die wir _erlernen_ **(1)**, entwickeln wir uns weiter.“

Österreich / Tschechische Republik Das Projekt *Babylon* schafft es, Menschen über Landesgrenzen hinweg zusammenzuführen und vorhandene Sprachkenntnisse miteinander zu _____ **(2)**. Dank des Engagements von Bibliotheksmitarbeiterinnen im tschechischen Znojmo und österreichischen Retz treffen sich Interessierte regelmäßig, um sich auf Deutsch, Tschechisch, Slowakisch oder Englisch zu unterhalten, und _____ **(3)** sich so, trotz begrenzten Wortschatzes zu kommunizieren. „Ich fühlte mich von Anfang an in das Sprachgeschehen _____ **(4)**“, erzählt eine Besucherin.

„In dieser geselligen Runde ist es leichter, sich in einer anderen Sprache auszudrücken. Die Treffen haben etwas in mir _____ **(5)** – eigentlich bin ich zurückhaltend, aber auf Tschechisch kann ich ganz andere Seiten meiner Persönlichkeit _____ **(6)**!“ „Unser Projekt _____ **(7)** dem Prinzip authentisch gelebter Mehrsprachigkeit“, sagt eine der Organisatorinnen. „Gleichzeitig ist ganz unbewusst etwas Unerwartetes eingetreten. Unsere kleinen Städte haben sich an die globale Welt _____ **(8)**. Das _____ **(9)** sich daran, dass eine Landesgrenze jetzt keine Sprachgrenze mehr ist.“

8a `WÖRTER` 🖉 **Wie heißt das Adjektiv? Schreiben Sie.** → KB 4

1. die Norm _normal_
2. die Emotion _____
3. die Region _____
4. die Tendenz _____
5. die Kultur _____
6. der Kollege _____

⌐ *-(i)al* und *-(i)ell* können manche Nomen zu Adjektiven machen. In einigen Fällen sind beide
Endungen möglich *(formal / formell)*. Merken Sie sich diese Wörter im gelernten Kontext. ⌐

b **Recherchieren Sie und bilden Sie Adjektive zu den Nomen *Nation*, *Struktur*, *Tradition* und *Funktion*. Schreiben Sie dann zu jedem Adjektiv einen Satz.**

Nation → national: Sprachen stellen
ein nationales Kulturerbe dar.

9 `WÖRTER` **Welche Nomen passen? Lesen Sie den Infotext und ergänzen Sie.** → KB 4

~~Aufsehen~~ Persönlichkeit Rolle Version Verwendung Wurzeln Zorn

GEORG SAUERWEIN Sprachgenie und Kämpfer für Mehrsprachigkeit

Georg Sauerwein (1831–1904) ist in Europa kaum bekannt. Dabei sorgte der gebürtige Hannoveraner bereits in jungen Jahren für _Aufsehen_ **(1)**: unter anderem mit seiner _____ **(2)** eines englisch-türkischen Wörterbuchs. Er galt als gewissenhafter Übersetzer, und dank seiner pflichtbewussten _____ **(3)** wurde er als Privatlehrer der jungen Prinzessin Elisabeth zu Wied engagiert, der er mehrere Sprachen beibrachte, von denen er selbst mehr als 70 (!) beherrscht haben soll. In seiner _____ **(4)** als Kämpfer für Frieden und Gleichberechtigung setzte er sich besonders für die Litauisch sprechende Bevölkerung Ostpreußens ein. Ihn störte, dass Vertreter*innen kleinerer Sprachgruppen bei der _____ **(5)** ihrer Muttersprache oft nicht die gleichen Rechte besaßen wie die sprachliche Mehrheit. Die Politik des damaligen Reichskanzlers Bismarck löste _____ **(6)** und Wut bei ihm aus, sodass er sogar im Parlament als Vertreter sprachlicher Minderheiten zu kandidieren versuchte. Der Animationsfilm „Der Mann, der 75 Sprachen konnte“ aus dem Jahr 2016 zeigt Sauerweins familiäre _____ **(7)** und seine Begegnung mit der Prinzessin. Er lässt die Zuschauer*innen aber auch einen Blick auf einen Menschen werfen, der die Bedeutung von Sprachenvielfalt erkannt und verteidigt hat.

10 KOMMUNIKATION **Lesen Sie den Beitrag. Was passt? Ergänzen Sie a oder b.** → KB 4

PLANSPRACHE   *Ĉu vi parolas Esperanton?**

Unter dem Begriff *Plansprache* versteht man eine konstruierte Sprache. BefürworterInnen dieses sprachlichen Konzepts … (1 _b_) Plansprachen die internationale Kommunikation erleichtern. KritikerInnen hingegen sind der Meinung, dass dies nicht funktioniert.

… (2 ____) laut Untersuchungen die bekannteste aller Kunstsprachen – Esperanto – tatsächlich nur von einer halben Million Menschen gesprochen wird. Ihr Begründer, der Augenarzt Ludwik Zamenhof, … (3 ____), dass eine Sprache sehr leicht sein muss, damit sie jeder spielend erlernen kann. Mithilfe von langjährigen Studien … (4 ____) Plansprachen oft zum Scheitern verurteilt sind. Das zeigt sich daran, dass die Anzahl der SprecherInnen äußerst gering ist und Leute immer noch bereit sind, schwierige Sprachen zu erlernen.

*Esperanto für: Sprichst du / Sprechen Sie Esperanto?

1. a. konnten die Annahme bestätigen, dass
   b. stellten die These auf, dass
2. a. Das sieht man daran, dass
   b. In der Forschung wird die These vertreten, dass

3. a. ging davon aus
   b. Studien konnten beweisen
4. a. geht man davon aus, dass
   b. konnte man jedoch die Annahme bestätigen, dass

11a SCHREIBEN **Lesen Sie noch einmal Abschnitt 1 des Texts im Kursbuch auf S. 11. Ergänzen Sie die Notizen.** → KB 4

- These: Sprachen im Gehirn mit _Emotionen_ (1) verknüpft (Beispiel: Ausdruck für Liebesbeweis in Kantonesisch bzw. Englisch)
- engere emotionale _____ (2) zur Erstsprache als zu später erlernten Sprachen

- Grund: bei erlernten Sprachen ist Lernumgebung _____ (3) (Schule, Uni) → Folge: Verhalten ist in neuer Sprache _____ (4)
- Forschungsergebnis: Distanz _____ mit jeder weiteren Sprache ____ (5)

b **Lesen Sie die Tipps 1–5 und die zwei Zusammenfassungen von Abschnitt 1. Markieren Sie dann: Welcher Text erfüllt die Kriterien einer guten Zusammenfassung?**

Tipps für eine gute Zusammenfassung: Ⓐ   Ⓑ

1. Schreiben Sie einen Einleitungssatz. Nennen Sie das Thema des Textes und die Textsorte (Buch, Zeitungsartikel, Reportage …).   ○   ○
2. Verwenden Sie das Präsens.   ○   ○
3. Formulieren Sie kurze und klare Sätze.   ○   ○
4. Vermeiden Sie Wortwiederholungen.   ○   ○
5. Verzichten Sie auf eine subjektive Perspektive.   ○   ○

Ⓐ
Der Magazinartikel fasst aktuelle Studien zur Mehrsprachigkeit zusammen. Ich fand interessant, dass im Gehirn Sprachen mit Emotionen verknüpft sind. So wurde zum Beispiel Kantonesisch mit Englisch verglichen. Man konnte die Annahme bestätigen, dass es eine emotionale Verbindung zur Erstsprache gibt. Im Gegensatz dazu wurden andere Sprachen in einer formalen Umgebung, wie zum Beispiel in der Schule oder Universität, erlernt. Deswegen gibt es leider mehr Distanz.

Ⓑ
Der Online-Magazinartikel zeigt aktuelle Erkenntnisse der Sprachforschung. Wissenschaftler*innen vertreten die These, dass Sprachen im Gehirn mit Emotionen verknüpft sind. Sie nehmen an, dass zur Erstsprache eine engere emotionale Verbindung besteht als zu Sprachen, die später in einer formalen Lernumgebung erlernt werden. Aus diesem Grund verhalten wir uns bei einer neuen Sprache distanzierter. Eine Untersuchung zeigt, dass die Distanz mit jeder weiteren Sprache sogar zunimmt.

c **Fassen Sie Abschnitt 2 und 3 des Texts im Kursbuch auf S. 11 schriftlich zusammen. Machen Sie sich vorher Notizen.**

12 `GRAMMATIK` **Was passt? Lesen Sie den Artikel und ergänzen Sie** *angesichts, anlässlich*
oder *mangels.* ➜ KB 5

DAS STERBEN DER SPRACHEN

Sprachen in Gefahr?
Prof. Mariam Blixen präsentierte neue Forschungs- ergebnisse.

_____ (1) des Welttags der Sprachen lud die Universität Salzburg letzte Woche zu einem spannenden Vortrag über das Sprachensterben ein. Das Interesse an dem Vortrag von Prof. Mariam Blixen war ausgesprochen groß. Mariam Blixen ist eine der wichtigsten Forscher*innen im Bereich des Sprachwandels. Und sie ist eine Verfechterin für sprachliche Vielfalt. Für diese sieht die Expertin allerdings _____ (2) des rasanten Sprachensterbens eine düstere Zukunft. Sie verwies dabei auf Studien _____ (3) des Weltklimatags, laut denen die Klimaerwärmung und Globalisierung auch die Sprachen von kleinen Sprachgruppen bedrohen. Die Wissenschaft habe, so Blixen, _____ (4) der Zerstörung von Lebens- und Sprachräumen die Aufgabe, Nachweise von Sprachen zu sammeln, die nur noch von wenigen Menschen beherrscht werden. Viele Sprachen sind schon heute _____ (5) mündlicher und schriftlicher Zeugnisse für die Menschheit verloren. Die Vortragende untermauerte _____ (6) des Verlusts von Sprachen ihre Forderung, dass Dialekte und Sprachen gepflegt werden müssen.

13 `GRAMMATIK` **Schreiben Sie die Sätze richtig. Achten Sie auf die richtige Verbform.** ➜ KB 5

Die Vielfalt an unterschiedlichen Ausdrücken innerhalb des Hochdeutschen ist groß, *(bestehen – zumal – aus vielen verschiedenen Regionen – das Sprachgebiet)* (1).

_____

_____

Es gibt auch sogenannte „falsche Freunde" innerhalb der deutschen Sprache. *(müssen – sich einstellen – Muttersprachler*innen – Aus diesem Grund – auf Verständnisschwierigkeiten – in seltenen Fällen)* (2).

_____

_____

Zum Beispiel handelt es sich beim österreichischen oder

süddeutschen „Topfen" nicht um einen Topf, also ein Küchenutensil, sondern um ein Lebensmittel, das im Großteil Deutschlands „Quark" genannt wird. Gerade in der Küche ist die Vielfalt der Varianten groß, *(in diesem Bereich – geben – zumal – keine einheitliche Norm – es)* (3).

_____

_____

Spezielle Wörterbücher zu diesem Phänomen schaffen Klarheit. *(ein Blick – Aus diesem Grund – sich lohnen – in Nachschlagewerke)* (4).

_____

_____

14 `GRAMMATIK` **Verbinden Sie die Sätze mit den Angaben in Klammern.** ➜ KB 6

1. Die Schweiz zeichnet sich durch vier Landessprachen aus. Hinweise auf Verkehrsschildern werden nicht nur auf Deutsch angegeben. *(aus diesem Grund)*
2. Jeder Kanton bestimmt die Amtssprache selbst. Es gibt eine spezielle Regelung in der Verfassung. *(zumal)*
3. Die deutschen, französischen, italienischen und rätoromanischen Sprachgebiete sind nicht völlig streng voneinander getrennt. Es gibt drei bilinguale und sogar einen dreisprachigen Kanton. *(aus diesem Grund)*
4. Im Jahr 2022 gab es eine landesweite Umfrage. Die Bewohnerinnen und Bewohner wurden zu ihrem Sprachgebrauch befragt. *(anlässlich)*
5. Ausreichende Sprecherzahlen beim Rätoromanischen fehlen. Es verliert in der modernen Arbeitswelt zunehmend an Bedeutung. *(mangels)*
6. Mehrsprachigkeit hat große Bedeutung für die Schweiz. Sie ist auch offiziell im Sprachengesetz festgelegt. *(angesichts)*

DIE SCHWEIZ: KLEINES LAND – GROSSE VIELFALT

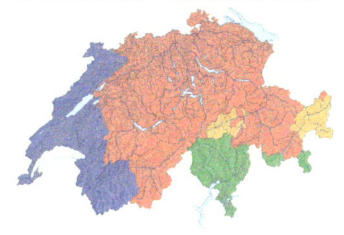

1. *Die Schweiz zeichnet sich durch vier Landessprachen aus. Aus diesem Grund werden Hinweise auf Verkehrsschildern nicht nur auf Deutsch angegeben.*

3

15 SCHREIBEN **Recherchieren Sie zu einem Land Ihrer Wahl. Wie viele Landessprachen gibt es in diesem Land? Welche Sprachen werden in diesem Land noch gesprochen? Welchen Stellenwert hat Mehrsprachigkeit?** Schreiben Sie einen kurzen Infotext. Wählen Sie auch eine Überschrift. → KB 6

16 WÖRTER **Was passt? Lesen Sie die Chats und markieren Sie.** → KB 7

> Ahhh, ...ich kann meine Fremdscham / Vorfreude (1) auf das lange Wochenende kaum in Worte fassen ... Wie schön, dass es den Brückentag / das Fingerspitzengefühl (2) gibt. 😎

> Hey du. Ja stimmt! Du und Carlo wolltet wegfahren. Zum Glück habt ihr gleich vier Tage frei! 👍 Wo geht's denn hin?

> 🤔 Was machst du denn in Paris???

> Hatte irgendwie Fernweh / Kabelsalat (3) und hab Ablenkung gebraucht. Für weiter weg hatte ich kein Geld. 😃

> Gaaaaanz liebe Grüße 😉

> Du bist ja völlig verrückt!! Was ist das denn für eine Schnapsidee / ein Kopfkino (4)? Morgen ist doch deine Abschlussprüfung. Willst du für einen Wochenendtrip echt deinen Abschluss aufs Spiel setzen??? 🙈

Aussprache: Verschleifungen und Auslassungen in der Umgangssprache

1a Notieren Sie die Sätze in korrekter Orthografie. Achten Sie auch auf eventuell fehlende Wörter.

1. ◆ Ham Sie mal 'ne Minute für mich, Chef?
   ■ Was gibt's denn?
   ◆ Die Leute streikn. Jetz' kommt's drauf an, ob wir 'n gutes Angebot machn könn'n.

2. ◆ Warum bist 'n noch nich' im Bett?
   ■ Muss noch lern'n.
   ◆ Glaub' ich nich'. Also: Was is' los?
   ■ Nix.

3. ◆ Haste nich' gehört? 's hat geklinglt!
   ■ Kannste mal aufmachn? ...
   Wer isses denn?
   ◆ Nur so 'n Typ.
   Will Spendn sammln. Für 'n gutn Zweck.

ver.di Warnstreik in Wiesbaden, 2014

> Haben Sie mal eine Minute für mich, Chef?

3◀)04 **b Hören Sie die Gespräche aus a. Lesen und sprechen Sie sie dann auch selbst und nehmen Sie sich mit dem Smartphone auf.**

> In der Umgangssprache werden besonders bei den sehr frequenten Wörtern *(es, ist, nicht, eine ...)* Laute mit anderen verbunden, also verschliffen *(isses)*, oder weggelassen *(nich', 'ne)*. Manchmal werden sogar ganze Wörter weggelassen (besonders *das, ich*) oder es entstehen neue *(nix)*. Allerdings gibt es regionale Unterschiede. Formen wie *Haste, Kannste ... (Hast du, Kannst du ...)* sind beispielsweise eher dort verbreitet, wo viel Standarddeutsch gesprochen wird. Insbesondere dort, wo Dialekte die Umgangssprache beeinflussen, können andere Formen üblich sein *(z. B. Kannst mal aufmachn?)*.

1 WÖRTER **Finden Sie vier Nomen. Lesen Sie den Artikel und ordnen Sie zu.**

ROCHTHESEWUNGHANORMPELVERUGIVERWENDUNGÜNSERSTSPRACHEBEU

|||||||||||||||| **MEHRSPRACHIGKEIT BRINGT'S!** ||||||||||||||||

In vielen Teilen der Welt ist Mehrsprachigkeit längst die .... (1). Auch im deutschsprachigen Raum wird die .... (2) von zwei oder mehreren Sprachen – sei es in der Familie, im Alltag oder im Beruf – immer wichtiger. Im Rahmen einer Studie konnte aber die .... (3) belegt werden, dass es für den Erwerb einer zweiten Sprache eine wichtige Voraussetzung gibt: das Beherrschen der .... (4). Denn wer im Umgang mit der Muttersprache sicher ist, dem fällt auch der Gebrauch der ersten und zweiten Fremdsprache leichter. In unserer globalisierten Welt ist es wohl keine neue Erkenntnis, dass Mehrsprachigkeit von großem Vorteil ist.

 .... / 4 Punkte ☺ 3–4 Punkte ☹ 0–2 Punkte

2 GRAMMATIK **Schreiben Sie die Sätze mit den Angaben in Klammern neu.**

Ranjana Die Mobilität in der Gesellschaft wächst. Auch sprachlich muss man Grenzen überwinden. *(angesichts)* (1) ....

Lars Meine Motivation, Polnisch zu lernen, war sehr groß. Meine Urgroßeltern stammen aus Warschau. *(zumal)* (2) ....

Olga Die Vorteile von Mehrsprachigkeit sind offensichtlich. Wir setzen uns für ein Förderprogramm von Mehrsprachigkeit an Grundschulen ein. *(aus diesem Grund)* (3) ....

Franz In meiner Schulzeit haben engagierte Englischlehrkräfte gefehlt. Meine Sprachkompetenz ist heute nicht sehr gut. *(mangels)* (4) ....

Lucy Am 3. Mai ist das 10-jährige Jubiläum unserer Partnerschaft. Wir veranstalten mit unserer Partnerschule in Bayern einen Tag der deutschen Sprache. *(anlässlich)* (5) ....

 .... / 5 Punkte ☺ 3–5 Punkte ☹ 0–2 Punkte

3 KOMMUNIKATION **Erklären Sie diese deutschen Begriffe aus anderen Sprachen.**

1. Tohuwabohu (n.): Chaos und komplettes Durcheinander *(Unter ... versteht man ...)*
2. Bungalow (m.): ein Haus, das meist nur ein Geschoss und eine geringe Fläche hat *(... wird als ... definiert.)*
3. Garçonnière (f.): in Österreich eine Einzimmerwohnung *(Als ... bezeichnet man ...)*
4. Fisimatenten (Pl.): jemand unnötigen Unsinn oder Probleme verursacht *(Von ... spricht man, wenn ...)*
5. Gift (n.): ein Wort, das ursprünglich eine positive Bedeutung (z. B. im Englischen) hatte *(Ein Beispiel für ... wäre ...)*

1. Unter ...

 .... / 5 Punkte ☺ 3–5 Punkte ☹ 0–2 Punkte

das Gift (dt.)   the gift (engl.)

1 `LESEN` **Sie lesen im Internet einen Text über menschliche Beziehungen. Wählen Sie bei jeder Aufgabe die richtige Lösung. Sie haben 20 Minuten Zeit.**

MENSCHLICHE BEZIEHUNGEN –
wie bestimmen sie unser Leben?

Jeder Mensch führt in seinem Leben eine Vielzahl an menschlichen Beziehungen. Dabei gibt es Beziehungen, die man frei wählen kann: Man kann zum Beispiel seinen Freundeskreis selbst aussuchen und diesen auch in verschiedenen Lebensphasen neu zusammenstellen. Oder man kann Bekannte wählen, mit denen man gern mehr zu tun haben möchte. Und dann gibt es natürlich auch Beziehungen, die sich der Mensch nicht selbst ausgesucht hat, sondern in die er zum Beispiel hineingeboren wird. Das ist bei den eigenen Eltern und Geschwistern der Fall: Mit ihnen ist man verbunden, auch wenn die Beziehung von keiner weiteren Gemeinsamkeit neben der Verwandtschaft gekennzeichnet ist. Damit ist klar: Beziehungen zu anderen Menschen spielen im Leben immer eine Rolle.

Die Sozialwissenschaft hat sich mit der Frage beschäftigt, welche Auswirkungen menschliche Beziehungen auf das Leben, das Wohlbefinden und die Gesundheit haben. Sprich: Man hat sich gefragt, ob die Art der Beziehungen, die jemand führt, auch Grund dafür sein kann, dass dieser Mensch glücklich oder unglücklich, gesund oder krank ist.

Dass der Mensch ein soziales Wesen ist, ist ohne Zweifel richtig. Was aber ist ein soziales Wesen? Ein soziales Individuum braucht andere Menschen und Beziehungen zu ihnen, um leben und überleben zu können. Alleinsein tut ihm nicht gut. Das lässt sich schon daran erkennen, dass Babys nach der Geburt ohne Kontakte zu anderen nicht überleben können – sie brauchen neben der Versorgung auch menschliche Nähe und Zuwendung. Wachsen Kinder ohne ausreichende soziale Kontakte und emotionale Nähe auf, dann entwickeln sie sich nicht gut. Wenn kleine Kinder frühe Einsamkeitserfahrungen machen müssen, dann kommt es bei ihnen später oft zu großen gesundheitlichen Problemen und zu Verhaltensstörungen bis hin zu körperlichen und psychischen Erkrankungen.

Es ist also eindeutig, dass der Mensch in seinem Leben soziale Kontakte braucht. Welche menschlichen Beziehungen wirken sich aber positiv, welche negativ auf uns aus? In Studien konnte nachgewiesen werden, dass Menschen umso glücklicher und gesünder sind, je mehr Nähe und Verbundenheit sie zu anderen spüren. Wenn man tiefe, langjährige Beziehungen zu Menschen führt und diese liebt und ihnen vertraut, dann ist das ein wichtiger positiver Faktor für die eigene Gesundheit und das Wohlbefinden.

Eins darf hierbei jedoch nicht verwechselt werden: Bei den sozialen Kontakten, die das Glück und die Gesundheit positiv beeinflussen, geht es nicht um die Anzahl. Ein Mensch kann täglich Hunderte von Kontakten haben – am Arbeitsplatz, in der Familie oder in den sozialen Netzwerken – und trotzdem unter Vereinsamung und Unzufriedenheit leiden. Es geht hier vielmehr um Beziehungen mit echter Tiefe, Nähe und Verbundenheit, die positive Wirkungen haben – also um Qualität statt Quantität. Gerade die sozialen Medien stellen hier eine Gefahr dar: Sie suggerieren häufig, dass man beliebt ist – man hat ja schließlich viele Likes für einen Post bekommen und jede Menge Follower. Mit der Realität hat das allerdings nichts zu tun – auch die beliebtesten Social-Media-Nutzer:innen können sehr einsam sein.

Verfügt ein Mensch in seinem Leben über ein Netz an Beziehungen, die sich durch Tiefe, Nähe und Verbundenheit auszeichnen, dann hat er ein stabiles Fundament, um ein glückliches Leben zu führen. Denn ein solches Beziehungsnetz hilft uns auch in Lebenskrisen und trägt uns in schweren Zeiten. Und es hat nicht nur Auswirkungen auf unser psychisches Wohlbefinden und unsere mentale Stabilität, sondern auch auf unsere körperliche Gesundheit: Verbundene Menschen haben eine höhere Lebensqualität, eine höhere Lebenserwartung und leiden weniger oft unter Stress und Schmerzen.

Umfragen haben gezeigt, dass Menschen, die in ihrer Freizeit in sozialen Gruppen aktiv sind, über eine größere Anzahl tiefer Beziehungen zu anderen verfügen als jemand, der dies nicht tut. Engagement in einem Verein, einer Kirchgemeinde, einem Chor oder einer sozialen Einrichtung schafft also gute Voraussetzungen, um Menschen kennenzulernen und enge soziale Beziehungen zu ihnen aufzubauen.

Wichtig ist hier noch zu sagen: Es ist nicht richtig, dass ein gutes Beziehungsnetz einfach so da ist – oder eben nicht. Menschliche Beziehungen müssen immer gepflegt werden, man muss sich um sie kümmern – und dafür braucht es Zeit und Aufmerksamkeit. Die Pflege guter Beziehungen lohnt sich aber, denn unsere guten sozialen Kontakte sind – wie wir gesehen haben – in jeder Lebensphase ein wichtiger Faktor für unser persönliches Glück.

1. Menschliche Beziehungen …
   (a) brauchen mehr Gemeinsamkeiten als nur Verwandtschaft.
   (b) kann man nicht immer selbst bestimmen.
   (c) zu Freunden sind wichtiger als zur Familie.

2. Störungen der sozialen Beziehungen in der Kindheit …
   (a) führen zu Einsamkeit.
   (b) überlebt der Mensch nicht.
   (c) haben starke Auswirkungen auf die Gesundheit des Menschen.

3. Durch tiefe Beziehungen zu anderen …
   (a) fühlt man sich selbst wohler.
   (b) versteht man die eigenen Probleme besser.
   (c) bekommt man eine positivere Einstellung.

4. Menschliche Beziehungen haben positive Auswirkungen, wenn …
   (a) man aus vielen Kontakten wählen kann.
   (b) der Kontakt tief und vertraut ist.
   (c) sie in verschiedenen Lebensphasen funktionieren.

5. Wann helfen stabile Beziehungen?
   (a) In kritischen Lebenssituationen.
   (b) Bei Stress.
   (c) Beim Vermeiden von Krisen.

6. Kontakte in der Freizeit …
   (a) setzen enge Beziehungen voraus.
   (b) helfen dabei, das soziale Engagement zu verbessern.
   (c) fördern enge Verbindungen zu Menschen.

7. Beziehungen zu anderen Menschen …
   (a) sind in manchen Lebensphasen wichtiger als in anderen.
   (b) sind lebendig und man muss in sie investieren.
   (c) haben auch mit Zufall und Glück zu tun.

Der Text in dieser Aufgabe ist sehr lang. Da die Arbeitszeit insgesamt 20 Minuten beträgt, haben Sie keine Zeit, den Text ausführlich zu lesen. Die Aufgaben folgen der Reihenfolge des Textes. Überfliegen Sie deshalb zuerst den ersten Absatz und lesen Sie dann die erste Aufgabe usw. Bearbeiten Sie so alle Aufgaben. Lesen Sie dann noch einmal bestimmte Textstellen genauer, wenn Sie dort die Aufgabe noch nicht lösen konnten.

2 `LESEN` **Lesen Sie den Text. Ordnen Sie die Textstellen (1–4) den Aussagen rechts zu. Die Zahlen beziehen sich immer auf den nachfolgenden Satz. Für jede Textstelle gibt es genau eine richtige Lösung. Sie haben 6 Minuten Zeit.**

Kommentar einer Expertin zu Dialekten und ihrer Förderung

Der Förderung von Dialekten in Schulen und Institutionen ist lange Zeit nicht genug Beachtung geschenkt worden. (1) Dass die Politik dies nun ändern möchte, wird in Expertenkreisen sehr positiv aufgefasst. Mit großem Interesse werden nähere Informationen darüber erwartet, welche Maßnahmen die Politik in Bezug auf die Erhaltung der Dialekte nun ergreifen möchte. (2) Die Zukunft der Dialekte wird ohne eingreifende Maßnahmen eine sehr dunkle sein. Schon jetzt zeichnet sich ab, dass viele Dialekte kurz vor dem Aussterben sind bzw. bereits ausgestorben sind. Andere haben sich in der Anzahl ihrer Sprechenden bereits deutlich reduziert. (3) Es wäre ratsam, endlich Maßnahmen zum Schutz der Dialekte zu ergreifen. Dazu wurde von Expertinnen und Experten aus der Sprachwissenschaft bereits vor Jahren ein Katalog ausgearbeitet, der die Methoden zur Rettung von Dialekten beinhaltet, die in Expertenkreisen als die wichtigsten angesehen werden. Dieser Katalog liegt den Politikerinnen und Politikern seit Langem vor. (4) In diesem Zusammenhang ist es mehr als schade, dass die Wissenschaft bis dato kaum gehört wurde. Die Idee der Förderung von Dialekten wird erst jetzt und damit sehr verspätet politisch aufgegriffen. Es bleibt daher zu hoffen, dass die Politik nun die dringende Notwendigkeit erkannt hat und ausreichende Maßnahmen ergreift, um die Dialekte nicht nur zu bewahren, sondern idealerweise auch zu fördern.

a. ⃝ Die Expertin bedauert etwas.
b. ⃝ Die Expertin begrüßt etwas.
c. ⃝ Die Expertin empfiehlt etwas.
d. ⃝ Die Expertin kritisiert etwas.
e. ⃝ Die Expertin prognostiziert etwas.
f. ⃝ Die Expertin vermutet etwas.
g. ⃝ Die Expertin warnt vor etwas.
h. ⃝ Die Expertin zweifelt an etwas.

Bei dieser Aufgabe, für die Sie 6 Minuten Zeit haben, geht es darum zu erkennen, mit welcher Absicht die Autorin / der Autor des Textes etwas sagt. Achten Sie deshalb auf Redemittel, die die persönliche Einstellung deutlich machen. Hier eine Liste typischer Ausdrücke, an denen man die persönliche Einstellung der Autorin / des Autors erkennen kann:

etwas bedauern:	*Es ist schade, dass … • Es tut mir leid, dass … • Es ist (sehr / äußerst) bedauerlich, dass …*
etwas begrüßen:	*Ich finde positiv / gut, dass … • Es ist gut / begrüßenswert / zu begrüßen, dass …*
etwas empfehlen:	*Es wäre ratsam, … • … ist empfehlenswert / zu empfehlen. • Ich rate / empfehle, … • Mein Rat / Meine Empfehlung ist …*
etwas kritisieren:	*Ich sehe … kritisch. • Es ist (kritisch) anzumerken / einzuwenden, dass … • Man muss entgegenhalten, dass …*
etwas prognostizieren:	*Meine Prognose ist … • Man kann prognostizieren, dass … • Sätze im Futur I: Die Zukunft wird schwierig sein.*
etwas vermuten:	*Ich vermute / nehme an, dass … • Meine Vermutung ist … • Man kann mutmaßen, dass …*
vor etwas warnen:	*Es besteht die Gefahr … • Es ist alarmierend, dass … • Vor … ist zu warnen. • Ich warne vor …*
an etwas zweifeln:	*Ich bin nicht sicher, ob … • Ich habe Bedenken / Zweifel, dass … • Ich frage mich, ob … • Fragwürdig ist, …*

3 `HÖREN` **Sie sehen einen Ausschnitt aus einer Vorlesung im Fach Pädagogik zum Thema „Persönlichkeit und Verhalten". Sie sehen das Video einmal. Ergänzen Sie beim Hören die Gliederungspunkte in den Textfeldern in Stichpunkten.** Nach dem Video haben Sie 3 Minuten Zeit, um Ihre Antworten zu kontrollieren. Sie haben jetzt 10 Sekunden Zeit, um sich die Gliederungspunkte anzuschauen.

LMU LUDWIG-MAXIMILIANS-UNIVERSITÄT MÜNCHEN | Handlungsüberzeugungen

Attributionsstil ...

... die Bewertung und Erklärung (Attribution) von Handlungsergebnissen

Attribution von Erfolg und Misserfolg in Leistungssituationen

Stabilität	internal		external
	kontrollierbar	nicht kontrollierbar	
stabil	Fleiß	Fähigkeit	Aufgabenschwierigkeit
instabil	Anstrengung	Müdigkeit	Zufall

aus Asendorpf (2009), Persönlichkeitspsychologie, Springer Verlag

Dr. Anne Frey – Persönlichkeit und Verhalten

Bedeutung von Handlungs-kontrollstil

Unterschied bei Frauen im Vergleich zu Männern

Gefahr bei zu starker Lage-orientierung

Folge von Erfolgsmotivation

Es ist möglich, dass die Antworten zu den Punkten im Video schnell hintereinander folgen. Lesen Sie die Punkte vor dem Sehen und Hören des Videos genau durch und hören Sie auch beim Notieren genau zu, um die Antwort zum nächsten Punkt nicht zu verpassen.

4 `SPRECHEN` **Diskutieren Sie mit Ihrer Partnerin / Ihrem Partner über das folgende Thema.**

Eine gute Freundschaft ist harte Arbeit.

Gehen Sie auf folgende Punkte ein:
- Wie verstehen Sie diese Aussage?
- Sagen Sie, inwieweit Sie mit der Aussage übereinstimmen oder sie ablehnen.
- Geben Sie dazu Gründe und Beispiele an.
- Gehen Sie auch auf die Argumente Ihrer Partnerin / Ihres Partners ein.

Sie diskutieren ungefähr 6 Minuten lang. Achten Sie während der Diskussion darauf, sprachlich auf dem C1-Niveau zu sprechen. Das heißt: Verwenden Sie keine Wörter / Ausdrücke mehrfach, sondern bemühen Sie sich um unterschiedliche Ausdrücke, variieren Sie den Satzbau und zeigen Sie, dass Ihr Wortschatz groß ist.

5 SPRECHEN **Weniger Fremdsprachenkurse! – Äußern Sie die Kritik Ihrer Studierendengruppe an der geplanten Maßnahme. Begründen Sie diese Position. Sagen Sie, warum mehr Fremdsprachenkurse besser wären.**

Sie haben auf der Internetseite Ihrer Hochschule gelesen, dass das Angebot an Fremdsprachenkursen reduziert werden soll. Auf einer Diskussionsveranstaltung wird dieses Vorhaben vorgestellt. Sie vertreten eine Studierendengruppe, die dieser Maßnahme kritisch gegenübersteht, und möchten sich zum Thema äußern.

1 Minute 30 Sekunden   1 Minute 30 Sekunden

Änderung bei den Sprachkursen
Das Sprachenzentrum wird ab dem nächsten Semester keine Sprachkurse mehr für die Sprachen Isländisch, Finnisch, Tschechisch und Griechisch anbieten. Auch das Angebot an Englisch- und Spanischkursen wird wegen Personalmangel reduziert.

Nutzen Sie die kurze Vorbereitungszeit von 90 Sekunden und überlegen Sie sich Argumente gegen die Reduzierung des Angebots an Sprachkursen. Suchen Sie dann Redemittel zu *etwas ablehnen* und *etwas kritisieren* (z. B.: *Ich bin gegen …* • *Das sehe ich anders.* • *Das finde ich falsch.* • *Das lehne ich ab, weil …* • *Ich sehe das kritisch.*). Damit können Sie zeigen, dass Sie sich gut ausdrücken können.

6 SCHREIBEN **Sie haben im Internet den Text *Menschliche Beziehungen – wie bestimmen sie unser Leben?* gelesen (S. 22–23). Verfassen Sie nun für ein Seminar einen schriftlichen Kommentar zu diesem Text.**

Schreiben Sie mindestens 250 Wörter und gehen Sie dabei auf folgende Punkte ein:

· Fassen Sie die relevanten Informationen des Artikels zusammen.

Erläutern Sie:
· Wie ist Ihre Meinung zu diesen Informationen?
· Wie sehen familiäre Bindungen in Ihrem Land aus?
· Was ist für Sie eine tiefe Beziehung? Mit wem führen Sie solche Beziehungen?

Berücksichtigen Sie dabei auch den Aufbau des Textes (Einführung in das Thema, Aufbau einer Argumentation, Schlussfolgerung).

Sie sollen einen Text schreiben und sich zu vier Punkten / Fragen äußern. Dafür haben Sie etwa 60 bis 65 Minuten Zeit. Achten Sie darauf, dass Sie die Teile geschickt verbinden, das heißt: einen Abschnitt beenden und den nächsten Abschnitt einleiten. Hier können Sie zum Beispiel folgende Redemittel verwenden:
ein Thema einleiten / zum nächsten Thema überleiten: *Ich beginne mit …* • *Zunächst …* • *Als Nächstes …* • *Nun komme ich zu …* • *Ich wende mich nun dem folgenden Punkt zu: …*

Ihre Meinung können Sie unter anderem mit den folgenden Ausdrücken sagen: *Meiner Meinung / Ansicht nach …* • *Ich bin der Meinung / Ansicht, dass …* • *Ich vertrete den Standpunkt, dass …*

Dabei können Sie Punkte, die Sie für besonders wichtig halten, herausstellen, indem Sie zum Beispiel folgende Redemittel verwenden: *Besonders betonen möchte ich …* • *Es ist mir besonders wichtig zu erwähnen, dass …*

Eine Frage der Gerechtigkeit?

Fit für Lektion 4

4

1a WÖRTER Was passt? Ergänzen Sie.

erfüllen erzielen legen leisten nehmen sein (2x) spielen tragen

1. eine Rolle _spielen_	4. der Überzeugung _____	7. ein Ergebnis _____
2. Rücksicht _____	5. auf etw. Wert _____	8. Erwartungen _____
3. Hilfe _____	6. Verantwortung _____	9. in Eile _____

b Welche Ausdrücke aus a passen? Lesen Sie das Grußwort und ergänzen Sie in der richtigen Form.

Liebe Leserinnen und Leser,

nicht nur Eltern, auch die Schule _____ (1) für die
Verkehrssicherheit von Kindern und Jugendlichen. In allen Bundesländern ist daher
Verkehrserziehung Teil des Unterrichts. In der Grundschule _spielt_ dabei die Schulung
von Wahrnehmung und Reaktionsfähigkeit _eine_ wichtige _Rolle_ (2). In der
Sekundarstufe wird auch besonderer _____ auf Themen wie eine umweltbewusste
Auswahl von Verkehrsmitteln _____ (3).
Ich _____ (4), dass eine enge Zusammenarbeit
zwischen Schule und Eltern auf dem Gebiet der Verkehrserziehung erforderlich ist. Die vorliegende
Broschüre soll bei der Gestaltung dieser Zusammenarbeit _____ (5).
Gabriela Siebert, Leiterin der Städtischen Gesamtschule

2 GRAMMATIK Lesen Sie den Protokollausschnitt und ergänzen Sie die Verben im Konjunktiv I oder II.

Protokoll Hausversammlung: 21.2.

Austausch über die zunehmend schwierige Verkehrssituation in unserem Stadtviertel. Es wurde beschlossen,
einen Beschwerdebrief an die Stadtverwaltung aufzusetzen. Die Klagen der Hausbewohner im Einzelnen:

• Frau Marquardt merkte an, dass Autofahrer immer häufiger auf den Gehwegen _parken würden_
  (parken – Konj. II) (1) und sie sich als Fußgängerin dadurch stark belästigt _____ (fühlen – Konj. I) (2).
• Herr Alvarez meinte, dass der Lastwagenverkehr in unserem Stadtviertel sehr _____
  (zunehmen – Konj. I) (3).
• Familie Melnik gab an, dass es an den Kreuzungen nachts nicht genug Beleuchtung _____ (geben – Konj. I) (4).
• Frau Haier wies darauf hin, dass die Leihfahrräder oft in einem schlechten Zustand _____ (sein – Konj. I) (5).

3 GRAMMATIK Formulieren Sie die markierten Satzteile um. Benutzen Sie dafür das Passiv. Schreiben Sie die Sätze neu. Achten Sie auf die Zeitform.

Die erste europäische Straßenbahn hat man im Jahr 1855 in
Paris *in Betrieb genommen.* (1) Zehn Jahre später *konnte
man das neue Verkehrsmittel* auch in Berlin *bewundern.* (2)
Anfangs *haben* noch *Pferde die Bahnen gezogen.* (3) Ab
1877 gab es dann die ersten Dampfstraßenbahnen. *Diese
hat man* aber ein paar Jahre später schon durch elektrisch
betriebene Straßenbahnen *ersetzt.* (4) Nach dem 2. Weltkrieg haben dann moderne Transportmittel wie U-Bahn
und Auto dafür gesorgt, dass Straßenbahnen aus dem
Stadtbild verschwanden. Heutzutage *führt man sie* nun in
vielen Städten wieder *ein.* (5) *Man erkennt* jetzt wieder
die Vorteile dieses Verkehrsmittels. (6)

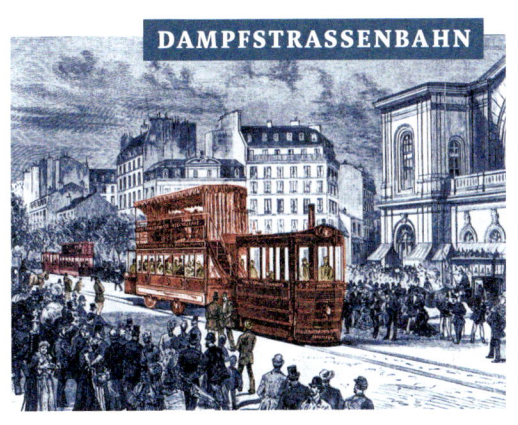

DAMPFSTRASSENBAHN

1. Die erste europäische Straßenbahn ist im Jahr
1855 in Paris in Betrieb genommen worden.

4 `WÖRTER` **Was passt? Lesen Sie die Tipps und markieren Sie.** → KB 2

Gemeinsam ins Büro

Mit Kolleginnen und Kollegen im Auto zur Arbeit fahren? Eine gute Idee! Diese Regeln sollten Sie bei einer
Fahrgemeinschaft / Führungskraft (1) allerdings beachten:

• Egal, wer fährt: Lassen Sie Ihre Mitfahrenden nicht warten. Wartezeiten sind eine unnötige
Ablehnung / Belastung (2) für die Mitfahrenden, gerade auch im Bildungsweg / Berufsverkehr (3).

• Auf Öffentlichkeit / Gerechtigkeit (4) bei der Kostenverteilung achten. Neben den Kosten für
Benzinverbrauch können zusätzliche Kosten für Reparaturen entstehen. Die sollten bei langjährigen
Gemeinschaften mit einberechnet werden.

• Vorsicht bei Umwegen / Hindernissen (5) auf dem Weg zur Arbeit. Es können Probleme mit dem
Versicherungsschutz auftreten: Halten, um zu tanken, ist erlaubt, ein Einkauf im Supermarkt dagegen nicht.

---

5 `WÖRTER` **Lesen Sie den Infotext und ergänzen Sie die Nomen. Nicht alles passt.** → KB 2

Anbindung   Berufsleben   Lebensdauer   Nahverkehr   Rollstuhl   Verkehrsnetz

Der Flughafen Frankfurt ist optimal an das öffentliche .... (1)
angebunden. So können Sie von mehreren Städten aus direkt mit der Deutschen
Bahn anreisen.
Auch die .... (2) an den öffentlichen .... (3)
(ÖPNV) ist hervorragend: Bahn und Bus bringen Sie schnell und zuverlässig ins
Zentrum und in die umliegenden Regionen.
Zusätzlich stehen Ihnen Shuttlebusse und die SkyLine-Bahn zur Verfügung, die
Sie zu Ihrem jeweiligen Terminal bringen. Reisende mit eingeschränkter Mobilität
können sich auf dem Flughafengelände einen .... (4) ausleihen.

AN- UND ABREISE

---

6 `KOMMUNIKATION` **Lesen Sie die Aussagen und schreiben Sie die Redemittel richtig.** → KB 2

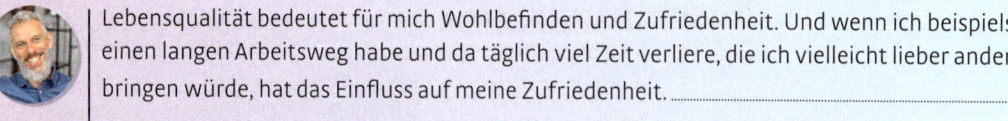

www.radio_für_alle.de

Die Frage der Woche bei *Radio für alle* lautet diesmal: Wie hängen
für Sie Mobilität und Lebensqualität zusammen? Schreiben Sie uns
wie immer Ihre Kommentare. Wir freuen uns auf Ihre Meinungen.

`KOMMENTIEREN`

.... *(etwas – zu tun – hat – Mobilität – mit Lebensqualität – auf jeden Fall)* (1). Das sieht man
schon daran, dass Menschen, die viel in Bewegung sind (zu Fuß oder mit dem Fahrrad), meistens
weniger gesundheitliche Probleme haben als andere, die fast nur im Auto unterwegs sind.

Lebensqualität bedeutet für mich Wohlbefinden und Zufriedenheit. Und wenn ich beispielsweise
einen langen Arbeitsweg habe und da täglich viel Zeit verliere, die ich vielleicht lieber anders verbringen würde, hat das Einfluss auf meine Zufriedenheit. ....

.... *(sieht – Daran – man, – mit Lebensqualität – dass – zusammenhängt – unmittelbar – Mobilität)* (2).

.... *(auch ein Zusammenhang – und Lebensqualität*
– besteht – Für mich – zwischen – Mobilität) (3), weil Mobilität ältere, alleinstehende Personen oft vor
Einsamkeit schützt. Schon der tägliche Weg zum Einkaufen sorgt für Kontaktmöglichkeiten.

Ganz klar: ....
(geht – Lebensqualität – einher – mit – Mobilität) (4). Das zeigt sich z. B. daran, wie öffentliche Flächen
genutzt werden: als Parkplätze für immer mehr Autos oder als Grünzonen zum Erholen oder als Plätze
zum Zusammenkommen mit anderen Menschen.

7 WÖRTER ▭ **Lesen Sie die Sätze 1 – 4 und unterstreichen Sie die Verben mit dem Präfix *herum-*. Ordnen Sie dann die Verben den Bedeutungsvarianten a – d zu.** ➙ KB 2

1. Manchmal muss ich noch in der Stadt herumfahren, um Verschiedenes zu erledigen.
2. Hier auf dem Dorf muss ich mich damit herumärgern, dass nichts fährt.
3. Es ist besser, wenn Autos von vielen genutzt werden und nicht nur herumstehen.
4. Die E-Roller stehen auf dem Gehweg, sodass man <u>um</u> sie <u>herumgehen</u> muss.

herum- drückt aus, …
a. … dass etwas ohne konkrete Absicht, ohne Sinn oder ohne Konzentration auf etw. Bestimmtes geschieht. ....
b. … dass eine Person / Sache sich fortbewegt und dabei (öfter) die Richtung ändert. ....
c. … dass eine Person / Sache eine Bewegung im Kreis oder in Form eines Bogens macht. _4_
d. … dass man über längere Zeit mit jd. / etw. Unangenehmem zu tun hat oder sich darüber beklagt. ....

8 WÖRTER **Lesen Sie die Kundenbewertung und schreiben Sie die Wörter in Klammern richtig.** ➙ KB 2

Mit Top-Travel jederzeit wieder! ⭐⭐⭐⭐⭐

Ich bin auf einen Rollstuhl .... *(geansenwie)* (1) und habe mit der Reisegesellschaft Top-Travel nur allerbeste Erfahrungen gemacht. Das beginnt bei einem .... *(enfreierebarri)* (2) Reisebus mit einer Art Aufzug als Einsteighilfe und einer guten Auswahl der Hotels: Sie waren nie .... *(üfülltber)* (3) und die Zimmer waren sehr bequem eingerichtet. Als besonderes Plus habe ich die äußerst freundliche und .... *(reihilfstebe)* (4) Reiseleitung empfunden, die sich immer für alles die nötige Zeit genommen hat. Bravo!

9a SCHREIBEN **Lesen Sie die Zeitungsnotiz und den Leserkommentar. Markieren Sie im Kommentar die Argumente und Gegenargumente in zwei verschiedenen Farben.** ➙ KB 3

Neuburg setzt auf E-Roller

Die Stadt Neuburg möchte die Innenstadt weiter vom Autoverkehr befreien und setzt dabei zunehmend auf E-Roller. Dafür hat sie das mögliche Kontingent an Leihrollern erhöht: Statt der bisher erlaubten 500 Roller dürfen die Betreiber nun jeweils bis zu 700 Roller im Einsatz haben. Eine gute Entscheidung?

Kommentar

Die Entscheidung der Stadt, die Anzahl der E-Roller zu erhöhen, ist aus meiner Sicht problematisch.
Es ist zwar richtig, dass E-Roller eine umweltfreundliche Alternative zum Auto sind, schließlich verursachen sie erst mal keine Luftverschmutzung. Aber sie werden eben oft auch nicht als Ersatz fürs Auto genutzt, sondern sie ersetzen Fahrten mit dem Bus oder der Bahn, also mit öffentlichen Verkehrsmitteln.
Richtig ist auch, dass für E-Roller keine großen Parkflächen gebraucht werden. Man stellt sie einfach auf den Gehwegen ab, wenn sie nicht benutzt werden. Allerdings bilden sie dort eben auch oft ein Hindernis: Sie fallen um oder werden einfach von den Nutzer:innen dort hingeworfen, wenn diese in Eile sind.
Ich glaube, dass die Vorteile von E-Rollern überschätzt werden. Sie behindern Fußgänger oder gefährden sogar deren Sicherheit, und sie sind auch nicht so umweltfreundlich, wie es auf den ersten Blick scheint.

b **Sammeln Sie weitere Argumente und Gegenargumente. Bringen Sie Ihre Argumente und Gegenargumente in eine sinnvolle Reihenfolge und schreiben Sie dann einen eigenen Kommentar zur Zeitungsnotiz in a (ca. 100 – 150 Wörter).**

4

10 GRAMMATIK Lesen Sie die Aussagen 1–6 und unterstreichen Sie die Satzteile mit den Präpositionen *gemäß*, *laut*, *nach* und *zufolge*. Lesen Sie dann die Angaben in der Tabelle. Was ist richtig? Markieren Sie. → KB 4

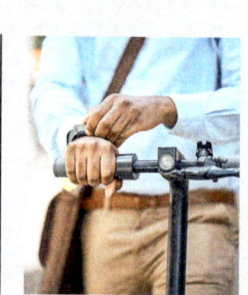

1. Laut einer Erhebung des Allgemeinen Deutschen Automobil-Clubs (ADAC) haben die Staus in den Städten zugenommen.
2. München und Berlin sind den Erwartungen gemäß besonders betroffen.
3. Hamburg steht den Angaben nach auf Platz drei.
4. Derselben Quelle zufolge verbrachten die Menschen im letzten Jahr tagtäglich ca. 1 Stunde im Stau.
5. Nach Aussage des Verkehrsministers ist mit einem Rückgang der Staus nicht zu rechnen.
6. Gemäß den Empfehlungen der EU soll auf nachhaltige Mobilität geachtet werden.

Präpositionen der Redewiedergabe (+ Dativ)				
	gemäß	*laut*	*nach*	*zufolge*
steht vor dem Nomen	x			
steht nach dem Nomen	x			

> Die Präposition *gemäß* wird nicht bei Personen verwendet.

11 GRAMMATIK Lesen Sie das Interview und ergänzen Sie die Angaben in Klammern. Schreiben Sie die Antworten neu. Stellen Sie, wo möglich, die Präposition der Redewiedergabe an verschiedene Positionen. → KB 4

Was Sie schon immer über Staus wissen wollten

Journalist: Wie entstehen Staus?

Stauexperte: Die Hälfte aller Staus entsteht durch unkooperatives Verhalten der Autofahrer.
(eine Untersuchung der Universität Bielefeld / zufolge) (1)

Journalist: Wie reagieren die Menschen, wenn sie in einen Stau kommen?

Stauexperte: Die Reaktionen gehen von leichtem Ärger bis hin zur Panik. *(eine Umfrage des ADAC / laut)* (2)

Journalist: Ist es sinnvoll, in einem Stau ständig die Fahrspur zu wechseln?

Stauexperte: Nein, es trägt eher zur Verlängerung des Staus bei. *(meine Erfahrung / nach)* (3)

Journalist: Darf man bei einem Stau auf der Autobahn aus dem Auto aussteigen?

Stauexperte: Nein, Fußgänger dürfen Autobahnen nicht betreten. *(die Straßenverkehrsordnung / gemäß)* (4)

> 1. Einer Untersuchung der Universität Bielefeld zufolge entsteht die Hälfte aller Staus durch unkooperatives Verhalten der Autofahrer.

12a GRAMMATIK Lesen Sie die Zeitungsnotiz. Wo werden Aussagen anderer Personen wiedergegeben? Unterstreichen Sie in den Aussagen die Verben. → KB 5

Firmen fördern umweltbewusstes Pendeln

Im Jahr 2021 sind in Deutschland ca. 18 Millionen Menschen zur Arbeit gependelt. Für die meisten Pendelstrecken würde weiterhin das Auto eingesetzt, erklärte der ADAC. Es sei aber auch ein Anstieg der Fahrten mit dem öffentlichen Nahverkehr registriert worden. Das werde manchmal übersehen. Viele Firmen versuchen inzwischen, ihren Angestellten umweltbewusstes Pendeln zu erleichtern. Häufig werde ein Zuschuss zur Fahrkarte gezahlt, heißt es aus Arbeitgeberkreisen. Daneben seien auch Elektroräder zur Verfügung gestellt worden, oder es sei eine App für Mitfahrgelegenheiten eingerichtet worden, berichteten Angestellte.

b Lesen Sie die Regel und noch einmal die Sätze in der indirekten Rede in a. Was passt? Ergänzen Sie.

In der indirekten Rede bildet man:
das Passiv der Gegenwart mit einer Form von .... + Partizip Perfekt
das Passiv der Vergangenheit mit einer Form von .... + Partizip Perfekt + *worden*

13 GRAMMATIK **Lesen Sie die Aussagen und geben Sie sie in indirekter Rede wieder.** → KB 5

❶ Der Bahnhof wird komplett barrierefrei gestaltet.

❷ Dazu sind jetzt schon die Bahnsteige passend zu den Zügen erhöht worden.

❸ Die Beleuchtung ist ebenfalls verbessert worden.

❹ Die Bahnhofhalle wurde außerdem mit modernerem Mobiliar ausgestattet.

❺ Der Umbau wird nicht von der kommunalen Kasse finanziert, sondern zu 100 Prozent vom Land.

❻ Demnächst werden noch Aufzüge auf den Bahnsteigen installiert.

Neustadts Bürgermeister Sobotka über die Modernisierung des Bahnhofs

Der Bürgermeister bestätigte, dass der Bahnhof komplett barrierefrei gestaltet werde. Er erklärte, dass ...

14a WÖRTER **Lesen Sie den Beitrag und ergänzen Sie die Nomen. Zwei Nomen passen nicht.** → KB 6

Leihwagen   Geschwindigkeitsbegrenzung   Stiftung   Elektroauto   Prognose   Lösungsansatz   Fahrradwege

Autofrei leben

Schon länger wollte ich hier in meinem Blog erzählen, wie es uns als vierköpfige Familie ohne Auto im Alltag ergeht. Wir besitzen nämlich kein Auto. Nicht mal ein umweltschonendes _____ (1). Wir sind stattdessen tagtäglich mit dem Fahrrad unterwegs. Die _____ (2) sind hier, wo wir wohnen, gut ausgebaut und komfortabel. Man kommt schnell vorwärts, aber – anders als beim Autofahren – muss man auf keine _____ (3) achten. Natürlich gibt es Situationen, da nehmen wir auch schon mal einen _____ (4). Als unser Jüngster beispielsweise vor Kurzem von einer Leiter gefallen ist und ins Krankenhaus musste. Aber solche Situationen sind ja zum Glück die Ausnahme. Meine _____ (5) ist, dass wir weiterhin keine Garage brauchen werden.

b SCHREIBEN **Könnten Sie sich ein Leben ohne Auto vorstellen? Schreiben Sie einen Kommentar zum Blogbeitrag in a (ca. 80 Wörter).**

15 WÖRTER **Lesen Sie das Porträt. Die markierten Verben stehen an der falschen Stelle. Korrigieren Sie. Achten Sie auch auf die richtige Form.** → KB 7

Herzlichen Glückwunsch!
Carola Wendlandt erfüllt alle Anforderungen, die man an eine Zugbegleiterin stehen (1) kann – und das seit 20 Jahren. Freundlich und hilfsbereit kommt (2) sie den Reisenden für Auskünfte zur Verfügung, zeigt ihnen, wie sie ihr Gepäck am besten verstauen, und erklärt ihnen geduldig, wann man bei Verspätungen die Pünktlichkeitsgarantie in Anspruch stellen (3) kann. Sie liebt ihren Job – das nimmt (4) außer Frage. Und auch die Fahrgäste sehen das so: Zum dritten Mal hintereinander wurde sie zur Zugbegleiterin des Jahres gewählt. Aber beglückwünscht werden möchte Carola Wendlandt nicht: „Für mich steht (5) kein anderer Job in Frage. Ich habe Glück, dass ich ihn machen kann!", sagt sie.

1. _____
2. _____
3. _____
4. _____
5. _____

16a KOMMUNIKATION **Lesen Sie das Resümee einer Studie zum autonomen Fahren.**
Was ist richtig? Markieren Sie. → KB 8

PROTEC-STUDIE: AUTONOMES FAHREN

Beim Thema Zukunft des Automobils denken die meisten Menschen an Elektroautos. Es ist aber verwirrend / Es deutet aber alles darauf hin (1), dass Digitalisierung und autonomes Fahren noch viel größere Veränderungen bewirken werden. Fahrzeuge, die weitgehend automatisiert sind und sogar vollkommen ohne Fahrer auskommen, gibt es ja heute schon. Es ist zu erwarten / Es ist verständlich (2), dass die technische Entwicklung hier weiterhin Fortschritte macht. Zweifellos / Vorzugsweise (3) wird es aber eine Zeit lang dauern, bis sich automatisiertes Fahren wirklich durchsetzt. Soweit ich weiß, / Aller Wahrscheinlichkeit nach (4) dürfte es in der Bevölkerung zunächst noch eine gewisse Skepsis geben, was die Sicherheit der neuen Technologie angeht. Zudem wird ein einmal angeschafftes Auto im Durchschnitt über 10 Jahre gefahren. Das lässt vermuten / Einmalig daran ist (5), dass es noch über längere Zeit eine Mischung von konventionellen und automatisierten Autos auf den Straßen geben wird. Autonomes Fahren hat aber zweifellos viele Vorteile: Es ist anzunehmen / Es ist auffällig (6), dass die Zahl der Unfälle sinkt, denn die Mehrzahl der Unfälle geht auf menschliches Versagen zurück. Die Forderung, dass ältere und andere mobilitätseingeschränkte Menschen besser eingebunden werden, könnte endlich eingelöst werden. Es ist wenig sinnvoll / Es ist zudem denkbar (7), dass fahrerlose Taxis und Busse so günstig fahren, dass auch ländliche Gegenden eine bessere Anbindung haben.

b SCHREIBEN **Sie wissen, dass eine Freundin / ein Freund eine Präsentation zum Thema**
Autonomes Fahren **vorbereitet. Fassen Sie ihr / ihm die wichtigsten Überlegungen aus**
der Studie in a in einer E-Mail zusammen (ca. 80 – 100 Wörter).

Aussprache: Die eigene Aussprache reflektieren

1a **Sprechen Sie die Wörter und** (markieren) **Sie: Welche Wörter empfinden Sie als besonders**
schwierig auszusprechen?

1. Umfrageergebnisse
2. Lösungsansatz
3. überfüllt
4. Gerechtigkeit
5. nachhaltig
6. barrierefrei
7. Anspruch
8. Verkehrsanbindung
9. Geschwindigkeitsbegrenzung

b **Überlegen Sie, warum Ihnen manche Wörter aus a schwerfallen. Ordnen Sie diese Wörter**
den Aussagen 1 – 4 zu oder notieren Sie eigene Gedanken. Tauschen Sie sich auch mit einer
Partnerin / einem Partner aus und nennen Sie Beispiele.

1. Das Wort ist sehr lang.   1, 9

2. Ich bin bei der Betonung unsicher.   ....

3. Die Unterscheidung langer Vokal – kurzer Vokal fällt mir schwer.   ....

4. Das Wort enthält Laute *(ö, ü, ch, …)*, die ich schwierig finde.   ....

> Zu viele Konsonanten hintereinander sind schwierig für mich, deshalb fällt mir das Wort „Anspruch" schwer.

♦ Ich finde das Wort „barrierefrei" schwierig zu sprechen. Meine Zunge stolpert über die vielen „r".

> Üben Sie schwierige und / oder lange Wörter, indem Sie die Silben markieren *(Lö|sungs|an|satz)*, die betonte Silbe *(Lö̲sungsansatz)* sowie lange Vokale markieren *(Lö̲sungsansatz)* und schließlich das Wort zuerst Silbe für Silbe und dann komplett sprechen – auch von hinten: *satz – ansatz – sungsansatz – Lösungsansatz*.

3◀))05   **c** **Hören Sie und sprechen Sie nach.**

Selbstkontrolle

1 `WÖRTER` **Lesen Sie den Flyer. Schreiben Sie die Wörter in Klammern richtig.**

NACHHALTIGE MOBILITÄT

MOBILITÄTS-VEREIN

Wir verstehen uns als Förderer nachhaltiger Mobilität. Wir unterstützen die Entwicklung

von _____ *(tostroElekau)* (1) und setzen uns für Carsharing und

_____ *(tengeFahrschafmein)* (2) ein. Zu unseren Prioritäten

gehört außerdem die Verbesserung des öffentlichen _____ *(kehrsverNah)* (3).

Bahnen und Busse sollen dazu besser mit anderen Mobilitätsformen wie Auto, Fahrrad und Fußverkehr

vernetzt werden. _____ *(derHinsenis)* (4), die die Mobilität für ältere und beeinträchtigte

Personen erschweren, wollen wir abbauen. Die _____ *(dungbinAn)* (5) des ländlichen Raums

an das öffentliche _____ *(kehrsVernetz)* (6) liegt uns besonders am Herzen.

Ein _____ *(sungsLösatzan)* (7) für die beobachteten Probleme im

_____ *(rufsBekehrver)* (8) könnte vermehrte Telearbeit sein. Dazu sind wir mit

Firmen bereits im Gespräch.

_____ / 8 Punkte   ☺ 5–8 Punkte   ☹ 0–4 Punkte

2 `GRAMMATIK` **Was passt? Markieren Sie in den Ausdrücken 1 – 4 die passende Präposition der Redewiedergabe. Ergänzen Sie dann die Verben a – h im Indikativ oder Konjunktiv.**

Wer die Navigations-App Navigat nutzt, kann sich freuen, denn nach / zufolge (1) Angaben des

Herstellers _____ *(werden)* (a) bei der letzten Aktualisierung umfangreiche Verbesserun-

gen vorgenommen. Nicht nur das Design _____ *(sein)* (b) optimiert worden, erklärte der

Firmensprecher, sondern auch die Menüoptionen _____ *(sein)* (c) überarbeitet worden.

Den Erwartungen laut / gemäß (2) _____ *(können)* (d) die App auch weiterhin kostenlos

heruntergeladen werden. Es _____ *(werden)* (e) aber kostenpflichtige Premium-

funktionen angeboten, ließ der Hersteller wissen. Den Angaben des Sprechers zufolge / laut (3)

_____ *(können)* (f) die App auch weiterhin nur mit Internetverbindung genutzt werden.

Es _____ *(werden)* (g) aber an einer Lösung gearbeitet, hieß es bei der Vorstellung der App.

Zufolge / Laut (4) ersten Testberichten _____ *(liegen)* (h) Navigat derzeit unter den fünf

besten Navigations-Apps.

_____ / 12 Punkte   ☺ 7–12 Punkte   ☹ 0–6 Punkte

3 `KOMMUNIKATION` **Wie kann man die *kursiven Satzteile* anders sagen? Ordnen Sie zu.**

(a) Aller Wahrscheinlichkeit nach   (b) Alles deutet darauf hin   (c) Es ist zu erwarten   (d) Zweifellos

Bis zum Jahr 2050 sollen in Europa die CO_2-Emissionen auf Null stehen und Klimaneutralität erreicht sein. Wie ist das zu schaffen?

Alle Anzeichen sprechen dafür (1 ____), dass dieses Ziel nicht leicht zu erreichen sein wird.

Ganz bestimmt (3 ____) muss die Nutzung des privaten Autos noch viel unattraktiver gemacht werden.

Es ist damit zu rechnen (2 ____), dass neue Technologien helfen werden, den Verkehr zu reduzieren.

Höchstwahrscheinlich (4 ____) werden neue Stadtkonzepte immer wichtiger, wie zum Beispiel die Stadt der kurzen Wege, in der alle Orte des Alltagslebens zu Fuß oder mit dem Rad erreicht werden können.

_____ / 4 Punkte   ☺ 3–4 Punkte   ☹ 0–2 Punkte

5

Mit Schwung in den Alltag!

1 `WÖRTER` **Lesen Sie den Infotext. Welches Nomen passt? Markieren Sie.**

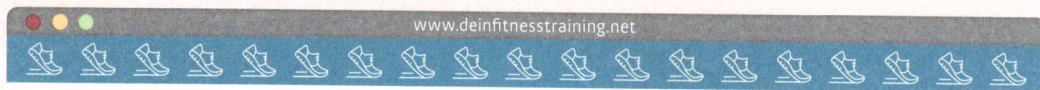

www.deinfitnesstraining.net

Welchen Nutzen hat Ausdauersport?

Mit Ausdauersport trainiert man die gesamte Muskulatur / Übung (1) im Körper. Das Training stärkt das Herz– Kreislauf / Tempo –System (2) nachhaltig und aktiviert das Immunsystem / Gewicht (3), das den Körper z. B. gegen Viren schützt.

Was ist Ausdauer genau?

Ausdauer ist die Fähigkeit, eine sportliche Aktivität / Entfernung (4) – Laufen, Schwimmen, Radfahren, ... – lange ausführen zu können, ohne dabei allzu müde zu werden.

Was ist der Unterschied zwischen Ausdauer und Kondition?

Kondition beschreibt im Sport allgemein, welche Erholung / Leistung (5) der Körper bringen kann. Ausdauer ist ein Aspekt von Kondition. Dazu gehören noch weitere Aspekte wie Kraft, Schnelligkeit / Sauerstoff (6) und Flexibilität. Diese Aspekte sind bei jedem Menschen unterschiedlich stark entwickelt. Das hängt auch von der Sportart / Wirkung (7) ab, die man ausübt: Zum Joggen braucht man in der Regel mehr Ausdauer als Kraft. Wer Yoga macht, ist wahrscheinlich sehr flexibel, aber nicht unbedingt schnell.

2a `GRAMMATIK` **Lesen Sie die Aussagen des Fußballfans. Notieren Sie die Verben zu den markierten Nomen.**

1. Fußball hat für mich eine große Bedeutung .   *bedeuten*
2. Beim Fußballspielen vergesse ich alles.   ....
3. Ein Spiel live zu sehen, ist immer ein besonderes Erlebnis .   ... / ....
4. Das Zuschauen ist fast so anstrengend, wie selbst zu spielen.   ....
5. Ich finde es wichtig, dass der Kampf auf dem Platz fair ist.   ....
6. Super Einsatz , den die Mannschaft da bringt!   sich ....
7. Das gibt mir Motivation für mein eigenes Training.   ....
8. Aber wenn meine Mannschaft verliert, ist der Ärger groß.   sich ....
9. Dann beginnt die verzweifelte Suche nach Gründen.   ....
10. Es gibt immer viel Kritik ! Meistens ist der Trainer schuld.   .... / ....

b **Ordnen Sie die Nomen aus a mit Artikel zu.**

Infinitiv: *das Fußballspielen* / ....

Verbstamm ohne Vokalwechsel: .... / .... /
....

Verbstamm mit Vokalwechsel: .... /

-e: ....

-er: ....

-ung: ....

-nis: ....

-(at)ion: ....

3 WÖRTER **Lösen Sie das Rätsel und finden Sie das Lösungswort.** → KB 2

1. der hintere Teil des Halses: der ...
2. der obere Teil des Körpers: der ...
3. Teil der Schulter, flacher Knochen am oberen Rücken: das ...
4. Teil des Mundes: die ...
5. die Verbindung zwischen Ober- und Unterarm: der ...
6. der untere Teil des Beins: der ...
7. Knochen, die zusammen das Herz schützen: der ...
8. der bewegliche Teil zwischen zwei Knochen: das ...
9. die Verbindung zwischen Ober- und Unterschenkel: das ...
10. die innere Seite der Hand: die ...

		1	N		C				
	2	B					P		
3	S			T			L		
			4	L	I	P	P	E	
	5			B		G			
		6		T			N		L
	7	B			S			B	
	8		E			K			
		9							
10	H				F				

Lösung: _ _ _ P _ _ _ _ _

4 WÖRTER **Welches Verb passt? Lesen Sie die Anleitungen und sehen Sie die Bilder an. Markieren Sie.** → KB 2

www.deinfitnesstraining.net

Effektive Übungen für mehr Flexibilität und Kraft in der Körpermitte
Vergessen Sie nicht, sich zwischendurch immer mal wieder zu lockern, indem Sie Ihre Arme und Beine ausschütteln / verschränken (1)!

ÜBUNG 1: Legen Sie sich auf den Rücken. Heben Sie die Beine nach oben und strecken / beugen (2) Sie sie. Legen Sie die Arme entspannt neben dem Körper ab. Verschränken / Kreisen (3) Sie dann die Fußgelenke – erst rechts herum und dann in die andere Richtung.

ÜBUNG 2: Setzen Sie sich auf den Boden und lockern / verschränken (4) Sie die Beine. Berühren Sie mit der rechten Hand den Boden. Heben Sie den linken Arm nach oben. Kreisen / Neigen (5) Sie den Oberkörper leicht zur rechten Seite und dehnen / lockern (6) Sie sanft Ihre linke Körperhälfte. Wiederholen Sie die Übung auf der anderen Seite.

ÜBUNG 3: Machen Sie einen großen Schritt nach vorn und beugen / strecken (7) Sie das vordere Knie. Neigen / Strecken (8) Sie das hintere Bein so weit nach hinten wie möglich. Heben Sie die Arme über den Kopf nach oben. Wiederholen Sie die Übung auf der anderen Seite. *[mehr]*

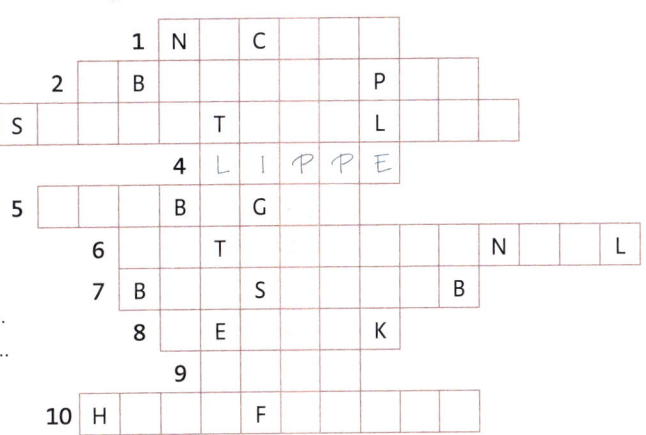

5 WÖRTER **Lesen Sie die Infotexte und ergänzen Sie die Nomen zu den Verben in Klammern.** → KB 3

Yoga ist nicht gleich Yoga
Es gibt zahlreiche, sehr unterschiedliche Yogastile. Alle haben eins gemeinsam: das _____ *(zusammenspielen)* (1) von Bewegung und Atem.

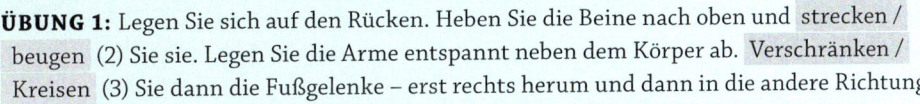

Yin Yoga ist ein ruhiger Yogastil. Der Fokus liegt auf _____ *(entspannen)* (2) und dem _____ *(abbauen)* (3) von Stress. Bei den einzelnen Übungen, die drei bis fünf Minuten dauern, kommt es zu einer sanften _____ *(dehnen)* (4) der Muskulatur.

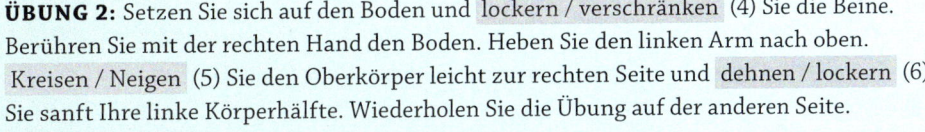

Hot Yoga ist ein kraftvoller Yogastil mit dem Fokus auf _____ *(verbessern)* (5) der körperlichen Fitness und dem _____ *(aufbauen)* (6) von Muskelkraft. Hot Yoga wird bei einer Raumtemperatur von 35–40 Grad ausgeübt. Die Wärme fördert die _____ *(durchbluten)* (7), was die Leistungsfähigkeit erhöht.

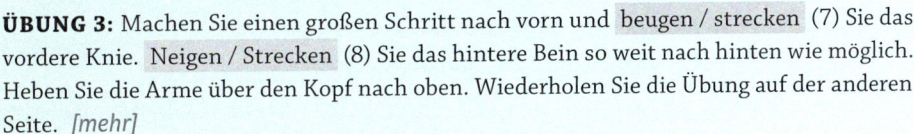

6a `KOMMUNIKATION` **Lesen Sie die Beiträge. Was passt? Ergänzen Sie a oder b.** → KB 4

> www.deinfitnesstraining.net

> ## Wie motiviert ihr euch zum Sport?
>
> **Sam96:** ... (1 ......) ich Druck von außen brauche. Jemanden, der mich pusht, oder einen Kurs, für den ich mich angemeldet habe. Allein schaffe ich das nicht so gut.
>
> **OlgaP:** @Sam96 Das kenne ich! ... (2 ......) ich mit Freunden zum Joggen verabredet bin, habe ich kein Problem, mich zu motivieren. Allein finde ich das schwieriger.
>
> **PenNY:** @OlgaP Wirklich? ... (3 ......) ich beim Training andere Leute brauche. Da bin ich am liebsten allein. Aber ... (4 ......) mir ein klares Ziel hilft – z. B. ein Wettbewerb, auf den ich mich vorbereite. Ich habe mich jetzt für den Berlin-Marathon angemeldet. 😃
>
> **IdoRun:** ... (5 ......) ich motivierter bin, seit ich eine Fitnessuhr trage. Seitdem bewege ich mich viel mehr.
>
> **Boosty:** @IdoRun Genau! Das ... (6 ......). Dadurch mache ich deutlich mehr Sport. Außerdem motiviert es mich, wenn ich meine Leistungen über meine Fitness-App mit anderen vergleichen kann.
>
> **Issam:** @IdoRun Spannend, wie unterschiedlich das ist. ... (7 ......) so eine Uhr mich stresst.

1. a. Ich kann nur bestätigen, dass ...
   b. Also, ich habe die Erfahrung gemacht, dass

2. a. Mir geht es nicht so: Wenn
   b. Mir geht es genauso: Wenn

3. a. Es ist bei mir nicht so, dass
   b. Es ist bei mir auch so, dass

4. a. ich habe festgestellt, dass
   b. ich kann bestätigen, dass

5. a. Mir ist aufgefallen, dass
   b. Es ist bei mir auch so, dass

6. a. entspricht nicht meiner Erfahrung
   b. entspricht auch meiner Erfahrung

7. a. Ich habe beobachtet, dass
   b. Ich kann bestätigen, dass

b `SCHREIBEN` **Verfassen Sie einen eigenen Kommentar zu einer der Aussagen in a (20 – 30 Wörter). Die Redemittel helfen Ihnen.**

7a `GRAMMATIK` **Wie kann man das anders sagen? Verbinden Sie.** → KB 5

1. Ich meditiere . Das ist wichtig fürs Wohlbefinden.
2. Man beobachtet dabei den Atem , was gar nicht so einfach ist.
3. Es hilft aber, wenn man regelmäßig übt .
4. Meine Gedanken beruhigen sich . Das ist ein Ziel meiner Meditation.
5. Man kann Gedanken wahrnehmen , ohne sie zu bewerten. Das ist für mich die größte Herausforderung.
6. Ein weiterer positiver Effekt ist: Die Konzentrationsfähigkeit wird verbessert .

a Regelmäßiges Üben hilft aber.
b Die Wahrnehmung von Gedanken, ohne sie zu bewerten, ist für mich die größte Herausforderung.
c Meditation ist wichtig für mein Wohlbefinden.
d Ein weiterer positiver Effekt ist die Verbesserung der Konzentrationsfähigkeit.
e Die Beobachtung des Atems ist gar nicht so einfach.
f Die Beruhigung meiner Gedanken ist ein Ziel meiner Meditation.

> Bei den Nominalisierungen fällt das Wort *man* weg.

b Was ändert sich bei der Umformulierung in a? Markieren Sie in der rechten Spalte.

c Ordnen Sie die Sätze und ihre Entsprechungen aus a zu.

Subjekt (Nominativ) im Aktivsatz → Genitiv: Satz 4f
Personalpronomen → Possessivartikel: Satz ......
Akkusativ im Aktivsatz → Genitiv: Satz ......

Subjekt (Nominativ) im Passivsatz → Genitiv: Satz ......
Adverb → dekliniertes Adjektiv: Satz ......
Nomen ohne Artikel → *von* + Dativ: Satz ......

8 `GRAMMATIK` Lesen Sie den Zeitungsartikel und ergänzen Sie die Notizen. ➔ KB 6

RADFAHREN IM UNTERRICHT:
Bessere Leistungen und weniger Konflikte

Um mehr Bewegungsangebote zu schaffen, <u>setzen</u> Schulen in Österreich <u>Fitnessfahrräder ein</u> (1). Die Fahrräder werden während des Unterrichts genutzt. Die Schüler*innen <u>fahren</u> dann <u>täglich</u> eine Schulstunde <u>Rad</u> (2).
Die Idee ist nicht ganz neu. Schon im Jahr 2007 hat ein Wiener Gymnasium <u>solche Fitnessräder</u> im Unterricht <u>getestet</u> (3). Der Test <u>wurde wissenschaftlich begleitet</u> (4) und verlief sehr positiv. Man konnte beobachten, dass die Bewegung gut für die Gesundheit der Jugendlichen war. Bei den Schüler*innen in den Klassen mit Fahrrad <u>verbesserte sich die allgemeine Fitness</u> (5). Beispielsweise <u>erhöhte sich der Sauerstoffgehalt</u> im

Blut (6). Die körperliche Aktivität <u>regte</u> auch <u>die Durchblutung</u> im Gehirn <u>an</u> (7) und hatte so positive Effekte auf das Lernen: Im Vergleich zu anderen Klassen <u>steigerte sich die Konzentrationsfähigkeit</u> der Schüler*innen (8) und <u>die schulischen Leistungen verbesserten sich</u> (9). Auch auf die Atmosphäre wirkte sich das Radfahren positiv aus. Offenbar konnten so <u>Aggressionen abgebaut werden</u> (10), denn in den Fahrradklassen gab es deutlich weniger Konflikte.

Einsatz <u>von Fitnessfahrrädern</u> **(1) an österreichischen Schulen**
- _____ *Radfahren* (2) im Unterricht
- 2007: *Test* _____ (3) mit _____ *Begleitung* (4)

positive Effekte:
- *Verbesserung* _____ (5)
- *Erhöhung* _____ (6) im Blut
- *Anregung* _____ (7) im Gehirn
- *Steigerung* _____ (8)
- *Verbesserung* _____ (9)
- *Abbau* _____ (10)

9 `GRAMMATIK` Verbinden Sie die Sätze und ersetzen Sie die unterstrichenen Satzteile durch eine Nominalgruppe. Manchmal gibt es mehrere Möglichkeiten. ➔ KB 6

FAKTEN ÜBER DAS MENSCHLICHE GEHIRN

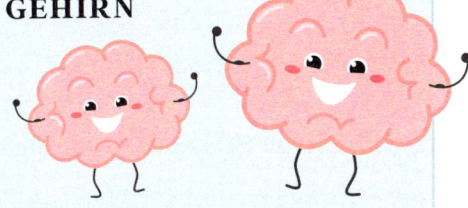

1. Das Gehirn <u>steuert alle wichtigen Körperfunktionen</u>. Das ist die zentrale Aufgabe des Gehirns.
2. Hier <u>werden Informationen verarbeitet</u>. Das geschieht mit großer Geschwindigkeit.
3. <u>Informationen werden langfristig gespeichert</u>. Das übernimmt das Langzeitgedächtnis.
4. <u>Das Gehirn wird mit Energie versorgt</u>. Das verbraucht ein Fünftel des täglichen Kalorienbedarfs eines Erwachsenen.
5. <u>Es arbeitet pausenlos</u>. Das benötigt rund 30 Prozent des Blutes, das durch den Körper fließt.
6. Wir <u>entwickeln neue Fähigkeiten</u>. Das verbraucht besonders viel Energie.
7. Wie <u>sich die rechte Körperhälfte bewegt</u>, das wird durch die linke Gehirnhälfte gesteuert – und umgekehrt.

1. Die Steuerung / Das Steuern aller wichtigen Körperfunktionen ist die zentrale Aufgabe des Gehirns.

10 `WÖRTER` 🔲 **Lesen Sie den Werbetext und den Lerntipp unten. Ergänzen Sie dann die markierten Verben in der Tabelle.** → KB 7

♡ ⌕ ✉ ⊗   *Fitness4all*

`Öffnen` Sie sich für neue Möglichkeiten, probieren Sie neue Sportarten aus!
➡ Noch heute Probemitgliedschaft für unsere Studios beantragen und Vorteilspreis `sichern` !   **zur Anmeldung**

Ihre Vorteile als `Fitness4all` **Mitglied**

- **Individuelles Trainingsprogramm:**
  `Klären` Sie in einem Beratungsgespräch Ihre Trainingsziele. Wir zeigen Ihnen, mit welchen Übungen Sie sich Ihren Zielen einfach und mit Spaß `nähern` können.

- **Vielfältiges Kursangebot:**
  Genießen Sie Ihr Training in der Gruppe, angeleitet durch professionelle Trainer*innen. Seit diesem Monat NEU: Abendkurs „Relax – Entspannen und den Körper `lockern` ".

- **Kostenlose Trainingsvideos:**
  Profitieren Sie auch zu Hause von einer Vielzahl von Übungen, die Sie aktivieren, Ihre Leistungsfähigkeit steigern und die gesamte Muskulatur `kräftigen` .

- **Regelmäßige Vorträge von Expert*innen:**
  Lernen Sie interessante Hintergründe zu zahlreichen Themen rund um Körper, Fitness und Gesundheit kennen.
  Diesen Monat:
  – „Besser schlafen." Dr. Judith Kuhl erklärt, warum Schlafmangel das Immunsystem `schwächt` und wie man zu einem erholsamen Schlaf findet.
  – „Erste Hilfe bei Sportverletzungen: Mit Eis `kühlen` oder lieber mit Wärme behandeln?" Tipps vom Sportmediziner Volkan Günay.

⌐ Aus Adjektiven / Komparativen kann man Verben bilden *(locker → lockern = locker machen / locker werden)*. Oft wird der Vokal zum Umlaut *(kurz → kürzen)*. Bei Adjektiven mit der Endung *-en* entfällt das *-e (trocken → trocknen)*. ⌐

Adjektiv + *-en*	*offen* → *öffnen* / .... → .... / .... → .... / .... → .... / .... → ....
Adjektiv + *-n*	.... → .... / .... → ....
Komparativ + *-n*	.... → ....

11 `WÖRTER` **Lesen Sie die Schlagzeilen und ergänzen Sie die Nomen. Nicht alles passt.** → KB 7

~~Aktivierung~~ Ausschüttung Beweglichkeit Gleichgewicht Stärkung Umarmung Verknüpfung Zelle

Aktivierung **(1) der Selbstheilungskräfte:**
Heilungsprozesse durch Bewegung und Entspannung aktiv unterstützen

Flexibel bis ins hohe Alter: Regelmäßiges Dehnen und Strecken sorgt für mehr .... (4)

Gezieltes Krafttraining: Durch die .... (2) der Rückenmuskulatur Schmerzen vorbeugen

Auf der Slackline balancieren:
Effektives Training für das .... (5) und die Koordination

SCHÖNES WETTER – GUTE LAUNE:
Bei Sonnenlicht reagiert der Körper mit einer .... (3) von Glückshormonen

Zusammenhänge verstehen: .... (6) von Theorie und Praxis im Schulfach „Sportbiologie"

12a KOMMUNIKATION **Lesen Sie den Online-Artikel und schreiben Sie die Redemittel richtig.** → KB 7

www.trick17.net

KALT DUSCHEN: Kleine Überwindung, große positive Effekte für Ihre Gesundheit!

Wer kalt duscht, spart nicht nur Energiekosten, sondern tut auch etwas für sein Wohlbefinden. Es lohnt sich also aus vielen Gründen, beim Duschen auf warmes Wasser zu verzichten. Untersuchungen zufolge .... kalt zu duschen nämlich .... *(folgende –*
hat – Auswirkungen) (1) auf den Körper:

- .... mit kaltem Wasser duscht, ...
.... *(dann – Wenn man – das – dazu, – dass – führt)* (2)
man tiefer atmet. So gelangt mehr Sauerstoff in den Körper.
- Durch den Kontakt mit kaltem Wasser wird das Immunsystem gestärkt.
- Außerdem wird die Durchblutung angeregt und das ....
(Folge, – hat – dass – zur) (3) man sich wacher und frischer fühlt.
- Bei einer kalten Dusche wird Adrenalin ausgeschüttet. ....
(Das – dass – bewirkt,) (4) die Stimmung besser wird und sich die Laune hebt.
- Die kalte Dusche .... den Stoffwechsel .... *(auch – aus – sich –*
wirkt – auf) (5). Der Stoffwechsel wird angeregt und dadurch werden mehr Kalorien verbrannt.

b SCHREIBEN **Welche Folgen von Kaltduschen treffen am ehesten auf Sie zu? Verfassen Sie**
vier Sätze mit passenden Redemitteln aus a.

frieren   gute / schlechte Laune bekommen   kürzer / länger duschen
mehr / weniger Spaß beim Duschen haben
mehr / weniger Wasser / Energie / Seife / Shampoo verbrauchen
seltener / öfter duschen   sich fit fühlen   wach / müde werden

Wenn ich mit kaltem Wasser
dusche, wirkt sich das positiv
auf meine Laune aus.

Aussprache: Assimilation

3◀)) 06 **1a Lesen Sie den Tipp. Hören Sie dann und sprechen Sie nach.**

1. Sto**ffw**echsel
2. Au**fb**au
3. Au**s**wirkung
4. Glei**chg**ewicht
5. Hal**sb**ereich
6. Dur**chb**lutung

Ein stimmloser Konsonant *(p, t, k, f, sch, ch ...,* bei der Auslaut-
verhärtung auch *b, d, g)* bewirkt, dass ein nachfolgender
stimmhafter Konsonant *(b, d, g, w ...)* nicht mehr so weich wie
ursprünglich gesprochen wird. Er wird härter.

3◀)) 07 **b Hören Sie und sprechen Sie nach. Achten Sie auf die markierten Konsonanten.**

1. A**bb**au
2. Nährsto**ffv**ersorgung
3. im Fitnesskur**s s**ein
4. sich sanf**t d**ehnen

Wenn an Silben- oder Wortgrenzen zwei gleiche oder ähnliche Laute aufeinandertreffen, werden sie
verbunden und klingen dann fast wie ein einziger Laut. Auch hier gilt: Der erste Konsonant
bestimmt die Aussprache des nachfolgenden stimmhaften Konsonanten und macht ihn stimmlos.

3◀)) 08 **2 Hören Sie und sprechen Sie nach. Achten Sie auf flüssiges Sprechen.**

1. stärk**t d**as – stärk**t d**as Immunsystem – Die Natur stärk**t d**as Immunsystem.
2. da**s s**ogenannte – da**s s**ogenannte „Wal**db**aden" – da**s s**ogenannte „Wal**db**aden" is**t d**eshalb –
Da**s s**ogenannte „Wal**db**aden" is**t d**eshalb in Japan eine anerkannte Therapieform.

5

1 WÖRTER **Welches Nomen passt? Lesen Sie den Infotext und markieren Sie.**

www.deinfitnesstraining.net

Abbau / Effekt (1) von Stress durch Bewegung macht den Kopf frei und gleichzeitig fit für neue Aufgaben
Viele denken bei Beweglichkeit / Entspannung (2) nach einem anstrengenden Arbeitstag an ein gemütliches Sofa. Doch das Hirn kann sich bei Bewegung deutlich besser erholen. Bei Bürotätigkeiten ist nämlich vor allem der vordere Teil des Gehirns aktiv. Koordinationsübungen und Ausdauertraining sorgen für eine Aktivierung / Ausschüttung (3) anderer Hirnregionen und so bekommt das sogenannte Denkzentrum eine Pause.

Solche Erholungsphasen steigern die allgemeine Erhöhung / Leistungsfähigkeit (4) des Gehirns. Beispielsweise kommt es zu einer Dehnung / Verbesserung (5) der Konzentrationsfähigkeit.
Studien haben zudem gezeigt, dass Sport beim Lernen hilft. Denn durch Bewegung wachsen Nervenzellen – und zwar in dem Teil des Gehirns, der für die Handfläche / Verarbeitung (6) und Speicherung von Informationen verantwortlich ist.

.... / 6 Punkte   😃 4–6 Punkte   🙁 0–3 Punkte

2 GRAMMATIK **Lesen Sie den Infotext und ergänzen Sie die Notizen.**

JONGLIEREN LERNEN UND SCHLAUER WERDEN!
Bälle in die Luft werfen und wieder auffangen: Durch diese einfache Bewegung trainieren Sie effektiv Körper und Geist (1). Beim Jonglieren aktivieren Sie beide Gehirnhälften (2). Das Zusammenspiel der Gehirnzellen wird optimiert (3). Studien haben gezeigt, dass man durch Jonglieren auch sprachliche Leistungen (z. B. die Ausdrucksfähigkeit) verbessern kann (4). Um von den zahlreichen positiven Effekten profitieren zu können, muss man allerdings regelmäßig üben (5)!

1. effektives .... und Geist
2. .... Gehirnhälften
3. Optimierung .... der Gehirnzellen
4. .... Leistungen
5. Wichtig: .... Üben

.... / 5 Punkte   😃 3–5 Punkte   🙁 0–2 Punkte

3 KOMMUNIKATION **Was passt? Lesen Sie den Blogbeitrag und ordnen Sie zu.**

(a) Also, ich habe die Erfahrung gemacht, dass   (b) bewirkt also, dass   (c) entspricht nicht meiner Erfahrung
(d) Wenn man ..., dann führt das dazu, dass   (e) Ich kann bestätigen, dass

Tanzen? Bitte nicht mit mir!
Tanzen tut gut, heißt es. Und: ... (1 ......) Tanzen gute Laune macht – allerdings nur, wenn man allein tanzt. Kürzlich habe ich gelesen, dass Tanzen unsere Beziehungen verbessern soll: ... sich mit anderen im gleichen Rhythmus bewegt, ... (2 ......) man die eigenen Körpergrenzen vergisst. Als Paar gemeinsam zu tanzen ... (3 ......) man sich miteinander verbunden fühlt. Angeblich! Ehrlich gesagt: Das ... (4 ......). Aber vielleicht ist es mir auch noch nie gelungen, den richtigen Rhythmus zu finden. ... (5 ......) es mich eher stresst, mit anderen zu tanzen. Leider.

.... / 5 Punkte   😃 3–5 Punkte   🙁 0–2 Punkte

Offene Türen und gläserne Decken

Fit für Lektion 6

6

1 WÖRTER **Welches Präfix passt? Lesen Sie den Chat und ergänzen Sie.**

auf   aus   durch   ein   ge   l̶e̶i̶c̶h̶t̶e̶r̶   schwer

> Hey! Sag mal, was fällt dir als Erstes _____ (1), wenn du an unsere Schulzeit denkst?

> Der Sportunterricht! Der hat mir immer gut _____fallen (2).

> Ich erinnere mich. Du warst richtig gut, Sport ist dir immer _leichter_ gefallen (3) als mir. Ich habe mich immer weit nach hinten gestellt und versucht, nicht _____zufallen (4). 🙈

> Dafür warst du in anderen Fächern gut! Ich weiß noch, wie du mir immer in Mathe geholfen hast. Das ist mir sehr _____gefallen (5), aber mit deiner Hilfe bin ich in den Prüfungen nie _____gefallen (6). Danke noch mal! 😉

> Kein Thema! Aber am schönsten war sowieso, wenn der Unterricht _____gefallen (7) ist und wir stattdessen eine Stunde freihatten.

> Ja, die Freistunden im Park! 😎

> Verben mit *-fallen* können trennbar (z. B. *auffallen*) oder untrennbar (z. B. *gefallen*) sein.
> Die Präfixe *leicht-* und *schwer-* kann man steigern. Dann schreibt man die Verben
> getrennt: *Sport ist mir leichter gefallen als Deutsch. Mathe ist mir am schwersten gefallen.*

2 GRAMMATIK **Was passt? Lesen Sie das Porträt und markieren Sie.**

MARIE MOUROUM:
Porträt einer Stuntfrau

Die Berlinerin Marie Mouroum gilt heute als erfolgreichste Stuntfrau Deutschlands. Sie spielte in zahlreichen Hollywood-Produktionen, darunter „James Bond", „Avengers" und „Star Wars", mit. Auch bei / (Dennoch) (1) war der Weg zum Erfolg nicht immer leicht, wie sie heute erzählt. Als Neunjährige begann Marie, Kampfsport zu trainieren, da ihre Mutter wollte, dass sie sich auf der Straße selbst verteidigen kann. Auch wenn / Dennoch (2) es am Anfang vor allem um die Selbstverteidigung ging, nahm sie schon bald erfolgreich an Wettkämpfen und Meisterschaften teil.
Mit 15 stand Marie das erste Mal als Statistin vor der Kamera, mit 18 hatte sie ihre ersten Rollen als Stuntfrau in zwei großen deutsch-US-amerikanischen Produktionen. Von da an war klar: Das war ihr Traumberuf. Doch dieser Traum schien noch weit entfernt.

Auch bei / Auch wenn (3) ihrem Talent und ihrer Ausdauer sollte es noch mehrere Jahre bis zu ihrem nächsten Auftrag dauern.
In der Zwischenzeit begann Marie ein Studium der Sporttherapie und trainierte in der Sporthalle der Uni ihre Stunts. Sie investierte jede freie Minute in ihren Traum, selbst bei / selbst wenn (4) es sehr lange nicht so aussah, als würde er in Erfüllung gehen. Doch ihre Geduld und Hartnäckigkeit zahlten sich aus. 2017 wurde sie zu einem Casting nach Hollywood eingeladen – zunächst noch ohne zu wissen, für welchen Film. Drei Tage nach dem Casting bekam sie die Rolle in „Black Panther". Mit diesem Film feierte sie endgültig ihren internationalen Durchbruch als Stuntfrau.
Marie Mouroums Werdegang zeigt, wie wichtig es ist, dass man dennoch / selbst bei (5) Schwierigkeiten weiter an sich glaubt.

6

3a KOMMUNIKATION **Lesen Sie die Beiträge und ergänzen Sie die Redemittel.** → KB 1

ich denke, von zentraler Bedeutung dürfte   Was für … meines Erachtens ausschlaggebend ist, ist
Wenn sich jemand für … entscheidet, dürfte es vor allem daran liegen, dass

> **SIBEL:** Hey! Ich hab neulich so einen Online-Test gemacht, welche Berufe zu mir passen. 🫠 Dabei kam raus, dass ich mich selbstständig machen sollte. 🤔 Ich hab noch nie darüber nachgedacht. Kennt ihr Leute, die selbstständig arbeiten? Was spricht denn dafür? Meint ihr, das passt zu mir?

> **HENNER:** Ich kenn persönlich niemanden, der selbstständig ist. Aber .... (1) für die meisten Selbstständigen der Wunsch nach Freiheit sein. Als Selbstständige bist du deine eigene Chefin und kannst deinen Arbeitsort und deine Arbeitszeiten relativ frei wählen. Das ist doch cool! 😎

> **AMIN:** Moin! Ich glaube auch, dass es dabei v.a. um Freiheit geht. .... eine Selbstständigkeit .... (2) man so besser seine eigenen Ziele verfolgen und Entscheidungen treffen kann. Entscheidungen treffen kannst du doch gut, Sibel. 😉

> **LU:** Mein Mitbewohner hat sich vor Kurzem selbstständig gemacht und er wirkt seitdem ziemlich gestresst. .... diese Entscheidung .... (3) die Frage, wie gut du dich selbst organisieren kannst. Damit du nicht am Ende viel mehr arbeitest, weil du Arbeit und Freizeit nicht mehr trennen kannst … wie mein Mitbewohner. 🙁

> **SIBEL:** @Lu Guter Punkt! Hey, ich danke euch. Ich werde mal weiter drüber nachdenken. 👋

b SCHREIBEN **Verfassen Sie eine eigene Antwort auf die Fragen von Sibel in a (40 – 50 Wörter).
Die Redemittel aus a helfen Ihnen.**

4 WÖRTER **Lesen Sie die Berufsbeschreibung. Finden Sie noch sechs Nomen und ergänzen Sie.** → KB 2

QHZTWHALTUNGUBHXRÄNOTENDPYAZEUGNISWÜTAY(BERUFSWUNSCH)NUCTVDC
KHÖMITSCHÜLERNEAZEPRAKTIKUMSPLATZSWMFDKBEKANNTENKREISMEQCZI

🔴 🟡 🟢

Wie wird man eigentlich … Chocolatier/Chocolatière?

Dein _Berufswunsch_ (1) dreht sich um Schokolade und Süßigkeiten? In deinem .... (2) bist du die Person, die immer die schönste Geburtstagstorte oder die leckerste Süßspeise mitbringt? Dann ist der Beruf des Chocolatiers / der Chocolatière genau das Richtige für dich! Für diesen Beruf musst du eine 3-jährige Lehrausbildung absolvieren.

Voraussetzungen

- Du hast die 9-jährige Schulpflicht erfüllt. Gute .... (3) in Mathematik, Chemie und Biologie sowie technisches Verständnis helfen dir in der Ausbildung weiter. Dennoch spielt dein .... (4) eine weniger wichtige Rolle als die richtige .... (5) zum Beruf: Du solltest Freude an kreativen Tätigkeiten mitbringen und gleichzeitig sehr sorgfältig und hygienebewusst arbeiten.
- Du brauchst die Zusage eines Lehrbetriebs. Um herauszufinden, welcher Betrieb zu dir passen könnte, kannst du dich noch vor der Ausbildung um einen .... (6) bewerben.

Ablauf der Ausbildung

- Lehrlinge lernen die praktische Arbeit direkt im Betrieb. Etwa 20 Prozent der Ausbildungszeit verbringst du in der Berufsschule, wo du zusammen mit deinen Mitschülerinnen und .... (7) das theoretische Hintergrundwissen erwirbst, das du für deinen späteren Beruf brauchst.

Ⓐ Lehrausbildung, Lehrlinge
Ⓓ Berufsausbildung, Auszubildende

5 WÖRTER **Lesen Sie die Rezension. Welche Wörter und Ausdrücke haben eine ähnliche Bedeutung? Ordnen Sie zu.** → KB 2

> **BÜCHERWURM:** Marlen Hobrack erzählt in ihrem autobiografischen Sachbuch „Klassenbeste" von ihrer Kindheit in einem – wie sie selbst sagt – bildungsfernen Haushalt. Heute ist sie erfolgreiche Journalistin.

Hobrack war eine ausgezeichnete (1) Schülerin. Dennoch hatte ihre Mutter zunächst Bedenken, sie auf einem Gymnasium anzumelden. Denn sie selbst hatte die Schule nach der neunten Klasse verlassen und war nun bezüglich der Zukunft ihrer Tochter etwas ratlos (2), was der sicherste und beste Weg sei. Eine Lehrerin hielt es jedoch für absolut ausgeschlossen (3), dass Marlen nicht auf das Gymnasium gehen sollte. Mit dieser Geschichte zeigt die Autorin sehr eindrucksvoll, welchen Einfluss das familiäre Umfeld auf die schulische und berufliche Laufbahn von Kindern haben kann. Abgesehen von (4) den schulischen Leistungen des Kindes spielen Erfahrungen und Einstellungen in der Familie eine wichtige Rolle.

Vorwürfe macht Hobrack ihrer Mutter nicht im Geringsten (5). Vielmehr sucht sie nach gesellschaftlichen Gründen für die Unterschiede, die sie sieht. Respektvoll beschreibt sie den pädagogischen (6) Stil

MARLEN HOBRACK

KLASSEN BESTE

Wie Herkunft unsere Gesellschaft spaltet

ihrer Mutter als den einer „Fallschirmmutter": Sie lässt ihren Kindern viele Freiheiten – auch, weil sie als Alleinerziehende und Alleinverdienerin der Familie nicht viel Zeit hat. Doch wenn sie gebraucht wird, ist sie für ihre Kinder da: Dann „öffnet sich der Fallschirm". Das Gegenbild ist die sogenannte „Helikoptermutter", die ständig um ihre Kinder kreist, sie nicht aus den Augen lässt und so oftmals (7) verhindert, dass sie eigene Erfahrungen machen.

Die zahlreichen autobiografischen Bezüge des Buches sind immer eingebunden in gesellschaftliche Fragen und Themen wie die soziale Herkunft, den Unterschied zwischen Ostdeutschland und Westdeutschland und die Rollenaufteilung zwischen Frauen und Männern, die weiterhin (8) in der Gesellschaft vorherrscht. Daher ist es keine Autobiografie im engeren Sinne, sondern eher ein kritisches Sachbuch. Fazit: Absolut lesenswert!

.... erzieherisch	.... immer noch
.... keineswegs	1 hervorragend
.... häufig	.... unsicher / unentschlossen
.... außer	.... unmöglich / undenkbar

6 WÖRTER **Lesen Sie den Text und ergänzen Sie die Verben in der richtigen Form. Nicht alles passt.** → KB 2

antrainieren   aufkommen   auftun   ~~einschreiben~~   entfremden   erfüllen   gönnen   missfallen

ALS ERSTAKADEMIKER:IN AN DER UNI

Reportage, 2023

Sie kommen aus Arbeiter:innenfamilien und sind die Ersten in ihrer Familie, die sich für ein Studium _einschreiben_ (1): sogenannte Erstakademiker:innen. Obwohl sich mit dem Studium viele neue Möglichkeiten für sie _____ (2), haben sie auch mit Herausforderungen zu kämpfen. Ohne die finanzielle Unterstützung aus der Familie müssen sie oftmals noch neben dem Studium arbeiten, um für ihren Lebensunterhalt _____ (3), denn das BAföG reicht kaum. Den akademischen Habitus ihres neuen sozialen Umfeldes müssen sie sich erst _____ (4). Nicht selten _____ (5) sie sich dadurch von Freund:innen und Familie. Der Film begleitet fünf junge Studierende, die ...

6

7 `WÖRTER` **Wie kann man das anders sagen? Verbinden Sie.** → KB 2

1. sich Zeit lassen können
2. (jdm.) Türen öffnen
3. einen Weg einschlagen
4. jdn. mit Stolz erfüllen
5. Hindernisse aus dem Weg räumen
6. an eine gläserne Decke stoßen

- **a** jdn. stolz machen
- **b** Schwierigkeiten beseitigen
- **c** sich nicht beeilen müssen
- **d** eine bestimmte Richtung nehmen
- **e** (jdm.) etwas ermöglichen
- **f** nicht weiterkommen, obwohl man kein Hindernis sieht

8a `WÖRTER` 💬 **Was passt zu _kommen_? Lesen Sie den Chat und markieren Sie.** → KB 2

Felix01:	Sagt mal, wie lange braucht ihr etwa für eine Hausarbeit von 20 Seiten?
Prima:	Ich komme meistens mit ein bis zwei Wochen an/aus (1).
Studi95:	Wirklich, eine Woche? Das kommt mir sehr wenig mit/vor (2). Ich brauche mindestens drei oder vier Wochen, selbst wenn es gut läuft.
Prima:	Sorry, das ist falsch rüber/runter gekommen (3): Ich meine nur die Zeit zum Schreiben. Natürlich kommt noch die Zeit für die Literaturrecherche hinzu/mit (4). Und dann kommt es auch auf das Thema an/auf (5).
Studi95:	Verstehe! Ja, da hast du recht. Das Wichtigste ist, dass die Struktur und Argumentation klar sind. Wenn die nicht stimmen, be/ver kommt (6) man auch eine schlechtere Note. Das ist bei mir leider auch schon mal bei/vor gekommen (7).
Prima:	Absolut! @Felix01 Und wenn du gar nicht ent/klar kommst (8), würde ich immer beim Prof um mehr Zeit bitten. Manche sind echt nett und kommen dir mit einer Fristverlängerung entgegen/vor (9). Viel Erfolg!
Felix01:	Super! Vielen Dank für eure Tipps!

b **Welches Verb aus a hat eine ähnliche Bedeutung? Ergänzen Sie die Infinitive.**

a. passieren / den Eindruck auf jdn. machen — _vorkommen (2, 7)_
b. (von etw.) genug haben — (mit etw.) _____
c. wirken; den Eindruck machen — _____
d. erhalten — _____
e. (mit etw.) keine Probleme haben — (mit etw.) _____
f. von etw. abhängen — auf etw. _____
g. jdm. einen Kompromiss anbieten — jdm. _____
h. zusätzlich sein — _____

9 `GRAMMATIK` **Wie kann man es formeller sagen? Schreiben Sie die Sätze neu. Verwenden Sie _ungeachtet, wenn ... auch, allerdings, nichtsdestotrotz_ und _wobei_ jeweils einmal anstelle der markierten Wörter.** → KB 3

1. In akademischen Berufen ist das durchschnittliche Monatsgehalt höher als in Ausbildungsberufen. Trotzdem lohnt es sich, sich die Arbeitsbedingungen genauer anzusehen.
2. Auch wenn die Bezahlung besser ist, haben viele Akademiker:innen nur befristete Verträge.
3. Trotz ihrer Qualifikationen bekommen sie teilweise nur Aufträge als Freiberufler:innen.
4. In Ausbildungsberufen sind feste Verträge normal, obwohl man sich auch selbstständig machen kann.
5. Im Handwerk ist die Selbstständigkeit dennoch häufig an Voraussetzungen geknüpft.

> 1. In akademischen Berufen ist das durchschnittliche Monatsgehalt
> höher als in Ausbildungsberufen. Nichtsdestotrotz lohnt ...

10 GRAMMATIK **Verbinden Sie die Sätze mit den Angaben in Klammern.** → KB 4

1. Das monatliche Gehalt in Studienberufen ist höher. Der Verdienst bei Ausbildungsberufen kann –
   auf die Dauer des Berufslebens gerechnet – höher sein. *(ungeachtet)*
2. Während der Ausbildung ist das Gehalt eher niedrig. Auszubildende verdienen Geld, Studierende
   müssen ihr Studium selbst finanzieren. *(nichtsdestotrotz)*
3. Das durchschnittliche Monatsgehalt ist in akademischen Berufen höher als in Ausbildungsberufen.
   Es gibt große Unterschiede zwischen den verschiedenen Branchen. *(wobei)*
4. In Ingenieurberufen kann man mit einem Einstiegsgehalt von fast 6.000 Euro rechnen. In anderen
   akademischen Berufen sind es nur 3.500 Euro. *(allerdings)*
5. Mit einer Ausbildung als Bankkauffrau oder Bankkaufmann kann man ebenfalls bis zu 3.400 Euro
   verdienen. Der Verdienst ist abhängig vom Unternehmen oder von der Region. *(wenn ... auch)*

> *1. Ungeachtet des höheren monatlichen Gehalts in Studienberufen kann der Verdienst ...*

11 WÖRTER ▨ **Welches Verb passt? Ergänzen Sie die Verben in der richtigen Form.** → KB 5

abfallen ~~anfallen~~ entfallen zufallen

1. Wenn ich koche, _fällt_ immer viel Abwasch _an_ .
   Als Kind wurde ich mal von einem Hund _angefallen_ . Seitdem habe ich Angst vor Hunden.
2. Mir sind die Augen vor Müdigkeit _____.
   In der neuen Firma _____ mir die Aufgabe der Projektleitung _____.
3. Im Herbst _____ die Blätter von den Bäumen _____.
   Beim Abendessen _____ immer auch ein bisschen Essen für unseren Hund _____.
4. Mir ist leider sein Name _____.
   Der Kurs _____ heute wegen Krankheit der Dozentin.
   Die Vergütung der Beschäftigten steigt. Auf jeden Kollegen _____ im Jahr 360 Euro mehr.

12 KOMMUNIKATION **Lesen Sie den Text zur Grafik und schreiben Sie die Sätze richtig.** → KB 6

1. *(zeigt, – Das Liniendiagramm – wie)* sich die
   Abiturient*innenquote in Deutschland von 1992
   bis 2020 entwickelt hat.
2. *(ist – Die Quelle)* das Statistische Bundesamt.
   (erhoben – Die Daten – 2020 – wurden).
3. *(sich beobachten, – Zu Beginn dieses Zeitraums – lässt – dass)*
   etwa ein Drittel der jungen Leute das Abitur machen.
4. *(zeigt sich – Im Laufe der Jahre – allerdings, dass – 1992
   bis 2012)* die Quote steigt.
5. *(im Jahr 2012 – denn hier erreicht – wird – besonders
   deutlich, – Diese Entwicklung)* die Quote ihren
   Höhepunkt. Danach sinkt sie wieder.
6. *(sich also feststellen, – Zusammenfassend – dass – lässt)*
   die Quote bis 2012 gestiegen ist und seitdem
   eher sinkt.

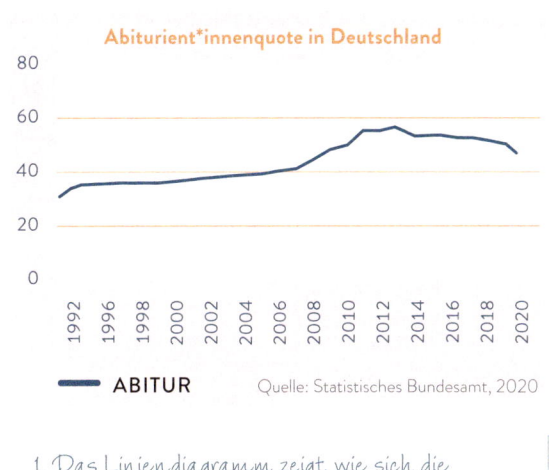

> *1. Das Liniendiagramm zeigt, wie sich die
> Abiturient*innenquote in Deutschland von
> 1992 bis 2020 entwickelt hat. 2. Die Quelle ...*

13a KOMMUNIKATION **Lesen Sie die Redemittel und ordnen Sie zu: Thema und Quelle einer
Grafik benennen (a), wichtige Informationen einer Grafik wiedergeben (b), Informationen
zusammenfassen (c).** → KB 6

An erster Stelle stehen ... _____   Die Daten stammen aus einer Umfrage von ... _____
Das Tortendiagramm zeigt, wie ... _____   Zusammenfassend lässt sich also feststellen, dass ... _____
Auf dem zweiten Platz folgen ... _____   Die Grafik gibt den Anteil der ... in Prozent wieder. _____
Weniger beliebt sind dagegen ... _____   Auf dem dritten Platz folgen ... _____

b Beschreiben Sie die Grafik und beantworten Sie die Fragen 1–4. Die Redemittel aus **a** und **12** helfen Ihnen.

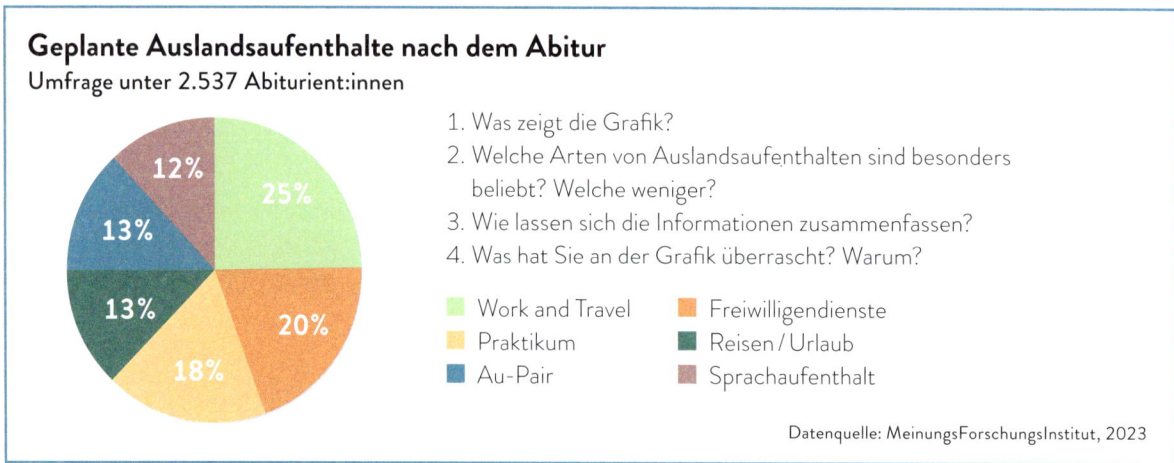

Geplante Auslandsaufenthalte nach dem Abitur
Umfrage unter 2.537 Abiturient:innen

1. Was zeigt die Grafik?
2. Welche Arten von Auslandsaufenthalten sind besonders beliebt? Welche weniger?
3. Wie lassen sich die Informationen zusammenfassen?
4. Was hat Sie an der Grafik überrascht? Warum?

- Work and Travel
- Praktikum
- Au-Pair
- Freiwilligendienste
- Reisen / Urlaub
- Sprachaufenthalt

25% · 20% · 18% · 13% · 13% · 12%

Datenquelle: MeinungsForschungsInstitut, 2023

Aussprache: Klar und deutlich I: Grafikbeschreibung

3 ◀) 09 **1 Hören Sie und sprechen Sie nach.**

1. Rechtswissenschaften – Wirtschaftswissenschaften – Sozialwissenschaften – Rechts-, Wirtschafts- und Sozialwissenschaften
2. 2020 – 2021 – das Studienjahr 2020/2021
3. mit 38 Prozent – mit jeweils 11 Prozent

> Bei einer Grafikbeschreibung muss Ihr Publikum viele Informationen erfassen. Durch eine deutliche Artikulation und eine klare Strukturierung des Vortrags können Sie das Verständnis erleichtern. Dies gelingt durch sinnvolle Betonungen und Pausen sowie ein adäquates Sprechtempo (nicht zu schnell!). Üben Sie vorher die Aussprache von Schlüsselwörtern und komplexen Ausdrücken. Wiederholen Sie auch die Aussprache von Zahlen.

2a Bereiten Sie sich auf das Sprechen vor: Wo sind Sprechpausen sinnvoll und möglich? Sehen Sie sich die Beispiele 1 und 2 an und markieren Sie dann die Wortgruppen [ ] für die Sätze 3 – 5. Markieren Sie anschließend in jeder Wortgruppe ein Schlüsselwort, das betont werden soll.

Studierende nach Fachrichtung, 2020/2021
Verteilung der Fächergruppen

Humanmedizin / Gesundheitswissenschaften — 6%
sonstige Fächer — 7%
Mathematik, Naturwissenschaften — 11%
Geisteswissenschaften — 11%
Ingenieurwissenschaften — 27%
Rechts-, Wirtschafts- und Sozialwissenschaften — 38%

Datenquelle: Statistisches Bundesamt, 2021

1. [Das Tortendiagramm zeigt,] [wie sich Studierende] [auf die verschiedenen Fächergruppen verteilen.]
2. [Die Daten] [wurden für das Studienjahr 2020/2021] [durch das Statistische Bundesamt erhoben.]
3. An erster Stelle stehen die Rechts-, Wirtschafts- und Sozialwissenschaften mit 38 Prozent.
4. Auf dem zweiten Platz folgen die Ingenieurwissenschaften mit 27 Prozent.
5. Weniger beliebt sind dagegen die Geisteswissenschaften sowie Mathematik und Naturwissenschaften mit jeweils 11 Prozent.

b Üben Sie die Grafikbeschreibung aus **a** so oft, bis Sie diese ohne Probleme sprechen können. Nehmen Sie sich auch mit dem Smartphone auf und bitten Sie Ihre Partnerin / Ihren Partner um ein Feedback.

3 ◀) 10 **c** Hören Sie ein Beispiel und vergleichen Sie mit Ihrer Lösung.

1 `WÖRTER` **Was ist richtig? Lesen Sie die Beiträge und markieren Sie.**

▸ **M0m&Dad:** Unsere Tochter kommt nächstes Jahr in die Schule, und wir denken über eine reformpädagogische Schule nach. Habt ihr da Erfahrungen? Oder jemand aus eurem Bekanntenkreis / Habitus (1)? Wir kennen niemanden und sind ein bisschen ausgeschlossen / ratlos (2), ob das eine gute Idee ist …

▸ **FrauLehrerin:** Während des Studiums hatte ich einen Berufswunsch / Praktikumsplatz (3) an einer reformpädagogischen Schule. Der Unterricht dort war praktischer als an anderen Schulen, und in die Zeugnisse / Hindernisse (4) haben die Lehrkräfte individuelle Bewertungen über die Schülerinnen und Schüler geschrieben, nicht bloß die Auszubildenden / Noten (5) von 1 bis 6. Mir hat es dort gefallen.

▸ **DerGeselle:** Ich war selbst Schüler an einer reformpädagogischen Schule, und unsere Lehrkräfte waren super! Sehr engagiert. Meine Klassenlehrerin hat mir zum Beispiel sehr geholfen, als ich nicht wusste, ob ich studieren oder lieber eine Haltung / Berufsausbildung (6) machen sollte. Keine Ahnung, ob man sich an einer anderen Schule auch so viel Zeit für mich genommen hätte. Überhaupt bin ich nicht sicher, ob ich an einer anderen Schule so gut klargekommen / entgegengekommen (7) wäre und überhaupt mein Abi gemacht hätte. Also aus meiner Perspektive: total empfehlenswert! 👍

.... / 7 Punkte   😊 4–7 Punkte   🙁 0–3 Punkte

2 `GRAMMATIK` **Lesen Sie den Tipp und ordnen Sie zu.**

 allerdings   nichtsdestotrotz   ungeachtet   wenn es auch   wobei

Nach der Schule ins Ausland? – Tipps für den Auslandsaufenthalt

Mit einem Auslandsaufenthalt kannst du deine Fremdsprachenkenntnisse verbessern und neue Erfahrungen sammeln. Das funktioniert .... (1) nur, wenn du vor Ort Kontakte und Freundschaften aufbaust. Wenn du allein ins Ausland gehst, wirst du vermutlich noch mehr von deinem Aufenthalt profitieren – .... (2) vielleicht nicht immer einfach ist, allein in einem anderen Land zu leben. Auslandsaufenthalte sehen auf dem Lebenslauf gut aus, ... (3) muss das nicht deine Hauptmotivation sein. Eine neue Kultur kennenzulernen, ist immer sehr bereichernd, ... (4) es nicht immer ein weit entfernter Kontinent sein muss. Schon im Nachbarland gibt es viel zu entdecken. .... (5) aller Bücher, die du über ein Land gelesen, oder Dokus, die du vielleicht gesehen hast, wirst du unzählige Überraschungen erleben. Bereite dich also darauf vor, dass es Situationen gibt, auf die du dich nicht vorbereiten kannst!

.... / 5 Punkte   😊 3–5 Punkte   🙁 0–2 Punkte

3 `KOMMUNIKATION` **Lesen Sie den Vortrag. Was passt? Ordnen Sie zu.**

 (a) An erster Stelle steht   (b) Danach folgen   (c) Was für diese Auswahl meines Erachtens ausschlaggebend ist, ist
 (d) Ich denke, von zentraler Bedeutung dürfte   (e) Diese Grafik stellt die prozentuale Verteilung von

Herzlich willkommen. Ich möchte Ihnen heute die beliebtesten Ausbildungsberufe der letzten Jahre vorstellen. … (1 ....) abgeschlossenen Ausbildungsverträgen in verschiedenen Berufen dar. … (2 ....) das Büromanagement mit über 23.000 neuen Ausbildungsverträgen im Jahr. … (3 ....) der Verkauf und die Ausbildung zur Mechatronikerin oder zum Mechatroniker mit jeweils etwa 20.700 Verträgen. Warum gerade diese Berufe, werden Sie sich fragen. … (4 ....) die Tatsache, dass viele Jugendliche von diesen Berufen eine klare Vorstellung haben. Ein anderer Punkt ist die berufliche Perspektive. … (5 ....) für viele Jugendliche sein, dass sie mit diesen genannten Berufen gute Chancen auf dem Arbeitsmarkt haben.

.... / 5 Punkte   😊 3–5 Punkte   🙁 0–2 Punkte

1 LESEN **Lesen Sie den Text. Beachten Sie auch die Informationen aus der Grafik. Am Ende sehen Sie eine Zusammenfassung. Die Zusammenfassung folgt nicht dem Textverlauf.** Markieren Sie die Sätze in der Zusammenfassung, die inhaltlich falsch sind. Es gibt genau drei inhaltlich falsche Sätze. Sie haben 7 Minuten Zeit.

FREIWILLIGES SOZIALES JAHR ALS CHANCE

Jedes Jahr entscheidet sich ein kleiner Anteil der Schulabgängerinnen und -abgänger, nach ihrem Abschluss ein Freiwilliges Soziales Jahr (FSJ) zu absolvieren. Diese Möglichkeit, die bereits seit 1964 besteht, erlaubt es jungen Menschen, für eine gewisse Zeit (zwischen 6 und 18 Monaten) eine Tätigkeit in sozial-karitativen, kulturellen, politischen oder sportbezogenen Einrichtungen auszuüben.

Diese vorübergehende Beschäftigungsform bedeutet für die Gesellschaft ein großes Plus. Junge, leistungsfähige Menschen an der Schwelle zum Berufseintritt können ihre Kräfte im sozialen Bereich einbringen, in dem häufig über zu große Belastung und Personalnot geklagt wird. Zwar benötigen die FSJlerinnen und FSJler zu Beginn Mentorinnen und Mentoren, die sie unterstützen. Sie sind aber in den meisten Fällen schon nach einer kurzen Einarbeitungsphase in der Lage, bestimmte Tätigkeiten selbstständig und verantwortungsvoll auszuführen, was dann wiederum eine Entlastung für die Fachkräfte bedeutet.

Zudem gibt es auch für die Menschen, die sich für ein FSJ entscheiden, gewichtige Vorteile. Sie bekommen die Gelegenheit, in den Berufsalltag hineinzuschnuppern und einen oder sogar mehrere Berufe gut kennenzulernen. Das wirkt sich positiv auf ihr weiteres Berufsleben aus. Befragungen haben eindeutig gezeigt: Menschen, die zunächst ein FSJ absolviert haben und sich dann für eine Ausbildung in einem sozialen Beruf oder für ein Studium im sozialen Bereich entschieden haben, brechen diese signifikant weniger häufig ab als Personen ohne diese Erfahrung. Das FSJ hat demzufolge einen direkten positiven Einfluss auf das Gelingen des Berufseinstiegs.

Und nach der Schule? Was haben junge Menschen vor?

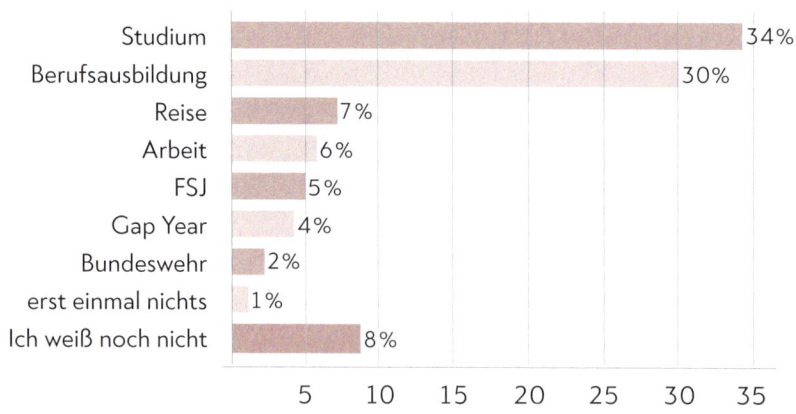

Zusammenfassung

In Deutschland gibt es seit mehr als einem halben Jahrhundert die Möglichkeit, nach der Schule ein Freiwilliges Soziales Jahr zu machen. Das bedeutet, dass man einige Monate beispielsweise in einer sozialen Einrichtung tätig ist. Für diese Möglichkeit entscheidet sich in der Regel ein wesentlicher Teil der Schulabgängerinnen und Schulabgänger. Der Anteil der jungen Leute, die nach dem FSJ eine soziale Ausbildung machen, ist sehr hoch. Man weiß zudem, dass nur wenige ehemalige FSJlerinnen und FSJler die begonnene Ausbildung dann nicht beenden. Der Grund hierfür ist, dass sie bereits den Alltag in diesem Beruf kennengelernt haben und sich dann bewusst für genau diesen entscheiden. Ein FSJ vor Beginn eines Studiums bringt allerdings keine entscheidenden Vorteile. Für die Gesellschaft sind FSJlerinnen und FSJler eine große Bereicherung. Nach einer kurzen Lernphase können sie die Fachkräfte der Einrichtung sehr unterstützen.

> Bei dieser Aufgabe sind sowohl der Text als auch die Grafik wichtig. Die Grafik gibt nicht die Informationen des Textes noch einmal wieder, sondern trägt eigene, neue Informationen bei. Es ist wichtig, dass Sie sich beides intensiv anschauen. Die Zusammenfassung ist ein Zusammenspiel aus beiden Informationsquellen. Achten Sie auf die Zeit: Sie haben nur 7 Minuten, um diese Aufgabe zu lösen.

3◀)11 **2** HÖREN **Sie hören die Meinungen von acht Personen. Sie hören die Meinungen nur einmal.** Entscheiden Sie beim Hören, welche Aussage (a–j) zu welcher Person (Sprecherin / Sprecher 1–8) passt. Zwei Aussagen passen nicht. Lesen Sie jetzt die Aussagen a–j. Sie haben dazu eine Minute Zeit.

Kontroverse Meinungen zum Thema „Exzessiver Sport in der Freizeit"

a. .... Das Verletzungsrisiko ist bei exzessivem Sport extrem hoch.

b. .... Zu viel Sport kann sich wie ein Zwang anfühlen.

c. .... Exzessiver Sport ist oft eher ein sekundäres Problem.

d. .... Sport bei Krankheit sollte man unbedingt vermeiden.

e. .... Menschen mit krankhaftem Sportverhalten brauchen Hilfe.

f. .... Sport verstehen wir alle eigentlich als etwas sehr Gesundheitsförderndes.

g. .... Viele Menschen haben Angst, nicht genug Sport zu machen.

h. .... Es spricht nichts gegen kontrollierten exzessiven Sport.

i. .... Exzessiver Sport bedeutet nicht zwangsläufig eine Reduzierung der Sozialkontakte.

j. .... Oft leidet die Spontaneität eines Menschen unter exzessivem Sporttreiben.

> Die Aussagen a–j stehen in anderer Reihenfolge als die Meinungen, die Sie hören. Sie dürfen nur einmal hören und müssen spontan während des Hörens zuordnen. Deshalb ist es wichtig, dass Sie die Aussagen vor dem Hören gut lesen. Unterstreichen Sie die Schlüsselwörter, damit Sie beim Hören die passende Aussage schnell finden.

3 LESEN **Sie lesen in einer Fachzeitschrift Beiträge von Wissenschaftlerinnen und Wissenschaftlern.** Wählen Sie bei jeder Aussage: Wer äußert das? Zwei Aussagen passen nicht. Tragen Sie in diesem Fall 0 ein. Sie haben 15 Minuten Zeit.

Beispiel:

0. Bei der Nutzung des ÖPNV spielt für die Menschen der Preis eine Rolle.   Lösung: a

1. Für Menschen ist es wichtig, eine gute Auswahl an Verkehrsmitteln zu haben. ....

2. In einer Stadt muss alles mit dem ÖPNV gut erreichbar sein. ....

3. Veränderungen der Mobilitätsangebote müssen bedürfnisorientiert geschehen. ....

4. In vielen Städten gibt es schon gute öffentliche Verbindungen. ....

5. Neue Angebote erfüllen das Kriterium der Nachhaltigkeit nicht ausreichend. ....

6. Das erweiterte Sharing-Angebot findet noch nicht ausreichend Zustimmung. ....

7. Die Fahrgäste sollten bei der Nutzung des ÖPNV nicht lange warten müssen. ....

ZUKUNFTSFRAGEN UNSERER GESELLSCHAFT
Ökologisch vertretbare Mobilität

a Andra Kulnius, Direktorin des Instituts für Stadtentwicklung

Aktuelle Daten zeigen: Der allergrößte Teil der Bevölkerung in den Städten ist täglich unterwegs. Diese Tatsache macht deutlich, wie wichtig es ist, großes Augenmerk auf die Mobilitätsmöglichkeiten in den Städten zu legen. Viele Großstädte verfügen bereits über gute öffentliche Verkehrsnetze und Verkehrsanbindungen. Unsere Aufgabe ist es nun, diese zukünftig so zu gestalten, dass sie eine geringere Belastung für Umwelt und Natur darstellen. Schon jetzt fährt ein Teil der Busse im ÖPNV mit Strom. Es gilt, die Nutzung von Elektrofahrzeugen weiter auszubauen und finanziell zu unterstützen. Außerdem sollte man über eine Vergünstigung der Tickets für den ÖPNV nachdenken. Bustickets müssen definitiv günstiger sein als die Kosten für das Auto. Und die Taktung des ÖPNV sollte so gut sein, dass es regelmäßig die Möglichkeit gibt, in einen Bus oder eine Straßenbahn einzusteigen.

b Luis Premel, Professor für Nachhaltige Mobilität

Jede Stadt braucht verlässliche Mobilitätsstrukturen. In einer modernen städtischen Gesellschaft muss es gewährleistet sein, dass man ohne Auto von Ort A zu Ort B kommt – und zwar mit dem öffentlichen Verkehrsmittel, das man selbst bevorzugt. Hier auswählen zu können, stellt für mich einen zentralen Aspekt dar: Es muss ein großes Angebot geben. Neben den klassischen Verkehrsmitteln des ÖPNV – Bussen, Straßenbahnen, S-Bahnen – gibt es deshalb eine immer größere Anzahl von Sharing-Angeboten, die mittlerweile sogar das Stadtbild deutlich prägen. Neben den bereits seit Längerem vorhandenen Leihautos und Leihfahrrädern gibt es nun auch Leihroller, E-Bikes und Lastenräder zum Transport von Kindern oder größeren Einkäufen. Die Unterschiedlichkeit des Angebots wirkt sich, das wissen wir bereits aus aktuellen Studien, positiv aus und gilt als wichtiger Baustein für eine Mobilitätswende in den großen Städten.

c Silvia Contreras, Professorin für Sozialforschung

Bei der Veränderung von Mobilitätsangeboten in den Städten vergisst man erfahrungsgemäß, diejenigen zu beteiligen, um die es tatsächlich geht: die Bewohnerinnen und Bewohner. Wichtig ist aber: Bei Mobilitätsproblemen und Szenarien zu ihrer Verbesserung dürfen die tatsächlichen Bedürfnisse der betroffenen Menschen nicht übersehen werden. Anpassungen von Verkehrsnetzen und Verkehrsanbindungen oder etwa der Ausweitung von Sharing-Angeboten sollten immer gezielte Bürgerbefragungen und Erhebungen vorausgehen. Denn es ist möglich, dass die Bevölkerung, die die neuen Angebote schließlich nutzen soll, völlig andere Bedürfnisse und Ideen hat. Eine Erweiterung der Taktung auf einer wenig frequentierten Buslinie führt häufig nicht dazu, dass mehr Menschen diesen Bus nutzen. Hier wäre zum Beispiel die Einrichtung eines Shuttlebusses sinnvoller, der dann kommt, wenn man ihn braucht. Aus eigener Erfahrung weiß ich, dass die Menschen einer Stadt sehr genaue Vorstellungen davon haben, wie man ihre Mobilitätssituation verbessern könnte.

> In dieser Aufgabe stehen die Aussagen vor den Texten. Lesen Sie deshalb auch zuerst die Aussagen und unterstreichen Sie Schlüsselwörter. Lesen Sie dann Text a genau durch und vergleichen Sie mit den Aussagen. Wählen Sie die passenden Aussagen. Machen Sie dann genauso mit Text b, danach mit Text c weiter.

4 SPRECHEN **Sich am Telefon entschuldigen und etwas aushandeln**

Situation: Sie ziehen um und haben für den Umzug einen Lkw mit einem Fahrer bestellt. Als er kam, waren Sie aber nicht zu Hause und auch nicht erreichbar. Deswegen ist der Fahrer wieder weggefahren.

TELEFON TELEFON TELEFON TELEFON TELEFON TELEFON

- Stellen Sie sich vor.

- Entschuldigen Sie sich.

- Erklären Sie die Situation.

- Versuchen Sie, den Lkw-Fahrer davon zu überzeugen, dass er zurückkommt.

> Sie sollen etwa 5 Minuten sprechen. Das kann lang werden. Überlegen Sie sich eine gute Geschichte und erzählen Sie diese mit vielen Details und einem abwechslungsreichen Wortschatz. Hier ist auch Ihre Fantasie gefragt!

5 SCHREIBEN **In Ihrem Mietshaus ist schon lange der Fahrstuhl kaputt. Die Hausverwaltung hat angekündigt, ihn reparieren zu lassen, findet aber keine Handwerker mit freien Terminen.** Sie sind schon älter, wohnen in der 4. Etage und brauchen den Fahrstuhl. Schreiben Sie eine Beschwerde an die Hausverwalterin, Frau Tölg. Schreiben Sie circa 120 Wörter. Sie haben 25 Minuten Zeit.

- Eröffnen Sie Ihr Schreiben höflich, indem Sie Verständnis für Terminzwänge zeigen.

- Beschreiben Sie, welche Probleme für Sie durch den kaputten Fahrstuhl entstanden sind.

- Geben Sie an, welcher Zeitraum bis zur Reparatur für Sie akzeptabel wäre.

- Schlagen Sie eine andere Lösung für das Problem mit dem Fahrstuhl vor.

> Bei dieser Aufgabe wird bewertet, wie genau die vier Inhaltspunkte bearbeitet sind, wie korrekt der Text insgesamt ist und wie gut die Sätze und Abschnitte sprachlich miteinander verknüpft sind. Achten Sie vor allem bei der Verknüpfung der Sätze und der Textteile auf ein angemessenes Sprachniveau. Verbinden Sie die Sätze und die Textteile beispielsweise mit Konnektoren (*da, weil, denn, obwohl, indem* usw.), geeigneten Präpositionen (*mittels, aufgrund, durch, zwecks* usw.) und Präpositionalpronomen (*dadurch, damit, dafür, dagegen, darum* usw.) und zeigen Sie so, dass Sie sich auf vielfältige Weise ausdrücken können.

3 ◀)) 12   **6** SPRECHEN **In Ihrem kulturwissenschaftlichen Seminar diskutieren Sie heute über das Thema „Auslandssemester". Eine Kommilitonin äußert sich zu dem Thema.** Ihr Dozent, Herr Dr. Weiß, bittet Sie, zu der Äußerung Stellung zu nehmen. Geben Sie die Argumente Ihrer Kommilitonin wieder und nehmen Sie Stellung zu ihren Argumenten. Begründen Sie Ihren eigenen Standpunkt zum Thema.

1 Minute

1 Minute 30 Sekunden

2 Minuten

> Achten Sie beim Hören gut auf die Argumente, die genannt werden. Notieren Sie sie. In Ihrer Vorbereitungszeit können Sie sich dann Gegenargumente und Gegenbeispiele überlegen. Dem Argument zum Beispiel, dass Studierende während eines Auslandssemesters nur Partys feiern, könnten Sie widersprechen und Gegenbeispiele anführen. Dazu sollten Sie sich passende Redemittel wie die folgenden einprägen: *Das sehe ich nicht so.* • *Ihr Argument ... kann ich nicht nachvollziehen.* • *Das denke ich nicht.* • *Ich bin mir nicht sicher, ob ...* • *Da bin ich ganz anderer Ansicht.* • *Das stimmt zwar, aber ...*

Alles im grünen Bereich

Fit für Lektion 7

1 WÖRTER **Finden Sie weitere fünf Nomen. Lesen Sie den Text und ordnen Sie sie zu.**

NATRÜWRESSOURCEMITRIGENTU**ROHSTOFFE**SCHWÄMBISCHATMOSPHÄRE
STZEICKSCHÜFTVERBRAUCHPLIGSTERFMAßNAHMENRLZUKKLIMABROWER

Liebe Mitarbeiterinnen, liebe Mitarbeiter!
Wir freuen uns sehr über den
Umweltpreis FUTUR AKTIV!

Unser Betrieb wurde ausgewählt, weil

- uns klar ist, dass uns die Natur wertvolle ___Rohstoffe___ (1) nicht unbegrenzt zur Verfügung stellt.
- wir es geschafft haben, mithilfe von Erdwärme und Sonnenenergie unseren _____ (2) an Strom zu reduzieren.
- Wasser für uns eine wichtige _____ (3) ist und wir im 5-Jahres-Vergleich 30% sparen konnten.
- unsere neuen Filteranlagen weniger CO_2 produzieren und somit das _____ (4) geschützt wird.
- durch unsere neu angeschafften Elektroautos keine Abgase in die _____ (5) gelangen.
- nicht zuletzt unsere tollen Mitarbeiter*innen alle _____ (6) aktiv unterstützen.

Dafür ein großes Dankeschön!

2 WÖRTER **Welches Wort passt? Lesen Sie die Umfrage und markieren Sie.**

• • • **Unsere Umfrage im Stadtmagazin: Was bedeutet für dich Nachhaltigkeit?** • • •

Yannick, 23: Wir alle müssen (langfristig)/ gerecht (1) denken: Möchte ich lange an etwas Freude haben, in meinem Alltag gerechte / umweltfreundliche (2) Dinge verwenden und etwas zum Schutz der Natur beitragen? Dann muss ich mir auch bewusst sein, dass das nur möglich ist, wenn ich Sachen kaufe, die langfristig / ökologisch (3) hergestellt wurden.

Ayşe, 38: Je höher das Umweltbewusstsein in einem Betrieb ist, umso besser sind meistens auch die Arbeitsbedingungen für die Mitarbeiter. Was Personalausgaben betrifft, darf eine Firma nicht sparsam / umweltfreundlich (4) sein. Wenn die Bezahlung gerecht / ökologisch (5) ist, ist das für mich auch ein Zeichen von Nachhaltigkeit.

3 GRAMMATIK **Lesen Sie den Flyer und den Tipp unten. Ergänzen Sie dann die richtigen Endungen.**

Die GRÜNE SIEDLUNG braucht Ihre Unterstützung – jetzt!

Nur wenig_e_ (1) Maßnahmen sind nötig, um Lebensmodelle für ein harmonisches Miteinander von Mensch und Umwelt zu realisieren. Wir setzen uns ungeachtet viel_____ (2) Widerstände für den Bau der GRÜNEN SIEDLUNG ein! Dort sind einig_____ (3) Regeln absolute Voraussetzung, was Energieaufwand und Naturschutz betrifft:

- kein Einsatz von Strom, der sich aus mehrer_____ (4) Quellen zusammensetzt, wie z. B. Atomkraft oder Kohle, sondern nur Energie von einig_____ (5) Windrädern in der Region.
- statt eines perfekt geschnittenen Rasens weite Gartenbereiche mit hohem Gras und Bäumen, die trotz viel_____ (6) Trockenphasen im Sommer für kühlere Temperaturen und feuchte Böden sorgen.

Geben Sie der GRÜNEN SIEDLUNG eine Chance und unterschreiben Sie unter **www.gruene-siedlung.org**!

> Die Artikelwörter *einige, mehrere, viele* und *wenige* dekliniert man wie den Negativartikel *keine* im Plural.

7

4 WÖRTER Lesen Sie das Gespräch. Was bedeuten die hinterlegten Satzteile? Markieren Sie. → KB 1

◆ Hi, Finn! Alles im grünen Bereich bei dir (1)?

▲ Ja, nur habe ich viel zu tun. Im letzten Semester muss ich eine Infoveranstaltung zum Thema „Ökonomische Nachhaltigkeit" organisieren. Du weißt ja: Ich stehe kurz vor (2) dem Abschluss.

◆ Du meinst dein Studium im Bereich Umweltmanagement, oder?

▲ Genau! Als ich damals von dem Studienangebot gelesen habe, habe ich keine Minute gezögert. Du weißt, ich brenne für (3) Umwelt- und Klimaschutz.

◆ Du bist so aktiv und engagiert. Das bewundere ich an dir! Ich hingegen habe keinen Plan (4). Zwar habe ich mich schon um mehrere Stellen beworben, aber leider noch nichts gehört.

▲ Ich dachte, du hast die Zusage von dieser großen IT-Firma schon in der Tasche (5)?

◆ Leider noch nicht. Die Personalmanagerin wollte sich letzte Woche bei mir melden.

1. (a) Ist alles in Ordnung?
   (b) Verbringst du viel Zeit in der Natur?
2. (a) Ich werde eine Ausbildung / ein Projekt abbrechen.
   (b) Ich werde in naher Zukunft eine Ausbildung / ein Projekt beenden.
3. (a) Dieses Thema liegt mir sehr am Herzen.
   (b) Dieses Thema kostet mich viel Energie.
4. (a) Ich bin unsicher, wie es in naher Zukunft weitergehen wird.
   (b) Mir ist es völlig egal, was in der Zukunft passieren wird.
5. (a) Du hast eine Zusage für die Stelle bekommen.
   (b) Du hast dich gegen die Stelle entschieden.

5 WÖRTER Was passt? Lesen Sie den Infotext und ergänzen Sie. → KB 2

Emissionen   Innovation   ~~Mittelpunkt~~   Möglichkeit   Verfahren   Zentrum

NACHHALTIG GENIESSEN

Beim Stichwort Wien denken viele sofort an Cafés, in denen der entspannte Genuss verschiedener Kaffeespezialitäten im _Mittelpunkt_ (1) steht. Zum Feierabend landen die Berge von gebrauchtem Kaffee – auch ‚Kaffeesatz' genannt – dank einer nachhaltigen _____ (2) jedoch nicht im Müll. Denn was nach vielen Tausenden konsumierten Tassen übrig bleibt, schafft die _____ (3) für einen nachhaltigen Kreislauf der besonderen Art: Aus Kaffee werden Pilze! Ein Wiener Betrieb hat den Kaffeesatz als Ressource erkannt und ein besonderes Food-Konzept ins _____ (4) seiner Geschäftsidee gestellt. Das wertvolle Abfallprodukt wird bei den Kaffeehäusern abgeholt und als nährstoffreiche Basis für den Anbau von Speisepilzen verwendet. Nach der Ernte werden die Pilze entweder an kleine Läden und Supermärkte verkauft oder zu leckeren Produkten wie Pilzgulasch, Pesto und sogar veganen Würsten verarbeitet. Durch ein enges regionales Netzwerk bleiben die Transportwege kurz, sodass im gesamten Kreislauf nur geringe _____ (5) anfallen. Mittlerweile haben viele diese Idee übernommen und das zeigt: Auch mit altem Kaffee lässt sich erfolgreich wirtschaften! Wer mehr über dieses _____ (6) wissen oder sogar selbst Pilze anbauen möchte, kann sich hier informieren.

der Kaffeesatz

Austernpilze

6a WÖRTER **Lesen Sie die Werbung für einen Vortrag. Wie kann man statt der *kursiven Satzteile* noch sagen? Ordnen Sie zu.** → KB 2

> Vortrag + Publikumsdiskussion | **MORGEN IST JETZT!** | Neuer Stadtsaal, Beginn: 20 Uhr
>
> Wie kann es uns gelingen, ein emissionsarmes Lebensumfeld für heutige und zukünftige Generationen zu *garantieren* (a)? Im Fokus des Vortrags steht die Frage, wie man eine Reduzierung der eigenen Emissionen *erreichen* (b) kann. Lässt sich nur durch den Verzicht auf alte Gewohnheiten die Basis für Neues *herstellen* (c)? Welche neuen Arten der Mobilität bieten schon jetzt die Möglichkeit, die Umwelt *rücksichtsvoll* zu *behandeln* (d), und warum lohnt es sich in jedem Fall, *für E-Autos gezielt Geld auszugeben* (e)? Die Veranstaltung *spricht* alle *an* (f), die sich für das Thema grüne Mobilität interessieren.

1. erzielen _b_
2. investieren in ......
3. schaffen ......
4. schonen ......
5. sicherstellen ......
6. sich richten an ......

b Was passt nicht? Streichen Sie es durch.

1. hervorragende Ergebnisse / hohe Gewinne / endlich Klarheit / ~~eine Prüfung~~ erzielen
2. die eigene Gesundheit / Möglichkeiten / seine Nerven / Ressourcen schonen
3. Anstrengungen / Chancen für alle / perfekte Voraussetzungen / Verbesserungen schaffen
4. gute Arbeitsbedingungen / faire Bezahlung / Hindernisse / Zufriedenheit im Team sicherstellen
5. sich an Auszubildende / den Bekanntenkreis / Interessierte / das Studienangebot richten
6. in die Entwicklung von Maschinen / hohe Schulden / Umweltprojekte / die Zukunft investieren

7 KOMMUNIKATION **Stellen Sie den Beruf *Nachhaltigkeitsplaner/-in* vor. Verwenden Sie die Redemittel bei den angegebenen Textstellen.** → KB 3

(1) Den Beruf der / des … kann man im Rahmen einer Ausbildung / eines Studiums / … erlernen.

(2) Alternativ qualifiziert man sich für diesen Beruf, indem man …

(3) Zu den Aufgaben einer / eines … gehören in erster Linie … / … ist verantwortlich / zuständig für …

(4) … fällt in den Verantwortungsbereich / in die Zuständigkeit einer / eines …

(5) … gehört (ebenso) zum Anforderungsprofil einer / eines …

(6) Für die Tätigkeit als … sollte man folgende Fähigkeiten / Qualifikationen mitbringen: …

Unser Architekturbüro Morgenhäuser braucht DICH!

Hast du ein abgeschlossenes Architekturstudium mit Schwerpunkt nachhaltiges Bauen und grüne Stadtentwicklung? (1) Oder hast du bereits langjährige Erfahrung auf Baustellen und bei der Planung von Bauprojekten gesammelt? (2)

Dann bewirb dich als Planer/-in für nachhaltiges Bauen unter **morgenhaeuser@buero.org**

Ein/-e Nachhaltigkeitsplaner/-in

- erstellt digitale Pläne der neuen Bauwerke und kennzeichnet die genaue Position aller verwendeten Materialien. (3)
- koordiniert zwischen Architektenteam und Bauleitung. (4)
- muss den Überblick über den gesamten Bauprozess bewahren. (5)

Voraussetzungen: ausgezeichnete Computerkenntnisse, hohe Teamfähigkeit, kreatives Potenzial (6)

> *1. Den Beruf des Nachhaltigkeitsplaners kann man im Rahmen eines Architekturstudiums mit Schwerpunkt nachhaltiges Bauen und grüne Stadtentwicklung erlernen.*

8 WÖRTER **Lesen Sie den Infotext und schreiben Sie die Wörter richtig.** → KB 4

🍀 WAS SIND GRÜNE BERUFE? 🍀

Sind das bloß Gärtner, Biolandwirte und Förster? Keineswegs! Auch im Dienstleistungsbereich, in der Forschung oder in der Industrie tragen spannende und abwechslungsreiche Berufe zum Schutz der Umwelt bei. Dazu zählen zum einen Tätigkeiten, in denen es darum geht, bewusst umweltschädliche Stoffe zu vermeiden und _recycelbare_ (cel-re-re-ba-cy) (1) einzusetzen – beispielsweise bei der Abfallberatung: Hier geben Fachleute Tipps zu biologisch _____ (ba-ab-ren-bau) (2) Materialien. Zum anderen zählen dazu aber auch Jobs in der Gebäudetechnik, wo dank _____ (tio-ler-kon-nel-zep) (3) Entwicklungen Häuser völlig neu gedacht werden. Man setzt überwiegend _____ (de-nach-sen-wach) (4) Rohstoffe ein, wie Holz oder andere pflanzliche Materialien. Grünen Berufen gehört die Zukunft, da in vielen Arbeitsfeldern _____ (wer-hoch-ge-ti) (5) Stoffe wiederverwendet werden können und sollen.

9 WÖRTER 🖾 **Lesen Sie den Tipp und den Text. Ergänzen Sie _zu_ an der richtigen Stelle.** → KB 4

Verben mit zwei Präfixen können trennbar (z. B. _anerkennen_) oder untrennbar sein (z. B. _verunreinigen_). Sie bilden das Partizip Perfekt ohne _ge-_ (z. B. _anerkannt, verunreinigt_). Beim Infinitiv mit _zu_ steht das _zu_ zwischen den beiden Präfixen, wenn das erste Präfix trennbar ist, und bei dem Verb _missverstehen_.

Der Begriff Nachhaltigkeit ist leicht ‿ miss _zu_ verstehen (1). Viele denken dabei nur an die Umwelt. Wir sollten anfangen _____ an _____ erkennen (2), dass nachhaltiges Handeln auch eine Voraussetzung für Gerechtigkeit ist. Der erste Schritt ist, sich _____ ein _____ gestehen (3), dass unser Handeln heute große Auswirkungen auf die Zukunft hat. Wenn wir zum Beispiel vermeiden, Wasser _____ ver _____ unreinigen (4), schützen wir damit auch kommende Generationen. Vielen Älteren fällt es schwer, sich in die Ängste jüngerer Menschen _____ hinein _____ versetzen (5) und ihre Kritik _____ nach _____ vollziehen (6).

10a WÖRTER **Die markierten Nomen stehen an der falschen Stelle. Korrigieren Sie.** → KB 4

BEWEGTE BILDER, DIE BEWEGEN:
SO TRÄGT DIE FILMBRANCHE ZUR NACHHALTIGKEIT BEI!

In Niederosterreich wurde eine eigene Fortbildung ins Grundwasser (1) gerufen, die zum Green Film Consultant ausbildet. Sie / Er begleitet die Filmentwicklung und achtet auf eine nachhaltige Arbeitsweise, denn die Produktion eines Films ist oft eine große Belastung für die Umwelt. Durch genaue Planung können jedoch in jeder einzelnen Produktionsphase Inhaltsstoffe (2) schädlicher Emissionen und Stoffe erreicht werden. Das betrifft die gesamte Praxis (3): Können Kostüme mehrmals eingesetzt werden? Wie kann Müll vermieden werden, zum Beispiel beim Catering? Welche Reduzierungen (4) stecken in der Schminke für die Schauspieler? Ein Green Film Consultant muss gut organisieren können und benötigt eine hohe Problemlösungskompetenz, wenn zum Beispiel die Gefahr besteht, dass beim Drehen in der Natur das Leben (5) verunreinigt wird. Eine echte Herausforderung! Die Fortbildung richtet sich an Menschen, die bereits im Bereich Film tätig sind und ihr Wissen in die Ausstattung (6) umsetzen wollen. Aber auch Personen mit Erfahrung in der TV- und Medienbranche können sich ausbilden lassen.

Leben

b SCHREIBEN **Stellen Sie den Beruf eines _Green Film Consultant_ vor (ca. 50 Wörter). Verwenden Sie die Redemittel aus 7.**

11 `WÖRTER` Welche *kursiven Ausdrücke* passen zu den Adjektiven mit fester Präposition? Ordnen Sie zu. Schreiben Sie dann die Sätze neu. → KB 5

`aufgeschlossen gegenüber 1` `beteiligt an ....` `zuständig für .....` `gespannt auf .....` `angewiesen auf .....`

1. Heike *war* nach dem Besuch einer Karrieremesse *offen für* die Idee, die Früchte ihres Gartens zu vermarkten.
2. Jetzt *wartet* sie *voller Spannung auf* die bundesweiten Verkaufszahlen ihrer Säfte und Marmeladen.
3. Als Selbstständige *braucht* sie *unbedingt* die Unterstützung ihres Partners Sven.
4. Sven *ist für* Büroarbeiten, Online-Bestellungen und Werbekampagnen *verantwortlich*.
5. Seit letztem Jahr *machen* beide *beim* Aufbau eines Netzwerks regionaler Lebensmittelerzeuger *mit*.

1. Heike war nach dem Besuch einer Karrieremesse aufgeschlossen gegenüber der Idee, die Früchte ihres Gartens zu vermarkten.

12 `GRAMMATIK` Was ist richtig? Lesen Sie den Beitrag und markieren Sie. → KB 6

☰ WENIGER IST MEHR

Wir hören und lesen überall ~~etliche~~ / etlichen ~~gute~~ / guten (1) Ratschläge, wie wir im Alltag nachhaltig handeln können. Eins ist klar: Unser Konsum muss sich ändern, denn sich nur damit zu trösten, dass es viele / vieler recycelbare / recycelbarer (2) Materialien gibt, trägt nichts zur Nachhaltigkeit bei. Ich könnte mehrere / mehreren aktuelle / aktuellen (3) Beispiele nennen, wie unseren Umgang mit Altpapier oder Metall. Die Quote an zurückgegebenen Materialien steigt zum Glück. Aber die Altstoffe befinden sich insgesamt nur in wenige / wenigen recycelte / recycelten (4) Kreisläufen und sind somit nicht wirklich nachhaltig. Kürzlich wurden einige / einigen neue / neuen (5) Studienergebnisse ausgewertet, die deutlich zeigen: Recyceln ist gut, lange verwenden ist besser, weniger konsumieren am besten. Zum Glück gibt es dank etlichen / etlicher vielversprechenden / vielversprechender (6) Anregungen eine Reihe von Dingen, die man tun kann: Mit mehrere / mehreren interessierte / interessierten (7) Personen aus der Nachbarschaft habe ich eine „Gemeinschafts-Werkzeuggruppe" gegründet. Statt viele / vieler selten genutzte / genutzter (8) Bohrmaschinen gibt es in unserem Haus jetzt nur noch eine. Mehr Tipps findet ihr in meiner Linkliste unten! Ich hoffe, ihr seid einigen / einiger innovativen / innovativer (9) Ideen gegenüber aufgeschlossen. Und wenn ihr weitere inspirierende Beispiele kennt, schreibt mir doch!

`KOMMENTIEREN`

13a `GRAMMATIK` Ergänzen Sie die Endungen, wo nötig. → KB 7

UNSER NACHHALTIGKEITS-CHECK: Wie nachhaltig kaufen Sie ein?

Typ 1 Sie kaufen lauter... regional_e_ (1) Lebensmittel und vermeiden den Kauf von Produkten, die lange und aufwendige Transportwege hinter sich haben. Mit mehr..... als grün und biologisch ausgewiesen..... (2) Handelsmarken kennen Sie sich aus.

Typ 2 Bei etlich..... preiswert..... (3) Angeboten werden Sie schwach, vergessen mögliche Bedenken und legen das Produkt in den Einkaufswagen. Sonst achten Sie aber genau auf die Herkunft und zahlen gern mehr bei einig..... wichtig..... (4) Dingen des täglichen Bedarfs, die fair und nachhaltig erzeugt worden sind.

Typ 3 Abgesehen vom Preis gibt es wenig..... ausschlaggebend..... (5) Kriterien bei Ihren Kaufentscheidungen. Nachhaltigkeit spielt kaum eine Rolle. Dank viel..... attraktiv..... (6) Aktionen ist Sparen möglich, was Sie und Ihre Brieftasche freut.

Nach den Artikelwörtern im Plural *einig-, etlich-, mehrer-, viel-* und *wenig-* haben die Adjektive die gleiche Endung wie die Artikelwörter, z. B. *einige konkrete Beispiele, mit mehreren anderen Abteilungen.*

b `SCHREIBEN` Lesen Sie die Texte in **a** noch einmal. Welcher Typ sind Sie? Spielt das Thema *Nachhaltigkeit* in Ihrem Leben eine Rolle? Schreiben Sie 130–150 Wörter.

14a KOMMUNIKATION **Was passt? Lesen Sie den Dialog und ergänzen Sie.** → KB 8

(a) Dagegen spricht, dass (b) Dann machen wir also Folgendes (c) Ich kann diesem Vorschlag nur zustimmen

(d) Lassen Sie uns lieber (e) ~~Wäre es für Sie denkbar, dass~~

- ◆ Wir brauchen ein nachhaltiges Zukunftsmodell für unseren Betrieb. Dazu gehört auch die Frage der Mobilität. Unser Firmenparkplatz zum Beispiel ist jeden Tag überfüllt. Gibt es dazu Ideen?
- ■ ... (1 _e_) es für interne Mitarbeiter, die mit dem Fahrrad oder den öffentlichen Verkehrsmitteln kommen, Vorteile gibt? Ich denke da an kleine Extrazahlungen.
- ▲ Geld fürs Fahrradfahren? ... (2 ....) viele von unserer Belegschaft nicht auf das Auto verzichten können und darauf angewiesen sind.
- ● Allein mit dem Privatauto zu kommen, muss aber nicht sein. ... (3 ....) Fahrgemeinschaften bilden!
- ■ Sehr gut! ... (4 ....). So reduzieren wir die Anzahl der Fahrzeuge sicher um die Hälfte. Die Frage ist jedoch, wie wir die Kolleginnen und Kollegen dazu motivieren.
- ● Ich kann mich gern erkundigen, wie sich andere Firmen mit dem Thema auseinandersetzen.
- ◆ Wunderbar! ... (5 ....): Sie recherchieren und dann entscheiden wir bei der nächsten Sitzung mit der Personalabteilung Genaueres.

b SCHREIBEN **Schreiben Sie den Dialog aus a um. Verwenden Sie die Redemittel.**

1. Ein Vorschlag wäre vielleicht, dass ...
2. Ich kann diesen Vorschlag nicht so richtig nachvollziehen, denn ...
3. Anstatt ... zu ..., wäre es doch besser, ... zu ...
4. Ja, dafür spricht, dass ...
5. Eine gute Lösung wäre, wenn ...

1. Ein Vorschlag wäre vielleicht, dass es für interne Mitarbeiter, die mit dem Fahrrad oder den öffentlichen Verkehrsmitteln kommen, Vorteile gibt.

Aussprache: Die Eigenschaften von Vokalen

3◀))13 **1a Hören Sie genau hin: Im dritten Wort wird der markierte Vokal anders ausgesprochen. Erkennen Sie den Unterschied?**

1. Leben – Thema – brennen
2. Gewinn – entwickeln – erzielen
3. schonen – Innovation – Job
4. ökologisch – Lösung – fördern
5. Umwelt – umsetzen – rufen
6. Glück – schützen – grün

> Die meisten langen Vokale werden geschlossen gesprochen (*Thema*), die kurzen Vokale offen (*brennen*). Ein langes *e* klingt daher anders als ein kurzes *e*. Ausnahme: In Fremdwörtern können kurze Vokale geschlossen sein, z. B. *Innovation*: Das erste *o* ist kurz-geschlossen, das zweite *o* lang-geschlossen.

b Hören Sie noch einmal und sprechen Sie nach.

3◀))14 **2 Hören Sie und lesen Sie mit. Sprechen Sie den Text dann selbst und konzentrieren Sie sich auf die Vokale.**

Für ökologische Themen brennen.
Kampagnen ins Leben rufen,
um die Umwelt zu schützen.
In grünen Jobs arbeiten.
Die Fähigkeit haben,
Konzepte zu entwickeln und

nachhaltige Lösungen zu finden.
Maßnahmen in die Praxis umsetzen
und Innovationen fördern,
die Ressourcen schonen.
Mit Glück sogar Gewinne erzielen.

1 `WÖRTER` **Welches Adjektiv passt? Lesen Sie den Beitrag und markieren Sie.**

MEIN STUHL IST ECHT COOL!

Nachhaltig hat mit „lange halten" zu tun, aber niemand merkt, dass viele Produkte heutzutage nicht mehr aufgeschlossen / hochwertig (1) sind. Mich erschreckt zum Beispiel die Qualität der Möbel: Viele Geschäfte haben zwar günstige und gespannte / vielversprechende (2) Angebote, aber was nutzt mir ein Tisch, der billig gemacht ist? Man sollte beim Einkauf nicht nur auf die Kosten achten und in erster Linie abbaubar / ökonomisch (3) denken, sondern sollte auch in Dinge von guter Qualität investieren. Das geht, indem man lokale Produzenten unterstützt, bei denen die Herstellung zwar länger dauert und aufwendiger / konzeptioneller (4) ist als in einem Großbetrieb. Dafür passt die Qualität, das Möbelstück hält lange und ich bin mit gutem Gewissen an einem nachhaltigen Produktionskreislauf beteiligt / nachwachsend (5).

 .... / 5 Punkte 😊 3–5 Punkte 🙁 0–2 Punkte

2 `GRAMMATIK` **Lesen Sie den Beitrag und ergänzen Sie die Endungen, wo nötig.**

In den letzten Jahren haben wir als Geschäftsführung unserer Firma bereits in mehrer........... nachhaltig........... (1) Konzepte investiert. So achten wir beim Anschaffen neuer Geräte auf das Energiekennzeichen. Dank viel........... kreativ........... (2) Überlegungen im Team haben wir es zudem geschafft, etlich........... vielversprechend........... (3) Ideen tatsächlich umzusetzen. Natürlich hat Corona für einig........... ungeplant........... (4) Veränderungen gesorgt. Doch trotz mehrer........... unerwartet........... (5) Herausforderungen haben wir die Krise gut gemeistert. Es kam nur zu wenig........... kleiner........... (6) Problemen. Und egal, ob nun jemand im Büro oder zu Hause arbeitet: Bei regelmäßigen „Daten-Putztagen" löschen wir beispielsweise von unseren Rechnern lauter........... unnötig........... (7) Ordner und Dateien, die Speicherplatz und somit viel Energie brauchen.

Silke Hönig, Firmenchefin

.... / 7 Punkte 😊 4–7 Punkte 🙁 0–3 Punkte

3 `KOMMUNIKATION` **Lesen Sie den Dialog und schreiben Sie die Redemittel richtig.**

◆ Wir haben neulich diskutiert, ob wir im Büro auf Plastik verzichten. ....
.... *(das – umsetzen – denke, – könnte – Ich – man)* (1).

▲ Ganz verzichten? Vielleicht .... *(Sie – lassen – lieber – uns)* (2)
im ersten Schritt versuchen, es zu reduzieren.
(denkbar, – für – dass – Wäre – Sie – es) (3) wir beispielsweise statt Kugelschreibern Bleistifte benutzen?

■ ....
.... *(kann – denn – Vorschlag – nicht so richtig – Ich – diesen – nachvollziehen,)* (4)
Kugelschreiber sind für uns ein wichtiges Werbemittel. Zumindest im Moment noch …

◆ .... *(wir – Folgendes – also – Dann – machen)* (5):
Als Werbemittel bleiben die Kulis vorläufig, langfristig überlegen wir uns etwas Nachhaltigeres.

 .... / 5 Punkte 😊 3–5 Punkte 🙁 0–2 Punkte

Ewig leben?

1 WÖRTER **Wie kann man das anders sagen? Ergänzen Sie das passende Verb.**

abwägen anwenden entschlüsseln hinterfragen recherchieren revolutionieren scheitern

1. Argumente gründlich vergleichend prüfen = Argumente *abwägen*
2. nach Informationen suchen = Informationen _____
3. die Forschung radikal verändern = die Forschung _____
4. mit innovativen Methoden arbeiten = innovative Methoden _____
5. bei einer Aufgabe erfolglos bleiben = an einer Aufgabe _____
6. einen genetischen Code lesen = einen genetischen Code _____
7. eine Einschätzung kritisch überprüfen = eine Einschätzung _____

2 GRAMMATIK **Lesen Sie die Kommentare. Welche der *kursiven Angaben* drücken einen Gegensatz aus? Markieren Sie.**

Wie hat sich eure Meinung zum Älterwerden im Lauf der Zeit verändert?

❶ *Während* ich noch als Studierende gedacht habe, dass man mit 65 alt ist, zählen heute für mich erst Menschen ab 80 zu den Senior*innen. Vielleicht, *weil* ich mittlerweile so viele fitte ältere Menschen kenne.

❷ Lange hatte ich kein Problem damit, wenn ich nach meinem Geburtsjahr gefragt wurde. Das hat sich *jedoch* verändert. *Seit* einiger Zeit empfinde ich diese Frage als zu privat. Ich rede nicht gern über mein Alter, denn ich fühle mich gerade ziemlich alt.

❸ Als Kind war ich an meinem Geburtstag sehr stolz, ein Jahr älter zu werden. *Deshalb* hab ich mich immer sehr auf diesen Tag gefreut. Heute *hingegen* möchte ich die Zeit am liebsten anhalten.

❹ Als Teenager konnte ich es nicht erwarten, volljährig zu werden, *damit* ich endlich alles selbst entscheiden konnte. *Dagegen* wünsche ich mir jetzt manchmal, die Verantwortung für wichtige Entscheidungen abgeben zu können.

❺ Älterwerden ist überhaupt kein Thema für mich. *Allerdings* sagen viele meiner Bekannten, dass sich das ändert, *sobald* man 40 wird. Ich bin gespannt.

❻ *Im Gegensatz zu* früher halte ich mein wahres Alter heute nicht mehr geheim — und zwar *aus* Stolz!

3 GRAMMATIK **Lesen Sie die Zeitungsmeldung. Was passt? Markieren Sie.**

INTERNATIONALE STUDIE
Befürchtungen zu körperlichen Veränderungen im Alter

In einer internationalen Online-Studie wurden rund 22.000 Menschen in 17 Ländern dazu befragt, welche körperlichen Veränderungen sie im Alter am meisten fürchten. Die Ergebnisse waren sehr unterschiedlich. Allerdings / Während (1) in Deutschland die größte Angst darin bestand, geistig nicht mehr fit zu sein, fürchtete man sich in Japan besonders davor, schlechter zu sehen. In Deutschland, Frankreich und Belgien lag die Angst vor körperlichen Schmerzen auf Platz 3. In den 14 anderen Ländern spielte dieser Aspekt hingegen / im Gegensatz zu (2) keine wichtige Rolle. 37 % der befragten Japaner*innen äußerten Angst vor einem Verlust der Muskelkraft. Dieses Kriterium kam jedoch / während (3) in keinem anderen Land auf einen der ersten drei Plätze. Weniger mobil zu sein, machte den Befragten in vielen Ländern größere Sorgen. Dagegen / Während (4) war dieser Aspekt in Deutschland, Japan, Korea und den USA nicht besonders relevant.

4 `WÖRTER` **Lesen Sie die Schlagzeilen und schreiben Sie die Nomen richtig.** → KB 1

Weisheit und _Reife_ *(feRei)* (1): So profitieren wir von der Lebenserfahrung älterer Menschen

Tempo raus: Wie ich die .... *(keitsamLang)* (2) lieben lernte

Dynamisches Wachstum und Mobilität: Können wir uns überhaupt .... *(standStill)* (3) erlauben?

Ist doch egal! Warum Gelassenheit kein Zeichen von .... *(seinteDesres)* (4) ist

Körperliche Einschränkungen im hohen Alter: Wie wir uns auf .... *(keitbrechGelich)* (5) vorbereiten können

So trainieren Sie Ihr Gedächtnis: Einfache Übungen gegen .... *(gessVerkeitlich)* (6)

Zu viele Ansprüche, zu viel Druck: Durch .... *(lasLossen)* (7) der eigenen Erwartungen neue Freiheit gewinnen

5a `WÖRTER` 🔲 **Lesen Sie die Kolumne und den Tipp unten. Welche Bedeutung haben die markierten Verben? Ergänzen Sie *machen* oder *werden*.** → KB 3

Home Reisen Mode Lifestyle Kultur Shopping **Kolumne**

SASCHAS WELT ESSEN ODER NICHT ESSEN?

Mein Mitbewohner Ido hat einen Artikel über Fasten gelesen und ist begeistert: „Fasten wirkt Wunder", sagt er und erläutert, als ich fragend schaue: „Alles verbessert sich (1) im Körper: Reinigungsprozesse starten, der Stoffwechsel wird angeregt, deine Zellen verjüngen sich (2). Mensch, Sascha, wir werden unsterblich!" Dass ich lache, verunsichert (3) ihn kein bisschen. „Komm, wir probieren das zusammen aus", sagt er. „Du und ich." Ich schüttele entschieden den Kopf, weil ich diesen Plan für komplett unrealistisch halte. Er erhöht (4) den Druck, indem er mich lange mit großen Augen anschaut: „Bitte!"
Ich verstehe schon, warum er mich fragt. Weil das die Sache für ihn deutlich erleichtert (5). Denn dann isst oder kocht niemand vor seinen Augen bzw. seiner Nase, während er selbst nicht essen darf. Natürlich vergrößern sich (6) dadurch die Chancen, dass er durchhält.
Irgendwie schafft er es, mich zu überreden. Wir einigen uns auf Intervallfasten. Eine Woche „16 zu 8" lautet der Plan, also: 16 Stunden fasten und tagsüber innerhalb von acht Stunden zwei Mahlzeiten essen.
Wie abzusehen war, sind die ersten Tage extrem hart. Wenn ich aus dem Schlaf erwache (7), habe ich schon leichten Hunger. Das leere Gefühl im Magen verstärkt sich (8) dann von Stunde zu Stunde. Ich zähle die Minuten bis zur ersten Mahlzeit. Aber nach vier Tagen hat sich mein Körper an den neuen Rhythmus gewöhnt und ich fühle mich erstaunlich gut. Ich habe ein ganz neues Körpergefühl. Am sechsten Tag passiert etwas, was ich nie für möglich gehalten hätte. Ich frage Ido: „ Verlängern (9) wir das Experiment um eine Woche?"

KOMMENTIEREN

1. besser _werden_   4. höher ....   7. wach ....
2. jünger ....   5. leichter ....   8. stärker ....
3. unsicher ....   6. größer ....   9. länger ....

Verben mit *ver-* + Adjektiv oder Komparativ + *-(e)n (verbessern)* und Verben mit *er-* + Adjektiv oder Komparativ + *-(e)n (erleichtern)* beschreiben, dass sich ein Zustand verändert.

b `SCHREIBEN` **Schreiben Sie die Kommentare neu. Verwenden Sie die markierten Verben aus a.**

1. Bei mir ist das Hungergefühl nach einigen Tagen stärker geworden. 🙈
2. Ich schlafe sowieso sehr viel, das macht das Fasten leichter. 💪
3. Was genau ist durch das Fasten besser geworden?
4. Kannst du denn schon spüren, wie deine Zellen jünger werden? 😄
5. Ich dachte, Fasten macht das Risiko höher, dass man danach wieder deutlich zunimmt?
6. Mich machen diese ganzen Gesundheitstipps total unsicher.

6 Kommentare

1. Bei mir hat sich das Hungergefühl ...

6a WÖRTER Lesen Sie das Porträt des Forschungsinstituts. Was passt? Ergänzen Sie die Nomen in der richtigen Form. → KB 3

Auszeichnung   Experiment   Gentechnik   Konsequenz   Lebenserwartung   Manipulation

www.altersforschung.de/forschungseinrichtungen

≡   ♡ ⊙ Q

• • • DEM ALTER AUF DER SPUR • • •

Zahlreiche Forschungseinrichtungen befassen sich mit dem Thema Altersforschung.

Das Ziel der Forschungen an diesem Institut ist es, den natürlichen Prozess des Älterwerdens mit all seinen _____ (1) für Körper und Geist zu verstehen. Außerdem werden hier Krankheiten erforscht, die vor allem im Alter auftreten – und zwar um sie hinauszuzögern , aufzuhalten oder sogar zu verhindern. Die Wissenschaftler:innen versuchen, faszinierende Rätsel zu entschlüsseln: Warum altern Lebewesen überhaupt? Wie können wir das Altern und unsere _____ (2) beeinflussen? Und wie erreichen wir, dass unsere Körper fit und gesund bleiben? Die Wissenschaftler:innen des Instituts haben zahlreiche Preise und _____ (3) für ihre Forschung erhalten.
Forschungsgruppen untersuchen, inwieweit eine _____ (4) des menschlichen Stoffwechsels und eine Verjüngung der Zellen die Gesundheit im Alter verbessern kann. Andere Forschungsfragen sind: Wie kann man einen Schutz gegen Bakterien erzeugen ? Wodurch heilen Wunden besser? Warum kann sich die Leber – anders als beispielsweise das Herz oder der Magen – bis ins hohe Alter regenerieren und dabei erstaunlich leistungsfähig bleiben? Dazu werden am Kölner Institut in Zusammenarbeit mit anderen Forschungseinrichtungen zahlreiche _____ (5) durchgeführt. Auch die Möglichkeiten der _____ (6) werden hier näher erforscht – beispielsweise die CRISPR/Cas-Methode, mit der Gene eingefügt, entfernt oder ausgeschaltet werden können.

Max-Planck-Institut für Biologie des Alterns, Köln

b Was bedeuten die markierten Verben in a? Ordnen Sie zu.

1. sich erholen / sich erneuern = *sich regenerieren*
2. zeitlich verschieben = _____
3. gesund werden / gesund machen = _____

4. älter werden = _____
5. stoppen = _____
6. herstellen = _____

7a WÖRTER Wie kann man das anders sagen? Verbinden Sie. → KB 5

1. eine verlockende Perspektive
2. weitreichende Konsequenzen
3. eine sehnliche Hoffnung
4. ein greifbarer Erfolg
5. ein strittiger Punkt

ⓐ Folgen, die große Auswirkungen auf andere Bereiche haben
ⓑ ein Aspekt eines Themas, der kontrovers diskutiert wird
ⓒ ein positives Ergebnis, das man ohne große Mühe erreicht
ⓓ eine sehr positive, faszinierende Aussicht
ⓔ eine starke positive Erwartung

b Was passt noch? Ergänzen Sie.

die Aussicht   die Folge   die Frage   die Nähe   der Wunsch

1. verlockend: das Angebot – _____ – die Perspektive
2. weitreichend: die Auswirkung – die Entscheidung – _____ – die Konsequenz
3. sehnlich: die Hoffnung – _____
4. greifbar: der Erfolg – das Ergebnis – _____
5. strittig: _____ – der Punkt – das Thema

8a GRAMMATIK **Was passt? Lesen Sie den Beitrag und markieren Sie.** → KB 6

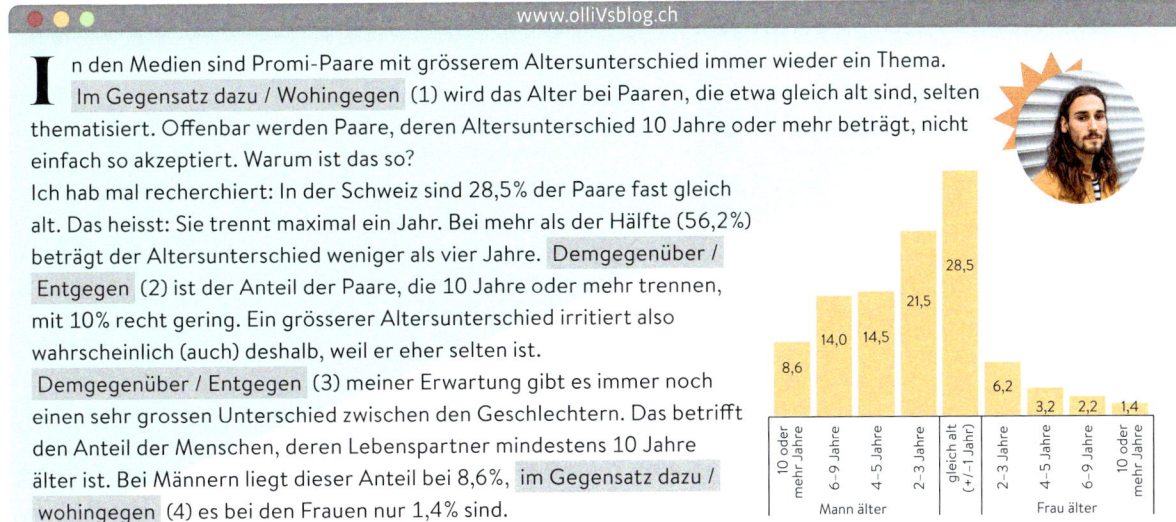

www.olliVsblog.ch

In den Medien sind Promi-Paare mit grösserem Altersunterschied immer wieder ein Thema. Im Gegensatz dazu / Wohingegen (1) wird das Alter bei Paaren, die etwa gleich alt sind, selten thematisiert. Offenbar werden Paare, deren Altersunterschied 10 Jahre oder mehr beträgt, nicht einfach so akzeptiert. Warum ist das so?

Ich hab mal recherchiert: In der Schweiz sind 28,5% der Paare fast gleich alt. Das heisst: Sie trennt maximal ein Jahr. Bei mehr als der Hälfte (56,2%) beträgt der Altersunterschied weniger als vier Jahre. Demgegenüber / Entgegen (2) ist der Anteil der Paare, die 10 Jahre oder mehr trennen, mit 10% recht gering. Ein grösserer Altersunterschied irritiert also wahrscheinlich (auch) deshalb, weil er eher selten ist.

Demgegenüber / Entgegen (3) meiner Erwartung gibt es immer noch einen sehr grossen Unterschied zwischen den Geschlechtern. Das betrifft den Anteil der Menschen, deren Lebenspartner mindestens 10 Jahre älter ist. Bei Männern liegt dieser Anteil bei 8,6%, im Gegensatz dazu / wohingegen (4) es bei den Frauen nur 1,4% sind.

b **Lesen Sie die Kommentare zum Beitrag in a. Was passt? Ergänzen Sie. Manchmal gibt es zwei Lösungsmöglichkeiten.**

demgegenüber   entgegen   im Gegensatz dazu   wohingegen

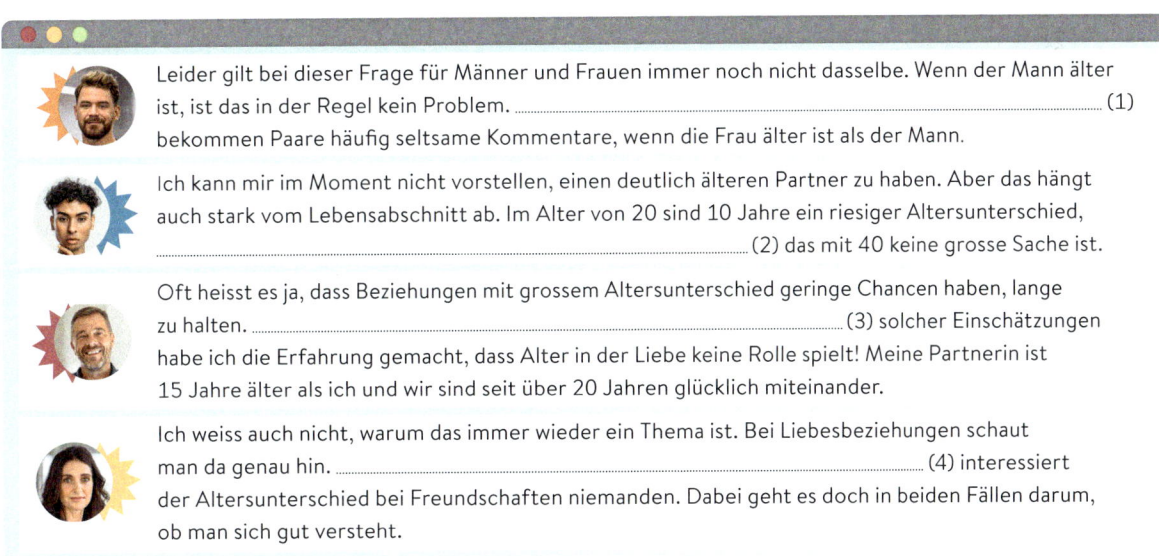

Leider gilt bei dieser Frage für Männer und Frauen immer noch nicht dasselbe. Wenn der Mann älter ist, ist das in der Regel kein Problem. _____ (1) bekommen Paare häufig seltsame Kommentare, wenn die Frau älter ist als der Mann.

Ich kann mir im Moment nicht vorstellen, einen deutlich älteren Partner zu haben. Aber das hängt auch stark vom Lebensabschnitt ab. Im Alter von 20 sind 10 Jahre ein riesiger Altersunterschied, _____ (2) das mit 40 keine grosse Sache ist.

Oft heisst es ja, dass Beziehungen mit grossem Altersunterschied geringe Chancen haben, lange zu halten. _____ (3) solcher Einschätzungen habe ich die Erfahrung gemacht, dass Alter in der Liebe keine Rolle spielt! Meine Partnerin ist 15 Jahre älter als ich und wir sind seit über 20 Jahren glücklich miteinander.

Ich weiss auch nicht, warum das immer wieder ein Thema ist. Bei Liebesbeziehungen schaut man da genau hin. _____ (4) interessiert der Altersunterschied bei Freundschaften niemanden. Dabei geht es doch in beiden Fällen darum, ob man sich gut versteht.

9a GRAMMATIK **Schreiben Sie die *kursiven Sätze* neu. Verwenden Sie die Angaben in Klammern.** → KB 6

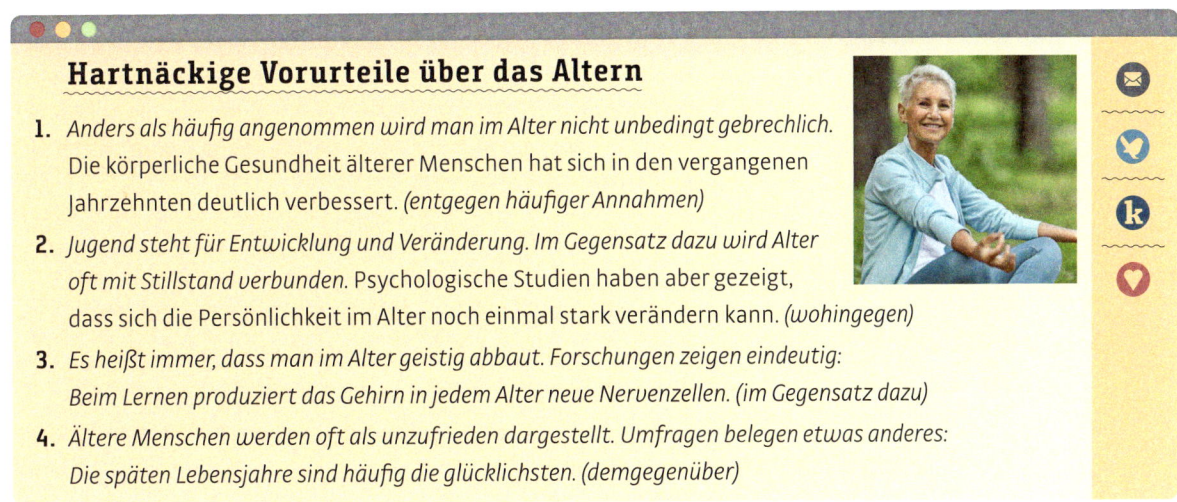

Hartnäckige Vorurteile über das Altern

1. *Anders als häufig angenommen wird man im Alter nicht unbedingt gebrechlich.* Die körperliche Gesundheit älterer Menschen hat sich in den vergangenen Jahrzehnten deutlich verbessert. *(entgegen häufiger Annahmen)*

2. *Jugend steht für Entwicklung und Veränderung. Im Gegensatz dazu wird Alter oft mit Stillstand verbunden.* Psychologische Studien haben aber gezeigt, dass sich die Persönlichkeit im Alter noch einmal stark verändern kann. *(wohingegen)*

3. *Es heißt immer, dass man im Alter geistig abbaut.* Forschungen zeigen eindeutig: *Beim Lernen produziert das Gehirn in jedem Alter neue Nervenzellen. (im Gegensatz dazu)*

4. *Ältere Menschen werden oft als unzufrieden dargestellt.* Umfragen belegen etwas anderes: *Die späten Lebensjahre sind häufig die glücklichsten. (demgegenüber)*

b Lesen Sie die Satzpaare. Verbinden Sie die Sätze einmal mit *demgegenüber, im Gegensatz zu* und einmal mit *wohingegen* wie im Beispiel – je nach Sprecher. Schreiben Sie die Sätze aus der Perspektive beider Sprechenden.

LEON

BERNHARD

1. Ich gebe mein Geld am liebsten für Reisen aus. ↔ Als junger Mann habe ich mein Geld gespart.

2. Mir ist Eigentum überhaupt nicht wichtig. ↔ Ich wollte früher unbedingt ein Haus bauen.

3. Ich checke auch am Wochenende meine beruflichen E-Mails. ↔ Mein Chef hat mich niemals nach Feierabend angerufen.

4. Ich schreibe lieber Nachrichten. ↔ Ich telefoniere sehr gern.

1. *Leon: Ich gebe mein Geld am liebsten für Reisen aus. Im Gegensatz dazu hast du dein Geld …*
Bernhard: Als junger Mann habe ich mein Geld gespart, wohingegen …

10 WÖRTER **Was passt? Lesen Sie die Beiträge und markieren Sie.** → KB 8

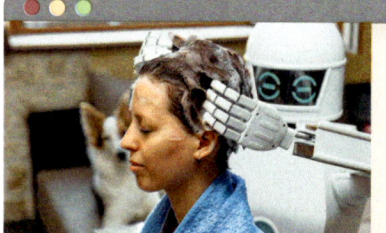

Was haltet ihr davon, wenn Roboter die Pflege von Menschen übernehmen?

Ich finde die Vorstellung seltsam, dass Roboter das Pflegepersonal nach und nach ersetzen könnten. Ist der persönliche Kontakt zu anderen Menschen nicht gerade dann besonders wichtig, wenn man nicht mehr gesund und gelungen / munter (a), sondern auf Hilfe angewiesen ist? Allerdings denke ich, man sollte den Einsatz von Pflegerobotern sachlich diskutieren. *Wegen des Mangels an Pflegekräften hat das Thema eine große Relevanz* (1). Es wird uns auf jeden Fall in den nächsten Jahrzehnten weiter beschäftigen. Da hilft es, offen für Veränderungen zu bleiben.

Die Technik entwickelt sich rasant. Roboter können immer mehr Aufgaben übernehmen, wenn Menschen schwach und gebrechlich / nachfolgend (b) werden, oder auch, wenn ihr Gedächtnis schlechter wird. Darüber hinaus macht der Einsatz von Robotern Pflegeberufe attraktiver. *Dafür würde ich folgendes Beispiel anführen:* (2) Wenn Roboter Routinearbeiten übernehmen, dann haben die Pflegekräfte mehr Zeit, um auf andere Bedürfnisse der Menschen einzugehen.

Das Thema wird ja oft von moralischen Bedenken begleitet. Ich sehe jedoch kein ethisches / synthetisches (c) Problem. Ich hoffe natürlich, dass ich noch lange fit bleibe. Aber wenn ich mir vorstelle, dass ein Roboter mir später mal hilft, hätte ich kein Problem damit. *Eine mögliche positive Folge wäre:* (3) Ich würde meine Unabhängigkeit behalten. Und es würde mir leichter fallen, um Hilfe zu bitten und Hilfe anzunehmen. Bei einer realen / vergesslichen (d) Person hätte ich da sicher Schwierigkeiten.

Ich arbeite im Management eines Altersheims und habe bislang nur positive Erfahrungen mit solchen Robotern gemacht. Sie arbeiten zuverlässig und fleißig, sind nie müde oder träge / unsterblich (e). Sie haben endlos viel Geduld und keine schlechte Laune. :-)
Außerdem wäre es angesichts der steigenden Lebenserwartung und des Fachkräftemangels in der Pflege einzigartig / fatal (f), wenn wir auf die Unterstützung von KI bei den Pflegeaufgaben bewusst verzichten würden. *Aus diesen Gründen bin ich persönlich der Meinung, dass* (4) wir Roboter schlicht und einfach brauchen.

11a KOMMUNIKATION **Lesen Sie die Beiträge in** 10 **noch einmal. Welche** *kursiven Ausdrücke* 1–4 **haben eine ähnliche Bedeutung? Markieren Sie a oder b.** ➔ KB 8

1. **a** Das Thema ... gewinnt zunehmend an Bedeutung, weil ...
   b Mein Fazit ist ...
2. **a** Angesichts ... ist das Thema (durchaus) relevant / aktuell.
   b Dadurch würden beispielsweise ...
3. **a** Das könnte zur Folge haben, dass ... Und das hätte wiederum den Vorteil, dass ...
   b Ein Beispiel wäre: ...
4. **a** Vermutlich hätte das folgende (wünschenswerte / fatale) Konsequenzen: ...
   b Ich möchte also abschließend festhalten, dass ...

b SCHREIBEN **Wählen Sie einen Beitrag aus** 10 **und verfassen Sie dazu einen Kommentar (ca. 50 Wörter). Die Redemittel aus** 10 **und** a **helfen Ihnen.**

Aussprache: Betonungswechsel

3◄))15 **1a Hören Sie und sprechen Sie nach.**

1. Professor – Professorin – Professoren – Professorinnen
2. Autor – Autorin – Autoren – Autorinnen
3. Motor – Motoren
4. Faktor – Faktoren

> Normalerweise bleibt die Betonung eines Wortes immer auf derselben Silbe, auch wenn sich das Wort durch Suffixe oder grammatische Formen wie den Plural verändert (z. B. **For**scher – **For**scherin, **For**schung – **For**schungen). Wörter mit dem Suffix -*or* sind da eine Ausnahme (Pro**fes**sor – Profes**so**rin – Profes**so**ren – Profes**so**rinnen).

b Welche Wörter auf -*or* **kennen Sie noch? Verwenden Sie bei Bedarf ein Wörterbuch. Notieren Sie und sprechen Sie die Wörter.**

Direktor, Direktorin ...

3◄))16 **2a Hören Sie und markieren Sie die betonte Silbe. Hören Sie dann noch einmal und sprechen Sie nach.**

1. Inte**res**se – **Des**interesse   3. real – irreal   5. lassen – zulassen

2. Konsequenz – Inkonsequenz   4. realistisch – unrealistisch   6. locken – verlockend

> Auch Präfixe können die Betonung eines Wortes verändern, zum Beispiel de-/des-, il-/im-/in-/ir-, un- sowie alle trennbaren Präfixe (ab-, an-, ..., zu-). Nicht jedoch die untrennbaren Präfixe (z. B. ver-)!

b Wie heißt das Gegenteil? Ergänzen Sie und sprechen Sie die Wörter.

1. sterblich   ↔ ....
2. ethisch   ↔ ....
3. relevant   ↔ ....
4. Abhängigkeit   ↔ ....
5. Toleranz   ↔ ....

8

Selbstkontrolle

1 `WÖRTER` **Was passt? Lesen Sie den Artikel und markieren Sie.**

www.lange-leben.net/thinkyoung

☰ 🔍

// SICH JUNG DENKEN //

Unsere Gedanken haben Einfluss darauf, wie alt wir uns fühlen!

Negative Bilder vom Altern können weitreichende `Auszeichnungen / Konsequenzen` (1) haben. Eine pessimistische Einstellung, die Altsein in erster Linie mit gesundheitlichen Einschränkungen wie `Gebrechlichkeit / Reife` (2) und Vergesslichkeit verbindet, hat Einfluss auf unser Selbstbild und unser Lebensgefühl. Genauso kann uns eine positive `Gentechnik / Manipulation` (3) unserer Gedanken helfen, länger jung zu bleiben. Positive Vorstellungen vom Älterwerden beeinflussen sogar unsere `Langsamkeit / Lebenserwartung` (4).

Welchen Einfluss Gefühle auf das Altersempfinden haben, hat Ende der 1970er-Jahre schon die US-amerikanische Psychologin Ellen Langer gezeigt. In einem `Desinteresse / Experiment` (5) lebten acht Männer (ca. 80 Jahre alt) eine Woche lang in einem Gebäude zusammen. Dort herrschten Lebensbedingungen wie zu der Zeit, als die Versuchspersonen 20 Jahre jünger waren, und es gab keine Spiegel. Das Ergebnis: Die geistige `Verjüngung / Weisheit` (6) zeigte sich deutlich im Körper! Die Männer sahen nicht nur jünger aus, sie konnten auch besser sehen und hören und waren beweglicher.

  ..../ 6 Punkte 😊 4–6 Punkte ☹ 0–3 Punkte

2 `GRAMMATIK` **Lesen Sie den Beitrag. Was passt? Ergänzen Sie. Es gibt mehrere Lösungsmöglichkeiten.**

`demgegenüber` `entgegen` `im Gegensatz dazu` `wohingegen`

● ● ●

Was unterscheidet die Generation Z (Geburtsjahre 1995–2010) von den beiden Generationen davor? Ich habe mir mal die Merkmale der Generationen X, Y und Z angeschaut. Ich bin bei solchen Beschreibungen immer skeptisch. ....(1) meinen Erwartungen sind sie aber ziemlich spannend.

Ein sehr großer Unterschied liegt darin, mit welcher Technik man aufgewachsen ist. Die Generation Z kennt keine Welt ohne Internet. ....(2) haben die Generationen davor die Geburt der digitalen Medien erlebt. Auch bei den Werten gibt es Unter-

schiede: Die Generation X ist mit Wirtschaftskrisen aufgewachsen. Für sie ist finanzielle Sicherheit ein wichtiges Thema, ...

...................(3) sich die Generation Y eher mit Themen wie „persönliche Freiheit" und „Sinn des Lebens" beschäftigt.

....

...................(4) stehen für die Generation Z die soziale Gerechtigkeit und Diversität im Fokus.

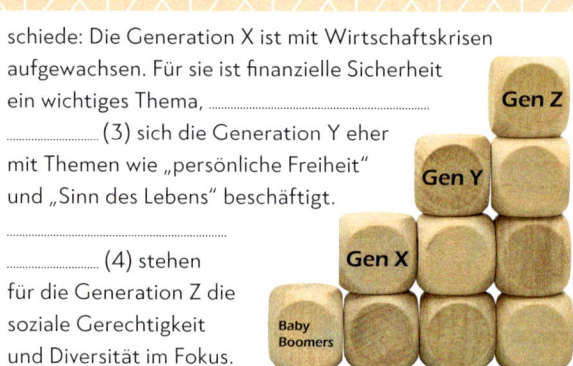

  ..../ 4 Punkte 😊 3–4 Punkte ☹ 0–2 Punkte

3 `KOMMUNIKATION` **Lesen Sie die Kommentare und ordnen Sie zu.**

`(a) Angesichts ... ist das Thema sehr aktuell.` `(b) Aus diesen Gründen bin ich der Meinung, dass`
`(c) Dadurch würde beispielsweise` `(d) Vermutlich hätte das folgende Konsequenz:`

Ich denke, wir sollten in der Firma eine Fortbildung zum Thema „Altersdiskriminierung" anbieten. ... der Kommentare einiger Kolleg*innen gestern in der Teamsitzung ... (1 ....)

Was soll das bringen?

... (2 ....) Die herrschenden Vorurteile gegenüber den älteren und den sehr jungen Kolleg*innen würden bewusst gemacht, und das führt dann hoffentlich zu mehr Verständnis. ... (3 ....) auch die Arbeit in den neuen Teams leichter. Dort läuft es gerade überhaupt nicht gut. Wir brauchen unbedingt mehr gegenseitige Wertschätzung, wenn wir erfolgreich sein wollen. ... (4 ....) wir möglichst bald eine Fortbildung organisieren sollten.

  ..../ 4 Punkte 😊 3–4 Punkte ☹ 0–2 Punkte

Von allen Seiten beleuchtet

Fit für Lektion 9

1 WÖRTER **Was passt? Lesen Sie den Beitrag und markieren Sie.**

● ● ● www.fotografie-meister.de/blog/licht-und-stimmung

Mit einer Digitalkamera können Sie auch als Anfänger:in Sonnenaufgänge /
Sonnensysteme (1) fotografieren wie ein Profi – Sie brauchen dazu nur den
Automatik-Modus der Kamera auszustrahlen / einzuschalten (2).
Trotzdem lohnt es sich, sich mit dem Thema Licht genauer zu beschäftigen,
denn erst der Kontrast zwischen Licht und Schatten / Betonung (3) sorgt
für das richtige Gleichgewicht auf einem Bild. Portraitfotos im Freien sollten
nicht zur Mittagszeit aufgenommen werden, da das Sonnenlicht / Weltall (4)
um diese Zeit extrem hell ist. Wenn Sie dagegen in dunklen Räumen mit
Elektrizität / Blitz (5) fotografieren, dann sorgt dies bei Nahaufnahmen von
Personen oft dafür, dass das Gesicht unschön gießt / glänzt (6).
Erfahren Sie hier, wie Sie die Besonderheiten des Lichts nutzen können,
um Stimmung und Atmosphäre / Wahrnehmung (7) zu erzeugen.

2 GRAMMATIK **Nominalisieren Sie die *kursiven Satzteile* in den Fragen 1–5.**

● ● ● www.fotografie-meister.de/blog/faqs

1. Was muss man beachten, wenn man *eine Kamera kauft*?
2. Wie *setzt* man *künstliches Licht* beim Fotografieren *ein*?
3. Wie kann man *ein Foto nachträglich bearbeiten*?
4. Wie *wird der Blitz richtig eingestellt*?
5. Wie viel *kostet ein Fotokurs für Anfänger* und wie lange *dauert er*?

1. Kauf einer Kamera

3a GRAMMATIK **Welche Präposition passt? Ergänzen Sie.**

an (2x)   auf (2x)   für   gegen (2x)   mit   vor   zu

1. (die) Auswirkung .... (+ Akk.)
2. (die) Erwartung .... (+ Akk.)
3. (das) Mittel .... (+ Akk.) / .... (+ Akk.)
4. (die) Lust .... (+ Akk.)
5. (der) Mangel .... (+ Dat.)
6. (der) Schutz .... (+ Dat.) / .... (+ Akk.)
7. (der) Umgang .... (+ Dat.)
8. (der) Zugang .... (+ Dat.)

b **Lesen Sie den Infotext. Ergänzen Sie die passenden Nomen mit Präposition aus a in der richtigen Form. Nicht alles passt.**

Vorsicht vor zu viel Sonne!

Im Frühling und Sommer wächst die Lust auf (1) Aktivitäten im Freien. Wer kann, verbringt gern viele
Stunden an der frischen Luft und im Sonnenschein. Dabei sollten wir nicht vergessen, dass die Sonne nicht
nur positive .... (2) unseren Körper hat, sondern dass ein Zuviel an Sonne auch
sehr schaden kann. Menschen mit heller, empfindlicher Haut sollten besonders vorsichtig im ....
.... (3) der Sonne sein. Auch der .... (4)
bestimmten Vitaminen kann das Risiko negativer Folgen verstärken.
.... (5) den möglichen Folgen (z. B. frühe
Hautalterung, Sonnenallergie oder sogar Hautkrebs) bieten die
richtige Kleidung und eine gute Sonnencreme. Wer länger in der Sonne
bleiben will, braucht unbedingt eine Creme mit sehr hohem Licht-
schutzfaktor (50+). Auch lange Hosen und ein Sonnenhut sind wirk-
same .... (6) zu viel UV-Licht.

AB • MODUL 3 • SEITE 67

4 WÖRTER **Lesen Sie den Werbetext. Was passt, a oder b?** → KB 1

Das neue Wohnmobil *Aventura* ist der perfekte Begleiter auf jeder Reiseroute. Es überzeugt durch eine intelligente Raumplanung und ein modernes Lichtkonzept. Im Küchenbereich befinden sich eine Spüle und zwei (1 ......). Zur Badausstattung gehören neben einem Waschbecken mit (2 ......) auch ein kleiner Schrank mit ausreichend Platz für Handtücher, (3 ......) und Kosmetikprodukte. Im Sitzbereich sorgen Stoffe in hellen (4 ......) für eine freundliche Atmosphäre. Beim Thema Wohlfühlen spielen auch die (5 ......) eine wichtige Rolle. Im Wohnmobil *Aventura* wurde deshalb besonderer Fokus auf eine optimale (6 ......) gelegt.

1. a. Herdplatten
   b. Strahlen

2. a. Grundwasser
   b. Wasserhahn

3. a. Föhn
   b. Scanner

4. a. Farbtönen
   b. Sinnesorganen

5. a. Metaphern
   b. Lichtverhältnisse

6. a. Dunkelheit
   b. Beleuchtung

5a KOMMUNIKATION **Lesen Sie den Chat. Schreiben Sie die Redemittel richtig.** → KB 1

 **VALENTINA:** Hallo, ihr Lieben! Ich hab mich ja als Coachin beworben und morgen ist mein Vorstellungsgespräch. Meist zieh ich ja zu solchen Anlässen etwas Blaues an, aber irgendwie finde ich Blau inzwischen langweilig. Ich hab ein schickes gelbes Kostüm. Meint ihr, Gelb wäre okay?

 **MATTHIAS:** Nee, das würde ich nicht tun! Ich würde bei Blau bleiben. Ich denke, _____ *(verbindet – in erster Linie – man – mit Blau)* (1) Zuverlässigkeit und Glaubwürdigkeit. Das ist doch genau das, was du vermitteln willst, oder?

 **HAMID:** Also, _____ *(über die Farbe Gelb – ich so – nachdenke – wenn)* (2), fallen mir Begriffe wie Optimismus, Wärme, Kommunikation ein. Das ist doch für einen Job als Coach auch total wichtig.

 **AYLIN:** Hm, ich weiß nicht, _____ *(spontan – bei Gelb – ich – an – denke)* (3) Sonne und Ferien. Ob das das Richtige für ein Vorstellungsgespräch ist?? Dann vielleicht doch einfach besser Grau oder Schwarz?

b SCHREIBEN **Was assoziieren Sie selbst mit den Farben Blau und Gelb? Was würden Sie Valentina raten? Verfassen Sie eine eigene Textnachricht. Die Redemittel aus a helfen Ihnen.**

6 WÖRTER **Finden Sie noch sechs Nomen und ordnen Sie sie den Bildern zu. Ergänzen Sie auch die Artikel. Ein Nomen passt nicht.** → KB 2

LWKOGASLAMPEPJKHFACKELSJZUJENERGIESPARLAMPEDFGHTH
GLÜHLAMPESAHGFDVULKANVFGLAGERFEUERVBFG(KERZENFLAMME)

 ❶    ❷    ❸    ❹    ❺    ❻

die Kerzen-
flamme _____   _____   _____   _____   _____

7a WÖRTER **Was passt? Lesen Sie den Magazinartikel und ergänzen Sie die Nomen in der richtigen Form.** → KB 2

Bedrohung Bestand Busch Gang Geruch Innenraum Lebensraum Überlebenschance

Die Fledermaus – eine bedrohte Tierart

Fledermäuse sind nachtaktive Tiere und vermeiden Lichtquellen. Man findet sie nicht in _Büschen_ (1) oder auf Bäumen, sondern in dunklen .... (2) wie Höhlen, unterirdischen .... (3), Kellern oder Garagen. Sehr selten kommt es vor, dass sich Fledermäuse in Wohnungen verirren.
Die Tiere ernähren sich weitgehend von Insekten. Bei der Nahrungssuche lassen sie sich vom .... (4) der Insekten leiten. Zur Orientierung dienen ihnen nicht so sehr ihre visuellen Sinnesorgane, als vielmehr ihr extrem empfindliches Gehör. Fledermäuse gehören zu den bedrohten Tierarten. Eine besondere .... (5) stellt

der Einsatz chemischer Stoffe in der Landwirtschaft dar, denn dieser bringt vielerorts einen gravierenden Rückgang der Insekten mit sich. Ein anderes Problem ist die Zerstörung des .... (6) durch den Bau von Straßen oder Siedlungen. Unser Naturschutzverein kümmert sich darum, die .... (7) der Fledermäuse zu erhöhen. Unterstützen Sie unsere Arbeit mit einer Spende und tragen Sie dazu bei, dass die biologische Vielfalt in unserer Region weiterhin .... (8) hat!

b SCHREIBEN **Fassen Sie den Inhalt des Artikels aus a kurz in einer Nachricht an eine Freundin / einen Freund zusammen (ca. 50 Wörter). Nennen Sie ein bis zwei Informationen, die Sie besonders interessant fanden, und fragen Sie, ob sie / er nicht auch helfen will.**

Ich habe neulich einen interessanten Artikel über Fledermäuse gelesen. Wusstest du, dass ...

8 WÖRTER **Was passt? Lesen Sie den Infotext und markieren Sie.** → KB 2

Glühlampen und LEDs im Vergleich: Was sind die Vor- und Nachteile?
- LED-Lampen sind in der Anschaffung relativ teuer, Glühlampen sind da kostbarer / kostengünstiger (1).
- In Bezug auf den Energieverbrauch sind LED-Lampen aber wesentlich effizienter / privilegierter (2).
- LED-Lampen halten auch deutlich länger: Eine LED-Lampe, die konstant / umgangssprachlich (3) in Betrieb wäre, würde im Durchschnitt sechs Jahre lang brennen, eine Glühlampe nur 41 Tage.
- LED-Lampen verlieren allerdings im Laufe der Zeit an Leuchtkraft und sind nicht mehr so diszipliniert / leistungsstark (4) wie am Anfang.

9 WÖRTER **Lesen Sie die Zeitungsnachricht und schreiben Sie die Verben richtig.** → KB 2

NORDSÜD KURIER **Supernova live beobachtet** // Erstellt: 15.03. Von Jana Kralik

Ein europäisches Forscherteam konnte zu Beginn des Jahres eine Supernova, die letzte Lebensphase eines riesigen Sterns, direkt beobachten: Über mehrere Wochen konnten die Wissenschaftler:innen verfolgen, wie der Himmelskörper in einer Entfernung von Tausenden von Lichtjahren immer größer wurde und schließlich _explodierte_ (ploextedier) (1).
„Es sah aus, als ob ein riesiger Vulkan .... (chenbreaus) (2) würde", so die Leiterin des Forschungsteams. „Schon lange vor seinem Ende konnte man sehen, wie aus dem Stern Gas .... (austeström) (3)."
Da bei einer Supernova große Mengen an Energie in Licht .... (umgedeltwan) (4) werden, wird das All auf ungewöhnliche Weise .... (hellter) (5), was bei nicht allzu großer Entfernung mit einem einfachen Teleskop zu sehen ist. Die Gefahr, dass feste Materie nach der Explosion in andere Himmelskörper .... (genschlaein) (6) könnte, besteht bei einer Supernova nicht, erklärte die Wissenschaftlerin.

10a WÖRTER 🔲 **Lesen Sie den Auszug aus einem Reiseführer und den Tipp unten.
Unterstreichen Sie die Nomen auf *-ie, -ur* und *-tum*.** → KB 2

TOP-REISEN

Alicante – ein Reiseziel mit viel Kultur

Ort des Lichts – so wurde die spanische Stadt Alicante im Altertum von den Römern genannt. Zurückzuführen ist der Name wahrscheinlich auf die hellen weißen Sandstrände, die man in diesem Küstenabschnitt vorfand. Das gute Klima bringt es mit sich, dass man hier fast das ganze Jahr über baden kann. Aber auch kultureller Reichtum und eine hervorragende Gastronomie machen Alicante zu einem attraktiven Reiseziel.

Ein unbedingtes Muss ist der Besuch des archäologischen Museums *Marq*. Ausstellungsstücke aus mehreren Jahrtausenden menschlicher Geschichte – präsentiert unter Einsatz modernster Technologie – machen den Besuch zu einem echten Erlebnis. Sehenswert sind auch die Burg *Santa Barbara* und die Kathedrale *San Nicolás*, die zudem abends wun-

derschön beleuchtet werden. Wer neue Energie tanken will, setzt sich zwischendurch in eins der vielen Tapas-Restaurants in der hübschen Altstadt. Kurz vor Sonnenuntergang lädt dann noch die wunderschöne Strandpromenade *Esplanada* zu einem letzten stimmungsvollen Spaziergang ein – bevor man sich ins bunte Nachtleben stürzt. Wer genug Zeit mitbringt, sollte außerdem die Gelegenheit nutzen und einen Ausflug in die nähere Umgebung planen, zum Beispiel zu den *Canelobre*-Höhlen, einem wahren Wunder der Natur.

> Nomen auf *-ie* und *-ur* sind fast immer feminin. Nomen auf *-tum* können maskulin oder neutral sein.

b **Wie heißen die Nomen aus a in anderen Sprachen? Notieren Sie und vergleichen Sie.**

Deutsch: die Kultur   Englisch: the culture   Spanisch: la cultura   Polnisch: kultura

11a KOMMUNIKATION **Lesen Sie den Magazinartikel. Welche Redemittel passen, a oder b?** → KB 2

LASER – EINE TECHNIK MIT VIELEN MÖGLICHKEITEN

... (1 ......) die Mitte des 20. Jahrhunderts. Die theoretische Vorarbeit hatte Albert Einstein schon mehrere Jahrzehnte zuvor geliefert. Aber erst 1960 schaffte es der US-amerikanische Physiker Theodore Maiman – im Wettstreit mit anderen Wissenschaftlern – einen funktionierenden Laser zu bauen. ... (2 ......) etliche Anwendungsbereiche beruhen auf der Lasertechnik. Ohne Laser hätten weder das Smartphone noch das Internet um die Jahrtausendwende Einzug in unseren Alltag halten können. Und im Bereich der Medizin ... (3 ......) die Diagnose und Behandlung.

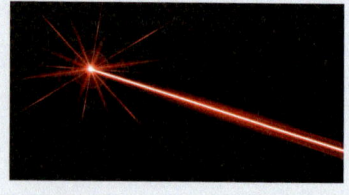

1. a. Die Erfindung des Lasers kam auf
2. a. Die Entwicklung sorgte dafür, dass
3. a. vereinfachte diese Erfindung

   b. Die Entwicklung des Lasers fällt in
   b. Die Entwicklung war revolutionär, denn
   b. leistete diese Erfindung einen wichtigen Beitrag zu

b SCHREIBEN **Wählen Sie eine der Erfindungen / Entwicklungen 1–5 und recherchieren
Sie dazu im Internet. Schreiben Sie dann einen Artikel wie in a (ca. 80–120 Wörter).
Die Redemittel aus a helfen Ihnen.**

das Elektroauto

das Internet

das Mikroskop

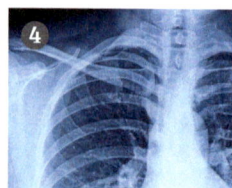
die Röntgentechnik

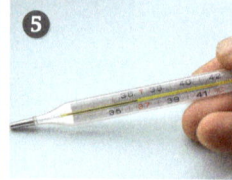
das Thermometer

12 WÖRTER **Wie heißen die Verben? Ergänzen Sie die fehlenden Buchstaben.** → KB 3

1. Der Nachthimmel ist heute ganz klar. Man sieht, wie die Sterne f_____k_____ .
2. Ist hier irgendwo ein Fenster auf? Die Kerze _____a_____r__ so!
3. Die Taschenlampe _____c_____ ganz schwach, die Batterie muss ausgewechselt werden.
4. Ich habe drei Stunden lang die Fenster geputzt, jetzt g_____ sie richtig.
5. Mittags _____r_____ die Sonne besonders intensiv, da muss man die Augen schützen.

13a GRAMMATIK **Lesen Sie den Flyer und formulieren Sie die markierten Nominalgruppen in Verbalstil um.** → KB 4

Lampenmarkt – 4 gute Gründe bei uns zu shoppen!

1. Sie bekommen ausführliche Beratung durch unser Fachpersonal .

2. Bei uns haben Sie Auswahl aus einer Vielzahl von Modellen .

3. Wir bieten kostenlose Auslieferung durch unseren Lieferservice .

4. Über 1 Million Kunden haben Vertrauen in uns .

1. Unser Fachpersonal *berät Sie ausführlich.*

2. Bei uns können Sie …

3. Unser Lieferservice …

4. Über 1 Million Kunden …

b **Wie steht es im Nominalstil im Werbeflyer in a? Ordnen Sie die Sätze zu.**

Verb mit Präposition	→	Nomen mit Präposition: Satz ......
Verb + Dativ	→	Nomen mit Präposition: Satz ......
verursachende Person / Sache	→	*durch* + verursachende Person / Sache: Sätze 1......

14 GRAMMATIK **Lesen Sie den Infotext und ergänzen Sie die Notizen im Nominalstil. Verwenden Sie die Nomen unter dem Text.** → KB 4

Um sich in den eigenen vier Wänden wohlzufühlen, spielt die richtige Beleuchtung eine wichtige Rolle. Der erste Schritt ist, sich zwischen weißem und gelbem Licht zu entscheiden (1). Die folgenden Argumente helfen Ihnen bei dieser Entscheidung (2): Gelbes Licht ist wärmer und schafft eine gemütliche Atmosphäre (3). Es wirkt sich außerdem positiv auf die Stimmung aus (4). Daher eignet sich gelbes Licht besonders für Wohnräume (5).
Weißes Licht ist kälter. Es ähnelt dem natürlichen Tageslicht (6) und fördert die Konzentration (7). Daher passt es vor allem im Bad, im Arbeitszimmer oder im Flur.

Ähnlichkeit mit   Auswirkungen auf   Eignung für   ~~Entscheidung zwischen~~   Förderung   Hilfe bei   Schaffung

1. erster Schritt: *Entscheidung zwischen weißem und gelbem Licht*
2. _____ durch die folgenden Argumente:
gelbes Licht:
3. _____ durch gelbes Licht
4. _____
5. _____
weißes Licht:
6. _____
7. _____ durch weißes Licht

15 `GRAMMATIK` **Formen Sie die Satzteile in Nominalgruppen um. Lesen Sie dann den Eintrag in einem Online-Lexikon und ergänzen Sie die Nominalgruppen an der richtigen Stelle.** → KB 5

Künstler entwickeln die moderne Lichtkunst   ~~Lichteffekte schaffen ein Kunstwerk~~

Lichtkunst begegnen   mit Musik verbinden

LICHTKUNST

Unter Lichtkunst versteht man *die Schaffung eines Kunstwerks durch Lichteffekte* (1). In der Regel handelt es sich bei Lichtkunst um Skulpturen oder Installationen.

Häufig wird Lichtkunst auch in _____ (2) eingesetzt.

Bei historischen Bauwerken ist _____ (3) besonders eindrucksvoll.

Von interaktiver Lichtkunst spricht man, wenn das Publikum selbst Einfluss auf die Installation hat – etwa durch Bewegung. Ihren Anfang nimmt _____

_____ (4) wie László Moholy-Nagy, der 1930 auf einer Ausstellung in Paris sein Werk *Licht-Raum-Modulator* vorstellte. Weitere wichtige Vertreter von Lichtkunst sind Otto Piene, Dan Flavin und James Turrell.

16a `WÖRTER` **Was passt zusammen? Verbinden Sie. Verwenden Sie bei Bedarf ein Wörterbuch.** → KB 6

1. jdm. grünes Licht geben
2. einen Geistesblitz haben
3. im Dunkeln tappen
4. jdm. geht ein Licht auf
5. auf der Sonnenseite des Lebens stehen

a keine Ahnung haben
b viel Glück im Leben haben
c die Erlaubnis geben, dass etw. beginnt
d überraschend eine gute Idee haben
e etw. plötzlich begreifen

b **Kennen Sie ähnliche Redewendungen in anderen Sprachen? Notieren Sie.**

1. Spanisch: dar luz verde

Aussprache: Klar und deutlich II: Kurzpräsentation

3 ◀))17 **1a Sie hören eine Kurzpräsentation zweimal. Welche Version gefällt Ihnen spontan besser? Markieren Sie.**

Version 1 ○
Version 2 ○

b **Hören Sie noch einmal. Welche Mittel nutzt die Sprecherin, um die Kurzpräsentation verständlich und interessant zu machen?**

○ Sie artikuliert verständlich, aber nicht überdeutlich.
○ Sie variiert das Sprechtempo.
○ Sie variiert die Lautstärke.

○ Sie macht Pausen an den passenden Stellen.
○ Man hört ein Lächeln in ihrer Stimme.

Auf die Dosis kommt es an! Man sollte beispielsweise weder zu schnell (= unverständlich) noch zu langsam (= ermüdend) sprechen.

2 **Nehmen Sie Ihre Kurzpräsentation im Kursbuch auf S. 45, Aufgabe 6, mit dem Smartphone auf und achten Sie auf eine verständliche Sprechweise und gute Betonung und Melodie. Wenn Sie möchten, schicken Sie die Aufnahme an eine Partnerin / einen Partner und bitten Sie um Feedback.**

1 WÖRTER Was passt? Lesen Sie den Artikel und markieren Sie.

Das richtige Licht am Fahrrad

Wer gern das ganze Jahr über mit dem Fahrrad unterwegs ist, sollte unbedingt auf eine gute Bedrohung / Beleuchtung (1) an seinem Bike achten. Abends in der Dunkelheit / Zeitrechnung (2) ohne Licht zu fahren, ist gefährlich und in den meisten Ländern verboten. Aber nicht nur nach dem Reichtum / Sonnenuntergang (3) sind funktionierende Fahrradlampen wichtig. Bei Nebel oder Regen kann man auch tagsüber schwierige Innenräume / Lichtverhältnisse (4) antreffen. Eine Lampe am Helm ist hier die beste Option, denn ihr Scanner / Strahl (5) folgt der Richtung, in die man schaut. Wer auf ländlichen Gängen / Routen (6) mit schlechter oder fehlender Straßenbeleuchtung fährt, sollte zusätzlich leuchtende Kleidung tragen, um gut sichtbar zu sein.

 ..../ 6 Punkte 😊 4–6 Punkte 😐 0–3 Punkte

2 GRAMMATIK Lesen Sie die Programmpunkte der Ausstellung und notieren Sie sie im Nominalstil.

Programm: Neue Ausstellung im Lichtmuseum
Um 18:00 Uhr eröffnet die Museumsleiterin die Ausstellung und begrüßt die Gäste.
Um 18:30 Uhr wird den Kooperationspartnern gedankt.
Um 19:00 Uhr werden die Gäste in die Ausstellung eingeführt.
Um 19:30 Uhr kann man mit den Künstler:innen sprechen und diskutieren.

18:00: *Eröffnung der Ausstellung und*
18:30:
19:00:
19:30:

 ..../ 4 Punkte 😊 3–4 Punkte 😐 0–2 Punkte

3 KOMMUNIKATION Lesen Sie die Umfrage. Was passt? Ordnen Sie zu. Zwei Redemittel passen nicht.

(a) Die Entdeckung fiel in die Zeit   (b) Die Entdeckung leistete einen wichtigen Beitrag
(c) Mit Albert Einstein verbinde ich in erster Linie   (d) Wenn ich über Albert Einstein nachdenke
(e) Die Entdeckung war revolutionär   (f) Bei Albert Einstein denke ich spontan daran, dass

„Und hier wieder unsere Hörerumfrage: Woran denken Sie, wenn Sie den Namen Albert Einstein hören? Schicken Sie uns eine Textnachricht!"

... (1 ......), fällt mir zuerst seine Relativitätstheorie ein. ... (2 ......), weil sie unsere Vorstellung von Raum und Zeit verändert hat.

... (3 ......) den Begriff Licht. Denn Einstein fand heraus, dass Licht nicht nur aus Wellen, sondern auch aus Teilchen besteht. ... (4 ......) zur Physik. Dafür erhielt er 1922 den Nobelpreis.

 ..../ 4 Punkte 😊 3–4 Punkte 😐 0–2 Punkte

1 `LESEN` **Sie lesen in einer populärwissenschaftlichen Zeitschrift einen Kommentar. Welche Sätze passen in die Lücken? Zwei Sätze passen nicht. Sie haben 20 Minuten Zeit.**

Künstliches Licht in den Städten und seine Auswirkungen auf die Tiere

In den großen Städten der Erde ist es niemals dunkel. Natürliches Licht wird in der Nacht durch künstliches Licht ersetzt. Dadurch wird Licht zum Störfaktor für Mensch und Tier. Es wird in diesem Zusammenhang sogar von Lichtverschmutzung gesprochen. (Beispiel _0_) Vielmehr macht dieser Begriff darauf aufmerksam, dass übermäßig viel künstliches Licht eine Störgröße im Ökohaushalt der Erde darstellt.

Auf der Erde wechseln sich Phasen der Helligkeit und Phasen der Dunkelheit rhythmisch ab. Der Rhythmus hierfür ergibt sich aus der Rotation der Erde. Der Faktor Licht ist also unser Taktgeber. Seit Milliarden von Jahren leben alle Lebewesen der Erde in diesem Takt. (1 ......) Alle lebenswichtigen Prozesse sind auf den Tag-Nacht-Rhythmus abgestimmt, beispielsweise unsere Wach- und Schlafphasen oder die Regeneration unserer Zellen. Tiere in den Städten leiden unter Lichtverschmutzung. Eine Störung des tief verankerten Lebensrhythmus – des Wechsels von Tag und Nacht – hat weitreichende Konsequenzen sowohl für tagaktive als auch für nachtaktive Tiere. (2 ......) Es gelingt ihnen kaum noch, Ruhephasen zu finden. Solche Phasen braucht der Körper aber, um lebenswichtige Regenerations- und Reparationsprozesse ablaufen zu lassen. Dauerhafter Schlafmangel kann schließlich sogar manifeste Schlafstörungen zur Folge haben, was wiederum zu Erschöpfung und zu Krankheiten führen kann bis hin zu einem regelrechten Burn-out.

Eine Vielzahl an Tieren aber ist nachtaktiv, unter anderem viele Insekten. Diese Tiere sind sehr gut an Dunkelheit angepasst und werden demzufolge durch künstliches Licht in der Nacht stark gestört. Die Beleuchtung durch Straßenlaternen führt zum Beispiel dazu, dass Insekten durch das davon ausgehende künstliche Licht angezogen werden. (3 ......) Die Folge ist dann, dass sie im Umfeld der Straßenlaternen leichte Beute für andere Tiere werden, die sonst eigentlich keine große Gefahr für sie darstellen. Es kommt damit zu Verschiebungen der Räuber-Beute-Beziehungen, woraus eine Störung des natürlichen Ökogleichgewichts resultiert.

Auch ein großer Teil der Schmetterlinge ist nachtaktiv. Sie gehen nachts auf die Reise von Blüte zu Blüte und bestäuben dadurch Wild- und Kulturpflanzen. (4 ......) Wenn zu viel nächtliches Licht die Schmetterlinge vom Bestäuben abhält, stellt dies eine schwerwiegende Bedrohung für unser komplettes Ökosystem dar. (5 ......) Das bedeutet, dass auch das Nahrungsangebot vieler Tiere reduziert ist. Die Vielfalt des natürlichen Lebensraumes wird auf lange Sicht verringert.

Nicht nur die Straßenbeleuchtung trägt in den Städten zu Lichtverschmutzung bei. Auch Gebäude, die nachts angestrahlt werden, um das nächtliche Stadtbild zu verschönern, sind starke Lichtquellen. Aber auch die Scheinwerfer fahrender Verkehrsmittel und sogar das Licht aus den Häusern und Wohnungen bewirken, dass Städte nachts zu hell sind. (6 ......) Dadurch entsteht ein sogenannter Lichtkegel, der weit in die Landschaft getragen wird.

Viele Städte stellen aber mittlerweile Bemühungen an, die Lichtflut zu reduzieren. Untersuchungen haben gezeigt, dass es bereits positive Effekte hat, wenn das Licht von Straßenlaternen gedimmt wird, also nicht so stark ist. Gedämpftes Licht zu verwenden, ist zudem eine Maßnahme, die wir auch in unseren Privathaushalten durchführen können. (7 ......) Generell gilt: Man sollte nur das beleuchten, was beleuchtet werden muss. Notwendiges Licht sollte eher warm und gelblich sein, das stört die Tiere weniger. (8 ......) Nach unten gelenktes Licht schadet generell weniger als nach oben gerichtetes, einen Lichtkegel produzierendes Licht.

Beispiel:

0. Damit meint man aber nicht, dass das Licht dreckig ist.

a. So können wir alle ganz einfach von zu Hause aus dazu beitragen, Tiere zu schützen.

b. Für die Landwirtschaft sind sie deshalb äußerst wertvoll und nützlich.

c. Tagaktive Tiere werden in ihrer Nachtruhe beeinträchtigt.

d. Dieses Licht aus den Städten wird oft von den Wolken zurückgestrahlt.

e. Fledermäuse lassen sich in Städten kaum noch beobachten.

f. Er ist sogar in unseren Genen festgeschrieben.

g. Deshalb diskutiert die Politik weitere Maßnahmen zur Eindämmung von Lichtverschmutzung.

h. Auf den Wiesen gibt es dadurch weniger Angebot an Früchten.

i. Neben der Farbtemperatur spielt auch die Ausrichtung des Lichts eine Rolle.

j. Dadurch verlassen sie ihren eigentlichen dunklen und sicheren Lebensraum.

> Neben inhaltlichen Punkten kann Ihnen bei dieser Aufgabe auch die Grammatik bei der Lösung helfen. Sie sollten zum Beispiel schauen, ob Nomen und Pronomen im Lösungssatz und im Satz vorher zusammenpassen (zum Beispiel *der Takt → er*). Auch Konnektoren in den Lösungssätzen (zum Beispiel *deshalb*, *dadurch*) müssen einen logischen Zusammenhang mit dem Satz davor ergeben.

2 SPRECHEN **Sie diskutieren mit einer Kollegin / einem Kollegen über das Thema *Schönheitsoperationen*. Diskutieren Sie ca. 5 Minuten.**

Eine gemeinsame Freundin möchte sich mit einer Schönheitsoperation die Nase verkleinern lassen. Sie haben zum Thema *Schönheitsoperationen* auch etwas im Internet gelesen.

Schönheitsoperationen

Im vergangenen Jahr wurden in Deutschland knapp 500.000 Schönheitsoperationen durchgeführt. Damit hat sich die Anzahl solcher OPs in den letzten zehn Jahren mehr als verdoppelt. Deutschland ist also ein Land, in dem vergleichsweise viele OPs aus ästhetischen Gründen durchgeführt werden.

- Kommentieren Sie: Was halten Sie von Schönheitsoperationen?
- Begründen Sie Ihre Haltung zu Schönheitsoperationen.
- Gehen Sie auf die Situation in Ihrem Heimatland oder in einem anderen Land ein.
- Einigen Sie sich auf Argumente für ein Gespräch mit Ihrer Freundin.

> Für die Bearbeitung des letzten Punktes ist es nicht nötig, dass Sie mit Ihrer Gesprächspartnerin / Ihrem Gesprächspartner einer Meinung sind bzw. sich schließlich auf eine Position einigen. Wenn Sie verschiedene Meinungen haben, können Sie gemeinsam Argumente für beide Meinungen auswählen, die Sie Ihrer Freundin präsentieren möchten.

3 [LESEN] **Lesen Sie den Text. Entscheiden Sie, welche Aussagen stimmen. Ergänzen Sie die richtigen Aussagen an der passenden Stelle in der Tabelle. Es müssen vier Aussagen zugeordnet werden. Sie haben 7 Minuten Zeit.**

Fasten macht den Körper jünger und gesünder

Fasten ist fast so etwas wie eine Mode geworden. Viele Menschen probieren in ihrem Leben aus den verschiedensten Gründen aus, wie es ihnen geht, wenn sie eine gewisse Zeit auf Nahrung verzichten. Das müssen nicht gleich mehrere Tage sein: Es gibt auch die Methode des sogenannten Intervallfastens, bei der man zum Beispiel täglich in einem Zeitfenster von acht Stunden isst und den Rest der Zeit fastet. Forscher haben herausgefunden, dass Fasten eine positive Wirkung im Körper hat, weil sich der Stoffwechsel durch die Nahrungspause umstellt. Bei regelmäßiger Nahrungsaufnahme ist Zucker unser Hauptenergielieferant. Dieser fehlt jedoch beim Fasten. Deshalb muss der Körper seine Energiereserven aus den Fettzellen verwenden. Ungesundes Fett im Körper wird dadurch verbraucht. Nach etwa zwölf Stunden ohne Nahrung beginnt der Körper, in den Zellen gesammelte Reste, die beim Stoffwechsel als Abfallprodukte entstanden sind, zu sammeln und zu recyceln. Man nennt dies Autophagie. Eine Weile nichts zu essen, bedeutet bildlich gesprochen also, dass die körpereigene Müllabfuhr beginnt zu arbeiten: Es werden gesundheitsförderliche Regenerations- und Reparationsvorgänge angestoßen.

Gerade Menschen mit chronischen Leiden profitieren sehr von Fastenphasen. Es hat sich gezeigt, dass sich viele Erkrankungen, wie zum Beispiel Rheuma, Arthrose, Diabetes sowie Darm- und Hauterkrankungen, dadurch bessern. Das lässt sich auch an den Blutwerten der Betroffenen ablesen. In Tierexperimenten mit Mäusen konnte gezeigt werden, dass Fasten sogar bei der Therapie von Krebs hilfreich ist. Menschen, die eine Zeit lang fasten, bestätigen die positive Wirkung: Sie fühlen sich in der Regel jünger und energievoller. Die bloße temporäre Nichtzufuhr von Nahrung bringt also große Effekte für Gesundheit und Wohlbefinden.

Der Körper bezieht seine Kraft in einer längeren Nahrungspause aus der Fettverbrennung.

Die Blutwerte von Menschen, die fasten, müssen regelmäßig überprüft werden.

Durch fehlende Nahrung kommt ein Recyclingprozess in den Zellen in Gang.

Fastende Menschen berichten von einer gesteigerten Lebensqualität.

Fasten verhindert Krebs.

Ohne Zucker kann der Körper wenig leisten und verbraucht eigene alte Zellen.

Stoffwechselreste in den Zellen lösen Krankheiten aus.

Viele chronische Erkrankungen lassen sich durch Fasten lindern.

Fasten macht den Körper jünger und gesünder

Prozesse im Körper	langfristige Folgen
....	....
....	....
....	....
....	....
....	....
....	....

> Lesen Sie zuerst den Text und dann die Aussagen. Nur die Hälfte der Aussagen ist richtig (also vier). Entscheiden Sie bei jeder Aussage, ob sie richtig oder falsch ist. Streichen Sie falsche Aussagen weg. Anschließend fällt es Ihnen sicher leichter, die noch übrigen vier richtigen Aussagen jeweils in eine der beiden Kategorien einzuordnen.

3◀)18 **4** **HÖREN** **Sie hören einen Podcast zum Tag der offenen Tür. Sie hören den Text einmal. Wählen Sie bei jeder Aufgabe, zu welcher Firma die Aussage passt. Lesen Sie vorher die Aufgaben 1–6. Dazu haben Sie 60 Sekunden Zeit.**

Beispiel:

0. Die Firma stellt Werbeprodukte her.
   (ⓧ) Firma 1 – Giesak AG   (b) Firma 2 – IT Seibel   (c) Firma 3 – Papierfabrik Große

1. Die Firma nutzt für ihre Produkte wiederverwertetes Material.
   (a) Firma 1   (b) Firma 2   (c) Firma 3

2. Man kann am Tag der offenen Tür einen Film über die Firma sehen.
   (a) Firma 1   (b) Firma 2   (c) Firma 3

3. Kinder können selbst etwas gestalten.
   (a) Firma 1   (b) Firma 2   (c) Firma 3

4. Man bekommt Informationen über Praktikumsmöglichkeiten.
   (a) Firma 1   (b) Firma 2   (c) Firma 3

5. Die Firma hat eine besondere Auszeichnung bekommen.
   (a) Firma 1   (b) Firma 2   (c) Firma 3

6. Es finden stündlich Besichtigungen statt.
   (a) Firma 1   (b) Firma 2   (c) Firma 3

> Sie hören den Text nur einmal. Deshalb sollten Sie vor dem Hören die Aussagen genau lesen und das wichtigste Wort in jedem Satz markieren. Passen Sie dann beim Hören gut auf, wann Sie dieses Wort, ein Synonym oder ein ähnliches Wort hören. Aber Achtung: Das Thema kann an mehreren Stellen vorkommen. Hören Sie ganz genau zu, um die richtige Stelle zu finden.

5 SCHREIBEN **Sie haben in einem Seminar ein Referat zum Thema „Nachhaltigkeits-maßnahmen in Unternehmen" gehalten und dafür folgende Statistik verwendet.** Sie sollen nun für den Abschluss des Seminars eine schriftliche Ausarbeitung des Referats verfassen. Sie haben 90 Minuten Zeit.

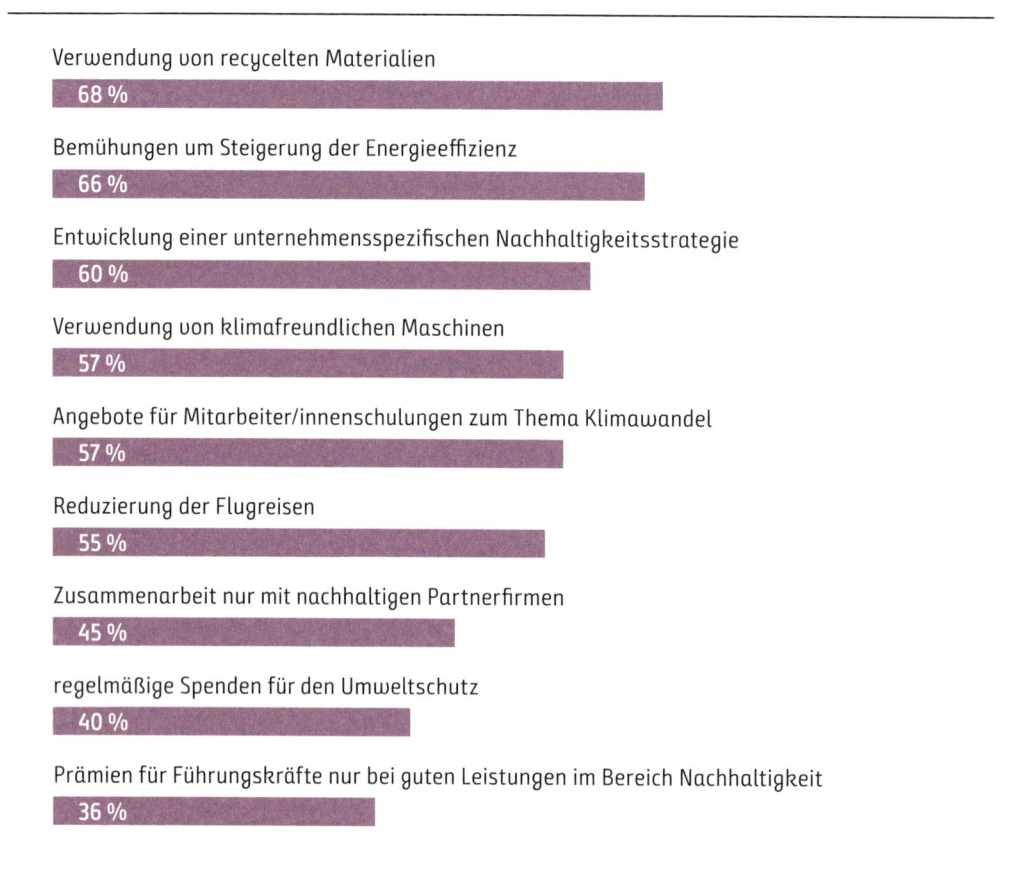

Welche Nachhaltigkeitsmaßnahmen werden in Unternehmen umgesetzt?

Verwendung von recycelten Materialien
68 %

Bemühungen um Steigerung der Energieeffizienz
66 %

Entwicklung einer unternehmensspezifischen Nachhaltigkeitsstrategie
60 %

Verwendung von klimafreundlichen Maschinen
57 %

Angebote für Mitarbeiter/innenschulungen zum Thema Klimawandel
57 %

Reduzierung der Flugreisen
55 %

Zusammenarbeit nur mit nachhaltigen Partnerfirmen
45 %

regelmäßige Spenden für den Umweltschutz
40 %

Prämien für Führungskräfte nur bei guten Leistungen im Bereich Nachhaltigkeit
36 %

Verfassen Sie nun einen Text, in dem Sie die wichtigsten Punkte Ihres Referats schriftlich darlegen. Schreiben Sie mindestens 250 Wörter und gehen Sie dabei auf folgende Punkte ein:

· Fassen Sie die wichtigsten Informationen der Statistik zusammen.
· Interpretieren Sie die Informationen: Wie erklären Sie sich die Zahlen? Warum verhalten sich die befragten Unternehmen so, wie es in der Statistik beschrieben wird?

Erläutern Sie:

· Wie schätzen Sie im Vergleich dazu die Situation in Ihrem Land ein?
· Wie ist Ihre persönliche Meinung zum Thema „Nachhaltigkeit"? Verhalten Sie sich selbst nachhaltig?

Berücksichtigen Sie dabei auch den Aufbau des Textes (Einführung in das Thema, Aufbau einer Argumentation, Schlussfolgerung). Beachten Sie, dass es sich um die *schriftliche* Ausarbeitung des Referats handelt.

> Hier sollen Sie einen Vortrag, den Sie gehalten haben, aufschreiben. Dabei müssen Sie beachten, dass Sie alle Passagen, die sich an ein Publikum richten (zum Beispiel Anreden), nicht mit in den Aufsatz übernehmen.
> Bei dieser Aufgabe sollten Sie zeigen, dass Sie einen großen Wortschatz haben. Es ist wichtig, nicht die Wörter und Formulierungen aus der Aufgabe und der Grafik zu wiederholen, sondern dafür Synonyme und ähnliche Wörter zu verwenden.

1 `WÖRTER` **Was passt? Lesen Sie den Dialog und markieren Sie.**

◆ Und wie läuft's bei der Arbeit?

▲ Im Projekt TexMak gab es wohl eine größere Erklärung / Panne (1).
Ich weiß nicht, was genau schiefgelaufen ist und wer Schuld / Schwäche (2)
an diesem Fehler hat. Im Team gibt es jedenfalls gerade ziemlichen Ärger.

◆ Ach herrje. Ich hoffe, der Respekt / Schaden (3) für das Projekt ist nicht
zu groß. Das Ansehen / Scheitern (4) des gesamten Projekts wäre eine
ziemliche Katastrophe, oder?

▲ So schlimm ist es wohl nicht. Der Irrtum / Konflikt (5) im Team ist
das größere Problem. Da wurde wohl ziemlich gestritten. Alle hatten
irgendwelche Ausreden. Niemand wollte die Konkurrenz / Verantwortung (6)
für den Fehler übernehmen.

◆ Ah, verstehe. Dafür hat die Teamleitung bestimmt wenig Recht / Verständnis (7). …

2a `GRAMMATIK` **Lesen Sie den Beitrag und die Kommentare. Was passt? Markieren Sie.**

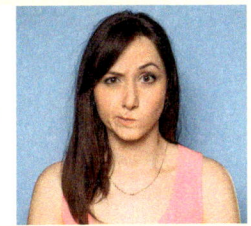

Ich weiß nicht, wie es euch geht: Aber ich merke nicht immer selbst, wenn ich etwas
falsch mache. 🙈 Zum Glück 🙂 zeigt mir dann die Reaktion anderer Menschen
sehr deutlich, dass mein Verhalten nicht optimal war. Dadurch, dass / Während (1)
andere zum Beispiel große Augen machen, weiß ich, dass wohl etwas schiefgelaufen
ist. 🤔 Welches Verhalten weist für euch darauf hin, dass ein Fehler passiert ist?

Ja, genau. Mit / Trotz (2) unserer Mimik und Gestik verraten wir viel. Zum Beispiel kann
durch / wegen (3) Heben der Arme klar werden, dass jemand mit einem Verhalten nicht
einverstanden ist. 😶

Eine Bekannte von mir hat plötzlich nicht mehr mit mir gesprochen. Dadurch / Solange (4)
wusste ich, dass ich wohl irgendwas falsch gemacht haben musste. 😕 Weil ich keine Ahnung
hatte, was passiert war, hab ich nachgefragt. Ich finde so was echt anstrengend. Warum löst
man Konflikte nicht, indem / weil (5) man sofort sagt, wenn etwas komisch gelaufen ist?

b **Lesen Sie die Kommentare. Schreiben Sie die *kursiven Sätze* mit den Ausdrücken in Klammern neu.**

Durch Kopfschütteln signalisieren viele, dass gerade etwas nicht gut gelaufen ist.
(indem) (1) Ich schüttle auch oft den Kopf – meistens über meine eigenen
Fehler. 😃

Meine Katze legt sich immer mal wieder auf mein Bett, obwohl sie das nicht darf.
Dann schaue ich sie streng an. Dadurch weiß sie, dass sie sich möglichst schnell einen anderen
Platz suchen muss. (dadurch, dass) (2)

Ich bin als Jugendliche oft zu spät nach Hause gekommen. *Mein Vater hat mir gezeigt,*
dass er sauer auf mich war, indem er am nächsten Tag nicht einmal Guten Morgen gesagt hat.
(dadurch) (3)

1. Indem sie den Kopf schütteln, …

3 WÖRTER **Lesen Sie die ersten Fragen eines Selbsttests. Ergänzen Sie die Verben in der richtigen Form.** → KB 1

~~anschreien~~ bedauern sich einschleichen nachholen verschütten wiedergutmachen

---

TESTEN SIE SICH SELBST:

Wie gehen Sie mit den Schwächen und Fehlern anderer um?

1. Ihr Nachbar _hat_ Sie _angeschrien_ (1), weil Sie sein Fahrrad aus Versehen auf den Boden geworfen haben. Wie kann er das _____ (2)?
   a. Er fängt an zu lachen und signalisiert, dass das nur ein Witz war.
   b. Er entschuldigt sich sofort.
   c. Er stellt am nächsten Tag Kuchen vor Ihre Tür.

2. Ihre Kollegin _____ im Büroflur Kaffee _____ (3). Welche Reaktion finden Sie angemessen?
   a. Sie wischt den Boden trocken.
   b. Sie sagt laut, dass sie das aufrichtig _____ (4).
   c. Sie tut, als sei nichts passiert.

3. In den Geburtstagskalender im Büro hat _____ ein Fehler _____ (5). Darum gratuliert Ihnen niemand. Was wünschen Sie sich?
   a. Die Kolleg*innen singen alle zusammen ein Lied, um das Gratulieren _____ (6).
   b. Der Geschäftsführer entschuldigt sich persönlich bei Ihnen.
   c. Der Geburtstagskalender wird gründlich geprüft.

4. Sie haben aus Versehen die Hafermilch Ihres Kollegen weggeworfen.

4a KOMMUNIKATION **Lesen Sie die Nachrichten. Was passt in der jeweiligen Situation besser? Markieren Sie.** → KB 1

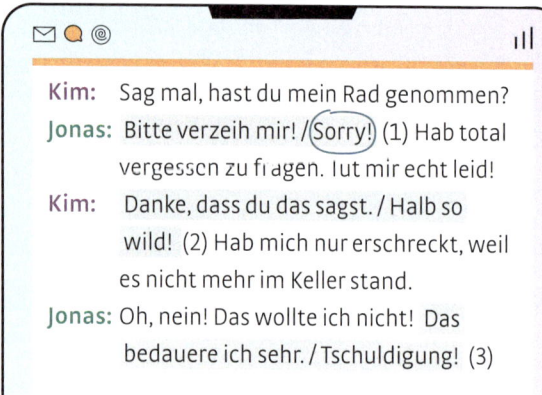

Kim: Sag mal, hast du mein Rad genommen?
Jonas: Bitte verzeih mir! / (Sorry!) (1) Hab total vergessen zu fragen. Tut mir echt leid!
Kim: Danke, dass du das sagst. / Halb so wild! (2) Hab mich nur erschreckt, weil es nicht mehr im Keller stand.
Jonas: Oh, nein! Das wollte ich nicht! Das bedaure ich sehr. / Tschuldigung! (3)

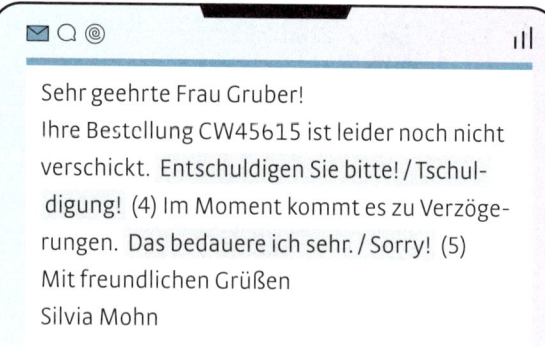

Sehr geehrte Frau Gruber!
Ihre Bestellung CW45615 ist leider noch nicht verschickt. Entschuldigen Sie bitte! / Tschuldigung! (4) Im Moment kommt es zu Verzögerungen. Das bedaure ich sehr. / Sorry! (5)
Mit freundlichen Grüßen
Silvia Mohn

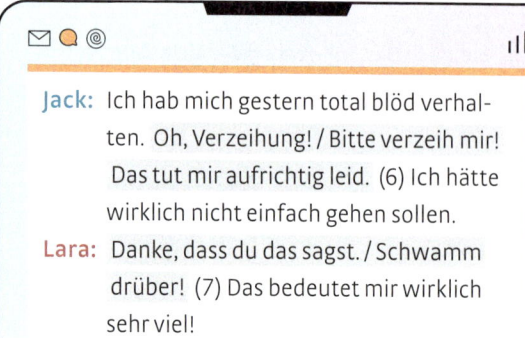

Jack: Ich hab mich gestern total blöd verhalten. Oh, Verzeihung! / Bitte verzeih mir! Das tut mir aufrichtig leid. (6) Ich hätte wirklich nicht einfach gehen sollen.
Lara: Danke, dass du das sagst. / Schwamm drüber! (7) Das bedeutet mir wirklich sehr viel!

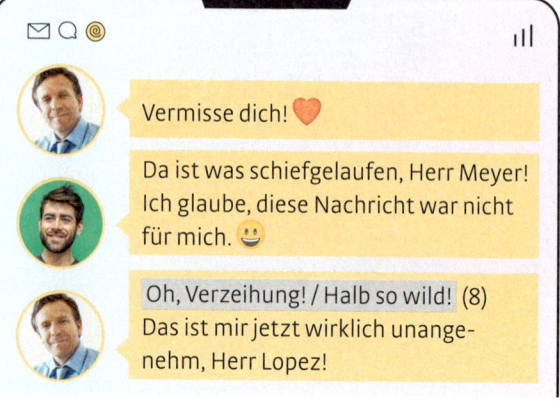

Vermisse dich! 🧡

Da ist was schiefgelaufen, Herr Meyer! Ich glaube, diese Nachricht war nicht für mich. 😃

Oh, Verzeihung! / Halb so wild! (8) Das ist mir jetzt wirklich unangenehm, Herr Lopez!

b Ergänzen Sie die fehlenden Wörter.

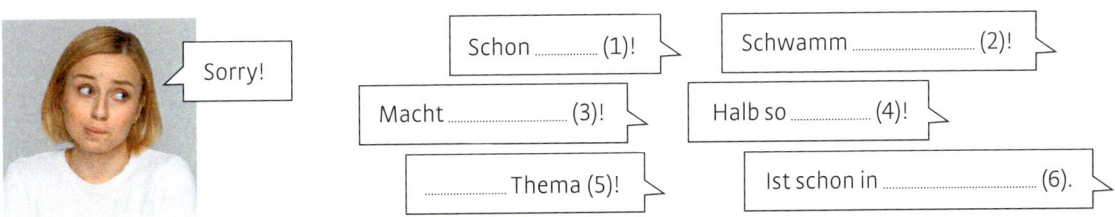

Sorry!

Schon _____ (1)!

Schwamm _____ (2)!

Macht _____ (3)!

Halb so _____ (4)!

_____ Thema (5)!

Ist schon in _____ (6).

5a WÖRTER **Lesen Sie den Beitrag. Was passt? Ergänzen Sie in der richtigen Form.** → KB 2

erniedrigend gnadenlos konstruktiv letztlich mangelnd ratsam schwerwiegend ~~zwischenmenschlich~~

„SCHWAMM DRÜBER!" LEIDER LEICHTER GESAGT ALS GETAN!

Wenn ich etwas richtig gut kann, dann Folgendes: mir meine eigenen Fehler eingestehen. Das kann ich vielleicht sogar ein bisschen zu gut. Es ist mir sehr, sehr oft bewusst, dass ich etwas nicht 100% richtig gemacht habe. Besonders wenn es um Fehler in _zwischenmenschlichen_ (1) Beziehungen geht. Wenn ich beispielsweise das Gefühl habe, Freunde durch mein Verhalten zu enttäuschen oder zurückzuweisen. Dabei geht es meistens gar nicht um _____ (2) Fehler. Ganz im Gegenteil: Oft sind es eher kleine Sachen, unwichtige Details, mit denen ich mich tagelang beschäftige.

Was mich irgendwie nachdenklich stimmt: Mit mir selbst bin ich _____ (3), jedoch bei anderen bin ich nicht übermäßig streng. Warum stehen diese überzogen kritischen Gedanken im Vordergrund? Warum kreisen sie _____ (4) vor allem darum, was ich falsch gemacht habe? Warum konfrontiere ich mich immer wieder mit meinen Schwächen, anstatt mich auf meine Erfolge zu konzentrieren? Das ist _____ (5) und macht langfristig keine gute Laune. Man kann solchen Perfektionismus als Zeichen von _____ (6) Selbstliebe deuten. Es wäre also _____ (7), etwas zu verändern. Damit würde ich mir selbst einen sehr großen Gefallen erweisen. Doch das ist schwieriger, als ich dachte. Wie kann ich lernen, mir zu verzeihen und mit meinen Fehlern _____ (8) umzugehen, mich selbst mit allen meinen Stärken und Schwächen zu akzeptieren und wertzuschätzen?

b Lesen Sie die Kommentare zum Beitrag in a. Was passt? Markieren Sie.

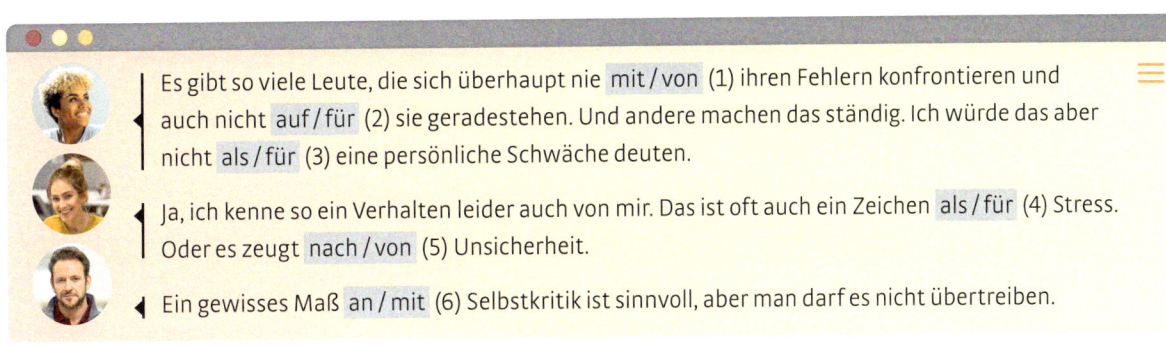

Es gibt so viele Leute, die sich überhaupt nie mit / von (1) ihren Fehlern konfrontieren und auch nicht auf / für (2) sie geradestehen. Und andere machen das ständig. Ich würde das aber nicht als / für (3) eine persönliche Schwäche deuten.

Ja, ich kenne so ein Verhalten leider auch von mir. Das ist oft auch ein Zeichen als / für (4) Stress. Oder es zeugt nach / von (5) Unsicherheit.

Ein gewisses Maß an / mit (6) Selbstkritik ist sinnvoll, aber man darf es nicht übertreiben.

6 WÖRTER **Wie kann man das anders sagen? Verbinden Sie.** → KB 2

1. Wenn man über die eigene Person nachdenkt, ist das
2. Wer in der Lage ist, Probleme und Streit auszuhalten, verfügt über
3. Eine Aussicht, auf die man sich freut, ist ein
4. Wenn man jemandem extrem viel Respekt entgegenbringt, hat man
5. Wenn man etwas auch gegen den Widerstand anderer erreicht, hat man
6. Wer in der Lage ist, die Gefühle anderer zu verstehen, besitzt
7. Wer sich selbst für schlechter hält als andere, leidet unter
8. Wenn man zugibt, die Schuld an etwas zu haben, spricht man von einem

a Durchsetzungsvermögen.
b Minderwertigkeitsgefühlen.
c Einfühlungsvermögen.
d Schuldeingeständnis.
e Selbstreflexion.
f Konfliktfähigkeit.
g Hochachtung.
h Lichtblick.

7 `WÖRTER` **Was passt? Lesen Sie die Tipps und ergänzen Sie die Verben in der richtigen Form.** → KB 3

anklagen ausdrücken bereinigen geradestehen ~~missachten~~ unterlaufen verschulden zeigen zeugen

So steigen die Chancen, dass man dir verzeiht!

Du hast einen Fehler gemacht oder eine Regel bzw. Konvention _missachtet_ (1)? Du möchtest die Angelegenheit _____ (2) und bist an einer Versöhnung interessiert? Dann solltest du Folgendes beachten:

1. Sei ehrlich, wenn du dein Bedauern _____ (3). Entschuldige dich bei allen Beteiligten aufrichtig für das, was du _____ (4) hast. Trag deine Bitte um Verzeihung ernsthaft vor. Sie darf für dein Gegenüber nicht wie eine Höflichkeitsfloskel wirken.

2. Such nicht nach Ausreden, denn das _____ (5) von fehlendem Verantwortungsbewusstsein. Erkläre, was aus deiner Sicht schiefgelaufen ist und warum dir der Fehler _____ (6) ist.

3. Gib nicht äußeren Umständen die Schuld und _____ niemand anderen _____ (7). Erkläre, dass du ohne Einschränkung verantwortlich für deinen Fehler bist.

4. Versichere, dass du für deinen Fehler _____ (8) wirst. Mach vielleicht sogar ein Angebot, wie du den Schaden wiedergutmachen kannst.

5. _____ (9) Reue, indem du erklärst, dass du in Zukunft anders handeln wirst.

8 `SCHREIBEN` **Verfassen Sie für das Internetforum *Zwischenmenschliches* einen Diskussionsbeitrag zum Thema *Sind Entschuldigungen sinnvoll?* (mind. 230 Wörter). Die Aufgabe 2 im Kursbuch auf S. 51 – 52 hilft Ihnen.** → KB 3

Schritt 1: Sammeln Sie Pro- und Kontra-Argumente.

+ Streit vermeiden; Respekt für Bedürfnisse anderer signalisieren; …

– lassen einen unsicher, defensiv wirken; Gefahr: den Respekt der anderen zu verlieren; …

Schritt 2: Ordnen Sie drei oder vier wichtige Argumente nach dem Reißverschlussprinzip. Das bedeutet: Jedem Gegenargument folgt ein Argument für die eigene Meinung.

> Streit vermeiden <–> lassen einen unsicher, defensiv wirken

Schritt 3: Verfassen Sie einen Diskussionsbeitrag. Gehen Sie dabei auf die folgenden Punkte ein:

· Benennen Sie das Thema und weisen Sie darauf hin, dass es unterschiedliche Meinungen dazu gibt.

· Nennen Sie dann abwechselnd ein Gegenargument und ein Argument, das Ihrer Meinung entspricht.

· Fassen Sie Ihre eigene Meinung zusammen.

> Sind Entschuldigungen sinnvoll? Diese Frage lässt sich nicht so einfach beantworten. Es gibt … Mit Entschuldigungen kann man zwar in vielen Fällen Streit vermeiden, allerdings lassen sie einen auch unsicher oder defensiv wirken. Außerdem … Meiner Meinung nach sind Entschuldigungen nicht …

9a `GRAMMATIK` **Lesen Sie die Nachrichten. Was passt? Markieren Sie.** → KB 4

❶

Lieber Kunde,
uns fehlt noch ein Ersatzteil für Ihre Küchenmaschine, **damit / wodurch** (1) sich die Reparatur ein wenig verzögert. Wir bitten, dies zu entschuldigen.
Ihr TKE-Team
P. S.: Sie haben die Möglichkeit, unsere Serviceleistungen **mittels / womit** (2) eines Feedback-Formulars zu bewerten.

❷

Sehr geehrte Frau El-Salloum,
danke für Ihre Geduld!
Auf diese Weise / Mithilfe (3) unseres Recherchetools ist es uns nun gelungen, einen sehr günstigen Versicherungstarif für Sie zu finden. Wir schlagen Ihnen vor, eine Kombiversicherung abzuschließen. **Damit / Wodurch** (4) können Sie noch einmal deutlich Kosten sparen.

❸

Lieber Herr Sanchez,
es tut mir leid, dass es Probleme mit der Heizung gibt. Haben Sie schon versucht, das Gerät für 30 Sekunden vom Stromnetz zu trennen? **Auf diese Weise / Mittels** (5) bewirken Sie, dass das Gerät komplett neu startet, wenn Sie es wieder einschalten. Beim Neustart überprüft das Gerät alle Funktionen, **damit / womit** (6) einige Störungen direkt behoben werden. Falls das nicht hilft, melden Sie sich bitte noch einmal.

b GRAMMATIK **Lesen Sie den Tipp unten und ergänzen Sie.** → KB 5

1. Mittels ein___ Managementsystem___ werden Kunden-
   beschwerden schnell und wirtschaftlich beantwortet.

   Mithilfe ein___ Managementsystem___ ...

2. Mittels künstliche___ Intelligenz werden Anfragen
   automatisch beantwortet.

   Mithilfe künstliche___ Intelligenz ...

3. Mittels KI ...

   Mithilfe ___ KI ...

4. Mittels Feedback-Formular___ bekommen wir Rückmeldungen
   zu unserem Service.

   Mithilfe ___ Feedback-Formular___ ...

5. Mittels kurz___ Feedback-Formular___ versuchen wir,
   unseren Service zu verbessern.

   Mithilfe kurz___ Feedback-Formular___ ...

> *Mittels* + Genitiv verwendet man fast ausschließlich in der Schriftsprache, z. B. in Zeitungsartikeln,
> Verträgen, Schreiben von Behörden. Bei Nomen im Singular und ohne Artikelwort oder Adjektiv
> wird das Nomen nicht dekliniert *(mittels Telefon)*. Bei Nomen im Plural ohne Artikelwort oder Adjek-
> tiv verwendet man den Dativ *(mittels Schuldeingeständnisse**n**)*.
> *Mithilfe* + Genitiv wird bei Nomen ohne Artikelwort oder Adjektiv zu *mithilfe von* + Dativ *(mithilfe von
> Entschuldigungen)*.

10 GRAMMATIK **Lesen Sie die Zeitungsmeldung. Formulieren Sie die *kursiven Satzteile* um.
Verwenden Sie die Angaben in Klammern.** → KB 5

Diesen Fehler können Sie vermeiden! Polizei warnt vor Betrügern
Der sogenannte Enkeltrick ist eine Form des Betrugs *per Telefon oder
Messenger. (mittels)* (1) Die Opfer sind meist ältere Menschen. *Mit diesem Trick* nehmen die Betrüger ihren Opfern zum Teil hohe Geldbeträge
ab. *(mithilfe)* (2) Die Betrüger behaupten, sie seien Freunde der Enkel,
wodurch sie das Vertrauen der älteren Menschen gewinnen. (damit) (3)
Sie erzählen, dass sich das Enkelkind in einer Notlage befinde. *Auf diese
Weise bringen sie die Opfer dazu,* ihnen als Hilfe für die Enkel Geld zu
geben. *(womit)* (4) Die Polizei warnt davor, auf solche Anrufe und Nachrichten zu reagieren.

11a WÖRTER **Lesen Sie die Schlagzeilen. Was bedeuten die markierten Präfixe? Ergänzen Sie.** → KB 6

Mangelnde Vorsicht:
Hauptursache für
Unfälle im Haushalt

BETRÜGER NUTZEN MITGEFÜHL AUS:
Urgroßmutter verliert 10.000 Euro durch
Enkeltrick

**Studien zeigen: Misserfolge
bieten Chancen für Weiter-
entwicklung**

1. der / das / die Wesentliche oder Wichtigste: _____
2. jd. / etw. gehört zu jd. / etw. anderem: _____
3. eine negative Bedeutung im Sinne von falsch oder nicht: _____
4. ursprünglich oder weit zurückliegend, oft benutzt bei Verwandtschaftsbezeichnungen: _____

b Lesen Sie den Auszug aus einem Interview. Was passt? Ergänzen Sie die Präfixe aus a.

Frau Dr. Milz, warum haben Fehler eigentlich ein so negatives Image?
Die Sorge davor, wegen eines Fehlers oder _____geschicks (1) aus einer Gemeinschaft ausgeschlossen
zu werden, ist eine der ältesten Ängste überhaupt, also eine _____angst (2) des Menschen. Denn das
_____einander (3) und überhaupt gute Beziehungen zu den Mitmenschen sind für uns extrem wichtig.
Gilt also: Egal wie, _____sache (4) dazugehören?
Das ist vielleicht ein bisschen überzogen, aber ein gewisses Maß an sozialen Beziehungen *[mehr]*

12 WÖRTER **Finden Sie noch fünf Verben und ergänzen Sie.** → KB 6

VSAUSRUTSCHENRTEZ(AUFLOCKERN)ÖLKHAUSGLEICHEN
NVCMBESÄNFTIGENKZBHBRINGENFSGDSTOLPERNVBY

1. eine angespannte Atmosphäre _auflockern_ und jemanden zum Lachen _____

2. auf einer Bananenschale _____

3. über einen Stein _____ und dabei fast hinfallen

4. einen Verlust _____, indem man einen kaputten Gegenstand ersetzt

5. jemanden, der wütend ist, mit einem Kompromissvorschlag _____

13 KOMMUNIKATION **Lesen Sie die E-Mail. Wie kann man das auch sagen? Schreiben Sie die *kursiven Teile* der Nachricht mit den angegebenen Ausdrücken neu.** → KB 6

Ich bitte Sie, dieses Missgeschick zu entschuldigen.   Ich habe versehentlich   Ich war kurz unaufmerksam

mir ist folgendes Missgeschick unterlaufen: Selbstverständlich werde ich dafür sorgen, dass

> Betreff: Wohnung, Paulstr. 1. OG
>
> Liebe Frau Soboczynski,
> *mir ist was Blödes passiert:* (1) *Ich habe* die Tür im Hausflur beschädigt. *Das wollte ich nicht.* (2)
> *Ich hab nicht aufgepasst* und bin gestolpert. (3) Leider hat dann der Wind die Tür zugeschlagen.
> Dabei ist das Glas in der Tür kaputtgegangen. *Tut mir sehr leid!* (4)
> *Ich kümmere mich auf jeden Fall darum, dass* sich niemand an der kaputten Tür verletzen kann.
> *Ist ja klar!* (5)
> Soll ich mich um die Reparatur kümmern oder übernehmen Sie das?
> Mit Dank und herzlichen Grüßen
> Karl Maiwald

Aussprache: Emotion durch Intonation

3◄)) 19 **1 Hören Sie und imitieren Sie so exakt wie möglich.**

> In emotionalen Situationen kommt es mehr auf die Intonation an
> als auf die tatsächlich gesagten Worte.

3◄)) 20 **2 Lesen und sprechen Sie die Gespräche mit passender Intonation. Hören Sie dann zum Vergleich jeweils ein Beispiel.**

1. ◆ Vorsicht! Das Glas!
   ▲ Oh! Entschuldigung, das wollte ich nicht!
   ◆ Ach. Halb so wild.

2. ◆ Entschuldige bitte. Meine Reaktion war total überzogen.
   ▲ Ist schon in Ordnung.
   ◆ Wirklich?
   ▲ Ja.

3. ◆ Aua! Ihr Hund hat mich gebissen.
   ▲ Tschuldigung.
   ◆ Tschuldigung? Ist das alles?
   ▲ Es tut mir wirklich leid.
   ◆ Schon gut. Aber passen Sie in Zukunft besser auf ihn auf.

> Mit Gradpartikeln *(schon, total, wirklich ...)* kann man eine Aussage
> stärker oder schwächer machen *(Es tut mir **wirklich** leid.).*

1 WÖRTER **Was passt? Lesen Sie den Artikel und markieren Sie.**

Selbstreflexion: Tiere sind sich ihrer Fehler bewusst

Ob auch Tiere sich selbst anklagen / bereinigen / einschleichen (1), wenn ihnen ein Missgeschick ausgeglichen / ausgerutscht / unterlaufen (2) ist, ist unklar. Aber Forschende haben in einem Experiment herausgefunden, dass Ratten in der Lage sind, Reue zu empfinden. Ihr Verhalten und ihre Hirnaktivität zeugen davon, dass sie falsche Entscheidungen auflockern / bedauern / wertschätzen (3) können. Experimente der Université de Neuchâtel in der Schweiz deuten darauf hin, dass Bonobos sehr pflichtbewusst sind. Die Affen kümmern sich umeinander und helfen sich gegenseitig beim Saubermachen. Wenn sie bei der gegenseitigen Pflege unterbrochen werden, entschuldigen sie sich bei der Rückkehr bei ihren Partnern – um sie zu besänftigen / verschulden / verschütten (4). Die Affen können sich also eine Art von Schuld anschreien / eingestehen / missachten (5).

 .... / 5 Punkte   😃 3–5 Punkte   🙂 0–2 Punkte

2 GRAMMATIK **Lesen Sie den Artikel und ergänzen Sie.**

auf diese Weise   damit   mithilfe   mittels   wodurch   womit

Fehler als Chance für Innovation

Aktuelle Studien zeigen: Fehler können zum Erfolg eines Unternehmens beitragen. Denn .... (1) von Fehlern entwickeln wir uns weiter. Das passiert vor allem in einem Umfeld, in dem Fehler als etwas Positives wahrgenommen werden – nämlich als Chance für Verbesserung. .... (2) einer positiven Fehlerkultur entsteht ein vertrauensvolles Verhältnis zwischen Mitarbeiter*innen und Führungskräften. .... (3) entwickelt sich eine Atmosphäre, in der man offen über Fehler sprechen kann – ohne Angst vor negativen Konsequenzen. Das wiederum fördert die Kommunikation und das Miteinander, ... (4) alle von den Erfahrungen der anderen profitieren können. .... (5) steigt auch die Chance, dass Probleme frühzeitig erkannt und behoben werden können. Und wer keine Angst davor hat, Fehler zu machen, probiert in der Regel mehr aus, ... (6) das Innovationspotenzial im Unternehmen steigt.

 .... / 6 Punkte   😃 4–6 Punkte   🙂 0–3 Punkte

3 KOMMUNIKATION **Was passt? Ergänzen Sie. Nicht alles passt.**

(a) bitte entschuldigen Sie, dass   (b) Danke, dass Sie das sagen.   (c) Halb so wild!
(d) Ich habe versehentlich   (e) Ich werde nun so schnell wie möglich
(f) Schwamm drüber!   (g) Sie können sicher sein, dass   (h) Tut mir aufrichtig leid!

Sehr geehrter Herr Rogan,
… (1 ......) ich mich heute erst bei Ihnen melde. … (2 ......) Ihre erste Nachricht gelöscht. … (3 ......)
Das passiert mir eigentlich nie. … (4 ......) dafür sorgen, dass Ihr Vertrag auf den Weg
kommt. … (5 ......) er bis morgen Abend bei Ihnen ist.
Mit Dank für Ihre Geduld und freundlichen Grüßen
Martina Holm

 .... / 5 Punkte   😃 3–5 Punkte   🙂 0–2 Punkte

Geschichte und Geschichten

1 WÖRTER **Was passt? Lesen Sie und ergänzen Sie. Nicht alles passt.**

Arbeitslosigkeit   Bevölkerung   Bundesregierung   Freiheit   Grenze   Krieg   Mitglieder   Staaten   Weltkrieg

1846–1848	2002	November 2022	2005
Mexikanisch-Amerikanischer .... (1). Mexiko verliert große Gebiete, zum Beispiel Kalifornien. Die .... (2) zwischen den beiden Staaten wird neu definiert.	Gründung der Afrikanischen Union mit dem Ziel verstärkter wirtschaftlicher Kooperation auf dem Kontinent. Alle 55 .... (3) Afrikas sind .... (4) der Union.	Die .... (5) der Welt ist auf 8 Milliarden Menschen angewachsen.	_Bundesregierung_ (6) beschließt neues Gesetz zur Reduzierung der .... (7).

2 GRAMMATIK **Wählen Sie das passende Verb und ergänzen Sie es im Konjunktiv II der Vergangenheit.**

~~entscheiden~~   entwickeln   erfahren   kommen

TUTORINSAM: Herzlich willkommen, liebe Erstsemester! Erzählt doch mal kurz für alle, wie ihr dazu gekommen seid, Geschichte zu studieren!

NADJAS: Ich hatte eine sehr gute Geschichtslehrerin. Ohne sie _hätte_ ich mich bestimmt nicht für Geschichte _entschieden_ (1).

ORHAN02: Bei mir war es mein Opa. Wenn er mir nicht so viel erzählt hätte, ... ich nicht so viel über unsere Familiengeschichte .... (2). Unsere Familie hat mich neugierig gemacht, und ich wollte mehr über die Zeit erfahren. So hat sich mein Interesse langsam entwickelt.

TONI: Meine Eltern haben mich schon früh Nachrichten sehen lassen und mit mir über Gesellschaft und Geschichte gesprochen. Ohne das gemeinsame Fernsehen und die Gespräche .... ich wahrscheinlich kein Interesse an Geschichte .... (3).

SANNEBR: Bei mir war es die Literatur. Ich habe schon als Jugendliche gern historische Romane gelesen. Sonst .... ich nicht auf die Idee .... (4), Geschichte zu studieren.

3 GRAMMATIK **Formulieren Sie die *wenn*-Sätze in uneingeleitete Nebensätze um.**

● ● ●

Was war das wichtigste Schlüsselerlebnis in Ihrem Leben?

GlobeTrotterIn: Mein 18. Geburtstag. Ich dürfte nicht allein reisen, wenn ich noch 17 wäre. (1)

P4P4: Als die Kinder geboren wurden. Wenn ich keine Kinder hätte, wäre ich ein anderer Mensch. (2)

Andi St.Pauli: Mein Umzug nach Hamburg, direkt nach dem Studium! Wenn ich nicht umgezogen wäre, hätte ich meine Frau nicht kennengelernt. (3)

Start-up01: Als ich meine Arbeit verloren habe. Ich hätte mich nicht selbstständig gemacht, wenn ich nicht arbeitslos geworden wäre. (4)

1. Ich dürfte nicht allein reisen, wäre ich noch 17.

4a WÖRTER **Die markierten Nomen stehen an der falschen Stelle. Korrigieren Sie.** → KB 1

SOUNDTRACK DER ZEIT

In unserer Reihe *Soundtrack der Zeit* erzählen Menschen, welche Lieder sie mit wichtigen historischen Ereignissen verbinden.

Welches Lied haben Sie im Ohr, wenn Sie an den Berliner ~~Zusammenbruch~~ denken?

Das ist definitiv *Wind of Change* von den Scorpions.

Erzählen Sie kurz: Worum geht es in dem Lied?

Es geht darum, dass jemand in der russischen Hauptstadt Moskau am Fluss spazieren geht und dabei das Gefühl hat, dass gerade ein gesellschaftlicher und politischer Mauerfall stattfindet, dass sich etwas verändert. Dieses Gefühl ist wie ein Wind, der durch die Stadt weht und für alle spürbar ist. Es geht um Freiheit und Frieden. Und auch die Melodie transportiert ein Gefühl der Hoffnung. Für mich ist das die Hoffnung, dass die Wendezeit zwischen Ost und West ein Ende findet.

Wind of Change ist für viele Menschen das Lied zur deutschen Konfrontation. In der Wiedervereinigung und Anfang der 90er-Jahre wurde es weltweit viel im Radio gespielt. Das Interessante ist ja, dass die Band das Lied schon vor dem Mauerfall geschrieben hatte. Es ist so, als ob sie den Wandel des Ostblocks vorausgesehen hätten.

Lenka Svoboda, Journalistin, geboren 1968 in Ost-Berlin, jetzt wohnhaft in Leipzig

1. Mauerfall
2.
3.
4.
5.
6.

b SCHREIBEN **Welches Lied erinnert Sie an ein wichtiges Ereignis – historisch oder in Ihrem Leben? Lesen Sie die Fragen und schreiben Sie einen kurzen Kommentar (ca. 100 Wörter).**

1. Was für ein Lied ist es? Worum geht es darin?   2. Mit welchem Ereignis verbinden Sie das Lied? Warum?

5 WÖRTER **Lesen Sie den Blogartikel. Was passt? Markieren Sie.** → KB 1

AUF FAHRRADTOUR AUF DEM „GRÜNEN BAND"

Das „Grüne Band" ist ein länderübergreifendes Netzwerk aus Biotopen in einzigartiger geografischer / militärischer (1) Lage. Es erstreckt sich über 12.500 Kilometer von der Barentssee nördlich von Russland bis zum Schwarzen Meer an der türkisch-bulgarischen Grenze und bis an die Adria und folgt somit dem früheren Verlauf des „Eisernen Vorhangs" – jener informellen / abfälligen (2) Grenze zwischen den kapitalistischen und sozialistischen Staaten Europas. Das „Grüne Band Deutschland" verläuft auch entlang der ehemaligen innerdeutschen / konkurrierenden (3) Grenze. Doch wo über einen Zeitraum von fast 40 Jahren Mauern und Zäune die Bezeichnung / Ausreise (4) aus der damaligen DDR für viele Bürgerinnen und Bürger unmöglich machten, kann man heute in wunderschöner Natur wandern oder Fahrrad fahren.

Meine Tour führt mich in acht Tagen von Travemünde in Schleswig-Holstein bis ins nordbayerische Hof. Auf einer Strecke von über 1.300 Kilometern wird die Geschichte immer wieder massiv / spürbar (5). Alte Grenztürme, Informationstafeln und Museen erinnern an die Zeit vor dem vereinigten / andauernden (6) Deutschland. Ich erfahre dabei, dass viele Menschen im ehemaligen „Arbeiter- und Bauernstaat" – so die Selbstbezeichnung der DDR – unzufrieden waren. Sie litten darunter, dass ihre Grundrechte / Verbündeten (7) wie die Meinungs- oder Reisefreiheit stark eingeschränkt waren. Infolge der geringeren Wirtschaftskraft der DDR gab es auch große Unterschiede in Hinblick auf Wohlstand und Lebensstandard / Wettkampf (8) der Bevölkerung.

6 KOMMUNIKATION **Was passt? Lesen Sie den Informationstext und ergänzen Sie a oder b.** → KB 1

... (1 _a_) einer Protestaktion einer 15-jährigen Schülerin. Am 20.8.2018 stellte sich Greta Thunberg, anstatt zur Schule zu gehen, mit einem Pappschild vor das schwedische Parlament. Auf dem Schild stand: Schulstreik für das Klima. Schon am nächsten Tag berichteten regionale Medien darüber, ... (2 ....) die Aktion schnell die Aufmerksamkeit der Öffentlichkeit auf sich zog. ... (3 ....) protestierte Thunberg zunächst jeden Tag vor dem Parlament, nach den Parlamentswahlen dann einmal pro Woche – immer am Freitag. Dank ihrer Hartnäckigkeit und ihrer Fähigkeit, andere Menschen zu begeistern, ... (4 ....) sich zahlreiche Schülerinnen und Schüler ihrem Protest anschlossen – zunächst in Schweden, dann auch in anderen Ländern. ... (5 ....) sich eine eigene Protestbewegung gründete: Fridays for Future. Schon im folgenden Jahr 2019 demonstrierten freitags regelmäßig Millionen Kinder und Jugendliche in 180 Ländern. ... (6 ....) das Thema Klimaschutz immer mehr im gesellschaftlichen und politischen Bewusstsein angekommen ist.

1. **a** Im Jahr 2018 kam es zu
   b Viele Jahre später kam es zu
2. **a** blieb nicht ohne Folgen für
   b was dazu führte, dass
3. **a** Diese Ereignisse führten dazu, dass
   b Von da an
4. **a** kam es schon bald dazu, dass
   b damals war es so, dass
5. **a** Das führte dazu, dass
   b Die Folge davon war
6. **a** Das blieb nicht ohne Folgen für
   b Die Folge davon war, dass

7a KOMMUNIKATION **Lesen Sie die Aussagen von Fridays-for-Future-Demonstrierenden. Markieren Sie die passenden Verben in der Redewiedergabe 1 – 4.** → KB 2

1 Trotz der öffentlichen Debatte über das Klima wird noch immer viel zu wenig getan. Das finde ich enttäuschend.

Britta, Schülerin

2 Es ist gefährlich, die Auswirkungen des Klimawandels zu unterschätzen. Die Temperaturen steigen immer weiter an.

Cem, Student

3 Die Stimmung auf den Demonstrationen war auch emotional, aber immer friedlich und konstruktiv. So habe ich es jedenfalls erlebt.

Yves, Schüler

4 CO₂ können wir alle einsparen, indem wir so wenig wie möglich fliegen, Auto fahren, Fleisch essen oder unnötige Dinge kaufen, deren Produktion immer Energie verbraucht. Aber natürlich muss auch die Politik etwas tun.

Lana, Azubi

1. Britta beklagt / wünscht sich , dass noch immer zu wenig fürs Klima getan wird.
2. Cem warnt davor / betont , die Auswirkungen des Klimawandels zu unterschätzen.
3. Yves behauptet / schildert seine Erfahrung folgendermaßen: Die Stimmung auf den Demonstrationen sei emotional, aber immer friedlich und konstruktiv gewesen.
4. Lana erläutert / fordert , wie wir alle CO₂ einsparen können, und schildert / fügt hinzu , dass die Politik auch etwas tun müsse.

b SCHREIBEN **Lesen Sie die Aussage von David und geben Sie sie wieder. Die markierten Verben aus a helfen Ihnen.**

Es wäre so schön, wenn noch mehr Menschen den Klimaschutz ernst nehmen würden. Aber wenn wir den CO₂-Ausstoß über freiwilligen Verzicht nicht reduzieren können, dann brauchen wir politische Lösungen, und zwar dringend!

David, Schüler

8 WÖRTER **Lesen Sie die Berichte und ergänzen Sie.** → KB 3

absolut überzeugt   deutlich unterrepräsentiert   erheblich benachteiligt   frisch verliebt

glücklich verheiratet   rundum gelungen   weit verbreitet

Rafael aus Salvador, Brasilien

Nach Deutschland bin ich für die Liebe gekommen. Ich hatte meine heutige Frau in meiner Heimatstadt kennengelernt, als sie dort Urlaub machte. Als sie zurück in Deutschland war, hat sie mich eingeladen. Ich habe sofort einen Flug gebucht, denn ich war .... (1) und wollte sie schnell wiedersehen. Zum Glück konnte ich schon ein bisschen Deutsch, denn die Sprache ist in Brasilien relativ .... (2) – viele Menschen lernen sie in der Schule, einige sprechen sie sogar in der Familie. Insgesamt hatte ich viel Glück, mein Start in Deutschland war wirklich .... (3). Ich habe schnell einen Job gefunden, und unsere Liebesgeschichte ging auch weiter: Seit letztem Jahr sind wir .... (4).

Dilek aus Kayseri, Türkei

Als ich nach Deutschland gekommen bin, war ich .... (5) davon, dass ich nach einigen Jahren wieder zurückkehren würde. Ich wollte nur ein paar Jahre hier arbeiten. Jetzt wohne ich seit fast zwanzig Jahren hier und fühle mich ziemlich wohl. Nur eine Sache gefällt mir gar nicht: Ich darf nicht wählen! Und das im Jahr 2023! In dieser Hinsicht sind Zugewanderte ohne deutschen Pass .... (6). Und wir dürfen auch selbst nicht in politische Ämter gewählt werden – was bedeutet, dass unsere Perspektiven und Erfahrungen in der deutschen Politik .... (7) sind. Das finde ich schade. Immerhin leben hier sehr viele Menschen ohne deutschen Pass. Aber ich bin sehr froh, dass das jetzt diskutiert wird.

9 GRAMMATIK **Lesen Sie die Kommentare und ergänzen Sie die Verben im Konjunktiv II der Vergangenheit.** → KB 4

Philo: Habt ihr auch manchmal so Momente, in denen ihr denkt: Ein Glück, dass dies oder das passiert ist! Was hätte ich bloß gemacht, wenn es anders gekommen wäre?!

Tammy: Ja, auf jeden Fall! Ich bin immer wieder sehr froh, dass ich studiert habe, obwohl ich davon anfangs gar nicht so überzeugt war. Aber ohne mein Studium *hätte* ich meinen Traumberuf nicht *ergreifen können*. (können – ergreifen) (1) Ich bin Architektin.

TahirAl: Ich war sehr erleichtert, als mein Abschluss in Deutschland endlich anerkannt worden ist. Sonst .... ich noch einmal eine Ausbildung zum Grafikdesigner .... (müssen – machen) (2)

Lianet02: Als mein Mann endlich nach Deutschland gekommen ist, war ich sehr glücklich. Ohne ihn .... ich nicht dauerhaft hier .... (wollen – bleiben) (3)

FFF-Alex: Ich hab mich oft mit meinen Eltern übers Klima gestritten. Sie waren der Meinung, ich .... freitags zur Schule .... (sollen – gehen) (4) statt zu demonstrieren. Ich denke aber, es ist wichtig, dass wir jungen Menschen uns für unsere Zukunft einsetzen – auch gegen unsere Eltern.

MonicA: Ich komme aus den USA. Dort muss man im Abi keine Fremdsprache belegen. Obwohl ich früher nicht gern Sprachen gelernt habe, haben mich meine Eltern trotzdem damals dazu überredet, Französisch zu belegen. Heute bin ich echt froh, denn hier in Deutschland .... ich ohne eine Fremdsprache im Abi nicht .... (dürfen – studieren) (5)

11

10a GRAMMATIK **Lesen Sie die Kommentare und schreiben Sie mit den** *kursiven Satzteilen* **Sätze mit Konjunktiv II der Vergangenheit und Modalverb.** → KB 4

Schlüsselmomente im Arbeitsleben:

Fünf junge Menschen erzählen, welche Ereignisse oder Erfahrungen ihr Berufsleben besonders stark geprägt haben.

MAX: Ich habe als Jugendlicher im Verein Basketball gespielt und bin später auch Co-Trainer geworden. Das hat mir großen Spaß gemacht, deshalb *wollte ich Sportlehrer werden*. Wäre ich nie Basketballtrainer gewesen, *hätte ich* vielleicht *nicht Sportlehrer werden wollen* (1). Aber das ist genau mein Ding!

BINE: Der Moment, als ich meinen Ausbildungsvertrag unterschrieben habe, war für mich besonders. Meine Eltern waren damit nämlich nicht einverstanden. Sie meinten, *ich sollte studieren*. Meinen Eltern zufolge

....
.... (2).

STEVE: Mein Stipendium hat für mein Leben eine wichtige Rolle gespielt. Nur so *konnte ich mein Auslandssemester finanzieren*. Ohne das Stipendium

....
....
.... (3).

CARMEN: Ich wurde letztes Jahr an einer Kunsthochschule angenommen, denn den Profs hat meine Mappe gefallen. *Jetzt darf ich mein Traumfach studieren!* Ein Glück, dass den Profs meine Mappe gefallen hat, sonst

....
....
.... (4).

YU MIN: Ich bin gerade sehr glücklich, dass mein Visum verlängert wurde. So *muss ich meinen Forschungsaufenthalt nicht abbrechen*. Wäre das Visum nicht verlängert worden, ...

....
.... (5).

b **Ergänzen Sie die Satzanfänge mit den Sätzen aus a. Achten Sie auf die Reihenfolge der Verben.**

1. Max kann sich vorstellen, dass er *nicht Sportlehrer hätte werden wollen*, wenn er zuvor nicht Basketballtrainer gewesen wäre.
2. Bine erzählt, dass sie ihren Eltern zufolge ....
3. Steve vermutet, dass er .... ohne das Stipendium ....
4. Carmen ist erleichtert, dass den Professorinnen und Professoren ihre Mappe gefallen hat, weil sie sonst ....
5. Yu Min meint, dass er ...., wenn sein Visum nicht verlängert worden wäre.

c SCHREIBEN **Welche Schlüsselmomente oder -erlebnisse hatten Sie in Ihrem Berufsleben / Studium o. Ä.? Ergänzen Sie die Sätze mit Ihren eigenen Ideen. Schreiben Sie zu jedem Satz eine kurze Erklärung (jeweils ca. 50 Wörter).**

Wenn ..., hätte ich (nicht) ... müssen.   Ohne ... hätte ich (nicht) ... können/dürfen.   ... zufolge hätte ich ... sollen.

11 `WÖRTER` `▣` **Lesen Sie die Umfrage und ordnen Sie die *kursiven Adjektivkomposita* zu.** → KB 5

Kurz nachgefragt: Haben Sie einen Gegenstand in der Tasche, der für Sie eine besondere Bedeutung hat? ≡

Ich habe immer meinen kleinen Zauberwürfel dabei.
Er erinnert mich daran, dass ich *mehrdimensional* denken muss, um auf die *bestmöglichen* Lösungen zu kommen.

Meine *hellblaue* Geldbörse habe ich dabei. Die hat mir eine *langjährige* Freundin geschenkt, die jetzt leider in einer anderen Stadt lebt.

Meinen Wohnungsschlüssel! Ich weiß, den hat man normalerweise immer bei sich. Aber bei mir ist es etwas Besonderes: Ich hatte gerade eine *besserbezahlte* Arbeit gefunden, da wurde eine Wohnung in meinem absoluten Traumhaus frei. Ich habe mich natürlich *schnellstmöglich* mit der Vermieterin in Verbindung gesetzt – und die Wohnung bekommen! Jetzt habe ich einen guten Job UND meine Traumwohnung. Daran erinnert mich mein Schlüssel.

Adjektiv + Adjektiv _____ , _____
Komparativ + Adjektiv _*mehrdimensional*_ , _____
Superlativ + Adjektiv _____ , _____

> Aus zwei Adjektiven können Adjektivkomposita gebildet werden. Der erste Teil beschreibt das Adjektiv im zweiten Teil genauer.

12 `KOMMUNIKATION` **Lesen Sie die Aussage und schreiben Sie die Redemittel richtig.** → KB 6

(meines Lebens – 2022, als – Ein wichtiger Wendepunkt – war im Jahr) (1) ich meine Weltreise gemacht habe. Zwölf Monate lang bin ich gereist, und das hat mich stark beeinflusst. _____
_____ *(gewesen, dass – es – immer so – Bis dahin war)* (2) mein Alltag relativ geregelt war: zu einer bestimmten Zeit aufstehen, zur Arbeit gehen, zu einer bestimmten Zeit nach Hause kommen. _____
(sich nun – Das änderte – grundlegend, – denn dann) (3) hatte ich keine feste Tagesstruktur mehr. Und ich habe gemerkt, dass mir das unheimlich gut gefällt. Seit ich wieder zu Hause bin, versuche ich, meine Tage so frei wie möglich zu gestalten, und das macht mir Spaß. _____
_____ *(sicherlich nicht – Ohne meine*
Weltreise – da, wo ich heute – wäre ich – bin, denn) (4) sie hat mein Leben und auch meine Persönlichkeit ein Stück weit verändert. Ich fühle mich viel freier und zufriedener.

Aussprache: Der Vokal *ä*

3◀)21 **1 Ergänzen Sie den Plural. Hören Sie dann und sprechen Sie nach.**

1. der Stacheldraht die _Stacheldrähte_
2. die Westmacht die _____
3. das Bundesland die _____
4. der Beitrag die _____

> Der Vokal *ä* wird ausgesprochen wie ein offenes *e*. Er kann lang (*Drähte*) oder kurz (*abf**ä**llig*) gesprochen sein. Achtung: In der mündlichen Alltagssprache werden Sie hören, dass manche den langen Vokal *ä* wie ein geschlossenes *e* (also wie in *Tee*) aussprechen.

2 Von welchem Wort / Ausdruck kommen diese Wörter? Ergänzen Sie und sprechen Sie die Wörter.

1. abfällig ← _abfallen_
2. gefährden ← die _____
3. langjährig ← lange / viele _____
4. kämpfen ← der _____

> Wörter mit dem Vokal *ä* kommen oft von Wörtern mit *a*.

11

Selbstkontrolle

1 `WÖRTER` **Lesen Sie die Filmbeschreibung und ergänzen Sie. Nicht alle Wörter passen.**

Ausreise | Bezeichnung | Mauerfall | Wandel | Wettkampf | Wiedervereinigung | Zusammenbruch

Good Bye, Lenin!
Tragikomödie, 2003

Christiane lebt mit ihren beiden Kindern in der DDR. Seit der illegalen _____ (1) ihres Mannes in die BRD ist sie alleinerziehend und sehr überzeugt vom sozialistischen System. Ihr Sohn Alex dagegen setzt sich für einen politischen _____ (2) in der DDR ein und nimmt im Oktober 1989 an Demonstrationen gegen die Regierung teil. Als Christiane davon erfährt, bricht sie zusammen und muss ins Krankenhaus. Sie verliert das Bewusstsein und liegt bis zum Juni 1990 im Koma. So erfährt sie nichts vom _____ (3), der inzwischen stattgefunden hat. Da die Veränderungen ihr ganzes Leben auf den Kopf stellen und sie sehr aufregen würden, raten die Ärzte davon ab, ihr etwas über den _____ (4) der DDR und die anstehende _____ (5) zu erzählen. Deshalb versuchen ihre Kinder, die Veränderungen, die mit dem neuen, kapitalistischen System allmählich im Alltag sichtbar werden, zu verstecken.

 _____ / 5 Punkte 😊 3–5 Punkte 😐 0–2 Punkte

2 `GRAMMATIK` **Lesen Sie die Dialoge und ergänzen Sie die Verben im Konjunktiv II der Vergangenheit.**

abbiegen dürfen | bleiben müssen | helfen können | sagen sollen

◆ Wie war dein Wochenende?

▲ Wir sind umgezogen. Das war ganz schön anstrengend.

◆ Oh, nein! Du _____ mir Bescheid _____ (1)! Ich _____ euch doch _____ (2).

■ Sind wir auf der richtigen Straße?

● So wie es aussieht … Nein, wir fahren in die falsche Richtung. Ich glaube, dass wir an der letzten Kreuzung nicht _____ (3).

■ Du hast recht, wir _____ auf der Hauptstraße _____ (4). Na gut, ich versuche mal zu wenden.

 _____ / 4 Punkte 😊 3–4 Punkte 😐 0–2 Punkte

3 `KOMMUNIKATION` **Lesen Sie die Aussage und ordnen Sie zu.**

(a) Damals war es so, dass (b) Ohne diese Rede wäre ich sicherlich nicht da, wo ich heute bin, denn

(c) Aufgrund von Frau Merkels Rede kam es dazu, dass

(d) Ein wichtiger Wendepunkt meines Lebens war im Jahr 2015, als (e) Sie fügte hinzu, dass

… (1 ___) die damalige Bundeskanzlerin Angela Merkel auf einer Pressekonferenz über Migration nach Deutschland sagte: „Wir schaffen das! Dort, wo etwas im Weg steht, muss daran gearbeitet werden." … (2 ___) die Regierung genau das tun wolle. … (3 ___) viele Menschen auf dem Weg nach Europa waren. Ich war eine von ihnen. … (4 ___) sich die deutsche Politik darum bemühte, Geflüchtete aufzunehmen. … (5 ___) ich wäre vielleicht gar nicht nach Deutschland gekommen. Heute lebe ich mit meiner Familie in Köln und bin sehr zufrieden.

 _____ / 5 Punkte 😊 3–5 Punkte 😐 0–2 Punkte

Alle Menschen im Blick

1 `WÖRTER` **Was passt? Lesen Sie den Informationstext und markieren Sie.**

Wie kommt ein neues Produkt auf den Markt?

Der erste Schritt bei der Entwicklung eines neuen Produkts ist die Forschung / Methode (1). Dabei wird das Angebot / Konsumverhalten (2) der Kund:innen analysiert und untersucht, welche unerfüllten Wünsche und Fortschritte / Bedürfnisse (3) im Markt erkennbar sind. Im Rahmen einer Konkurrenzanalyse / Erwartung (4) wird geprüft, welche Produkte andere Unternehmen in diesem Bereich bereits entwickelt haben. Ausgehend von den Ergebnissen entscheidet man sich entweder für eine komplette Neuentwicklung oder für die Überarbeitung und Wirkung / Verbesserung (5) eines bereits bestehenden Produkts. Im nächsten Schritt wird ein Produktkonzept erstellt: Wie soll das Fazit / Design (6) gestaltet sein? Welche spezifischen Merkmale soll das Produkt haben? Aus welchem Material soll es hergestellt werden? Mit welchen Kosten / Leistungen (7) muss man bei der Produktion rechnen? Vor der Verteilung / Herstellung (8) werden sogenannte Prototypen gebaut, an denen man das Produkt testen kann. Je nach Testergebnis werden eventuell noch einmal Anpassungen vorgenommen, dann geht das Produkt in die Produktion. Für die Einführung im Markt fehlt dann nur noch die Entwicklung einer passenden Technologie / Strategie (9).

2 `GRAMMATIK` **Unterstreichen Sie die Folge. Formen Sie dann die Sätze mit *sodass* um.**

1. Putzroboter kommen im Haushalt immer mehr zum Einsatz, da sie immer leistungsfähiger werden.
2. Heutzutage kann im Prinzip jeder vom eigenen Sofa aus um die ganze Welt reisen, weil Virtual-Reality-Technologie die Realität wunderbar wiedergibt.
3. In einer Küchenmaschine sind viele verschiedene Geräte in einem Gerät vereint. Dadurch spart man viel Platz.
4. Einkaufen ist heute viel einfacher und bequemer als früher, denn beim Online-Shopping muss man sich an keine Öffnungszeiten halten.
5. Künstliche Intelligenz kann man in vielen Bereichen einsetzen, deshalb wird sie in Alltag und Beruf immer wichtiger.
6. Beim autonomen Fahren wird aller Erwartung nach die Zahl der Verkehrsunfälle zurückgehen, da autonome Fahrzeuge untereinander kommunizieren.

1. Putzroboter werden immer leistungsfähiger, sodass sie im Haushalt immer mehr zum Einsatz kommen.

3 `GRAMMATIK` **Schreiben Sie die Sätze mit *so ... dass*. Bei einem Satz kann man *so ... dass* nicht verwenden. Streichen Sie ihn durch.**

1. Elektroautos sind leise – man hört sie im Straßenverkehr kaum.
2. Das Benutzerhandbuch für das neue Smartphone ist einfach geschrieben – man kommt mit dem Gerät ganz schnell zurecht.
3. Die Umfrage für die Marktanalyse ist geschickt gemacht – die Kundenwünsche sind klar erkennbar.
4. Der Lieferservice von Bestkauf funktioniert immer schlechter – es gibt zunehmend Beschwerden.
5. Das Kunden-Feedback für den neuen Laserdrucker ist positiv – die Verkaufszahlen haben sich verdoppelt.

1. Elektroautos sind so leise, dass man sie im Straßenverkehr kaum hört.

4 WÖRTER **Was passt? Lesen Sie die Schlagzeilen und markieren Sie.** → KB 1

Klassische männliche Rollenbilder / Bildungschancen (1) im Wandel: Immer mehr Männer wünschen sich
mehr Auftritte / Teilhabe (2) am Familienleben und wollen auch Sorgearbeit / Oberstufe (3) übernehmen!

Zu wenig Diversität unter den Anforderungen / Abgeordneten (4) im Parlament: Menschen mit
niedrigem Bildungsniveau sind unter unseren Besucher:innen / Repräsentant:innen (5) kaum vertreten.

NEUE STUDIE ZEIGT: Bildungschancen haben sich erheblich verbessert. Unter den
Abiturient:innen / Vegetarier:innen (6) sind immer mehr Kinder aus sozial benachteiligten Familien.

5a KOMMUNIKATION **Lesen Sie die Mitteilung und schauen Sie die Grafik an. Ordnen Sie dann
die Redemittel zu.** → KB 1

(a) liegt der Anteil der Nutzer in der Nachkriegsgeneration schon bei 81%

(b) Bei der Frage der Verteilung nach Geschlecht

(c) In der Generation der BabyboomerInnen liegt der Anteil der Internetnutzer

(d) Was die Internetnutzung anbelangt,   (e) ist kaum kleiner als der der Generationen Y und Z

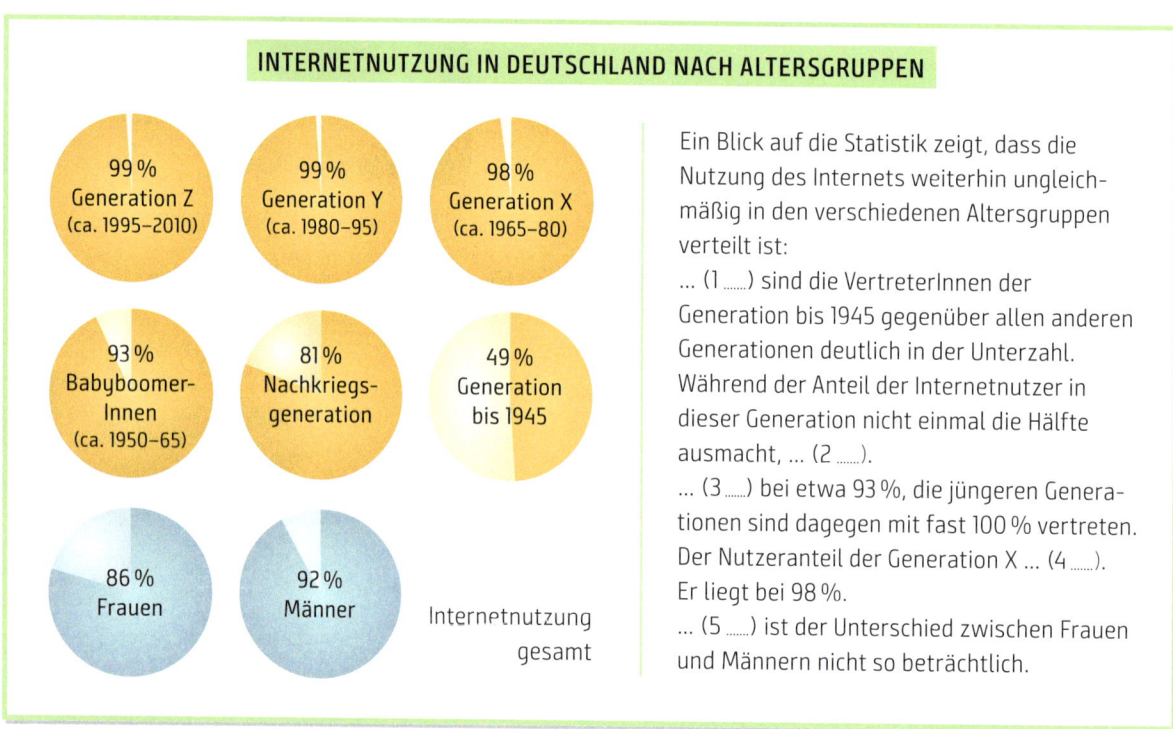

b SCHREIBEN **Schauen Sie die Statistik an und schreiben Sie einen kurzen Infotext wie in a
(ca. 100 – 120 Wörter). Benutzen Sie dazu auch Redemittel aus a.**

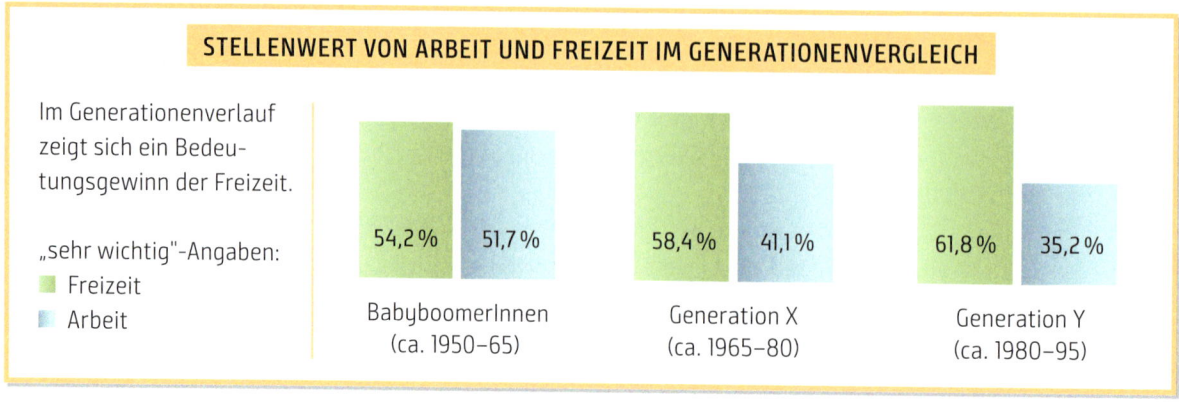

6 WÖRTER **Lesen Sie die Quizfragen und korrigieren Sie die Antworten.** → KB 2

NEU AN DER HOCHSCHULE? Hier ein kleines Quiz zu wichtigen Begriffen:

1. Welcher Begriff umschreibt die gesamte Wissensvermittlung an einer Hochschule? → *Curriculum*
2. Wie nennt man das Lehrprogramm eines Studiengangs, das die Lernziele und den organisatorischen und inhaltlichen Ablauf eines Studiums beschreibt? → *Wahlfach*
3. Wie heißt eine Abteilung, in der mehrere Wissenschaftsgebiete oder Studiengänge organisatorisch zusammengefasst sind? → *Lehre*
4. Wie heißt ein Fach, das im Rahmen eines Studiengangs relativ frei gewählt werden kann?
   → *Fakultät / Fachbereich*
5. Wie nennt man eine Unterrichtsveranstaltung an einer Hochschule (z. B. Seminar oder Vorlesung)?
   → *Dozentin / Dozent*
6. Wie bezeichnet man eine Lehrperson an der Hochschule? → *Lehrveranstaltung*

1. die Lehre

7a WÖRTER 🖥 **Lesen Sie den Tipp und die Definitionen 1 – 4 und ergänzen Sie.** → KB 2

1. Berufsbezeichnung im technischen Bereich = der / die I n g e n i e u r /in
2. Person, die ein Praktikum absolviert = der / die _____ /in
3. Person, die bei einem Film oder im Theater Regie führt = der / die _____ /in
4. Person, die gerade das Abitur macht oder gemacht hat = der / die _____ /in

> Internationale Nomen mit den Suffixen *-ent, -ant* und *-eur* bezeichnen häufig männliche Personen und Berufe. Sie sind dann immer maskulin.

b **Lesen Sie den Tipp und ergänzen Sie die Nomen auf *-ent, -ant* oder *-eur*. Verwenden Sie bei Bedarf ein Wörterbuch.**

1. dozieren → *der / die Dozent/in*
2. abonnieren → _____
3. konsumieren → _____
4. emigrieren → _____
5. repräsentieren → _____
6. kontrollieren → _____

> Viele der Nomen mit den Suffixen *-ent, -ant* und *-eur* werden von Verben auf *-ieren* abgeleitet, dabei ändert sich manchmal die Bedeutung *(regieren → Regisseur, praktizieren → Praktikant)*.

8 WÖRTER **Was passt? Ergänzen Sie die Nomen.** → KB 2

Airbag Bestandteile Körpermaße Rückenlehnen ~~Scheibenwischer~~ Schwachstelle Sichtbarkeit Sortiment

---

E-Mobil 3000 – unser Elektromobil für mehr Lebensqualität

Unser E-Mobil 3000 bringt Senior:innen und Menschen mit Mobilitätseinschränkungen sicher ans Ziel.

SICHERHEIT AN ERSTER STELLE
Die geschlossene Kabine schützt vor Regen und Wind. Dank der *Scheibenwischer* (1) an der Frontscheibe hat man auch bei Regen beste Sicht. Die LED-Beleuchtung garantiert hervorragende _____ (2) des Fahrzeugs und trägt somit zur Sicherheit bei.

EINFACHE BEDIENUNG – MAXIMALER KOMFORT
Mit einer Höchstgeschwindigkeit von 20 km/h ist das E-Mobil 3000 ohne Führerschein zu bedienen. Ein _____ (3) ist für Leichtfahrzeuge wie das E-Mobil 3000 nicht notwendig.

Der gepolsterte Sitz mit verstellbaren Arm- und _____ (4), der sich an alle _____ (5) anpassen lässt, sorgt für ein komfortables Sitzerlebnis.

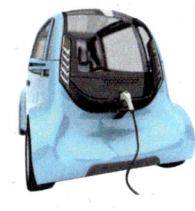

UNSER NACHHALTIGKEITSVERSPRECHEN
Mangelnde Nachhaltigkeit war über viele Jahre eine _____ (6) von Elektromobilen älterer Generationen. Das E-Mobil 3000 ist das erste Fahrzeug in unserem _____ (7), dessen _____ (8) zu über 80% aus recycelten Materialien hergestellt wurden.

9 `WÖRTER` **Die markierten Nomen stehen an der falschen Stelle. Lesen Sie und korrigieren Sie.** → KB 2

NORMEN UND STANDARDS

Normen und Standards definieren, welche Regeln oder Bedingungen bei der Errungenschaft eines Produktes oder einer Dienstleistung eingehalten werden müssen. So misst das weltweit gebräuchlichste Schreibpapier genau 21 × 29,7 Zentimeter und entspricht damit der DIN-A4- Initiative . Eine Norm wird durch eine anerkannte internationale Organisation – z. B. die ISO (Internationale Organisation für Normung = International Organization for Standardization) – beraten und festgelegt. Im Gegensatz dazu handelt es sich bei einem Export um ein einheitliches, weitgehend anerkanntes Verständnis darüber, wie ein Produkt sein soll. Mit anderen Worten: Eine Norm ist offizieller und verbindlicher als ein Standard. Die Berücksichtigung von Normen und Standards stellt eine große Nutzung in der Wirtschaft und im Handel dar. So werden die Kosten für den Standard reduziert und es wird sichergestellt, dass die Gestaltung eines Produktes für Verbraucherinnen und Verbraucher weltweit ungefährlich und komfortabel ist.
Auf Norm der ISO wurde der 14. Oktober zum Weltnormentag ausgerufen.

1. Gestaltung
2.
3.
4.
5.
6.
7.

10 `GRAMMATIK` **Lesen Sie den Auszug aus einem Ratgeber. Was passt? Markieren Sie.** → KB 4

Digitale Barrierefreiheit – Teilhabe für alle

Über digitale Medien erhalten wir Zugang zu Informationen, Dienstleistungen und Unterhaltungsangeboten. Demzufolge / Infolge (1) ist der sichere Umgang mit digitalen Medien eine Voraussetzung für die Teilhabe am öffentlichen Leben.

Ältere Menschen, blinde oder taube Menschen oder Menschen mit kognitiven Einschränkungen haben oft mit digitalen Barrieren zu kämpfen und sind folglich / weswegen (2) auf fremde Hilfe angewiesen.

Digitale Barrierefreiheit bedeutet, dass digitale Angebote für alle Menschen nutzbar sind. Selbstbestimmte Teilhabe ist ein Grundrecht der Menschen, infolgedessen / weshalb (3) müssen Webseiten, Software-Anwendungen und Apps barrierefrei gestaltet sein.

Folglich / Infolge (4) des technischen Fortschritts gibt es zahlreiche Möglichkeiten, digitale Barrieren abzubauen, z. B. durch die Vorlesefunktion oder Spracheingabe.

Barrierefreie Angebote sind übersichtlicher, verständlicher und leichter zu bedienen, demzufolge / weshalb (5) letztlich alle Menschen davon profitieren.

11a `GRAMMATIK` **Verbinden Sie die Sätze mit den Konnektoren in Klammern.** → KB 5

SO HABEN WIR UNSERE WEBSEITE BARRIEREFREI GESTALTET:

1. Die Webseite ist übersichtlich strukturiert. → Die Navigation ist einfach. *(infolgedessen)*
2. Unter den Fotos gibt es vertonte Bildbeschreibungen. → Auch Personen mit Sehbehinderung können den Inhalt der Bilder erfassen. *(weshalb)*
3. Wir verwenden starke Hell-Dunkel-Kontraste. → Auch Texte mit kleiner Schrift sind gut lesbar. *(demzufolge)*
4. Farben sind mit Symbolen gekennzeichnet. → Farbige Hinweise sind auch für Personen mit Farbsehschwäche erkennbar. *(folglich)*
5. In unseren Texten haben wir auf lange Sätze und Fremdwörter verzichtet. → Die Texte sind für alle Menschen leicht verständlich. *(weswegen)*
6. In Videos wird Gebärdensprache eingesetzt. → Auch gehörlose Menschen können die Filme verstehen. *(infolgedessen)*

1. Die Webseite ist übersichtlich strukturiert, infolgedessen ist die Navigation einfach.

b Lesen Sie den Tipp. Formen Sie dann die Sätze 1–6 aus **a** mit *infolge (von)* um. Nominalisieren
Sie dazu gegebenenfalls zuerst das Verb.

> Bei Nomen ohne Artikel oder Adjektiv, die den
> Genitiv anzeigen könnten, wird *infolge + von +*
> Dativ verwendet: *Infolge von Bildbeschreibungen ...*

1. Infolge der übersichtlichen Struktur der Webseite
ist die Navigation einfach. // 2. Infolge vertonter
Bildbeschreibungen unter den Fotos ...

12a `WÖRTER` Welches Verb passt? Lesen Sie die Rezension und markieren Sie. → KB 6

Unsichtbare Frauen (im Original: „Invisible Women") VON CAROLINE CRIADO PEREZ

In ihrem Buch „Unsichtbare Frauen" aus dem Jahr 2020 zeigt die britische Autorin Caroline Criado Perez die
geschlechtsspezifischen Unterschiede bei der Erhebung wissenschaftlicher Daten auf und beschreibt, was
passiert, wenn Daten über Frauen nicht anbelangt / einbezogen (1) werden. An zahlreichen Beispielen macht
sie deutlich, wie die Bedürfnisse von Frauen optimiert / vernachlässigt (2) werden: seien es fehlende Toiletten
im öffentlichen Raum, eine zu niedrige Temperatur in Büroräumen oder eine schlechtere medizinische Versorgung für Frauen. Ihr Fazit: Zu oft hat / reproduziert (3) unsere Gesellschaft Frauen nicht im Blick.
Anhand fundierter Daten beschleunigt / identifiziert (4) die Autorin verschiedene Lebensbereiche (Arbeitsplatz, öffentlicher Raum, Produktdesign u. a.), in denen Frauen benachteiligt werden. Sie macht Vorschläge,
wie man diversere und inklusivere Perspektiven in diese Bereiche einfließen / hineinpassen (5) lassen kann.
Dank ihres verständlichen und gleichzeitig unterhaltsamen Stils gelingt es ihr, ihr Publikum für dieses wichtige
Thema zu ermöglichen / sensibilisieren (6) ohne anzuklagen.
Mit ihrem mehrfach ausgezeichneten Sachbuch leistet Caroline Criado Perez einen wichtigen Beitrag dazu,
geschlechtsspezifische Diskriminierung abzubauen / einzuholen (7).

---

b `SCHREIBEN` Würden Sie das Buch in **a** gern lesen? Warum (nicht)?
Schreiben Sie einen Kommentar. Wenn Sie das Buch schon gelesen
haben, kommentieren Sie, wie es Ihnen gefallen hat (ca. 100–150 Wörter).

Ich finde die Rezension
sehr interessant und ...
/ aber ...

13 `WÖRTER` Wie kann man es anders sagen? Ersetzen Sie die *kursiven Ausdrücke*
im Text durch die Adjektive in der richtigen Form. → KB 6

alleinstehend   beträchtlich   divers   ~~familienfreundlich~~   inklusiv   komfortabel   vorhanden   zugeschnitten auf

---

Familienfreundliche Hochschule

Die Technische Hochschule Herdecke ist zum dritten Mal für ihre *die Familie*
fördernden (1) Studien- und Arbeitsbedingungen ausgezeichnet worden.
Eine Hochschulstruktur wie die der Technischen Hochschule Herdecke, die
an die Bedürfnisse von Familien *angepasst* (2) ist, kommt nicht nur den
Hochschulangehörigen zugute, die Sorgearbeit verrichten. Sie hat auch
dafür gesorgt, dass die Zahl der Studierenden, die ihr Studium aus familiären
Gründen abbrechen, *erheblich* (3) zurückgegangen ist. Zu den Unterstüt-
zungsangeboten der Hochschule gehören u. a.:
- ein *bequemer* (4) Eltern-Kind-Raum in der Campus-Bibliothek, in dem die Kinder spielen können,
  während die Eltern recherchieren. (Ein Wickeltisch ist ebenfalls *da* (5).)
- *vielfältige* (6) Angebote für Ruhemöglichkeiten für Schwangere an zentralen Punkten des Campus.
- eine flexible Kinderbetreuung während Veranstaltungen, Fortbildungen und in den Ferien für
  allein lebende (7) Elternteile.

Die Technische Hochschule Herdecke ist auf dem Weg zu einem Ort der Diversität
und Gleichberechtigung, der eine *für alle zugängliche* (8) Bildung ermöglicht.

1. familienfreundlichen

14 KOMMUNIKATION **Lesen Sie den Artikel. Was passt? Ergänzen Sie a oder b.** → KB 6

Neuer Shop für Linkshändige in Neuburg

Jeder zehnte Mensch ist linkshändig und ... (1.......), wenn sie mit Haushaltsgeräten umgehen, Musikinstrumente spielen oder Computermäuse bewegen müssen, die eigentlich für Rechtshändige gemacht sind. ... (2.......), im normalen Sortiment eines Geschäfts für sie passende Produkte zu finden. Das heißt: Unter Linkshändigen besteht eine hohe Nachfrage nach Spezialgeschäften. Bisher gibt es aber kaum Geschäfte, die ... (3.......). In Neuburg ist das seit Kurzem anders, denn hier hat Reinhardt Novak letzte Woche *Reinhardts Linkshänder-Shop*

eröffnet: „... (4.......) eine Herzensangelegenheit", erklärt der stolze Besitzer. „Ich bin selbst Betroffener und kenne die Probleme meiner Kundschaft sehr genau." Und nicht nur das. ... (5.......) das umfangreiche Wissen rund um das Thema Linkshändigkeit, das Reinhardt Novak sich angeeignet hat. Neben den ca. 400 Produkten, die er in seinem Laden derzeit anbietet, will er deshalb in Zukunft auch kleine Vortragsabende organisieren, in denen er sein Wissen an Interessierte weitergibt.
Neuburger Linkshändige können sich freuen. Allen voran ich selbst.

Jasmin Gassner, Redaktion Neuburger Stadtanzeiger

1. **a** vielen Linkshändigen bereitet es erhebliche Schwierigkeiten
   b es stellt für viele Linkshändige eine ausgezeichnete Lösung dar
2. **a** Trotz hoher Nachfrage gibt es nur wenige Angebote
   b Für diese Zielgruppe gibt es derzeit kaum die Möglichkeit
3. **a** ausschließlich auf die Bedürfnisse von Linkshändigen zugeschnitten sind
   b einen hohen Bedarf an Linkshändigen haben
4. **a** Bei dem Laden handelt es sich um
   b Der Online-Shop eignet sich hervorragend als
5. **a** Der Shop funktioniert so
   b Hervorzuheben ist außerdem

Aussprache: Klar und deutlich III: Selbstsicher und überzeugend präsentieren
---

3◀)) 22 **1a** **Hören Sie Ausschnitte aus Präsentationen. Was könnte die Sprecherin tun, um selbstsicherer und überzeugender zu wirken? Ordnen Sie zu.**

a. auf Füllwörter wie *äh(m), ja, also* verzichten
b. lauter sprechen
c. mit mehr Lust und Leidenschaft sprechen

d. am Satzende nach unten gehen
e. den Atem so einteilen, dass die Luft bis zum Satzende reicht

Version 1 *b*   Version 2 ......   Version 3 ......   Version 4 ......   Version 5 ......

3◀)) 23 **b** **Hören Sie zum Vergleich ein positives Beispiel.**

2 **Vor dem Sprechen: Welchen Tipp haben Sie selbst schon genutzt, um sich auf eine Präsentation vorzubereiten? Markieren Sie. Kennen Sie noch mehr Tipps?**

○ Machen Sie Grimassen, um die Mundmuskulatur zu lockern.
○ Atmen Sie kurz ein und lange aus, um den Atem zu beruhigen.
○ Strecken und dehnen Sie sich und stellen Sie sich dann aufrecht hin. Der Brustkorb ist leicht nach vorne und oben gestreckt.
○ Lächeln Sie – vorher und auch während Ihres Vortrags.
○ Singen Sie etwas. Achten Sie darauf, den Mund gut zu öffnen.
○ Machen Sie Artikulationsübungen, um das Sprechen vorzubereiten (z. B. „babedi, bebedi, bibedi, bobedi, bu").

3 **Nehmen Sie Ihre Kurzpräsentation (Kursbuch S. 61, Aufgabe 6) mit dem Smartphone auf und achten Sie auf eine selbstsichere Sprechweise.**

1 WÖRTER **Lesen Sie die Checkliste aus einem Leitfaden für Produktentwicklung. Was ist richtig? Markieren Sie.**

- Ist das Entwicklungsteam für die Themen *Barrierefreiheit*, *Genderaspekte* und *Diversität* sensibilisiert / investiert (1)?
- Wurden die potenziellen Zielgruppen anbelangt / identifiziert (2)?
- Sind technische Normen / Initiativen (3) und Standards zu berücksichtigen?
- Wird für die Nutzung / Errungenschaft (4) des Produkts (viel) technisches Wissen vorausgesetzt?
- Wurden bei der Gestaltung / Sichtbarkeit (5) die Bedürfnisse verschiedener Nutzer*innen berücksichtigt?
- Sind regelmäßige Testphasen Bestandteil / Teilhabe (6) der Produktplanung?
- Sind die Testpersonen nach Geschlecht, Alter, Größe etc. beträchtlich / divers (7) zusammengesetzt?
- Besteht die Gefahr, dass wichtige Aspekte / Fragestellungen einbezogen / vernachlässigt (8) werden?

.... / 8 Punkte ☺ 5–8 Punkte ☹ 0–4 Punkte

2 GRAMMATIK **Lesen Sie die Kundenbewertungen und verbinden Sie die Sätze mit den Angaben in Klammern. Setzen Sie sie, wo möglich, an verschiedene Stellen.**

★ Das Wasser wird extrem heiß. Der Espresso verbrennt schnell. *(infolgedessen)* (1) Finger weg vom TopExpress!

★★★ Ich trinke gern und viel Kaffee. Die Maschine ist viel im Einsatz. *(demzufolge)* (2) Aber der TopExpress ist auch nach Jahren noch wie neu!

★★★ Ich habe morgens nicht viel Zeit. Die Maschine muss schnell einsatzbereit sein. *(weswegen)* (3) Das erfüllt der TopExpress hundertprozentig!

★★★ Einfaches Design. Man kann die Maschine auch selbst reparieren. *(infolge)* (4) Das ist ein großer Vorteil!

★★★★★ Der TopExpress ist besonders schmal. Er passt auch in sehr kleine Küchen. *(folglich)* (5) Ich bin begeistert!

★★★ Der TopExpress ist ziemlich kompakt gebaut. Die Reinigung der Bestandteile ist nicht ganz einfach. *(weshalb)* (6) Das nervt auf die Dauer.

.... / 6 Punkte ☺ 4–6 Punkte ☹ 0–3 Punkte

3 KOMMUNIKATION **Was passt? Lesen Sie den Artikel und ordnen Sie zu.**

(a) es gab aber trotz großer Nachfrage bisher kaum Lösungsangebote für   (b) funktioniert so, dass
(c) stellt nun eine ausgezeichnete Lösung für dieses Problem dar   (d) bereitet es erhebliche Schwierigkeiten,
(e) für diese Zielgruppe gab es bisher noch keine Möglichkeit

Diese App macht Allergiker:innen das Leben leichter!

Vielen Allergiker:innen ... (1 ....) beim Lebensmitteleinkauf immer erst alle Zutaten auf den Produkten überprüfen zu müssen. Denn das kostet viel Zeit und Mühe. Die Anzahl an Personen mit Lebensmittelallergien steigt zwar ständig, ... (2 ....) diese Zielgruppe. Das heißt also, ... (3 ....), schnell und zuverlässig die Verträglichkeit eines Produktes zu erkennen. Die neue App ScanPro ... (4 ....). Die App ... (5 ....) die Kamera des Smartphones die Zutatenliste erfasst und auf bestimmte – möglicherweise schädliche – Inhaltsstoffe hinweist.

.... / 5 Punkte ☺ 3–5 Punkte ☹ 0–2 Punkte

1 **Lesen Sie den folgenden Text. Welche Lösung (a, b, c, d) ist jeweils richtig? Markieren Sie. Lücke (0) ist ein Beispiel. Sie haben etwa 12 Minuten Zeit.**

Künstliche Intelligenz – Chancen und Gefahren

(0 _b_) wird viel über das Thema künstliche Intelligenz (KI) diskutiert, teils fasziniert, teils beunruhigt bis hin zu beängstigt. Nicht von der Hand zu weisen ist (1 ......) die unglaublich rasante Entwicklung, die die KI verzeichnet.

Künstliche Intelligenz ist ein Teilgebiet der Informatik, (2 ......) es darum geht, Computer und Maschinen mit (3 ......) Intelligenz auszustatten. Ziel dabei ist, dass diese Computer und Maschinen schließlich in der (4 ......) sind, menschliches Denken und Verhalten zu (5 ......). Mittlerweile findet man künstliche Intelligenz überall. Wir leben (6 ......) ihr, nutzen sie täglich und merken das oft (7 ......). Die Aktivierung des Smartphones etwa durch den (8 ......) Fingerabdruck oder die Nutzung eines virtuellen Sprachassistenten, um Musik zu hören oder eine Frage zu stellen, sind Beispiele für künstliche Intelligenz (9 ......). Selbstfahrende Autos existieren, (10 ......) es Computern mittels künstlicher Intelligenz gelingt, Bilder zu erkennen und rasend schnell auszuwerten. Und (11 ......) Bots, die in Chats und Foren Inhalte kontrollieren oder bei Computerspielen als virtuelle Spieler in Erscheinung treten, sind aus der Internetwelt nicht mehr (12 ......).

In vielen Bereichen des Lebens führt der Einsatz von künstlicher Intelligenz (13 ......) Erleichterungen. So ist es durch KI zum Beispiel möglich, schneller und effizienter zu arbeiten, als es der Mensch (14 ......). Dadurch (15 ......) Produktionsabläufe in der Industrie optimieren. Zudem kann KI gigantische Datenmengen erfassen und analysieren, (16 ......) in der Forschung einen großen Nutzen hat. Die Wissenschaft nutzt KI für Berechnungen und Simulationen, die schließlich bei der Generierung neuer Erkenntnisse hilfreich sein können.

Es gibt aber auch eine Reihe von Gefahren beim Einsatz von künstlicher Intelligenz, (17 ......) Expertinnen und Experten immer wieder warnen. Ein Risiko, das mit KI einhergeht, ist der Verlust von Arbeitsplätzen, weil die KI das Aufgabenfeld komplett (18 ......). So lassen sich (19 ......) mithilfe von KI-Software Texte vollständig erstellen oder übersetzen – KI tritt damit in Konkurrenz zu Texterinnen und Textern, Übersetzerinnen und Übersetzern, die (20 ......) ihr Berufsfeld fürchten. Auch (21 ......) IT-Sicherheit lassen sich Gefahren ausmachen: Durch KI gesteuerte Cyberangriffe sind oft schwer zu kontrollieren und zu beheben. Eine große Gefahr geht auch von KI-Phishing-Mails aus, die durch die KI so echt wirken, dass die Empfängerinnen und Empfänger sie (22 ......) kaum als Spam erkennen.

EXTRA PRÜFUNG

Beispiel

0. (a) Dadurch
   (b) Derzeit
   (c) Da
   (d) Damit

1. (a) dabei
   (b) dann
   (c) deshalb
   (d) daraus

2. (a) mit dem
   (b) aus dem
   (c) in das
   (d) in dem

3. (a) menschlicher
   (b) menschliche
   (c) menschliches
   (d) menschlichem

4. (a) Lage
   (b) Liege
   (c) Lüge
   (d) Laufe

5. (a) konfrontieren
   (b) konsumieren
   (c) kopieren
   (d) koordinieren

6. (a) an
   (b) aus
   (c) mit
   (d) in

7. (a) zu sehr
   (b) gar nicht mehr
   (c) gar nicht genug
   (d) so stark

8. (a) einzelnen
   (b) winzigen
   (c) einzigen
   (d) eigenen

9. (a) im Alltag
   (b) im Anhang
   (c) im Antrag
   (d) im Anschluss

10. (a) sodass
    (b) seit
    (c) sonst
    (d) solange

11. (a) saftige
    (b) sofortige
    (c) sogenannte
    (d) sonstige

12. (a) wegzudenken
    (b) wegzumachen
    (c) wegzusehen
    (d) wegzugehen

13. (a) zu den
    (b) zur
    (c) zum
    (d) zu

14. (a) könnte
    (b) sollte
    (c) dürfte
    (d) bräuchte

15. (a) lässt
    (b) lässt sich
    (c) lassen
    (d) lassen sich

16. (a) welches
    (b) was
    (c) wodurch
    (d) womit

17. (a) vor deren
    (b) vor die
    (c) vor denen
    (d) von denen

18. (a) übernimmt
    (b) übernahm
    (c) übernommen hatte
    (d) übernähme

19. (a) seitdem
    (b) mittlerweile
    (c) sowohl
    (d) morgen

20. (a) um
    (b) vor
    (c) in
    (d) aus

21. (a) in die Bereiche der
    (b) in den Bereich der
    (c) im Bereich des
    (d) im Bereich der

22. (a) hochwertig
    (b) höchstwahrscheinlich
    (c) höchstens
    (d) hoffentlich

Bei dieser Aufgabe ist es zum einen wichtig, dass Sie den Inhalt des Textes gut verstehen. Dadurch können Sie schon Aufgaben lösen. Zum anderen sollten Sie sich auch die Sätze gut anschauen. So können Sie zum Beispiel die Lösung zu Aufgabe 3 finden: Stellen Sie sich die folgenden Fragen: An welcher Position steht die Lücke? Welches Verb, welche Präposition usw. stehen davor? Welcher Kasus muss dann in der Lücke stehen? Singular oder Plural?

EXTRA PRÜFUNG

3◀)) 24 **2** **HÖREN** **Sie hören ein Gespräch mit mehreren Personen über Fehler beim Sprachenlernen.**
Sie hören den Text in vier Abschnitten jeweils einmal. Zu jedem Abschnitt gibt es zwei Aufgaben.
Wählen Sie bei jeder Aufgabe die richtige Lösung. Vor dem Hören eines Abschnitts haben
Sie 30 Sekunden Zeit, um die zwei Aufgaben zu lesen.

1. In der Fremdsprachendidaktik
   ⓐ blickt man anders auf Fehler als in anderen Fachgebieten.
   ⓑ hat sich eine neue Meinung zu Fehlern gebildet.
   ⓒ entwickelt sich derzeit ein Forschungsgebiet zum Fehlermachen.

2. Fehler beim Lernen einer Fremdsprache
   ⓐ werden nun gezielt an der Tafel und im Heft festgehalten.
   ⓑ werden heute konstruktiv gedeutet.
   ⓒ können im Spracherwerbsprozess nicht vermieden werden.

3. Fremdsprachliche Fehler sind
   ⓐ vergleichbar mit denen im Erstspracherwerb.
   ⓑ der Grund, warum Lernende auf einer bestimmten Sprachstufe zurückbleiben.
   ⓒ bei bestimmten Personen abhängig von der Muttersprache.

4. Forschungsergebnisse müssen
   ⓐ wenigstens fünfzig Prozent der Lernenden verstehen.
   ⓑ im Unterricht präsentiert und besprochen werden.
   ⓒ für die Praxis aufbereitet und dort anwendbar sein.

5. Lernende produzieren
   ⓐ bestimmte Fehlerarten durch Verallgemeinerung einer Regel.
   ⓑ Fehler aufgrund von Übergeneralisierung der Erstsprache.
   ⓒ die meisten Fehler durch mangelnde Konzentration.

6. Ein häufiges Problem beim Fehlermachen ist
   ⓐ das Vermeiden von Kontakten zu sprachlich kompetenteren Personen.
   ⓑ das Merken der falschen Struktur.
   ⓒ das Vermeiden von Äußerungen in der Fremdsprache aus Angst vor Fehlern.

7. Die Mehrheit der Sprachenlernenden
   ⓐ ist es gewohnt, sich in Bildungskontexten vorsichtig zu verhalten.
   ⓑ verhält sich für ein moderneres Fehlerverständnis zu ungeduldig.
   ⓒ ist in fehlervermeidenden Lernumgebungen aufgewachsen.

8. Fehlerbetrachtung sollte
   ⓐ nur in spannenden Unterrichtsmomenten durchgeführt werden.
   ⓑ keinen übergroßen Raum im Unterricht einnehmen.
   ⓒ der Kommunikation übergeordnet werden.

> Bei dieser Aufgabe bekommen Sie während des Hörens 30 Sekunden Zeit, um die nächsten
> beiden Aufgaben zu lesen. Nutzen Sie diese Zeit sehr intensiv, um die Aufgaben zu verstehen.
> Unterstreichen Sie wichtige Wörter. Die Aufgaben folgen der Reihenfolge des Textes. Das
> kann Ihnen helfen.

3◀)) 25 **3** HÖREN **Sie hören einen Text zum Thema „Wie erkennt man, ob eine Person lügt?",
den Sie gleichzeitig mitlesen müssen. Hörtext und schriftlicher Text sind nicht identisch.
Vier Wörter sind unterschiedlich.** Sie hören den Text einmal. Markieren Sie beim Hören
die vier Wörter, die nicht dem Hörtext entsprechen.

WIE ERKENNT MAN, OB EINE PERSON LÜGT?

Wenn jemand lügt, dann gibt es einige Anzeichen, durch die sich die lügende Person unter Umständen verrät.
Wenn die Antwort zu lang und wirr ist oder erst einmal als Verzögerungstaktik nach dem Trinkglas gegriffen
wird, sollte man aufmerksam werden. Aber auch Gesten können auf Lügen hindeuten, beispielsweise wenn
sich jemand ins Gesicht fasst oder die Arme verschränkt und sich zurücklehnt. Damit wird unbewusst Distanz
aufgebaut. Häufiges Räuspern und Schlucken kann auch ein Indiz für eine Lüge sein.

> Hier ist es wichtig, beim Hören ganz genau mitzulesen. Häufig sind kleine Wörter verändert,
> die sehr wenig auffallen, zum Beispiel *so* statt *es*. Manchmal ist auch nur ein Buchstabe anders.
> Man hört kaum einen Unterschied, aber es ist ein anderes Wort, zum Beispiel *denn* und *dann*.

3◀)) 26 **4** SPRECHEN **In Ihrem sozialwissenschaftlichen Seminar sprechen
Sie über Online-Ärzte. Das sind Ärzte, die eine virtuelle Sprechstunde im Internet anbieten. Ihre Dozentin, Frau Dr. Klare, hat
eine Grafik mitgebracht und bittet die Seminarteilnehmenden um
eine Stellungnahme.** Hören Sie, was ein Seminarteilnehmer dazu
sagt. Nehmen Sie Stellung zu der gehörten Aussage. Beziehen Sie
sich dabei auch auf die vorliegende Grafik.

Umfrage: Würden Sie eine virtuelle Sprechstunde bei einem Online-Arzt buchen?

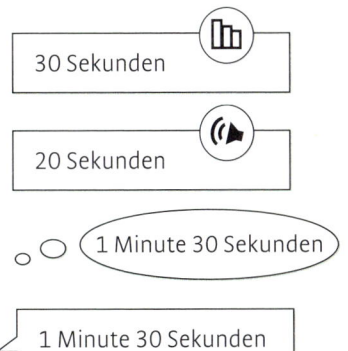

30 Sekunden

20 Sekunden

1 Minute 30 Sekunden

1 Minute 30 Sekunden

> Achten Sie darauf, dass Sie in Ihrer Aussage sowohl auf die gehörte Meinung des Seminarteilnehmers als auch
> auf die Grafik eingehen.
> Geben Sie Ihre eigene Meinung wieder. Sie muss nicht unbedingt anders sein als die zuerst gehörte Meinung.
> Sie können Ihren Standpunkt mithilfe folgender Redemittel deutlich machen: *Ich teile Ihre Ansicht (nicht).* •
> *Das sehe ich genauso. / nicht so.* • *Es stimmt zwar, dass ... Aber ...* • *Man muss bedenken, dass ...*

5 **SCHREIBEN** Sie haben sich um eine Stelle beworben und erhalten nun eine E-Mail von der Assistentin der Geschäftsführung Ada Remmler. Als Vorbereitung für die Antwort haben Sie sich auf dem Ausdruck schnell ein paar Notizen gemacht.

Von: Ada Remmler <ada.remmler@smile-solutions.at>
An: ....
Betreff: Einladung zum Vorstellungsgespräch   Datum: 5. Oktober 20..., 7:29:47

Sehr geehrte/r ....,
Sie haben sich am 8. August in unserer Firma beworben.
Am 24. August haben wir Ihnen eine Einladung zum Vor-
stellungsgespräch geschickt mit der Bitte, uns bis zum
7.9. mitzuteilen, ob Sie zum Gespräch kommen werden.
Leider haben wir nie eine Antwort von Ihnen bekommen.

Oh nein – das habe ich total vergessen!

Am 20.9. haben wir Ihnen eine weitere E-Mail geschickt,
in der wir Sie um Bestätigung des Gesprächstermins
baten. Leider haben Sie auch darauf nicht reagiert.

So ein Mist! Probleme mit dem E-Mail-Postfach ... viele Mails nicht bekommen

Deswegen müssen wir Ihnen heute leider mitteilen, dass
wir den Termin für Sie nicht mehr bereithalten können,
sondern an eine andere Kandidatin vergeben werden.

Was? Nein!! Ich habe schon mein Zugticket gekauft ...

Wir bitten Sie um Verständnis dafür, dass wir aufgrund des
großen Interesses an unserem Stellenangebot nun einer
weiteren vielversprechenden Kandidatin die Chance auf
das Bewerbungsgespräch geben wollen.

Mein Interesse ist riesig!! Hab doch am 8.8. angerufen und gefragt, ob meine Unterlagen gut angekommen sind ...

Sollten Sie Interesse an einem unserer zukünftigen Stel-
lenangebote haben, würden wir uns freuen, wenn Sie sich
erneut bei uns bewerben.

Nee ... Ich will diesen Job, und zwar jetzt!!

Mit freundlichen Grüßen
Ada Remmler
Assistentin der Geschäftsführung

Formulieren Sie nun ein formal angemessenes Antwortschreiben, in dem Sie auf alle notierten Punkte auf höfliche und formelle Weise eingehen. Es geht vor allem darum, Ihr Anliegen (Teilnahme am Vorstellungsgespräch) trotz selbst verschuldeter Versäumnisse durchzusetzen. Sie haben für die Aufgabe insgesamt etwa 30 Minuten Zeit.

> Denken Sie bei Ihrer Antwortmail an alle Teile: an die Anrede, die Einleitung, den Hauptteil und den Schluss. Achten Sie auch auf die Höflichkeit. Sie sollen aus den informellen Notizen eine formelle und höfliche E-Mail machen. Vermeiden Sie, wenn möglich, die Wörter in den Notizen zu wiederholen. Verwenden Sie stattdessen Synonyme und ähnliche Wörter, die höf-licher sind. Zeigen Sie insgesamt, wie variabel Ihr Wortschatz ist.

INHALT

WÖRTER

1 Verben / Nomen / Adjektive mit fester Präposition

1.1 Verben mit Präposition

Verb mit Präposition	+ Kasus
abhängen von	+ Dativ
sich abheben von	+ Dativ
abstimmen über	+ Akkusativ
abweichen von	+ Dativ
achten auf	+ Akkusativ
anbinden an	+ Akkusativ
anfangen mit	+ Dativ
angeben mit	+ Dativ
ankommen auf	+ Akkusativ
(sich) anmelden bei	+ Dativ
(sich) anmelden für	+ Akkusativ
(sich) anpassen an	+ Akkusativ
ansprechen auf	+ Akkusativ
arbeiten an	+ Dativ
aufbauen auf	+ Dativ
aufkommen für	+ Akkusativ
aufmerksam machen auf	+ Akkusativ
aufpassen auf	+ Akkusativ
sich aufregen über	+ Akkusativ
aufrufen zu	+ Dativ
sich auseinandersetzen mit	+ Dativ
ausgehen von	+ Dativ
sich auskennen mit	+ Dativ
auskommen mit	+ Dativ
sich auswirken auf	+ Akkusativ
sich auszeichnen durch	+ Akkusativ
sich bedanken bei	+ Dativ
sich bedanken für	+ Akkusativ
sich befassen mit	+ Dativ
(sich) begeistern für	+ Akkusativ
beitragen zu	+ Dativ
sich bemühen um	+ Akkusativ
(sich) beschäftigen mit	+ Dativ
(sich) beschränken auf	+ Akkusativ
bestehen aus	+ Dativ
bestehen in	+ Dativ
sich bewerben um	+ Akkusativ
bewundern an	+ Dativ
sich beziehen auf	+ Akkusativ
bitten um	+ Akkusativ

Verb mit Präposition	+ Kasus
danken für	+ Akkusativ
denken an	+ Akkusativ
denken über	+ Akkusativ
sich drehen um	+ Akkusativ
sich drücken vor	+ Dativ
sich eignen für	+ Akkusativ
eingehen auf	+ Akkusativ
einhergehen mit	+ Dativ
sich einigen auf	+ Akkusativ
einladen zu	+ Dativ
(sich) einschreiben an	+ Dativ
(sich) einschreiben für	+ Akkusativ
(sich) einsetzen für	+ Akkusativ
(sich) einstellen auf	+ Akkusativ
einwenden gegen	+ Akkusativ
(sich) entfremden von	+ Dativ
sich entscheiden für	+ Akkusativ
entscheiden über	+ Akkusativ
(sich) entscheiden zwischen	+ Dativ
erfahren von	+ Dativ
erfüllen mit	+ Dativ
erkennen an	+ Dativ
sich erkundigen nach	+ Dativ
erzählen von	+ Dativ
fliehen vor	+ Dativ
forschen über	+ Akkusativ
fragen nach	+ Dativ
führen zu	+ Dativ
sich fürchten vor	+ Dativ
gehören zu	+ Dativ
es geht um	+ Akkusativ
geradestehen für	+ Akkusativ
(sich) gewöhnen an	+ Akkusativ
glauben an	+ Akkusativ
gratulieren zu	+ Dativ
sich halten an	+ Akkusativ
halten für	+ Akkusativ
halten von	+ Dativ
handeln mit	+ Dativ
es handelt sich um	+ Akkusativ
helfen mit	+ Dativ
hindeuten auf	+ Akkusativ

hinweisen auf	+ Akkusativ	zu tun haben mit	+ Dativ
hoffen auf	+ Akkusativ	übereinstimmen in	+ Dativ
hören von	+ Dativ	überreden zu	+ Dativ
(sich) informieren über	+ Akkusativ	überzeugen von	+ Dativ
investieren in	+ Akkusativ	umgehen mit	+ Dativ
kämpfen für	+ Akkusativ	sich unterhalten mit	+ Dativ
kämpfen gegen	+ Akkusativ	(sich) unterscheiden von	+ Dativ
kämpfen mit	+ Dativ	urteilen über	+ Akkusativ
klagen über	+ Akkusativ	sich verabreden mit	+ Dativ
kommunizieren mit	+ Dativ	verbinden mit	+ Dativ
sich konzentrieren auf	+ Akkusativ	vergleichen mit	+ Dativ
lachen über	+ Akkusativ	verknüpfen mit	+ Dativ
leben von	+ Dativ	sich verlassen auf	+ Akkusativ
leiden an	+ Dativ	(sich) vernetzen mit	+ Dativ
leiden unter	+ Dativ	sich verständigen mit	+ Dativ
liegen an	+ Dativ	sich verständigen über	+ Akkusativ
liegen in	+ Dativ	sich verstehen mit	+ Dativ
es mangelt an	+ Dativ	verstehen unter	+ Dativ
(sich) melden bei	+ Dativ	verstoßen gegen	+ Akkusativ
nachdenken über	+ Akkusativ	verweisen auf	+ Akkusativ
plädieren für	+ Akkusativ	verzichten auf	+ Akkusativ
profitieren von	+ Dativ	sich wenden an	+ Akkusativ
protestieren gegen	+ Akkusativ	werben für	+ Akkusativ
reagieren auf	+ Akkusativ	sich wundern über	+ Akkusativ
rechnen mit	+ Dativ	zählen auf	+ Akkusativ
reden mit	+ Dativ	zeugen von	+ Dativ
sich richten an	+ Akkusativ	zurückführen auf	+ Akkusativ
riechen nach	+ Dativ	zusammenhängen mit	+ Dativ
scheitern an	+ Dativ	zweifeln an	+ Dativ
schimpfen über	+ Akkusativ		
schmecken nach	+ Dativ		
(sich) schützen vor	+ Dativ		
sich sehnen nach	+ Dativ		
sorgen für	+ Akkusativ		
sprechen mit	+ Dativ		
sprechen über	+ Akkusativ		
stehen für	+ Akkusativ		
stehen zu	+ Dativ		
(sich) stoßen an	+ Akkusativ		
(sich) stoßen auf	+ Akkusativ		
streiken für	+ Akkusativ		
sich streiten mit	+ Dativ		
suchen nach	+ Dativ		
träumen von	+ Dativ		
sich treffen mit	+ Dativ		
(sich) trennen von	+ Dativ		

1.2 Nomen mit Präposition

Nomen mit Präposition	+ Kasus
die Abhängigkeit von	+ Dativ
der Abschied von	+ Dativ
der Abstand zu	+ Dativ
das Angebot an	+ Dativ
die Angst vor	+ Dativ
der Anspruch auf	+ Akkusativ
die Antwort auf	+ Akkusativ
der Appetit auf	+ Akkusativ
die Ausbildung zu	+ Dativ
die Auskunft über	+ Akkusativ
die Aussicht auf	+ Akkusativ
der Austausch mit	+ Dativ
die Auswirkung auf	+ Akkusativ
die Basis für	+ Akkusativ

der Bedarf an	+ Dativ	der Neid auf	+ Akkusativ
die Begabung für	+ Akkusativ	das Pech mit	+ Dativ
die Begegnung mit	+ Dativ	das Problem mit	+ Dativ
die Begeisterung für	+ Akkusativ	der Respekt vor	+ Dativ
die Beihilfe zu	+ Dativ	die Rücksicht auf	+ Akkusativ
das Beispiel für	+ Akkusativ	die Schnittstelle zwischen	+ Dativ
der Bericht über	+ Akkusativ	der Schutz vor	+ Dativ
der Beweis für	+ Akkusativ	die Sicht auf	+ Akkusativ
das Bewusstsein für	+ Akkusativ	die Sorge um	+ Akkusativ
die Beziehung zu	+ Dativ	der Spaß an	+ Dativ
die Chance auf	+ Akkusativ	der Streit mit	+ Dativ
die Diskussion über	+ Akkusativ	der Streit um	+ Akkusativ
der Druck auf	+ Akkusativ	die Suche nach	+ Dativ
der Einfluss auf	+ Akkusativ	die Sucht nach	+ Dativ
die Einladung zu	+ Dativ	das Symbol für	+ Akkusativ
die Einstellung zu	+ Dativ	das Talent für	+ Akkusativ
der Einstieg in	+ Akkusativ	die Teilnahme an	+ Dativ
das Engagement für	+ Akkusativ	die Toleranz gegenüber	+ Dativ
die Erfahrung in	+ Dativ	der Trend zu	+ Dativ
die Erfahrung mit	+ Dativ	der Überblick über	+ Akkusativ
die Erinnerung an	+ Akkusativ	der Umgang mit	+ Dativ
die Erwartung an	+ Akkusativ	die Unklarheit über	+ Akkusativ
das Feedback zu	+ Dativ	die Verantwortung für	+ Akkusativ
der Fokus auf	+ Akkusativ	der Vergleich mit	+ Dativ
der Gedanke an	+ Akkusativ	im Vergleich zu	+ Dativ
der Gedanke über	+ Akkusativ	das Verhältnis zu	+ Dativ
das Gespräch mit	+ Dativ	das Verständnis für	+ Akkusativ
der Grund für	+ Akkusativ	das Vertrauen in	+ Akkusativ
der Gruß an	+ Akkusativ	die Voraussetzung für	+ Akkusativ
in Hinblick auf	+ Akkusativ	die Werbung für	+ Akkusativ
der Hinweis auf	+ Akkusativ	der Wert auf	+ Akkusativ
das Interesse an	+ Dativ	der Widerstand gegen	+ Akkusativ
der Kampf um	+ Akkusativ	das Wiedersehen mit	+ Dativ
der Kampf mit	+ Dativ	die Wirkung auf	+ Akkusativ
die Kommunikation mit	+ Dativ	das Wissen über	+ Akkusativ
der Konflikt mit	+ Dativ	der Wunsch nach	+ Dativ
der Kontakt nach	+ Dativ	die Zahl an	+ Dativ
die Kritik an	+ Dativ	das Zeichen für	+ Akkusativ
die Liebe zu	+ Dativ	der Zugang zu	+ Dativ
der Mangel an	+ Dativ	der Zweifel an	+ Dativ
die Maßnahme für / gegen	+ Akkusativ		
die Meinung zu	+ Dativ		
das Mittel gegen	+ Akkusativ		
die Nachfrage nach	+ Dativ		
die Nähe von	+ Dativ		
die Nähe zu	+ Dativ		

1.3 Adjektive mit Präposition

Adjektiv mit Präposition	+ Kasus
abhängig von	+ Dativ
angebunden an	+ Akkusativ
angewiesen auf	+ Akkusativ

aufgeschlossen gegenüber	*+ Dativ*	überzeugt von	*+ Dativ*
beeindruckt von	*+ Dativ*	unempfindlich gegen	*+ Akkusativ*
befreit von	*+ Dativ*	verabredet mit	*+ Dativ*
begeistert von	*+ Dativ*	verantwortlich für	*+ Akkusativ*
bekannt für	*+ Akkusativ*	verbunden mit	*+ Dativ*
beliebt bei	*+ Dativ*	verheiratet mit	*+ Dativ*
bereit für	*+ Akkusativ*	verliebt in	*+ Akkusativ*
beteiligt an	*+ Dativ*	vertraut mit	*+ Dativ*
böse auf	*+ Akkusativ*	verwandt mit	*+ Dativ*
dankbar für	*+ Akkusativ*	wichtig für	*+ Akkusativ*
einverstanden mit	*+ Dativ*	zufrieden mit	*+ Dativ*
enttäuscht von	*+ Dativ*	zugeschnitten auf	*+ Akkusativ*
erstaunt über	*+ Akkusativ*	zuständig für	*+ Akkusativ*
fertig mit	*+ Dativ*		
geeignet für	*+ Akkusativ*		
gespannt auf	*+ Akkusativ*		
gewöhnt an	*+ Akkusativ*		
interessiert an	*+ Dativ*		
neugierig auf	*+ Akkusativ*		
offen für	*+ Akkusativ*		
sauer auf	*+ Akkusativ*		
stolz auf	*+ Akkusativ*		
süchtig nach	*+ Dativ*		
typisch für	*+ Akkusativ*		

2 Nomen-Verb-Verbindungen

Nomen-Verb-Verbindungen bestehen aus einem Nomen und einem Verb. Nicht die Verben, sondern die Nomen tragen hier die Hauptbedeutung. Manchmal kommt ein Artikel (z. B. *der Ansicht sein*) oder eine Präposition (z. B. *in Angst versetzen*) dazu.
Oft gibt es zu diesen Verbindungen ein einfaches Verb mit einer ähnlichen Bedeutung
(z. B. *eine Entscheidung treffen → entscheiden*).
Einige Nomen-Verb-Verbindungen können eine aktive (z. B. *unter Druck setzen*) oder eine passive
(z. B. *unter Druck stehen*) Bedeutung haben.

Nomen-Verb-Verbindung	Bedeutung	Beispiel
an jdn. / etwas Anforderungen stellen	an etw. Ansprüche haben	Die Menschen stellen viele unterschiedliche Anforderungen an Mobilität.
jdn. in Angst versetzen	jdm. Angst machen	Wenn man scheitert, kann einen das schon in Angst versetzen.
der Ansicht sein	meinen	Ich bin der Ansicht, dass Kinder ihren eigenen Weg gehen müssen.
etw. (Akk.) in Anspruch nehmen	nutzen	Als Rollstuhlfahrer kann er etliche Angebote des Öffentlichen Nahverkehrs gar nicht in Anspruch nehmen.
eine Anstrengung auf sich nehmen	sich anstrengen	Warum nehmen Menschen solche extremen Anstrengungen auf sich?
für Aufsehen sorgen	aufregen	Die Kostüme von Josephine Baker sollen für Aufsehen gesorgt haben.
zu etw. Beihilfe leisten	bei etw. helfen	Wer Beihilfe zum Betrug leistet, sollte bestraft werden.
jdm. Bescheid geben	etw. mitteilen	Gib mir bitte Bescheid, ob du kommen kannst.
jdm. Bescheid sagen	etw. mitteilen	Ich wollte nur kurz Bescheid sagen, dass ich gut angekommen bin.
über jdn. / etw. Bescheid wissen	über jdn. / etw. informiert sein	Lange wussten nur wenige über Klaus' Geheimnis Bescheid.
bei jdm. zu Besuch sein	jdn. besuchen	Ich bin gerade bei meinen Freunden zu Besuch in Berlin.
den Betrieb aufnehmen	mit etw. beginnen	Im Herbst 1923 nimmt der erste deutsche Rundfunksender den regelmäßigen Betrieb auf.
etw. (Akk.) unter Beweis stellen	etw. beweisen	Özlem konnte ihre hohe Lernbereitschaft unter Beweis stellen.
einen Blick auf etw. (Akk.) werfen	sich etw. genauer ansehen	Anlässlich des Europäischen Tags der Sprachen werfen wir einen Blick auf die Mehrsprachigkeitsforschung.
jdn. / etw. im Blick haben	jdn. / etw. in seine Überlegungen miteinbeziehen	Wenn wir wollen, dass die Produkte von allen Menschen genutzt werden, müssen wir auch die Bedürfnisse aller Menschen im Blick haben.
jdn. unter Druck setzen	jdn. bedrängen	Tims Vater hat ihn ständig unter Druck gesetzt.
unter Druck stehen	gestresst sein	Tim stand jeden Tag unter Druck.
auf jdn. / etw. Einfluss haben	jdn. / etw. beeinflussen (können)	Dass Tim der Sohn des Bäckers war, hatte einen großen Einfluss auf seine Kindheit.
am Ende sein	nicht mehr können	Nach drei Jahren war Nina Fischer finanziell am Ende.
zu Ende gehen	enden	Mein Urlaub geht bald zu Ende.
zu Ende sein	enden, beendet sein	Als der Krieg zu Ende war, kehrten viele Flüchtlinge nach Hause zurück.
eine Entscheidung treffen	entscheiden	Tim trifft eine Entscheidung.
einen Entschluss fassen	sich entschließen	Milo Hansen hat den Entschluss gefasst, sich als Coach selbstständig zu machen.
ein Ergebnis erzielen	ein Ergebnis erreichen	Der Langschläfer erzielt seine besten Ergebnisse nachmittags oder abends.
zu einem Ergebnis kommen	herausfinden	In einer Untersuchung kam man zu dem Ergebnis, dass die emotionale Distanz mit jeder weiteren Fremdsprache zunimmt.

Nomen-Verb-Verbindung	Bedeutung	Beispiel
Erwartungen erfüllen	Erwartungen gerecht werden	Tim wollte nicht immer nur Erwartungen erfüllen, sondern sein eigenes Leben leben.
im Fokus stehen	zentral sein	Ich habe erwartet, dass das Thema Unsterblichkeit im Fokus steht.
zur Folge haben	zu etw. führen	Bewegung an der frischen Luft hat zur Folge, dass das Immunsystem gestärkt wird.
außer Frage stehen	zweifellos so sein	Mobilität – das steht außer Frage – spielt in vielen Lebensbereichen eine zentrale Rolle.
eine Frage stellen	fragen	Barbara stellt beim Einkaufen kritische Fragen.
in Frage kommen	möglich sein	Birte Arnolds würde gern auf ihr Auto verzichten. Im Moment kommt das nicht in Frage.
etw. (Akk.) in Frage stellen	etw. kritisch hinterfragen	Dinge in Frage zu stellen, gehörte zu Hans' Charakter.
jdm. eine Freude machen	jdn. erfreuen	Wenn ihr eure alten Klamotten an Freunde verschenkt, macht ihr ihnen sicher eine große Freude.
zu Gast sein	eingeladen sein	Zu Gast ist Diogo Sousa, der als Notarzt an der Uniklinik Lübeck tätig ist.
Geborgenheit geben	Sicherheit und Schutz geben	Tim möchte seinem Sohn Geborgenheit geben.
auf andere Gedanken kommen	sich ablenken	Lass uns einen Spaziergang machen. So kommst du auf andere Gedanken.
sich über etw. (Akk.) Gedanken machen	über etw. nachdenken	Davor hatte sich Milo Hansen nie Gedanken über so etwas gemacht.
jdn. in Gefahr bringen	jdm. / für jdn. gefährlich werden	Produkte, bei denen geschlechtsspezifische Unterschiede nicht beachtet werden, können Menschen in Gefahr bringen.
jdm. einen Gefallen tun	jdm. helfen	Angefangen hat Christians Karriere als Ghostwriter damit, dass er einer Freundin einen Gefallen tun wollte.
ein Gesetz verabschieden	beschließen	Unter dem Druck der Bevölkerung verabschiedete die DDR-Regierung ein neues Reisegesetz.
an seine Grenzen stoßen	einen Punkt erreichen, an dem man nicht weitermachen kann	Durchschnittlich trainierte Läufer stoßen schnell an ihre Grenzen.
seine Grenzen überwinden	erfolgreich über die eigenen Grenzen hinausgehen	Den meisten geht es darum, die eigenen Grenzen zu überwinden.
etw. (Akk.) im Griff haben	beherrschen / kontrollieren können	Barbara hat das Essen total im Griff.
etw. (Dat.) auf den Grund gehen	etw. (Akk.) genauer untersuchen	Um diesen Fragen auf den Grund zu gehen, hat Nora unterschiedliche Eindrücke gesammelt.
jdm. einen Heiratsantrag machen	jdn. bitten, sie / ihn zu heiraten	Aleeke hat seiner Frau auf dem Turm einen Heiratsantrag gemacht.
jdn. vor Herausforderungen stellen	jdn. herausfordern / jdm. Schwierigkeiten machen	Viele Zugewanderte wurden durch die Wende vor besondere Herausforderungen gestellt.
jdm. bei etwas Hilfe leisten	jdm. bei etw. helfen	Dabei leistet Milo Hansen Hilfe.
auf eine Idee kommen	eine Idee haben	Wie kommen Sie denn auf diese Idee?
etw. (Akk.) in Kauf nehmen	etw. bewusst riskieren	Hans hat für seine Liebe zur Freiheit den eigenen Tod in Kauf genommen.
zu jdm. / etw. in Konkurrenz stehen	mit jdm. / etw. konkurrieren	Wir stehen immer mehr in Konkurrenz zu den anderen Bäckereien.
eine Konkurrenzanalyse machen	die Konkurrenz analysieren	Bevor man ein Start-up gründet, sollte man eine Konkurrenzanalyse machen.

Nomen-Verb-Verbindung	Bedeutung	Beispiel
zu jdm. Kontakt aufnehmen	jdn. kontaktieren	Ulla hat Kontakt zu einem Berater aufgenommen, um mehr Abonnenten zu bekommen.
zu jdm. Kontakt knüpfen	Kontakt herstellen	Eine Möglichkeit wäre, online Kontakte zu Nachbarn zu knüpfen.
etw. (Akk.) unter Kontrolle haben	kontrollieren können	Gesundesser haben beim Essen alles unter Kontrolle.
etw. (Akk.) auf den Kopf stellen	etw. durcheinanderbringen	Die Wiedervereinigung hat mein Leben ganz schön auf den Kopf gestellt.
an jdm. / etw. Kritik üben	jdn. / etw. kritisieren	Hans' Vater hat auch öffentlich Kritik an Hitler geübt.
in der Lage sein	die Fähigkeit / Möglichkeit haben	Jaro war damals gar nicht in der Lage, auf Bosnisch zu schreiben.
Leistung bringen	leisten	Barbara gibt ihrem Körper genau das, was er braucht, um die beste Leistung zu bringen.
die Leitung übernehmen	anfangen zu leiten	Milo Hansen hat die Leitung der Personalabteilung übernommen.
(nicht) über die Lippen kommen	sich (nicht) trauen, etwas zu sagen	Wir trauen uns in einer Fremdsprache Dinge zu sagen, die uns in unserer Erstsprache vielleicht nicht über die Lippen kämen.
Macht ausüben	Macht nutzen	Tims Vater hat sehr viel Macht ausgeübt.
im Mittelpunkt stehen	zentral sein	Bei der sozialen Nachhaltigkeit stehen die Menschen im Mittelpunkt.
(all) seinen Mut zusammennehmen	sich trauen	Es hat fünf Jahre gedauert, bis Anja all ihren Mut zusammengenommen hat.
eine Niederlage einstecken	verlieren	Milo Hansen hat selbst eine schwere Niederlage einstecken müssen.
jdn. auf die Palme bringen	jdn. wütend machen	Was bringt dich im Beruf besonders auf die Palme?
etw. (Akk.) in die Praxis umsetzen	ein Vorhaben realisieren	Als Nachhaltigkeitsmanagerin versucht Nakema viele Maßnahmen in die Praxis umzusetzen.
Rat wissen	einen Ausweg kennen	Thorsten weiß immer Rat, egal um welches Problem es sich handelt.
ein Referat halten	präsentieren	Ich muss nächste Woche ein Referat zum Thema *Unsere innere Uhr* halten.
Respekt zeigen	sich respektvoll verhalten	Tims Vater hat so wenig Respekt gezeigt, dass eine Zusammenarbeit keinen Sinn hatte.
Reue zeigen	etw. bereuen	Man stellt menschliche Größe unter Beweis, wenn man Reue zeigt und sich aufrichtig entschuldigt.
ein Risiko eingehen	viel riskieren	Vor allem untrainierte Teilnehmer gehen ein Risiko ein.
eine Rolle spielen	relevant sein	Die Qualität des Essens spielt eine große Rolle.
auf jdn. / etw. Rücksicht nehmen	jdn. / etw. berücksichtigen	Es ist wichtig, dass man auf andere Teilnehmer Rücksicht nimmt.
einen Schluss ziehen	eine Schlussfolgerung ziehen, schlussfolgern	Milo Hansen hat Nina Fischer darin unterstützt, ihren Misserfolg zu analysieren und die richtigen Schlüsse zu ziehen.
in Schwierigkeiten geraten	Probleme bekommen	Eigentlich sollte jeder über das Scheitern nachdenken, noch ehe er in Schwierigkeiten gerät.
sich um jdn. / etw. Sorgen machen	sich um jdn. / etw. sorgen	Tim wollte nicht, dass sich seine Eltern Sorgen um ihn machen.
zu etw. (Dat.) Stellung nehmen	über etw. (Akk.) seine Meinung äußern	Hans musste einfach zu den brutalen Verbrechen der Nazis Stellung nehmen.
eine Straftat begehen	etw. tun, wofür man vor Gericht gestellt wird	Christian begehe keine Straftat – deshalb könne er auch nicht verklagt werden.

Nomen-Verb-Verbindung	Bedeutung	Beispiel
der Überzeugung sein	meinen	Andrea Rösler ist der Überzeugung, dass sie ein gutes Vorbild ist.
Umsatz machen	mit etw. Gewinn machen	Die Branche für Computerspiele macht in Deutschland mittlerweile höhere Umsätze als die Filmindustrie.
für jdn. / etw. Verantwortung tragen	verantwortlich sein	Gute Chefs tragen Verantwortung für ihre Mitarbeiter.
zur Verfügung stehen	da sein, vorhanden sein	Nur 8 % der Flächen stehen für Haltestellen, Fahrradabstellplätze oder Sitzbänke zur Verfügung.
jdm. etw. (Akk.) zur Verfügung stellen	anbieten, bereitstellen	Milo Hansen hatte den Wunsch, anderen sein Wissen zur Verfügung zu stellen.
für jdn. / etw. Verständnis haben	jdn. / etw. verstehen	Tims Eltern hatten kein Verständnis für seine Entscheidung.
den Versuch unternehmen	etw. versuchen	Jan unternimmt den Versuch, den Marathon bis zum Ende durchzuhalten.
jdn. um Verzeihung bitten	sich höflich entschuldigen	Wer um Verzeihung bittet, tut etwas für ein gutes Verhältnis zu seinen Mitmenschen.
im Vordergrund stehen	am wichtigsten sein	Gerade im beruflichen Kontext sollte der Wunsch nach Harmonie nicht im Vordergrund stehen.
jdm. Vorschriften machen	jdm. etw. vorschreiben	Tims Vater hat ihm nur Vorschriften gemacht.
einen Vortrag halten	vortragen	Letzte Woche hat mein Professor einen sehr interessanten Vortrag zum Thema *Schlaf und Licht* gehalten.
jdm. Vorwürfe machen	kritisieren	Tim wollte nicht, dass seine Eltern ihm Vorwürfe machen.
etw. (Akk.) aus dem Weg räumen	etw. beseitigen	Wenn ich auch einige Hindernisse aus dem Weg räumen muss, steht für mich weiterhin fest, dass ich die richtige Entscheidung getroffen habe.
auf etw. (Akk.) Wert legen	etw. für sehr wichtig halten	Barbara legt beim Kauf von Lebensmitteln Wert auf Umweltschutz.
gegen etw. Widerstand leisten	sich gegen etw. (Akk.) wehren	Es war für Hans keine bewusste Entscheidung, Widerstand zu leisten.
im Zentrum stehen	zentral sein	Bei der ökonomischen Nachhaltigkeit steht das langfristig erfolgreiche Wirtschaften im Zentrum.

3 Modalpartikeln

Modalpartikeln gibt es vor allem in der gesprochenen bzw. informellen Sprache. Man kann mit ihnen sehr feine emotionale Unterschiede ausdrücken. Modalpartikeln stehen meistens im Mittelfeld des Satzes. Sie werden normalerweise nicht betont.

Modalpartikel	Bedeutung	Beispiel
denn (nur in Fragen)	Neugier / Intimität / Interesse	Wie geht's dir denn?
	Vorwurf	Was soll das denn?
eben / halt	Allgemeingültigkeit oder Akzeptanz einer nicht veränderbaren Situation	Das ist eben / halt leider so. Kein Problem! Dann warte ich eben / halt noch.
ja	Verweis auf eine Information, die offensichtlich oder schon bekannt ist	Du hast ja vorhin gesagt: …
	Überraschung (in Ausrufen)	Da bist du ja!
	Mitgefühl (in Ausrufen)	Das ist ja toll! Das ist ja schrecklich!
mal / doch mal (nur in Imperativen)	freundliche Aufforderung / Vorschlag	Hör dir (doch) mal den Podcast an!
schon	Optimismus	Das geht schon.
	Ungeduld (in Imperativen)	Jetzt komm schon!
	vorsichtige Zustimmung	Du hast schon recht, aber …

4 Wortbildung

4.1 Nomen

4.1.1 Zusammengesetzte Nomen (*auch:* Nomenkomposita)

Das Pronomen *selbst* L2

Man kann Nomen mit dem Pronomen *selbst* kombinieren. *Selbst* ist dann meistens das Bestimmungswort.

selbst + *Nomen*	selbst + die Sicherheit → die Selbstsicherheit

Auch mit Adjektiven kann man das Pronomen *selbst* kombinieren (z. B. *selbstsicher*).

4.1.2 Abgeleitete Nomen

4.1.2.1 Nomen mit Präfixen L10

Nomen können aus anderen Nomen durch Präfixe gebildet werden.

haupt-	die Hauptsache
miss-	der Misserfolg
mit-	der Mitmensch
ur-	die Urangst

Das Präfix haupt- drückt aus, dass es sich um das Wesentliche oder Wichtigste handelt.

Das Präfix miss- kann das Gegenteil von etwas ausdrücken. miss- kann auch ausdrücken, dass etwas nicht richtig oder nicht gut ist bzw. gemacht wird.

Das Präfix mit- gibt an, dass jemand / etwas zu jemand / etwas anderem gehört.

Das Präfix ur- weist auf den ursprünglichen Zustand von jemandem / etwas hin. Bei Verwandtschaftsbezeichnungen gibt dieses Präfix einen bestimmten Verwandtschaftsgrad an (z. B. *Uroma*).

Die Präfixe *haupt-*, *miss-*, *mit-* und *ur-* kann man auch mit anderen Wortarten kombinieren, z. B. *verantwortlich* → *hauptverantwortlich*, *achten* → *missachten*, *einander* → *miteinander*, *alt* → *uralt*.

4.1.2.2 Nomen mit Suffixen L9

Nomen mit dem Suffix -tum sind entweder neutral oder maskulin.

Verb + -tum	wachsen	→	**das** Wachstum
	irren	→	**der** Irrtum
Nomen + -tum	das Alter	→	**das** Altertum
Adjektiv + -tum	reich	→	**der** Reichtum

4.1.3 Internationale Nomen mit Suffixen L2 L9 L12

Das Genus vieler internationaler Nomen hängt von deren Suffix ab.

Maskuline Suffixe (der)		Feminine Suffixe (die)	
-ant	**der** Praktikant	-anz	**die** Toleranz
-ent	**der** Dozent	-enz	**die** Intelligenz
-eur	**der** Ingenieur	-ie	**die** Technologie
		-ur	**die** Kultur

Nomen mit den Suffixen *-ant, -ent* und *-eur* bezeichnen häufig männliche Personen und Berufe.

Viele der internationalen Nomen mit Suffixen werden von Verben abgeleitet, die auf *-ieren* enden, z. B. *demonstrieren → Demonstrant, absolvieren → Absolvent, frisieren → Friseur*.

Zu den Nomen mit *-anz* und *-enz* gibt es oft auch Adjektive mit *-ant* bzw. *-ent*, z. B. *die Toleranz → tolerant; die Intelligenz → intelligent* (siehe auch 4.2.2).

4.2 Adjektive

4.2.1 Zusammengesetzte Adjektive (*auch:* Adjektivkomposita) L11

Zusammengesetzte Adjektive bestehen mindestens aus zwei Teilen. Das Grundwort ist immer ein Adjektiv. Das Bestimmungswort kann u. a. ein anderes Adjektiv in der Grundform, ein Komparativ oder ein Superlativ sein.

Adjektiv (Grundform) + Adjektiv	hell + blau	→	hellblau
Komparativ + Adjektiv	besser + bezahlt	→	besserbezahlt
Superlativ + Adjektiv	(am) schnellsten + möglich	→	schnellstmöglich

Bei der Adjektiv-Adjektiv-Komposition mit Superlativ wird die Endung des Superlativs weggelassen.

4.2.2 Internationale Adjektive mit Suffixen WIEDERHOLUNG L2 L3

-ant	-(i)al	-(i)ell	-ent
tolerant	emotional, kollegial	kulturell, tendenziell	intelligent

In einigen Fällen sind verschiedene Endungen möglich (z. B. *formal / formell*).

4.3 Verben

4.3.1 Abgeleitete Verben

4.3.1.1 Verben aus Adjektiven L5

Aus Adjektiven (in der Grundform) und Komparativen kann man Verben bilden (z. B. *locker → lockern = locker machen / locker werden*).

Adjektiv → Verb	kurz	→	kürzen
	locker	→	lockern
	trocken	→	trocknen
Komparativ → Verb	näher	→	nähern

Manche abgeleiteten Verben erhalten einen Umlaut. Bei Adjektiven, die auf *-en* enden, entfällt das *-e*.

4.3.1.2 Verben mit trennbaren Präfixen L1 L4

Präfix	Bedeutung	Beispiel	Beispielsatz
an-	... drückt eine Tätigkeit aus, die direkt auf ein Ziel gerichtet ist.	anlächeln	Mit einem Emoji kann man jemanden virtuell anlächeln.
nach-	... drückt aus, dass man etwas intensiv und gründlich tut.	nachdenken	Die meisten Emojis sind so klar verständlich, dass man nicht lange nachdenken muss.
zurück-	... drückt eine Bewegung aus, die in Richtung des Ausgangspunktes gerichtet ist.	zurückziehen	In der digitalen Kommunikation würde ich mich eher zurückziehen, wenn es mir nicht gut geht.
	... drückt eine Handlung aus, die mit der gleichen Handlung erwidert wird.	zurücklächeln	Mit einem Emoji kann man jemanden anlächeln und die oder der andere kann auch zurücklächeln.
herum-	... drückt aus, dass eine Bewegung im Kreis oder in Form eines Bogens gemacht wird.	herumgehen	Die E-Roller stehen auf dem Gehweg, sodass man um sie herumgehen muss.
	... drückt eine Bewegung aus, bei der sich (öfter) die Richtung ändert.	herumfahren	Manchmal muss ich noch in der Stadt herumfahren, um Verschiedenes zu erledigen.
	... drückt aus, dass etwas ohne konkrete Absicht, ohne Sinn oder ohne Konzentration auf etw. Bestimmtes geschieht.	herumstehen	Es ist besser, wenn Autos von vielen genutzt werden und nicht nur herumstehen.
	... drückt aus, dass man über längere Zeit mit jemandem / etwas Unangenehmen zu tun hat oder sich darüber beklagt	herumärgern	Hier auf dem Dorf muss ich mich damit herumärgern, dass nichts fährt.

4.3.1.3 Verben mit nicht trennbaren Präfixen L8

Verben mit den Präfixen er- und ver- drücken aus, dass sich ein Zustand verändert (z. B. *erwachen = wach werden*).

er- + Adjektiv / Komparativ + -(e)n	erwachen	Wenn ich aus dem Schlaf erwache, habe ich schon leichten Hunger.
	erleichtern	Im Alter ruhiger und gelassener zu sein, würde mein Leben sicher erleichtern.
ver- + Adjektiv / Komparativ + -(e)n	verunsichern	Dass ich lache, verunsichert ihn nicht.
	verlängern	Mithilfe von Gentechnik kann man das Leben verlängern.

4.3.1.4 Verben mit zwei Präfixen L7

Verben mit zwei Präfixen können trennbar (z. B. *anerkennen*) oder nicht trennbar sein (z. B. *verunreinigen*). Das hängt vom ersten Präfix ab. Sie bilden das Partizip Perfekt ohne *ge-* (z. B. *anerkannt, verunreinigt*).

trennbares Präfix + nicht trennbares Präfix + Verb	anerkennen	Wir sollten anfangen an**zu**erkennen, dass nachhaltiges Handeln auch eine Voraussetzung für Gerechtigkeit ist.
nicht trennbares Präfix + trennbares Präfix + Verb	verunreinigen	Die Inhaltsstoffe müssen biologisch abbaubar sind, um das Grundwasser nicht **zu** verunreinigen.

Beim Infinitiv mit *zu* steht das *zu* zwischen den beiden Präfixen, wenn das erste Präfix trennbar ist, und bei dem Verb *missverstehen*. (z. B. *Der Begriff Nachhaltigkeit ist leicht miss**zu**verstehen.*)

4.3.1.5 Das Verb *fallen* WIEDERHOLUNG L6

Das Verb *fallen* kann besonders viele Bedeutungen annehmen, je nachdem, mit welchem Präfix oder Wort es auftritt.

Verb	Bedeutung	Beispielsatz
abfallen	herunterfallen	Im Herbst fallen die Blätter von den Bäumen ab.
	jemandem als Anteil zukommen	Beim Abendessen fällt immer auch ein bisschen Essen für unseren Hund ab.
anfallen	entstehen, sich ergeben	Wenn ich koche, fällt immer viel Abwasch an.
	plötzlich angreifen	Als Kind wurde ich mal von einem Hund angefallen. Seitdem habe ich Angst vor Hunden.
auffallen	besonders deutlich werden	In der Ausbildung fiel mir auf, dass viele meiner Mitschüler jünger waren als ich.
durchfallen	nicht bestehen	Ich habe oft Angst, in Prüfungen durchzufallen.
entfallen	vergessen	Mir ist leider sein Name entfallen.
	nicht stattfinden, ausfallen	Der Kurs entfällt heute wegen Krankheit der Dozentin.
	als Anteil auf jemanden kommen	Die Vergütung der Beschäftigten steigt. Auf jeden Kollegen entfallen im Jahr 360 Euro mehr.
missfallen	nicht gefallen	Anfangs missfiel meinen Eltern meine Entscheidung.
schwerfallen	Schwierigkeiten machen	Das Stillsitzen in der Schule fiel mir schwer.
überfallen	plötzlich angreifen	Die Bank wurde überfallen, aber die Polizei hat die Täter gefasst.
umfallen	fallen, hinfallen	Die Vase ist umgefallen.
verfallen	wertlos oder ungültig werden	Die Tickets verfallen nach sechs Monaten.
zerfallen	auseinanderfallen	Die alte Mauer ist zerfallen.
zufallen	sich plötzlich (von selbst) schließen	Mir sind die Augen vor Müdigkeit zugefallen.
	eine Aufgabe bekommen	In der neuen Firma fällt mir die Aufgabe der Projektleitung zu.
zurückfallen	im Wettkampf hinter dem Gegner zurückbleiben	Das Team ist auf Platz 3 zurückgefallen.

4.3.1.6 Das Verb *kommen* WIEDERHOLUNG L6

Das Verb *kommen* kann besonders viele Bedeutungen annehmen, je nachdem, mit welchem Präfix oder Wort es auftritt.

Verb	Bedeutung	Beispielsatz
ankommen auf	von etw. abhängen	Es kommt auf das Thema an.
auskommen	genug haben	Ich komme meistens mit ein bis zwei Wochen aus.
bekommen	erhalten	Wenn Struktur und Argumentation der Hausarbeit nicht stimmen, dann bekommt man eine schlechtere Note.
entgegenkommen	jdm. einen Kompromiss anbieten	Manche Professoren sind echt nett und kommen dir mit einer Fristverlängerung entgegen.
hinzukommen	zusätzlich sein	Natürlich kommt noch die Zeit für die Literaturrecherche hinzu.
klarkommen	keine Probleme haben	Wenn du gar nicht klar kommst, würde ich immer beim Professor um mehr Zeit bitten.
rüberkommen	wirken; den Eindruck machen	Sorry, das ist falsch rübergekommen.
vorkommen	passieren	Bei mir ist es leider auch schon mal vorgekommen, dass ich eine schlechte Note in einer Hausarbeit bekommen habe.
	scheinen, auf jdn. wirken	Wirklich, eine Woche? Das kommt mir sehr wenig vor.

GRAMMATIK

1 Artikelwörter und Adjektivdeklination WIEDERHOLUNG L2 L7

1.1 Artikelwörter

Als Artikelwort bezeichnet man bestimmte und unbestimmte Artikel sowie Wörter, die anstelle eines bestimmten oder unbestimmten Artikels stehen können.

bestimmter Artikel	das Auto
unbestimmter Artikel	ein Auto
Demonstrativartikel	dieses / jenes / solches Auto
Possessivartikel	mein / dein / ihr / sein / unser / euer / ihr / Ihr Auto
Indefinitartikel	irgendein / jedes / kein (auch: Negativartikel) / manches Auto; wenige Autos
Interrogativartikel	was für ein / welches Auto

Das Artikelwort *jed-* kommt nur im Singular vor, die Artikelwörter *dies-, jen-, manch-, solch-* und *welch-* kommen im Singular und Plural vor. Sie werden wie der bestimmte Artikel dekliniert (z. B. *der Abend → mancher Abend*).

Die Artikelwörter *irgendein-* und *was für ein-* kommen nur im Singular vor, Possessiv- und Negativartikel im Singular und Plural. Sie werden wie der unbestimmte Artikel dekliniert (z. B. *ein Beispiel → irgendein Beispiel*).

Artikelwörter im Plural (*alle, beide, einige, etliche, keine, viele …*) haben die gleichen Endungen wie der bestimmte Artikel (z. B. *die Beispiele → keine Beispiele, mit den Beispielen → mit einigen Beispielen*). Das Artikelwort *lauter* kann nicht dekliniert werden (z. B. *lauter Beispiele*).

1.2 Adjektivdeklination

1.2.1 Singular Typ I: bestimmter Artikel

	maskulin	neutral	feminin
Nominativ	dieser milde Abend	dieses unlösbare Problem	diese innere Ruhe
Akkusativ	diesen milden Abend	dieses unlösbare Problem	diese innere Ruhe
Dativ	diesem milden Abend	diesem unlösbaren Problem	dieser inneren Ruhe
Genitiv	dieses milden Abends	dieses unlösbaren Problems	dieser inneren Ruhe

Auch nach: jed-, jen-, manch-, solch-, welch-

1.2.2 Singular Typ II: unbestimmter Artikel / Negativartikel

	maskulin	neutral	feminin
Nominativ	(k)ein neuer Beruf	(k)ein konkretes Beispiel	(k)eine interne Sitzung
Akkusativ	(k)einen neuen Beruf	(k)ein konkretes Beispiel	(k)eine interne Sitzung
Dativ	(k)einem neuen Beruf	(k)einem konkreten Beispiel	(k)einer internen Sitzung
Genitiv	(k)eines neuen Berufs	(k)eines konkreten Beispiels	(k)einer internen Sitzung

Auch nach: mein-, dein-, ihr-, sein-, unser-, eu(e)r-, ihr-, Ihr-, irgendein-

1.2.3 Plural

	Typ I	Typ II
Nominativ	keine konkret**en** Beispiele	einige konkret**e** Beispiele
Akkusativ	keine konkret**en** Beispiele	einige konkret**e** Beispiele
Dativ	keinen konkret**en** Beispielen	einigen konkret**en** Beispielen
Genitiv	keiner konkret**en** Beispiele	einiger konkret**er** Beispiele
	Auch nach: alle, beide, diese, jene, manche*, sämtliche*, solche, welche	*Auch nach:* beide*, einige, etliche, lauter, manche*, mehrere, sämtliche*, viele, wenige *und Zahlen*

*sowohl Typ I als auch Typ II möglich

Adjektive nach *einig-*, *etlich-*, *mehrer-*, *viel-* und *wenig-* haben dieselben Endungen wie diese Artikelwörter (z. B. *einige konkrete Beispiele, mit mehreren konkreten Beispielen*).

2 Präpositionen

2.1 Bedeutung

2.1.1 Präpositionen der Redewiedergabe L4

Die Präpositionen *gemäß*, *laut*, *nach* und *zufolge* geben eine Informationsquelle an und drücken dabei Neutralität oder Distanz aus.

Das Verb steht immer im Indikativ.

gemäß + *Dativ* (*voran- oder nachgestellt*)	**Gemäß** dieser Definition / Dieser Definition **gemäß** ist Mobilität eine Voraussetzung dafür, am gesellschaftlichen Leben teilzunehmen.
laut + *Dativ* (*immer vorangestellt*)	**Laut** der Definition einer Berliner Stiftung geht es bei Mobilität um die Möglichkeit, von A nach B zu kommen [...].
nach + *Dativ* (*voran- oder nachgestellt*)	**Nach** einer Erhebung von 2015 werden 92 % des öffentlichen Raums für Parkflächen benötigt. / Ersten Schätzungen **nach** landen Leihroller schon nach wenigen Monaten auf dem Müll.
zufolge + *Dativ* (*immer nachgestellt*)	Einer aktuellen Studie **zufolge** sind 85 % aller Menschen in Deutschland tagtäglich unterwegs.

Die Präposition *gemäß* wird nicht bei Personen verwendet.

2.1.2 Weitere Präpositionen und präpositionale Ausdrücke WIEDERHOLUNG L3 L6 L8 L10 L12

adversativ	entgegen, im Gegensatz zu
final	für, zu
kausal	angesichts, anlässlich, aufgrund, aus, dank, mangels, vor, wegen
konditional	bei
konsekutiv	infolge
konzessiv	auch bei, selbst bei, trotz, ungeachtet
lokal	an, auf, aus, außerhalb, bei, bis zu, durch, entlang, gegen, hinter, in, innerhalb, nach, neben, oberhalb, über, um ... herum, unter, unterhalb, von ... aus, von ... bis, vor, zu, zwischen
modal	auf, aus, durch, in, mit, mithilfe, mittels, ohne, statt
temporal	ab, an, bei, bis, bis zu, in, nach, seit, um, von ... an, von ... bis, vor, während, zwischen

2.2 Kasus

2.2.1 Präpositionen mit festem Kasus WIEDERHOLUNG L3 L6 L8 L10 L12

+ *Akkusativ*	bis, durch, für, gegen, ohne, um
+ *Dativ*	ab, aus, außer, bei, dank, entgegen, gegenüber *(auch nachgestellt)*, gemäß *(auch nachgestellt)*, laut, mit, nach *(auch nachgestellt)*, seit, statt *(ugs.)*, von, wegen *(ugs.)*, zu, zufolge *(nachgestellt)*
+ *Genitiv*	angesichts, anlässlich, aufgrund, außerhalb, dank, entlang, infolge, innerhalb, laut *(selten)*, mangels, mithilfe, mittels, oberhalb, statt, trotz, ungeachtet, unterhalb, während, wegen

Wenn nach einer Präposition mit Genitiv ein Nomen ohne Artikel und ohne Adjektiv folgt, verwendet man die entsprechende Präposition zusammen mit *von* + Dativ (z. B. *die Städte* → innerhalb der Städte; *große Städte* → *innerhalb großer Städte, Städte* → innerhalb von Städten). Bei den Präpositionen *mangels, mittels, statt, wegen* und *während* ist die Erweiterung mit *von* nicht möglich.

3 Verben

3.1 Indirekte Rede mit Konjunktiv I und II: Passiv L4

3.1.1 Gegenwart

werde / würden* + *Partizip Perfekt*	Ein Shuttle-Bus werde nächstes Jahr eingerichtet, heißt es aus der Gemeinde.
	Birte Arnolds findet, die Bedürfnisse der Menschen auf dem Land würden oft übersehen.

* Da die Form des Konjunktiv I im Plural mit der Form des Indikativs identisch ist, verwendet man den Konjunktiv II.

3.1.2 Vergangenheit

sei / seien + *Partizip Perfekt* + worden	Mit solchen Maßnahmen seien schon gute Erfahrungen gemacht worden, sagt Serkan Kaya.

3.2 Konjunktiv II der Vergangenheit WIEDERHOLUNG

haben / sein *im Konjunktiv II* + *Partizip Perfekt*	Hätten meine Fltern ihren Blumenladen nicht eröffnet, wäre ich sicherlich nicht in Deutschland geboren.

3.2.1 Konjunktiv II der Vergangenheit mit Modalverb L11

haben *im Konjunktiv II* + *Hauptverb + Modalverb im Infinitiv*	Hätten meine Eltern ihren Blumenladen nicht eröffnet, hätten sie wahrscheinlich nicht in Deutschland bleiben können.

Im Nebensatz stehen die drei Verben normalerweise in dieser Reihenfolge am Satzende: *haben* – Hauptverb – Modalverb, z. B. *Wenn damals nicht so viele Industrien* **hätten schließen müssen**, *würde es der ostdeutschen Wirtschaft heute vielleicht besser gehen.*

4 Satz: Satzverbindungen und Angaben im Satz

Um inhaltliche Zusammenhänge (z. B. Zweck, Grund, Bedingung, Folge, Art und Weise, Zeit usw.) auszudrücken, verwendet man Nebensatz-Konnektoren (auch: Subjunktionen), Hauptsatz-Konnektoren (auch: Verbindungsadverbien) und Präpositionen bzw. Ausdrücke mit Präposition.

Ein **Nebensatz-Konnektor** leitet einen Nebensatz ein, der vor dem, nach dem oder im Hauptsatz stehen kann.

Ein **Hauptsatz-Konnektor** verbindet zwei Hauptsätze miteinander. Er kann im Vorfeld (auch: Position 1) oder im Mittelfeld stehen.

Präpositionen bzw. Ausdrücke mit Präposition stehen vor Nominalgruppen. Angaben mit Präpositionen können im Vorfeld (auch: Position 1) oder im Mittelfeld stehen.

4.1 Adversative Zusammenhänge L8

Mit adversativen Sätzen und Angaben kann man **Gegensätze** ausdrücken.

Nebensatz-Konnektor	Die Wahrscheinlichkeit zu sterben, ist für die Hydra ihr ganzes Leben lang gleich groß, wohingegen das Sterberisiko beim Menschen mit dem Alter zunimmt.
Hauptsatz-Konnektoren	Die Zellen der Hydra sind ihr Leben lang gleich aktiv. Demgegenüber werden unsere Zellen im Alter immer träger.
	Ich habe erwartet, dass Unsterblichkeit im Fokus steht. Im Gegensatz dazu spielt dieses Thema keine zentrale Rolle.
Präposition + Dativ	Entgegen meinen Erwartungen geht Schroeder gar nicht auf solche ethischen Fragen ein.

4.2 Kausale Zusammenhänge L3

Mit kausalen Sätzen und Angaben kann man **Gründe** angeben. Man antwortet auf die Fragen: *Warum?, Wieso?, Weshalb?, Aus welchem Grund?*

Hauptsatz-Konnektor	Aus diesem Grund können wir in einer Fremdsprache extrovertierter und mutiger sein.
Präposition + Genitiv	Angesichts solcher Beobachtungen wird in der Mehrsprachigkeitsforschung heute davon ausgegangen, dass die meisten Menschen zu ihrer Erstsprache eine engere emotionale Verbindung haben.

Ein besonders wichtiger Grund wird einem bereits genannten bzw. nicht genannten ersten Grund hinzugefügt (= *vor allem, weil … / besonders deshalb, weil …*).

Nebensatz-Konnektor	In der Fremdsprache kann man sich in neuen Rollen ausprobieren, zumal hier die Konzepte, Werte und Rollen aus der Erstsprache oft nicht gelten.

Der Nebensatz mit *zumal* steht immer nach dem Hauptsatz.

Ein bestimmtes Ereignis wird als Grund angegeben.

Präposition + Genitiv	Anlässlich des Europäischen Tags der Sprachen werfen wir einen Blick auf die Mehrsprachigkeitsforschung.

Ein bestimmter Mangel wird als Grund angegeben.

Präposition + Genitiv	Mangels der emotionalen Nähe zur neuen Sprache denken, sprechen und handeln wir in der Fremdsprache distanzierter.

Diese Konnektoren und Präpositionen werden vor allem in der Schriftsprache verwendet.

4.3 Konditionale Zusammenhänge L1

Mit konditionalen Sätzen und Angaben kann man **Bedingungen** ausdrücken.

Nebensatz-Konnektor	Als Pate oder Patin übernimmt man die Verantwortung für ein Kind **für den Fall, dass** den Eltern etwas passiert.
Ausdruck + Genitiv	**Im Falle** einer Patenschaft verschwimmen die Grenzen zwischen Freundschaft und Familie.

Eine **unbedingt notwendige Bedingung** wird ausgedrückt.

Nebensatz-Konnektor	Man kann in jeder Lebensphase gute Freunde haben, **vorausgesetzt, dass** man Interessen teilt.

Eine **angenommene Bedingung** wird ausgedrückt.

Nebensatz-Konnektor	Aber mal **angenommen, dass** meine Kinder Geld bräuchten, wäre das eine völlig andere Situation.

Ein **gegenteiliger Fall** wird ausgedrückt (= wenn ... nicht, dann ...).

Hauptsatz-Konnektoren	Das muss man akzeptieren. **Sonst** wird man enttäuscht.
	Man muss seine Erwartungen an eine Freundschaft reduzieren. **Andernfalls** gibt es nur Ärger und Streit.

Man kann *angenommen* und *vorausgesetzt* auch ohne *dass* verwenden. Dann steht das Verb auf Position 2 (z. B. *Aber mal angenommen, meine Kinder bräuchten Geld, wäre das eine völlig andere Situation.*). Das Komma nach *angenommen* bzw. *vorausgesetzt* dient hier der besseren Lesbarkeit und kann dann auch weggelassen werden.

Die Hauptsatz-Konnektoren *sonst* und *andernfalls* stehen immer im zweiten Satz bzw. im zweiten Teil des Satzes (z. B. *Das muss man akzeptieren, sonst wird man enttäuscht.*).

4.4 Konsekutive Zusammenhänge L12

Mit konsekutiven Sätzen und Angaben kann man **Folgen** nennen.

Nebensatz-Konnektor	Technische Errungenschaften von Frauen sind insgesamt weniger bekannt, **weshalb** / **weswegen** wir auch auf unserer Webseite [...] innovativ denkende Frauen vorstellen.
Hauptsatz-Konnektoren	Die Ingenieurwissenschaften sind traditionell noch immer männlich geprägt. **Demzufolge** fehlen weibliche Perspektiven.
	Das heißt, der „Durchschnittsmann" wird zum allgemeinen Standard erhoben. **Folglich** sind diese Produkte dann für Frauen nicht oder weniger gut geeignet.
	Viele Produkte [...] sind für „Männerhände" gemacht. **Infolgedessen** sind sie für die meisten Frauen [...] zu groß und zu schwer.
Präposition + Genitiv	**Infolge** des geringeren Frauenanteils fehlen wichtige Perspektiven und Erfahrungen im Fach.

Der Nebensatz mit *weshalb* und der Hauptsatz mit *demzufolge* stehen immer nach dem Hauptsatz.

4.5 Konzessive Zusammenhänge L6

Mit konzessiven Sätzen und Angaben kann man **Gegengründe** angeben und **Widersprüche** ausdrücken.

Nebensatz-Konnektoren	Heute komme ich mit meinem Gehalt gut aus, **wenn** ich **auch** niemals so viel verdienen werde wie meine Eltern.
	Ich hatte dieses Problem nicht, **wobei** meine Abiturnoten eher mittelmäßig waren.
Hauptsatz-Konnektoren	Ich hatte ein ausgezeichnetes Abitur, was meine Eltern mit großem Stolz erfüllte. Unsere Vorstellungen über meine berufliche Zukunft gingen **allerdings** weit auseinander.
	Meine Eltern hatten immer einen sicheren Arbeitsplatz. **Nichtsdestotrotz** war das Geld bei uns oftmals knapp.
Präposition + Genitiv	**Ungeachtet** meiner guten Noten fühle ich mich manchmal unsicher an der Universität.

Bei dem zweiteiligen Konnektor *wenn ... auch* steht das Subjekt zwischen beiden Teilen (z. B. ..., *wenn* **ich** *auch niemals so viel verdienen werde wie meine Eltern.*).

Der Nebensatz mit *wobei* steht in der Regel nach dem Hauptsatz. In der gesprochenen Sprache kann er aber auch zuerst stehen. Damit wird eine Korrektur der vorausgehenden Äußerung eingeleitet (z. B. *Wobei ich zugeben muss: ...*).

4.6 Modale Zusammenhänge L10

Mit modalen Sätzen und Angaben kann man die **Art und Weise**, **Mittel** angeben und **Umstände** beschreiben.

Nebensatz-Konnektoren	Die Bitte um Entschuldigung konfrontiert das Gegenüber mit Gefühlen von Unsicherheit, **wodurch** oft eine peinliche Situation entsteht.
	Ein solches Verhalten stellt menschliche Größe unter Beweis, **womit** man die Hochachtung seiner Mitmenschen gewinnt.
Hauptsatz-Konnektoren	Auch einen bestehenden Konflikt kann eine Entschuldigung lösen. **Auf diese Weise** können beide Seiten wieder zueinander finden.
	Selbst in heiklen Situationen besänftigt eine aufrichtige Entschuldigung das Gegenüber. **Damit** kann man eine Menge Ärger vermeiden.
Präpositionen + Genitiv	Man möchte **mithilfe** einer Entschuldigung erreichen, zu einer Gemeinschaft dazuzugehören.
	Mittels einer Entschuldigung sammelt man aber noch weitere Pluspunkte.

Der Nebensatz mit *wodurch* und *womit* steht immer nach dem Hauptsatz.

Die Hauptsatz-Konnektoren *auf diese Weise* und *damit* stehen immer im zweiten Satz bzw. im zweiten Teil des Satzes (z. B. *Auch einen bestehenden Konflikt kann eine Entschuldigung lösen, auf diese Weise können beide Seiten wieder zueinander finden.*).

Bei Nomen im Plural ohne Artikelwort oder Adjektiv verwendet man *mithilfe* zusammen mit der Präposition *von* + Dativ (z. B. *mithilfe von Entschuldigungen*).

Mittels + Genitiv verwendet man fast ausschließlich in der Schriftsprache (z. B. in Zeitungsartikeln, Verträgen, Schreiben von Behörden).

Bei Nomen im Singular und ohne Artikelwort oder Adjektiv wird das Nomen nicht dekliniert (z. B. *mittels Telefon*).
Bei Nomen im Plural ohne Artikelwort oder Adjektiv verwendet man den Dativ (z. B. *mittels Schuldeingeständnissen*).

5 Text

5.1 Verbalstil

Im Verbalstil werden Informationen in Sätzen (Haupt- und Nebensätzen) mit Subjekt und Prädikat ausgedrückt. Der Verbalstil ist meist verständlicher und oft lebendiger.

Den Verbalstil findet man sowohl in formellen als auch in informellen Kontexten, vor allem dann, wenn etwas erzählt wird.

5.2 Nominalstil L5 L9

Im Nominalstil werden Informationen, die im Verbalstil in ganzen Sätzen ausgedrückt werden, in Nominalgruppen zusammengefasst. Die Informationen werden kürzer und prägnanter dargestellt. Den Nominalstil verwendet man, wenn viel Information auf wenig Raum (in knapper Form) transportiert werden soll.

Den Nominalstil findet man vor allem in formellen Kontexten, z. B. in der Behörden- und in der Fachsprache. Auch Stichpunkte oder Überschriften werden häufig im Nominalstil formuliert.

Eine Nominalgruppe enthält immer ein Hauptnomen als Kern, das häufig von einem Verb abgeleitet ist (z. B. *sich vernetzen → die Vernetzung*) (→ WÖRTER 4. Wortbildung).

	Verbalstil (Satz)		Nominalstil (Nominalgruppe)
Subjekt (Nominativ) im Aktivsatz → Genitiv	Die Gehirnzellen vernetzen sich.	→	(die) Vernetzung der Gehirnzellen
Personalpronomen → Possessivartikel	Sie vernetzen sich.	→	ihre Vernetzung
Akkusativ im Aktivsatz → Genitiv	Bewegung regt die Durchblutung an.	→	(die) Anregung der Durchblutung
Subjekt (Nominativ) im Passivsatz → Genitiv	Die Durchblutung wird angeregt.		
Adverb → dekliniertes Adjektiv	Informationen werden schneller verarbeitet.	→	schnellere Verarbeitung von Informationen
Nomen ohne Artikel → von + Dativ	Der Körper schüttet Glückshormone aus und baut Stress ab.	→	(die) Ausschüttung von Glückshormonen
			(der) Abbau von Stress
verursachende Sache / Person → durch + verursachende Sache / Person	Der Ingenieur Thomas Alva Edison erfindet die Glühlampe.	→	die Erfindung der Glühlampe durch den Ingenieur Thomas Alva Edison
Verb + Dativ → Nomen mit Präposition	Man vertraut der neuen Technologie.	→	(das) Vertrauen in die neue Technologie
Verb mit Präposition → Nomen mit Präposition	Das Lagerfeuer schützt vor wilden Tieren.	→	(der) Schutz vor wilden Tieren

Wenn man Verben mit Dativ in eine Nominalgruppe umformuliert, kommt zum Nomen eine Präposition hinzu (z. B. *helfen → die Hilfe bei / für*; *vertrauen → das Vertrauen in / zu*). Auch bei Verben mit Akkusativ kommt es vor, dass eine Präposition zum Nomen hinzukommt (z. B. *beeinflussen → Einfluss auf*).

Bei Verben mit fester Präposition bleibt die Präposition in der Regel dieselbe (z. B. *schützen vor → der Schutz vor*); Ausnahmen: *erwarten von → die Erwartung an*; *sich interessieren für → das Interesse an*.

KOMMUNIKATION

etwas einschätzen L1

Für mich ist es absolut normal, wenn / dass …
Ich finde es vollkommen verständlich, wenn …
Meiner Meinung nach gehört es sich nicht, … zu …
Ich habe kein / wenig / volles Verständnis dafür, wenn …
Von … würde ich schon erwarten, dass …

Unterschiede zwischen früher und heute beschreiben L1

In den vergangenen Jahren / In den letzten Jahrzehnten
*   hat / haben sich … sehr / kaum verändert.*
Während früher …, ist es heute eher so, dass …
Im Vergleich zu damals würde man heute …

Vermutungen äußern L1

Das hat vermutlich damit zu tun, dass …
Ich könnte mir vorstellen, dass das daran liegt, dass …
Ich würde vermuten, dass …

Gemeinsamkeiten und Unterschiede nennen L2

Wir sind beide / alle der Meinung, dass …
Wir stimmen darin überein, dass …
… Das haben wir gemeinsam. / … Das unterscheidet uns.
… Darin stimmen wir überein. / … Da unterscheiden
*   wir uns.*

Selbstwahrnehmung einer Person beschreiben L2

Sie / Er selbst kommt sich … vor.
Sie / Er hat den Eindruck / das Gefühl, dass … / … zu …
Sie / Er würde sich eher als … bezeichnen.

die Wirkung einer Person beschreiben L2

Von außen betrachtet wirkt sie / er …
Sie / Er wirkt auf andere, als ob …
Sie / Er macht den Eindruck, … zu …

ein psychologisches Phänomen beschreiben L2

… wurde zum ersten Mal … von … beschrieben.
… zeichnet sich durch … aus. / … äußert sich folgender-
*   maßen: … / Betroffen sind vor allem Menschen, die …*
Wer von … betroffen ist, …
Es kennzeichnet diese Menschen, dass sie … / Wichtige
*   Kennzeichen sind …*
Ein weiteres Merkmal ist … / Dazu kommt noch …
Damit sind folgende (positive / negative) Auswirkungen
*   verbunden: …*

etwas vergleichen L2

Wenn man … miteinander vergleicht, fallen folgende
*   Ähnlichkeiten / Unterschiede auf: …*
Genauso wie bei … gibt es bei …
Während bei …
Im Gegensatz dazu …

einen Begriff erklären L3

… wird als … definiert.
Unter … versteht man …
Als … bezeichnet man …
Von … spricht man, wenn …
Ein Beispiel für … wäre …

über Forschungsergebnisse berichten L3

Wissenschaftlerinnen und Wissenschaftler gehen davon
*   aus / stellten die These auf, dass …*
In der Forschung wird die These vertreten, dass …
Studien konnten belegen / beweisen, dass …
Mithilfe von Studien / Umfragen / … konnte man die
*   Annahme bestätigen, dass …*
Ein Forschungsergebnis ist: … Das zeigt sich daran, dass … /
*   Das sieht man daran, dass …*

Zusammenhänge erläutern L4

Für mich besteht ein Zusammenhang zwischen … und …,
*   weil …*
… hat auf jeden Fall etwas mit … zu tun. Das sieht man an …
… Daran sieht man, dass … mit … direkt / eng / unmittelbar
*   zusammenhängt.*
… geht / gehen oft mit … einher. Ein Beispiel wäre … /
*   Das zeigt sich z. B. daran, dass …*

eine Prognose aufstellen L4

Ich erwarte / vermute, dass …
Gewiss / Sicher / Zweifellos …
Alles deutet darauf hin, dass …
… lässt vermuten, dass …
Es ist anzunehmen / zu erwarten, dass …
Aller Wahrscheinlichkeit nach …
Es ist denkbar / vorstellbar, dass …
Es könnte / dürfte / wird … geben.

über persönliche Erfahrungen berichten L5

Also, ich habe die Erfahrung gemacht, dass …
Ich habe festgestellt / beobachtet, dass …
Mir ist aufgefallen, dass …

sich auf die Erfahrungen einer Person beziehen   L5

… entspricht auch / nicht meiner Erfahrung.
Es ist bei mir auch / nicht so, dass …
Ich kann (nur) bestätigen, dass …
Mir geht es genauso / nicht so: Wenn ich …

Auswirkungen beschreiben   L5

Wenn man …, dann führt das dazu, dass …
… bewirkt / hat zur Folge, dass …
… hat folgende Auswirkungen / Effekte: …
… wirkt sich folgendermaßen auf … aus: …

Relevanz einschätzen   L6

Was für … meines Erachtens ausschlaggebend ist,
*   ist / sind …*
Ich denke, von zentraler Bedeutung dürfte … sein.
Wenn sich jemand für / gegen … entscheidet, dürfte es
*   vor allem daran liegen, dass …*

Informationen zusammenfassen   L6

Im Allgemeinen lässt sich also einerseits …
*   und andererseits … beobachten.*
Zusammenfassend lässt sich also feststellen, dass …

einen Beruf vorstellen   L7

Zu den Aufgaben einer / eines … gehören in erster Linie …
… ist verantwortlich / zuständig für …
… fällt in den Verantwortungsbereich / in die Zuständigkeit
*   einer / eines …*
Den Beruf der / des … kann man im Rahmen einer Aus-
*   bildung / eines Studiums / … erlernen.*
Alternativ qualifiziert man sich für diesen Beruf, indem
*   man …*
Für die Tätigkeit als … sollte man folgende Fähigkeiten
*   mitbringen: …*
… gehört zum Anforderungsprofil einer / eines …

Assoziationen beschreiben   L9

Bei … denke ich sofort / spontan an …
Wenn ich über … nachdenke, fällt / fallen mir … ein.
Mit … verbinde ich vor allem / in erster Linie / als Erstes / …

über Fortschritt berichten   L9

Die Erfindung / Entwicklung / Entdeckung (von …)
… fällt in die Zeit … / kam … auf.
… war innovativ / revolutionär, denn …
… verbesserte / vereinfachte … / leistete einen wichtigen
*   Beitrag zu … / sorgte dafür, dass …*

um Entschuldigung bitten   L10

Sorry! / Tschuldigung! (informell)
Entschuldigung! / Oh, Verzeihung!
Entschuldige (bitte)! / Entschuldigen Sie (bitte)!
Tut mir (wirklich / sehr / aufrichtig) leid.
Das bedauere ich sehr.
Bitte verzeih mir!
Bitte entschuldigen Sie, dass …
Ich bitte Sie, … zu entschuldigen.
Ich möchte mich (nochmals) für … entschuldigen.

eine Entschuldigung annehmen   L10

Schwamm drüber! / Halb so wild! / Kein Thema! (informell)
Schon gut! / Macht nichts! / Ist schon in Ordnung!
*   (informell)*
Danke, dass du das sagst. / Sie das sagen.
Das ist in Ordnung. Lass uns / Lassen Sie uns weitermachen
*   und vergessen, was passiert ist.*

ein eigenes Missgeschick beschreiben   L10

Ich habe aus Versehen …
Ich habe / bin versehentlich …
Mir ist leider folgendes Missgeschick unterlaufen: …

ein eigenes Missgeschick begründen   L10

Ich war unaufmerksam / abgelenkt / erschöpft / …
Ich bin ausgerutscht / gestolpert / gestürzt / …
… da ich in Eile / im Stress war. Ich wollte …

eine Lösung ankündigen   L10

Ich werde nun (so schnell wie möglich) …
Selbstverständlich werde ich …
Sie können sicher sein, dass …

über ein historisches Ereignis berichten   L11

Im Jahr … / Nach … / … Jahre später kam es zu …
Damals war es so, dass …
Die Folge (davon) war …
…, was dazu führte, dass …
Diese Ereignisse führten / Das führte dazu, dass …
… blieb nicht ohne Folgen für …
Von da an …
Dank / Aufgrund … kam es dazu, dass …

Aussagen wiedergeben   L11

… schildert ihre / seine Wahrnehmung / Erfahrung
*   folgendermaßen: …*
… behauptet / betont / merkt an / fügt hinzu, dass …
… erläutert, dass / wie …
… bedauert / beklagt / wünscht sich, dass …
… warnt davor / fordert, dass …

einen Wendepunkt beschreiben L11

Ein wichtiger Wendepunkt meines Lebens war im Jahr ...
Es gab ein Ereignis in meinem Leben, das ich als
Wendepunkt bezeichnen würde, und zwar ...
Im Jahr ... hat sich in meinem Leben eine ganz
entscheidende Wendung vollzogen. Damals ...

Veränderungen beschreiben L11

Das hat mein Leben auf den Kopf gestellt, denn bis dahin /
von da an ...
Während ich früher ..., war es nun so, dass ...
Bis dahin war es immer so gewesen, dass ... Das änderte
sich nun grundlegend, denn dann / von da an ...

Vermutungen über die Vergangenheit äußern L11

Wäre das nicht passiert, dann hätte / wäre / würde
ich ...
Wenn ... damals nicht ... wäre / hätte, dann glaube ich
nicht, dass ich heute ...
Ohne ... wäre ich heute sicherlich nicht da, wo ich
bin, denn ...

Ein Beratungsgespräch beim Betriebsrat üben

nach einem Anliegen fragen EXTRA BERUF MODUL 1

Würden Sie mir Ihr Problem / Würdest du mir dein
Problem genauer schildern?
Dann beschreiben Sie / beschreib mir doch bitte ganz
konkret, um welche Verstöße / Schwierigkeiten /
Probleme es geht.
Was genau ist Ihr / dein Anliegen?

um Rat bitten EXTRA BERUF MODUL 1

Ich bräuchte bitte einen Rat zu / zum Thema ...
Ich wollte mich bei Ihnen / dir erkundigen / informieren,
wie / ob / wann / wo / wer ...

auf Rechte / Vereinbarungen hinweisen
EXTRA BERUF MODUL 1

Im Arbeitsvertrag ist zugesichert, dass ... / Mir wurde
zugesichert, dass ...
Gemäß der Vertragsvereinbarung / meines Vertrags ...

Probleme / Missstände schildern
EXTRA BERUF MODUL 1

Es ist bedauerlich / besorgniserregend / nicht akzeptabel,
dass ...
Es besteht ein Missverhältnis / eine Diskrepanz zwischen ...
und ...
Ich beobachte eine zunehmende Belastung der / des ...

Vorschläge machen / bewerten
EXTRA BERUF MODUL 1

Haben Sie schon einmal mit der Unternehmensleitung /
Abteilungsleitung / Ihren Vorgesetzten / ... über ...
gesprochen?
Dies scheint mir nicht geeignet, weil ...
Mir scheint in diesem Fall ... am geeignetsten.

Maßnahmen beschreiben EXTRA BERUF MODUL 1

Wir würden auf Maßnahmen dringen, die ...
Eine Maßnahme / Option / Alternative, die wir in Betracht /
Erwägung ziehen können, ist ...
Es gibt verschiedene Handlungsoptionen, darunter ...

Eine Grafik beschreiben

Thema und Quelle einer Grafik nennen L6
Die Grafik liefert Informationen zu ...
Die Grafik / Das Liniendiagramm / Das Tortendiagramm
zeigt, wie ...
Die Grafik stellt die Entwicklung / die prozentuale
Verteilung von ... dar.
Die Quelle ist ... Die Daten wurden ... [Jahr] erhoben.
Die Daten / Zahlen stammen aus einer Studie /
Umfrage von ...

wichtige Informationen einer Grafik wiedergeben L6
Die Grafik zeigt die Entwicklung der ... in den Jahren ...
Zu Beginn dieses Zeitraums lässt sich beobachten, dass ...
Im Laufe der Jahre ... zeigt sich allerdings, dass ...
Diese Entwicklung wird im Jahr ... besonders deutlich,
denn hier ...
Die Grafik gibt die Zahlen / den Anteil der ... in Prozent
wieder.
An erster / zweiter / dritter Stelle steht / stehen ... mit ...
Prozent.
Danach / Auf dem zweiten / dritten Platz folgt / folgen ...
Weniger beliebt ist / sind dagegen ... mit ... Prozent und ...
mit ... Prozent.

Mengenverhältnisse angeben und vergleichen L12
Der ...anteil liegt bei (etwa) ... Prozent, ... sind (dagegen)
mit ca. ... Prozent vertreten.
Während ... mit ... Prozent (etwa / knapp / über) ein Viertel /
Drittel / die Hälfte ... ausmachen, liegt der Anteil ...
Die Zahl / Der Anteil der ..., die ..., ist (wesentlich / deutlich /
kaum) höher / niedriger / größer / kleiner als ...
Was ... angeht / anbelangt, sind ... gegenüber ... deutlich
in der Unterzahl / Überzahl.
Bei der Frage ... ist der Unterschied zwischen ... und ...
beträchtlich.

Einen Unfallbericht verfassen

einen Unfallhergang beschreiben
EXTRA BERUF MODUL 2

Ich rutschte aus. / stürzte. / fiel in Ohnmacht. / stolperte über ... / stieß mich an ... / kam in Kontakt mit ...
Trotz Sicherheitsvorkehrungen traf ... mein Handgelenk. / meinen Oberschenkel. / meinen Zeh. / ...
Eine Schwellung / Eine Blutung / Eine Verbrennung / ... machte(n) ein Weiterarbeiten / Weiterfahren / ... unmöglich.

die medizinische Versorgung beschreiben
EXTRA BERUF MODUL 2

Die Durchgangsärztin / Der Durchgangsarzt diagnostizierte einen Bruch. / eine Gehirnerschütterung. / eine Platzwunde. / einen Hautausschlag. / ...
... wurde(n) geröntgt. / verbunden. / geschient.
... verordnete mir Bettruhe. / eine Therapie. / Schmerzmittel. / ...

einen Unfall melden   EXTRA BERUF MODUL 2

Ich meldete meinen Unfall bei ... / machte eine Meldung bei ...
Ich setzte ... über meinen Unfall in Kenntnis.

eine Arbeitsunfähigkeit melden   EXTRA BERUF MODUL 2

Laut Arbeitsunfähigkeitsbescheinigung bin ich bis einschließlich ... arbeitsunfähig. / krankgeschrieben.
Nach ... werde ich für einige Zeit arbeitsunfähig / eingeschränkt arbeitsfähig sein.

Eine Diskussion führen

Vorschläge machen   L7

Ein Vorschlag, um ... zu ..., wäre vielleicht ...
Aus diesem Grund würde ich vorschlagen, dass ...
Wäre es für euch / Sie auch denkbar, ...?

Gegenvorschläge machen   L7

Lasst / Lassen Sie uns lieber ...
Ich hätte einen anderen Vorschlag: ...
Anstatt ... zu ..., wäre es doch besser, ... zu ...

Vorschläge annehmen / ablehnen   L7

Dafür / Dagegen spricht, dass ...
Ich denke, das lässt sich (nicht) umsetzen.
Ich kann diesem Vorschlag nur zustimmen.
Ich kann diesen Vorschlag gut / nicht so richtig nachvollziehen, denn ...

Kompromisse anbieten und sich einigen   L7

Wie wäre es mit einem Kompromiss?
Dann machen wir also Folgendes: ...
Dann können wir also festhalten, dass ...
Eine gute Lösung / Ein guter Kompromiss wäre ...

Einen Diskussionsbeitrag verfassen

Relevanz begründen   L8

Angesichts ... ist das Thema (durchaus) relevant / aktuell.
Wegen ... hat das Thema eine große Relevanz.
Das Thema ... gewinnt (zunehmend) an Bedeutung, weil ...

mögliche Folgen nennen und bewerten   L8

Das könnte zur Folge haben, dass ... Und das hätte wiederum den Vorteil / Nachteil, dass ...
Eine mögliche (positive / negative) Folge wäre ...
Vermutlich hätte das folgende (wünschenswerte / fatale) Konsequenzen: ...

ein Beispiel nennen   L8

Dadurch würde beispielsweise ...
Ein Beispiel wäre: ...
Dafür würde ich folgendes Beispiel anführen: ...

ein Fazit ziehen   L8

Aus diesen Gründen bin ich (persönlich) der Meinung, dass ...
Mein Fazit ist ...
Ich möchte also abschließend festhalten, dass ...

Ein Personalgespräch üben

die eigene Arbeit / die Zusammenarbeit positiv bewerten   EXTRA BERUF MODUL 3

Ich finde, besonders gut ist mir ... gelungen.
Ich denke, ich habe die mir überantworteten Aufgaben erfolgreich erledigt.
Wir arbeiten gut auf Augenhöhe zusammen.

die eigene Arbeit / die Zusammenarbeit negativ bewerten   EXTRA BERUF MODUL 3

Am Anfang empfand ich ... als sehr schwierig.
Ohne Zweifel hätte ... besser laufen können.
Ich muss einräumen, dass mir / uns ... nicht gelungen ist.

etwas aushandeln   EXTRA BERUF MODUL 3

Könnten Sie sich vorstellen, mich im Bereich ... einzusetzen?
Das klingt zwar überzeugend, aber ...
Es wäre zu überlegen, ob Sie nicht ...

Ziele / Wünsche formulieren EXTRA BERUF MODUL 3

Ich wäre offen für / fühle mich bereit für / wünsche mir neue Herausforderungen.

In … Monaten / … Jahren / Zukunft sehe ich mich …

Meine Präferenz liegt ohne Zweifel …

Eine Kurzpräsentation halten

ein Problem darstellen L12

Vielen … bereitet es (erhebliche) Schwierigkeiten, dass / wenn …

… stellt für … ein (großes) Problem dar.

Für diese Zielgruppe gibt es derzeit noch keine Möglichkeit, … zu …

… sind (bisher) nicht in der Lage, … zu …

Bedürfnisse / Bedarfe beschreiben L12

Unter … besteht eine hohe Nachfrage nach / ein großer Bedarf an …

… hat / haben einen (großen) Bedarf an …

Trotz großer Nachfrage gibt es kaum / nur wenige Angebote für …

Bisher gibt es nur wenige Produkte / Dienstleistungen, die auf die Bedürfnisse von … zugeschnitten sind.

ein Produkt / eine Dienstleistung beschreiben L12

Bei … handelt es sich um …

… ist dafür gedacht, … zu …

… eignet sich (hervorragend) für / als / zur / zum …

… stellt eine (ausgezeichnete) Lösung für … dar.

… ermöglicht / verbessert / vereinfacht / erleichtert / beschleunigt / optimiert / fördert …

… funktioniert so, dass … / Dazu muss man …

Außerdem ist hervorzuheben / zu unterstreichen, dass …

Eine Antwort auf ein Kündigungs-schreiben verfassen

den Erhalt eines Schreibens bestätigen
EXTRA BERUF MODUL 4

Mit großem Bedauern habe ich Ihr Schreiben vom [Datum]. erhalten.

Hiermit bestätige ich den Erhalt Ihres Schreibens vom [Datum].

Widerspruch ausdrücken EXTRA BERUF MODUL 4

Hiermit lege ich fristgerecht Widerspruch gegen die betriebsbedingte Kündigung ein.

Ich bin von der Unzulässigkeit der oben genannten Kündigung überzeugt und lege deshalb Widerspruch dagegen ein.

die Unzulässigkeit einer betriebsbedingten Kündigung begründen EXTRA BERUF MODUL 4

Die Kündigung entspricht meines Erachtens nicht den gesetzlichen Vorgaben, denn …

Ich halte die Kündigung für unzulässig, weil …

weitere Schritte ankündigen EXTRA BERUF MODUL 4

Sollte keine Rücknahme der Kündigung erfolgen, werde ich eine Kündigungsschutzklage einreichen.

Sollte keine Einigung erzielt werden können, behalte ich mir vor, weitere rechtliche Schritte einzuleiten.

METHODEN

Flüstergespräch

Schritt 1: Unterhalten Sie sich mit der Person, die neben Ihnen sitzt, über das Thema bzw. die Aufgabe. Achten Sie darauf, leise zu sprechen.

Schritt 2: Sie können Notizen machen und Ihre Ideen festhalten.

Schritt 3: Nehmen Sie am Kursgespräch teil, indem Sie Ihre Meinungen oder Ideen präsentieren.
Die Liste KOMMUNIKATION im Anhang hilft (→ *etwas bewerten,* → *etwas vergleichen,* → *Zusammenhänge erläutern,*
→ *über persönliche Erfahrungen berichten*).

Diese Methode eignet sich zum Einstieg in ein neues Thema, zur Aktivierung von Vorwissen und Vorerfahrungen sowie zur Vorbereitung von Diskussionen im Plenum.

Galerierundgang

Schritt 1: Jede Gruppe stellt ihr Produkt (Plakat, Karten, Infografik usw.) gut sichtbar im Kursraum aus (z. B. an der Wand oder auf einem Tisch). Der Kursraum soll zu einer Galerie werden.

Schritt 2: Ein Mitglied jeder Gruppe hält sich bei dem Produkt auf, präsentiert es und steht für Fragen zur Verfügung. Alle anderen Mitglieder der Gruppe rotieren im Uhrzeigersinn im 5-Minuten-Rhythmus von Produkt zu Produkt und geben Feedback: Was ist der Gruppe besonders gelungen? Was könnte die Gruppe verbessern und wie?

Schritt 3: Jede Gruppe überarbeitet mithilfe des Feedbacks ihr Produkt.

Diese Methode eignet sich zur Präsentation und Auswertung von Ergebnissen aus Gruppenarbeiten.

Ich-Du-Wir

Schritt 1: Arbeiten Sie allein. Notieren Sie Ihre Ideen, Meinungen oder Lösungen zum Thema bzw. zur Aufgabe.

Schritt 2: Arbeiten Sie zu zweit. Tauschen Sie sich aus und besprechen Sie Ihre Notizen.

Schritt 3: Präsentieren Sie einem anderen Paar oder dem gesamten Kurs Ihre Ergebnisse.

Diese Methode unterstützt Meinungsbildungs-, Entscheidungs- und Problemlösungsprozesse.

Kugellager

Schritt 1: Teilen Sie sich in zwei gleich große Gruppen auf: A und B. Gruppe A bildet den Innenkreis, Gruppe B den Außenkreis. Stehen Sie so, dass Ihnen eine Person zum Gespräch gegenübersteht.

Schritt 2: Wenn ein Signal (z. B. eine Glocke) ertönt, sprechen Sie mit der Person, die Ihnen gegenübersteht.

Schritt 3: Beim nächsten Signal rückt der Außenkreis – im Uhrzeigersinn – einen Platz bzw. eine Person weiter nach rechts. Wiederholen Sie den Vorgang so oft wie nötig. Die Personen im Innenkreis bleiben stehen.

Diese Methode eignet sich zum Meinungsaustausch bzw. als Einstieg in ein leichtes, bereits bekanntes Thema oder zur Erarbeitung und Festigung bereits eingeführter Inhalte (neue Wortfelder, Grammatikstrukturen, Redemittel).

Kursspaziergang

Schritt 1: Gehen Sie im Kursraum herum. Wenn ein Signal (z. B. eine Glocke) ertönt, suchen Sie sich eine Gesprächspartnerin / einen Gesprächspartner aus. Führen Sie mit ihr / ihm ein kurzes Gespräch zum Thema bzw. zur Aufgabe.

Schritt 2: Wenn das Signal wieder ertönt, gehen Sie weiter zur nächsten Gesprächspartnerin / zum nächsten Gesprächspartner und führen Sie das nächste Gespräch. Wiederholen Sie den Vorgang so oft wie nötig.

Diese Methode eignet sich zum Meinungsaustausch bzw. als Einstieg in ein leichtes, bereits bekanntes Thema oder zur Erarbeitung und Festigung bereits eingeführter Inhalte (neue Wortfelder, Grammatikstrukturen, Redemittel).

Kursstatistik

Schritt 1: Eine Person stellt eine Frage und präsentiert die Antwortmöglichkeiten (z. B. A, B oder C). Die Anzahl der Antwortmöglichkeiten muss begrenzt sein, damit eine statistische Auswertung möglich ist.

Schritt 2: Die Kursteilnehmerinnen / Kursteilnehmer antworten per Zuruf / Handheben oder schriftlich, indem sie z. B. einen Fragebogen ausfüllen.

Schritt 3: Werten Sie die Ergebnisse aus: Wortmeldungen bzw. schriftliche Antworten werden gezählt. Alternativ können Sie auch eine Umfrage-App nutzen und digital (und anonym) abstimmen lassen.

Schritt 4: Wählen Sie ein oder mehrere Arbeitsmittel (Foto, Illustration, Plakat, Präsentationsprogramm usw.) aus und stellen Sie die Ergebnisse anschaulich dar (z. B. mithilfe eines Säulen-, Balken- oder Tortendiagramms).

Schritt 5: Präsentieren Sie die Ergebnisse im Kurs.

Diese Methode eignet sich zur Abfrage von Meinungen, Stimmungsbildern usw.

Schreibwerkstatt

Schritt 1: Bilden Sie Gruppen (3 – 5 Personen). Zeigen oder schicken Sie dann Ihrer Gruppe Ihren Text.

Schritt 2: Die anderen Kursteilnehmerinnen / Kursteilnehmer lesen Ihren Text und geben Ihnen Feedback: Was ist Ihnen besonders gelungen? Was könnten Sie verbessern (Aufbau des Textes, Wortwahl, Wortstellung, Orthografie usw.)? Machen Sie Notizen.

Schritt 3: Überarbeiten Sie Ihren Text.

Schritt 4: Präsentieren Sie den überarbeiteten Text im Kurs.

Diese Methode eignet sich zur Auswertung von Texten.

Wirbelgruppen

Schritt 1: Bilden Sie Gruppen. Tauschen Sie sich ca. 5 Minuten über das Thema bzw. die Aufgabe aus.

Schritt 2: Wenn ein Signal (z. B. eine Glocke) ertönt, werden neue Gruppen gebildet. Jede neu gebildete Gruppe besteht aus jeweils einem Mitglied der alten Gruppen. Tauschen Sie sich wieder über das Thema bzw. die Aufgabe aus. Der Vorgang kann mehrfach wiederholt werden.

Diese Methode eignet sich für Diskussionen mit größeren Gruppen zu Themen mit verschiedenen Aspekten / aus verschiedenen Perspektiven.

LERNWORTSCHATZ

MODUL 1

1   Was bedeutet das eigentlich?

1
an|vertrauen   jdm. etw. anvertrauen
die Besorgung, -en
die Erledigung, -en
sich gehören   Es gehört sich (nicht), … zu …
spontan
vererben
vollkommen   Ich finde es vollkommen verständlich, …

2
sich zurück|ziehen (zieht sich zurück; zog sich zurück,
   hat sich zurückgezogen)
die Phase, -n
der Umbruch, ¨e
die Umbruchphase, -n
der Freundeskreis, -e
die Kompromissbereitschaft (nur Sg.)

3
aus|handeln
die Konstellation, -en   hier: die Familienkonstellation
der Pate, -n / die Patin, -nen
zu tun haben mit + Dat.   Das hat vermutlich damit zu tun, …
vergangen   in den vergangenen Jahren

4
angenommen   angenommen, dass
vorausgesetzt   vorausgesetzt, (dass) …
die Lebensphase, -n
die Gemeinsamkeit, -en
verschwimmen   Grenzen verschwimmen

6
die Neugier (nur Sg.)
aus|drücken
die Betonung, -en
vorwurfsvoll
veränderbar
verweisen auf + Akk. (verweist, verwies, hat verwiesen)
offensichtlich
der Optimismus (nur Sg.)
die Ungeduld (nur Sg.)
emotional

die Kombination, -en
an|sprechen (spricht an, sprach an, hat angesprochen)
bestimmt
der Streit um + Akk.

7
der Quatsch (nur Sg.)
das Klischee, -s
der Kumpel, -
hetero
der Blödsinn (nur Sg.)

2   Hoch- und Tiefstapeln

1
die Eigenschaft, -en
bewundern an + Dat.
der Kontext, -e
jemanden auf die Palme bringen
humorvoll
arrogant
die Arroganz (nur Sg.)
diszipliniert
die Disziplin (nur Sg.)
die Ehrlichkeit (nur Sg.)
die Faulheit (nur Sg.)
hilfsbereit
die Hilfsbereitschaft (nur Sg.)
inkompetent
die Inkompetenz (nur Sg.)
die Unsicherheit, -en
die Zuverlässigkeit (nur Sg.)
geduldig
bescheiden
die Bescheidenheit (nur Sg.)
ehrgeizig
der Ehrgeiz (nur Sg.)
loyal
die Loyalität, -en
entschlossen
die Entschlossenheit (nur Sg.)
gelassen
die Gelassenheit (nur Sg.)
ignorant
die Ignoranz (nur Sg.)
die Kreativität (nur Sg.)

souverän
die Souveränität *(nur Sg.)*
das Selbstbewusstsein *(nur Sg.)*
die Schnelligkeit *(nur Sg.)*

2
überein|stimmen in +Dat.

3
die Selbstsicherheit *(nur Sg.)*
ausstrahlen eine innere Ruhe ausstrahlen
hektisch
der Überblick *(nur Sg.)*
schlau
enorm
meistern jede schwierige Situation meistern
manch- Wie an manchem milden Abend sitzen wir auch heute
  zusammen in der Beachbar.
mehrmals
welch- …, egal um welches unlösbare Problem es sich handelt.
all- Auch nach Feierabend wird er wegen aller möglichen
  Fragen angerufen.
der Rat *(nur Sg.)* Rat wissen; Er weiß Rat, egal um welches
  Problem es sich handelt.
die Klarheit *(nur Sg.)*
die Anweisung, -en
lässig
das Hirn, -e
der Betrüger, - / die Betrügerin, -nen
der Hochstapler, - / die Hochstaplerin, -nen
staunen „Ein Hochstapler?", wiederhole ich staunend.
wert etwas wert sein: Ich bin mein Gehalt wert.
begreifen (begreift, begriff, hat begriffen)
die Selbstwahrnehmung *(nur Sg.)*
die Fremdwahrnehmung *(nur Sg.)*
befördern
sämtlich- Den man bei sämtlichen beruflichen wie privaten
  Angelegenheiten um Rat fragt?
talentiert
zucken mit den Schultern zucken
vibrieren Sein Handy vibriert.
hin|setzen (sich)
aufrecht
das Phänomen, -e
bezeichnen als +Akk.
betrachten
verdeutlichen

4
beid- Beide engagierten Mitarbeiter arbeiten sehr effizient.
jen- Die Präsentation jener innovativen Idee hat alle
  beeindruckt.

5
das Auftreten *(nur Sg.)*
die Natur *(nur Sg.)* von Natur aus

6
das Konzept, -e das Selbstkonzept
das Selbstkonzept *(nur Sg.)*
unterschätzen
erstmals
zurück|führen auf +Akk.
entlarven
selbstkritisch
das Selbstvertrauen *(nur Sg.)*
das Selbstbild *(nur Sg.)*
die Leistungsbereitschaft *(nur Sg.)*

8
psychologisch
kennzeichnen Es kennzeichnet diese Menschen, dass sie …
das Kennzeichen, - ≈ Merkmal
die Ähnlichkeit, -en

3   Wie wir Sprachen (er)leben

1
die Mehrsprachigkeit *(nur Sg.)*
befragen
gebärden
extrovertiert
rüber|kommen ≈ wirken, den Eindruck vermitteln
das Hochdeutsch *(nur Sg.)*
die Regionalsprache, -n
lehren

2
die Amtssprache, -n
definieren
die Erstsprache, -n
die Familiensprache, -n
die Gebärdensprache, -n
die Hochsprache, -n
die Standardsprache, -n
die Kunstsprache, -n
die Landessprache, -n
die Wissenschaftssprache, -n
verstehen unter +Dat. (versteht, verstand, hat verstanden) ≈ bezeichnen, definieren
die Norm, -en

4
die Persönlichkeit, -en ≈ Charakter
anlässlich
der Blick, -e einen Blick auf etw. werfen
die These, -n
verknüpfen mit +Dat. verknüpft sein mit; Sprachen sind
  unterschiedlich stark mit Emotionen verknüpft.
angesichts
aus|gehen von +Dat. (geht aus, ging aus, ist ausgegangen)
erlernen

der Kontext, -e

formal

mangels

distanziert Wir handeln in der Fremdsprache distanzierter.

das Ergebnis, -se zu einem Ergebnis kommen

die/der Befragte, -n

tendenziell

authentisch

involvieren

involviert Die Teilnehmenden fühlten sich in später erlernten
  Sprachen weniger emotional involviert.

unbewusst

der Studienteilnehmer, - / die Studienteilnehmerin, -nen

pflichtbewusst

gewissenhaft

die Wurzel, -n die familiären Wurzeln

entsprechen (entspricht, entsprach, hat entsprochen)

an|passen an + Akk.

der Studienleiter, - / die Studienleiterin, -nen

aktivieren

die Verwendung, -en

die Version, -en

die Rolle, -n Man probiert sich in neuen Rollen aus.

zumal

trauen (sich) sich etw. trauen ≈ den Mut haben,
  etw. zu tun

die Lippe, -n über die Lippen kommen

zurückhaltend

der Zorn (nur Sg.)

auf|stellen eine These aufstellen

aus|leben eine Seite seiner Persönlichkeit ausleben

untermauern eine These untermauern

vertreten Sie vertreten die These / Hypothese, dass …

zeigen (sich) an + Dat.

6

bilingual

mehrsprachig

kognitiv

ein|stellen (sich) auf + Akk.

7

die Schnapsidee, -n

der Brückentag, -e

das Fernweh (nur Sg.)

das Fingerspitzengefühl (nur Sg.)

die Fremdscham (nur Sg.)

der Kabelsalat (nur Sg.)

das Kopfkino (nur Sg.)

die Vorfreude (nur Sg.)

4   Eine Frage der Gerechtigkeit?

1

das Hindernis, -se

auf|treten (tritt auf, trat auf, ist aufgetreten) ≈ passieren

2

die Verfügung (nur Sg.) zur Verfügung stehen

die Gerechtigkeit (nur Sg.)

der Grund einer Sache auf den Grund gehen

unmittelbar

einher|gehen mit + Dat.
  (geht einher, ging einher, ist einhergegangen)

das Berufsleben (nur Sg.)

angewiesen sein auf + Akk.

der ÖPNV / öffentliche Personennahverkehr (nur Sg.)

die Belastung, -en die Naturbelastungen

die Anbindung, -en

die Verkehrsanbindung, -en

das Verkehrsnetz, -e

aus|bauen ausgebautes Verkehrsnetz

der Berufsverkehr (nur Sg.)

überfüllt

der Rollstuhl, ¨e

barrierefrei

die Fahrgemeinschaft, -en

herum|stehen (steht herum, stand herum,
  hat herumgestanden)

der Leihroller, -

die Lebensdauer (nur Sg.)

3

der Ansatz, ¨e

der Lösungsansatz, ¨e

stoßen auf + Akk. (stößt, stieß, hat gestoßen)

das Parkhaus, ¨er

4

tagtäglich

die Stiftung, -en

die Erhebung, -en

die Quelle, -n

5

übersehen (übersieht, übersah, hat übersehen)

kommunal

6

der Fahrradweg, -e

die Begrenzung, -en

die Geschwindigkeitsbegrenzung, -en

die Prognose, -n

das Elektroauto, -s

der Leihwagen, -

7

der Anspruch, ⸚e *Ansprüche haben ; in Anspruch nehmen*
außer Frage stehen
in Frage kommen
die Anforderung, -en *Anforderungen stellen an*
zweifellos

8

hin|deuten auf + Akk. *Alles deutet darauf hin, dass …*
die Wahrscheinlichkeit, -en *aller Wahrscheinlichkeit nach*
denkbar
vorstellbar

5   Mit Schwung in den Alltag!

1

das Zusammenspiel *(nur Sg.)*
effektiv
zwischendurch

2

beugen
das Schulterblatt, ⸚er
dehnen
das Gelenk, -e
die Dehnung, -en
der Brustkorb, ⸚e
der Körperteil, -e
der Ellbogen, -
die Handfläche, -n
der Nacken, -
der Oberkörper, -
der Oberschenkel, -
der Unterschenkel, -
aus|schütteln
kreisen
lockern
neigen
strecken
verschränken

3

die Entspannung *(nur Sg.)*
die Konzentration *(nur Sg.)*
existenziell
die Verknüpfung, -en
das Hormon, -e *Glückshormon*
die Anregung, -en *≈ Stimulierung*
die Durchblutung *(nur Sg.)*
die Erhöhung, -en
der Gehalt *(nur Sg.)* *Sauerstoffgehalt*
die Vernetzung, -en
die Zelle, -n *Gehirnzelle*
der Aufbau *(nur Sg.)*
die Ausschüttung, -en

der Abbau *(nur Sg.)*
der Effekt, -e
die Verbesserung, -en
die Leistungsfähigkeit *(nur Sg.)*
die Verarbeitung, -en

4

beziehen (sich) auf + Akk. (bezieht, bezog,
  hat bezogen)

5

an|regen
aus|schütten

6

hüpfen
die Beweglichkeit *(nur Sg.)*
das Gleichgewicht, -e
die Koordination, -en
steigern
der Stoffwechsel *(nur Sg.)*

7

die Umarmung, -en
das Sonnenlicht *(nur Sg.)*
die Stärkung *(nur Sg.)*
die Aktivierung, -en
führen zu + Dat. *Das führt dazu, dass …*
bewirken
zur Folge haben
folgendermaßen

6   Offene Türen und gläserne Decken

1

die Note, -n
das Abschlusszeugnis, -se
der Berufswunsch, ⸚e
die Berufsausbildung, -en
die Relevanz *(nur Sg.)*

2

das Umfeld, -er
die Haltung, -en *Erwartungshaltung*
bezüglich
der Mitschüler, - / die Mitschülerin, -nen
der/die Auszubildende, -n
missfallen (missfällt, missfiel, hat missfallen)
pädagogisch *reformpädagogisch*
der Klassenraum, ⸚e
ratlos
ausgeschlossen *≈ unmöglich*
wobei *≈ obwohl*
mittelmäßig
die Hinsicht , -en
auf|kommen für + Akk. (kommt auf, kam auf,

ist aufgekommen) ≈ bezahlen; Meine Eltern sind für
meine Miete aufgekommen.
wenn ... auch
auf|tun (sich) (tut auf, tat auf, hat aufgetan) ≈ sich ergeben;
Chancen tun sich auf
nichtsdestotrotz
oftmals
gönnen
ausgezeichnet ≈ hervorragend
erfüllen mit + Dat. Das erfüllte mich mit Stolz.
ein|schreiben (sich) an + Dat., für + Akk. (schreibt ein,
schrieb ein, hat eingeschrieben) Als ich mich für
ein Studium der Kulturwissenschaften einschrieb, ...
die Spannung, -en ≈ Konflikte
entfremden (sich) von + Dat.
ungeachtet + Gen. Ungeachtet meiner guten Noten fühle
ich mich unsicher.
gering nicht im Geringsten
an|trainieren (sich)
abgesehen von + Dat. abgesehen davon
der Bekanntenkreis, -e
der Praktikumsplatz, ̈e
das Hindernis, -se Hindernisse aus dem Weg räumen
weiterhin
interdisziplinär
der Habitus (nur Sg.)

3
durch|fallen (fällt durch, fiel durch, ist durchgefallen)

4
ein|binden eingebunden sein (bindet ein, band ein,
hat eingebunden) In der Ausbildung bist du stärker in
einen vorgegebenen Tagesrhythmus eingebunden.
das Modul, -e Wahlmodul
die Vergütung, -en

5
ab|fallen (fällt ab, fiel ab, ist abgefallen)
an|fallen
entfallen
überfallen
um|fallen
verfallen
zerfallen
zu|fallen
zurück|fallen

6
die Verteilung, -en
das Diagramm, -e
das Liniendiagramm, -e
das Tortendiagramm, -e
prozentual
erheben (erhebt, erhob, hat erhoben)

7 Alles im grünen Bereich

1
die Orientierungsmesse, -n
etwas in der Tasche haben
brennen (brennt, brannte, hat gebrannt) für ein Thema
brennen
bundesweit
das Studienangebot, -e
das Arbeitsfeld, -er
der Personalmanager, - / die Personalmanagerin, -nen
der Berufsanfänger, - / die Berufsanfängerin, -nen
ökonomisch
richten (sich) an + Akk.
die Karrieremesse, -n

2
im Mittelpunkt stehen
schaffen Möglichkeiten schaffen
schonen
die Emission, -en
sicher|stellen
im Zentrum stehen
wirtschaften
effizient
erzielen einen Gewinn erzielen
die Innovation, -en
hochwertig
nachwachsend
investieren in + Akk.
das Verfahren, -

3
der Förster, - / die Försterin, -nen
der Landwirt, -e / die Landwirtin, -nen
in erster Linie
die Zuständigkeit, -en
im Rahmen einer Ausbildung
qualifizieren (sich)
das Anforderungsprofil, -e

4
die Geschäftsführung, -en
die Belegschaft, -en
aus|werten Ergebnisse auswerten
die Personalabteilung, -en
in die Praxis umsetzen
erzeugen
das Grundwasser, -
die Reduzierung (nur Sg.)
überwiegend
der Inhaltsstoff, -e

pflanzlich pflanzliche Rohstoffe
tierisch tierische Rohstoffe
mineralisch
abbaubar
die Senkung, -en
verunreinigen
recycelbar
die Ausstattung, -en
die Kampagne, -n
konzeptionell
empathisch

5
aufgeschlossen gegenüber + Dat.
beteiligt an + Dat.
gespannt auf + Akk.

6
etlich- Das diskutiert man in etlichen internen Sitzungen.
die Sitzung, -en
intern
lauter Man hat jeden Tag mit lauter verschiedenen Themen
    und Menschen zu tun.

7
der Messebesucher, - / die Messebesucherin, -nen
aufwendig
vielversprechend
inspirierend
erfahren von + Dat. (erfährt, erfuhr, hat erfahren)
aus|weisen (weist aus, wies aus, hat ausgewiesen)
    ausgewiesene Ruhezonen

8
die Überlastung, -en
die Quote, -n
die Krankheitsquote, -n

8 Ewig leben?

1
gebrechlich
die Gebrechlichkeit (nur Sg.)
das Desinteresse (nur Sg.)
die Einschränkung, -en
die Langsamkeit (nur Sg.)
los|lassen (lässt los, ließ los, hat losgelassen) das Loslassen
die Reife (nur Sg.)
die Vergesslichkeit (nur Sg.)
die Weisheit, -en

2
die Unsterblichkeit (nur Sg.)
erläutern
inwieweit
die Gentechnik (nur Sg.)

verlängern
altern das Altern
auf|halten (hält auf, hielt auf, hat aufgehalten)
die Auszeichnung, -en
heilen
Kräuter (Pl.) hier: Heilkräuter

3
die Lebenserwartung, -en
hinaus|zögern
gentechnisch
die Manipulation, -en
die Konsequenz,-en
nachfolgend
absehbar
ab|sehen (sieht ab, sah ab, hat abgesehen)
das Experiment, -e
regenerieren
einzigartig
synthetisch
verjüngen die Verjüngungsdroge
die Verjüngung (nur Sg.) die Verjüngungsdroge
zu|lassen (lässt zu, ließ zu, hat zugelassen) ein Medikament
    zulassen
fasten
unsterblich

4
die Lektüre, -n

5
ethisch
strittig eine strittige Frage
manipulieren
munter gesund und munter
greifbar in greifbarer Nähe
weitreichend weitreichende Folgen/Konsequenzen
real
sehnlich ein sehnlicher Wunsch
verlockend eine verlockende Aussicht

6
entgegen entgegen meinen Erwartungen
wohingegen ..., wohingegen das Sterberisiko zunimmt.
demgegenüber Demgegenüber werden unsere Zellen träger.
der Fokus im Fokus stehen
träge

8
relevant
zunehmend
wünschenswert wünschenswerte Konsequenzen
fatal fatale Konsequenzen
abschließend Ich möchte abschließend festhalten, ...
gelungen Das ist gut gelungen!
die Anmerkung, -en

9 Von allen Seiten beleuchtet

1

das Organ, -e Sinnesorgan
weitgehend
visuell
der Farbton, ⸚e
der Strahl, -en Laserstrahlen
der Scanner, - Barcode-Scanner
die Herdplatte, -n
der Wasserhahn, ⸚e
der Föhn, -e der Haarföhn
die Beleuchtung, -en
erhellen
gravierend gravierende Folgen
sich verirren
die Route, -n
die Dunkelheit (nur Sg.)
die Redewendung, -en
umgangssprachlich
die Metapher, -n
die Lichtverhältnisse (nur Pl.)

2

die Fackel, -n
die Glühlampe, -n
die Zeitrechnung, -en
auf|gehen (geht auf, ging auf, ist aufgegangen) die Sonne
  geht auf
unter|gehen (geht unter, ging unter, ist untergegangen)
  die Sonne geht unter
die Bedrohung, -en
der Busch, ⸚e
ein|schlagen in + Akk. (schlägt ein, schlug ein, hat
  eingeschlagen) etwas schlägt in etw. ein (z.B. ein Blitz)
der Vulkan, -e
aus|brechen (bricht aus, brach aus, ist ausgebrochen)
  der Vulkan bricht aus
die Flamme, -n
zunutze machen (sich)
das Lagerfeuer, -
der Meilenstein, -e
die Überlebenschance, -n
der Archäologe, -n / die Archäologin, -nen
der Innenraum, ⸚e
die Höhle, -n
unterirdisch
der Gang, ⸚e
beleuchten
der Lebensraum, ⸚e
die Malerei, -en
Bestand haben Offene Lichtquellen wie die Fackel hatten
  viele Jahrtausende Bestand.
der Brennstoff, -e

aus|strömen Gerüche strömen aus
der Geruch, ⸚e
kostbar
privilegiert
der Reichtum, ⸚er
bringen mit sich bringen
flackern
leistungsstark
konstant
kostengünstig
der Einzug, ⸚e Der Einzug der Gaslampe brachte gravierende
  Veränderungen mit sich.
der Überfall, ⸚e
der Sonnenuntergang, ⸚e
explodieren
der Wettstreit, -e
funkeln
strahlen
die Jahrtausendwende, -n
um|wandeln
der Verbraucher, - / die Verbraucherin, -nen
die Entdeckung, -en
fallen in (fällt, fiel, ist gefallen) fällt in die Zeit
auf|kommen (kommt auf, kam auf, ist aufgekommen)
  ≈ entstehen
vereinfachen

4

der Stromverbrauch, ⸚e

5

der Nutzen, - für + Akk.

MODUL 4

10 Entschuldigung!

1

ein|schleichen (sich) (schleicht ein, schlich ein, hat
  eingeschlichen)
der Geschäftsführer, - / die Geschäftsführerin, -nen
das Versehen, -
die Hafermilch (nur Sg.)
wieder|gut|machen Ich mache das wieder gut. / Du hast das
  wiedergutgemacht.
nach|holen
der Anhang , ⸚e im Anhang
an|schreien (schreit an, schrie an, hat angeschrien)
überzogen ≈ übertrieben; Meine Reaktion war total
  überzogen.
die Verzeihung (nur Sg.) um Verzeihung bitten
angemessen
verschütten
aufrichtig

bedauern

Schwamm drüber!

wild   halb so wild

2

die Konvention, -en

missachten

unterlaufen (unterläuft, unterlief, ist unterlaufen)
  Mir ist ein Fehler unterlaufen.

bereinigen ≈ klären, eine Angelegenheit bereinigen

das Schuldeingeständnis, -se

der/die Beteiligte, -n

die Fülle *(nur Sg.)*

der Balsam, -e

das Miteinander *(nur Sg.)*

zwischenmenschlich

das Betriebsklima *(nur Sg.)*

besänftigen

das Gegenüber, -

die Versöhnung, -en

der Mitmensch, -en

der Lichtblick, -e

gnadenlos

der Perfektionismus *(nur Sg.)*

erweisen (erweist, erwies, hat erwiesen) Wir erweisen
  einer Person Respekt.

wert|schätzen

bewusst sein (sich) Jemand ist sich bewusst, welche
  Konsequenzen sein Handeln für andere hat.

das Maß ein gewisses Maß

die Selbstreflexion, -en

somit

das Einfühlungsvermögen *(nur Sg.)*

mittels + Gen. Mittels einer Entschuldigung sammelt man
  Pluspunkte.

gerade|stehen für + Akk. (steht gerade, stand gerade,
  hat geradegestanden) Man ist bereit, für einen Fehler
  geradezustehen.

aus|gleichen (gleicht aus, glich aus, hat ausgeglichen)

ein|gestehen (gesteht ein, gestand ein, hat eingestanden)
  einen Fehler eingestehen

das Bedauern *(nur Sg.)*

die Reue *(nur Sg.)* Reue zeigen

womit

die Hochachtung *(nur Sg.)*

das Zeichen, - für + Akk.

der Vordergrund im Vordergrund stehen

übermäßig

schwerwiegend

verschulden

die Floskel, -n die Höflichkeitsfloskel

deuten

defensiv

zeugen von + Dat.

mangeln an + Dat.

mangelnd Defensives Verhalten zeugt von mangelndem
  Selbstbewusstsein.

das Minderwertigkeitsgefühl, -e

erniedrigend

das Erniedrigende *(nur Sg.)*

sich an|klagen

die Urangst, ⸚e

zurück|weisen (weist zurück, wies zurück, hat
  zurückgewiesen)

das Zeichen, - von + Dat. ein Zeichen von persönlicher Stärke

stimmen Man sollte sich nicht entschuldigen, nur um
  andere positiv zu stimmen.

die Konfliktfähigkeit, -en

das Durchsetzungsvermögen *(nur Sg.)*

konfrontieren

letztlich

wodurch

konstruktiv

ratsam

5

das Lob, -s

auf|lockern

6

das Missgeschick, -e

versehentlich

aus|rutschen

stolpern

11 Geschichte und Geschichten

1

der Mauerfall *(nur Sg.)*

die Teilung, -en

die Wiedervereinigung *(nur Sg.)*

der / die Verbündete, -n

kapitalistisch

zu|wenden (sich) (wendet zu, wandte zu, hat zugewandt)

sozialistisch

der Ostblock *(nur Sg.)*

geografisch

Ostdeutschland

der Lebensstandard, -s

innerdeutsch

der Stacheldraht, ⸚e

die Mine, -n

ab|riegeln

die Lebensgefahr, -en

massiv

die Auswanderung, -en

konkurrierend

andauernd
militärisch
die Konfrontation, -en
der Wettkampf, ⸚e
der Zusammenbruch, ⸚e
Westdeutschland
informell
die Bezeichnung, -en
teilweise
das Grundrecht, -e
verabschieden ein neues Gesetz verabschieden
die Ausreise, -n
die Pressekonferenz, -en
verkünden
die Grenze zu + Dat. die Grenze zur BRD
ein|reißen (reißt ein, riss ein, hat eingerissen)
  Tausende Menschen begannen die Mauer einzureißen.
die Wende (nur Sg.)
der Wandel (nur Sg.)
vereinigen
spürbar
im Hinblick auf + Akk.
die Wirtschaftskraft, ⸚e
der Wohlstand (nur Sg.)
der Zeitraum, ⸚e
abfällig
die Selbstbezeichnung, -en

2
wohnhaft
an|steigen (steigt an, stieg an, ist angestiegen)
repräsentieren
unterrepräsentiert
die Aussicht auf + Akk.
die Ungleichheit, -en
die Debatte, -n über + Akk.
der / die Zugewanderte, -n
die Herausforderung, -en vor Herausforderungen stellen
das Verfassungsgericht, -e
die Lebenshaltungskosten (nur Pl.)
schildern
beklagen

3
erheblich erheblich benachteiligt
rundum rundum gelungen
sichtlich sichtlich erleichtert
erschüttern tief erschüttert
gefährden
potenziell potentiell gefährdet
die Pandemie, -n
verbreiten weit verbreitet

6
der Berufswechsel, -
das Auslandssemester, -
schicksalhaft
sich vollziehen (vollzieht, vollzog, hat vollzogen)
  eine Wendung vollziehen
wenden Mein Leben hat sich gewendet, als …
die Wendung, -en eine Wendung vollziehen
etwas auf den Kopf stellen
grundlegend

12 Alle Menschen im Blick

1
der Vegetarier, - / die Vegetarierin, -nen
der Repräsentant, -en / die Repräsentatin, -nen
der / die Abgeordnete, -n
die Oberstufe, -n
der Abiturient, -en / die Abiturientin, -nen
an|belangen
die Unterzahl (nur Sg.)
die Überzahl (nur Sg.)
beträchtlich
die Sorgearbeit (nur Sg.)
die Teilhabe (nur Sg.) politische Teilhabe
das Rollenbild, -er
der Wickeltisch, -e

2
der Arbeitskreis, -e
lehren (an Hochschulen)
die Fakultät, -en
das Gender, -
dementsprechend
etwas im Blick haben
demzufolge
ein|beziehen (bezieht ein, bezog ein, hat einbezogen)
inklusiv
die Norm, -en
stets
der Standard, -s
die Körpermaße (nur Pl.)
infolgedessen
die Nutzung, -en
komfortabel
die Lehne, -n die Armlehne
der Airbag, -s
lebensgefährlich
vernachlässigen
die Lehre, -n (an Hochschulen)
sensibilisieren
das Curriculum, Curricula
die Lehrveranstaltung, -en

das Wahlfach, ̈er
der Bestandteil, -e
die Schwachstelle, -n
identifizieren
ein|holen   Meinungen einholen
der Fachbereich, -e
der Dozent, -en / die Dozentin, -nen
infolge + Gen.
familienfreundlich
die Kinderbetreuung, -en
die Teilzeitregelung, -en
die Sichtbarkeit, -en
der Scheibenwischer, -
die Errungenschaft, -en
ab|bauen   Vorurteile abbauen
die Gestaltung, -en
die Gefahr, -en   in Gefahr bringen
die Initiative, -n
das Sortiment, -e

4
weswegen

5
die Spracherkennungstechnologie, -n
die Sehbehinderung, -en

hinein|passen
der Algorithmus, Algorithmen
vorhanden   Algorithmen lernen aus vorhandenen Daten.
reproduzieren
divers
ein|fließen (fließt ein, floss ein, ist eingeflossen)

6
linkshändig
alleinstehend
die Zielgruppe, -n
bereiten   Es bereitet erhebliche Schwierigkeiten, dass ...
derzeit
die Nachfrage nach + Dat.
zugeschnitten auf + Akk.   Bisher gibt es nur wenige
   Produkte / Dienstleistungen, die auf die Bedürfnisse von ...
   zugeschnitten sind.
ermöglichen
beschleunigen
optimieren
die Farbsehschwäche (nur Sg.)

QUELLENVERZEICHNIS

NOTIZEN

NOTIZEN